Die Diskussion um die „ideale" Orthographie

ScriptOralia 59

Herausgegeben von
Paul Goetsch, Wolfgang Raible, Helmut Rix und
Hans-Robert Roemer

in Verbindung mit
Michael Charlton, Gunther Eigler, Willi Erzgräber, Karl Suso Frank,
Hans-Martin Gauger, Hans-Joachim Gehrke, Ulrich Haarmann,
Oskar von Hinüber, Wolfgang Kullmann, Eckard Lefèvre,
Klaus Neumann-Braun, Wulf Oesterreicher, Herbert Pilch, Lutz Röhrich,
Ursula Schaefer, Paul Gerhard Schmidt, Hildegard L. C. Tristram,
Otmar Werner und Alois Wolf.

Michaela Strobel-Köhl

Die Diskussion um die „ideale" Orthographie

Das Beispiel der Kreolsprachen auf französischer Basis in der Karibik und des Französischen im 16. und 20. Jahrhundert

gnv Gunter Narr Verlag Tübingen

Die Deutsche Bibliothek – *CIP-Einheitsaufnahme*

Strobel-Köhl, Michaela:
Die Diskussion um die „ideale" Orthographie : das Beispiel der Kreolsprachen auf französischer Basis in der Karibik und des Französischen im 16. und 20. Jahrhundert / Michaela Strobel-Köhl. – Tübingen : Narr, 1994
　(ScriptOralia ; 59)
　Zugl.: Freiburg (Breisgau), Univ., Diss.
　ISBN 3-8233-4274-6
NE: GT

Gedruckt mit Unterstützung der Wissenschaftlichen Gesellschaft in Freiburg i. Br.

D 25

© 1994 · Gunter Narr Verlag Tübingen
Dischingerweg 5 · D-72070 Tübingen

Das Werk einschließlich aller seiner Teile ist urheberrechtlich geschützt. Jede Verwertung außerhalb der engen Grenzen des Urheberrechtsgesetzes ist ohne Zustimmung des Verlages unzulässig und strafbar. Das gilt insbesondere für Vervielfältigungen, Übersetzungen, Mikroverfilmungen und die Einspeicherung und Verarbeitung in elektronischen Systemen.
Gedruckt auf säurefreiem und alterungsbeständigem Werkdruckpapier.

Druck: Müller + Bass, Tübingen
Verarbeitung: Braun + Lamparter, Reutlingen
Printed in Germany

ISSN 0940-0478
ISBN 3-8233-4274-6

Vorwort

Die vorliegende Arbeit wurde im Frühjahr 1992 abgeschlossen und vom Gemeinsamen Ausschuß der Philosophischen Fakultäten der Universität Freiburg als Dissertation angenommen. Sie entstand im Rahmen des Freiburger Sonderforschungsbereichs "Übergänge und Spannungsfelder zwischen Mündlichkeit und Schriftlichkeit".

Die Arbeit verdankt ihre Entstehung der Anregung von Herrn Professor Wolfgang Raible; für die Betreuung der Arbeit, seine wertvollen Hinweise und ständige Gesprächsbereitschaft gilt ihm mein allergrößter Dank.

Vielen Mitgliedern des Sonderforschungsbereichs bin ich für vielfältige Anregungen sehr verbunden; genannt seien hier vor allem Dr. Trudel Meisenburg und Dr. Damaris Nübling, die durch ihre kritische Lektüre des Manuskripts zum Abschluß der Arbeit beigetragen haben.

Die Untersuchung zur Orthographie-Diskussion in der Karibik wäre nicht zustande gekommen ohne die große Hilfsbereitschaft und Unterstützung, die ich während meines Aufenthalts in St.Lucia und Martinique erfahren habe. Erwähnen möchte ich ganz besonders Patricia Charles und Felix Finisterre von der National Research and Development Foundation (NRDF), Msgr. Patrick Anthony sowie Lambert-Félix Prudent.

Marie-Christine Hazaël-Massieux vom Institut d'Etudes Créoles in Aix-en-Provence danke ich für viele Hinweise und ihre freundliche Hilfe und Beratung bei der Beschaffung von Literatur.

Zu Dank verpflichtet fühle ich mich Nina Catach, Leiterin der CNRS-Forschungsgruppe HESO (Histoire et structure des orthographes et systèmes d'écriture). In den Gesprächen mit ihr erhielt ich wesentliche Denkanstöße; sie hat es mir ermöglicht, meine Dokumentation beim CNRS in Paris zu vervollständigen.

Frau Professor Annegret Bollée möchte ich für ihr Interesse an dieser Arbeit und die Übernahme des Korreferats danken.

Es ist mir ein Anliegen, an dieser Stelle auch meinem Mann zu danken, der die Arbeit in allen Phasen ihrer Entstehung interessiert und geduldig begleitet hat.

Der Deutschen Forschungsgemeinschaft danke ich für die finanzielle Unterstützung, den Herausgebern von "ScriptOralia" für die Aufnahme der Dissertation in diese Reihe.

Inhaltsverzeichnis

0. Einleitung 1

I. Theoretische Vorbemerkungen 5

1. Schriftsystem und Sprachsystem: Die Orthographie
   aus linguistischer Sicht 5

2. Lesen und Schreiben 15

3. „Außersprachliche" Faktoren 20

II. Die Orthographie-Diskussion in der Karibik 23

1. Einleitung 23

2. Zur soziolinguistischen Situation 24
   2.1. Der Begriff der „Diglossie" als Beschreibungsmodell 24
   2.2. Martinique 28
   2.3. St.Lucia 36
   2.4. Haiti 43

3. Etappen der Verschriftung der Kreolsprachen und
   Positionen in der aktuellen Diskussion 47
   3.1. Anlehnung an die Orthographie europäischer
        Standardsprachen 48
       3.1.1. Die etymologisierende Schreibung 48
       3.1.2. Die Schreibung der Kreolsprache nach englischem
              Vorbild in St.Lucia 59

3.2. Die phonologische Graphie 60
  3.2.1. Die haitianischen Erfahrungen 60
  3.2.2. Die phonologische Graphie in Martinique und
         St.Lucia 62
  3.2.3. Vergleichende Untersuchung der Schriftsysteme 64
    3.2.3.1. Phonem-Graphem-Entsprechungen 65
    3.2.3.2. Die morphologisch-syntaktische Ebene 73
    3.2.3.3. Die Wahl der Varietät und die Frage der Norm 77
  3.2.4. Textbeispiele 79
  3.2.5. Die Praxis des Gebrauchs und die Verbreitung der
         Schriftsysteme 81
3.3. Die Modifizierung der phonologischen Graphie unter
     dem Aspekt der Lesbarkeit 82

4. Die Frage nach der Rolle kreolischer Schriftlichkeit in von
   Diglossie geprägten Gesellschaften 88

5. Die Argumente in der Diskussion: Versuch einer
   Systematisierung 96

III. Die Orthographie-Diskussion in Frankreich 97

1.1. Einleitung 97
1.2. Kurzer Überblick zur Geschichte der französischen
     Orthographie 97

2. Die Reformdiskussion im 16. Jahrhundert 106
2.1. Einleitung 106
2.2. Die Positionen in der Diskussion 109
  2.2.1. Die Forderung Meigrets nach einer radikalen
         Reform 109
  2.2.2. Die gemäßigte Position von Peletier du Mans 118
  2.2.3. Die Argumente der Reformgegner 122

2.3. Die Auswirkungen der Reformdebatte..130
2.4. Überblick über die zentralen Argumente..131

3. Die neuere und aktuelle Reformdiskussion 134
3.1. Einleitung..134
3.2. Die Positionen in der Diskussion..136
   3.2.1. Reformvorschläge mit dem Ziel einer phonologischen
Schreibung für das Französische..136
   3.2.2. Erhalt der traditionellen Orthographie..146
      3.2.2.1. Der Ansatz Thimonniers: Die Orthographie
als System 147
      3.2.2.2. Die Beurteilung der Orthographie ausgehend
vom Leseprozeß...154
   3.2.3. Vorschläge zu einer gemäßigten Reform der französischen Orthographie..159
      3.2.3.1. Der Reformvorschlag der „Commission Beslais"..............160
      3.2.3.2. Das Kolloquium „Structure de l'orthographe française"..164
      3.2.3.3. N. Catch und die CNRS-Forschungsgruppe
HESO (Histoire et structure des orthographes et systèmes d'écriture).....................................165
      3.2.3.4. Die Reformforderungen der AIROE (Association
pour l'information et la recherche sur les orthographes et les systèmes d'écriture) 170
      3.2.3.5. Le manifeste de dix linguistes 171
3.3. Die Änderungen von offizieller Seite...172
   3.3.1. Die „Tolérances grammaticales ou orthographiques"..........................172
   3.3.2. Die „Modifications orthographiques acceptées par
l'Académie française"..176
   3.3.3. Die „Rectifications de l'orthographe" 177
3.4. Die Meinung der Franzosen 182
   3.4.1. Meinungsumfragen zu einer Reform der
Orthographie..182
   3.4.2. Die Argumente in der Debatte 182

3.5. Tendenzen der Entwicklung der französischen
Orthographie und Perspektiven einer Reform 195
3.6. Zusammenfassende Darstellung der Argumente 199

IV. Vergleichende Betrachtung 205

1. Die französische Reform-Diskussion der Renaissance-Zeit
und die neuere und aktuelle Debatte 205

2. Die Orthographie-Diskussion in der Karibik und
die Auseinandersetzungen um eine Reform der
französischen Orthographie 211

3. Universalien der Orthographie-Diskussion? 217

4. Schlußbemerkungen 220

Literaturverzeichnis 223

1. Zur Graphie allgemein 223
2. Zur Orthographie-Diskussion in der Karibik 228
3. Zur Orthographie-Diskussion in Frankreich 238
4. Verzeichnis der in Kapitel III.3.4. ausgewerteten
Zeitungen und Zeitschriften 248

0. Einleitung

Die Frage nach der adäquaten Darstellung von Sprache im visuellen Medium stellt ein immer wieder diskutiertes Thema dar, das ganz verschiedene Ansichten hervorruft. Besondere Virulenz gewinnt diese Frage dann, wenn die Reform einer etablierten Orthographie zur Debatte steht oder ein Schreibsystem für eine bislang noch nicht verschriftete Sprache entwickelt wird. Die Schreibung bildet in solchen Fällen nicht ausschließlich den Diskussionsgegenstand verschiedener wissenschaftlicher Disziplinen, wie vor allem der Linguistik, der kognitiven Psychologie und der Pädagogik; sie wird vielmehr, da sie jeden ihrer Benutzer tangiert, auf breiter Ebene diskutiert und kann sich zu einem gesamtgesellschaftlichen Problem entwickeln, das nicht selten die Form eines Kulturkampfes annimmt. Die jüngsten Diskussionen, die zum Beispiel in Frankreich und Deutschland um eine Reform der Orthographie geführt werden, machen dies deutlich.

Alphabetschriften lateinischer Ausprägung, die den Gegenstand der vorliegenden Arbeit bilden, können sich bezüglich ihrer Zeicheninventare insofern unterscheiden, als sie bestimmte Zeichen des lateinischen Alphabets nicht verwenden oder neue Schriftzeichen sowie diakritische Zeichen hinzufügen.[1] Sie unterscheiden sich darüber hinaus aber insbesondere durch die Art der Bezüge, die sie zu der betreffenden Sprache herstellen. Alphabetschriften sind in ihrem Ursprung lautabbildend, können sich jedoch – vor allem im Lauf ihrer Entwicklung – ganz beträchtlich von dieser Orientierung entfernen. Die Graphie gibt, wenn keine Anpassung an die Lautentwicklung erfolgt, ältere Sprachzustände wieder; es finden sich Schreibungen, die sich an diejenige des Etymons anlehnen. Das lautabbildende Prinzip kann durchbrochen werden zugunsten der konstanten Schreibung lexikalischer und grammatischer Paradigmen und der Differenzierung von Homonymen. Damit rekurrieren Schriftsysteme auf über die Lautebene hinausgehende sprachliche Ebenen und stellen einen direkten Bezug zur Bedeutung her. Die noch junge linguistische Disziplin der Graphematik hat wesentliche Einsichten in die Struktur und das Funktionieren von Schriftsystemen gewonnen. Die Auffassung, daß die ideale Schreibung dem phonologischen Prinzip folgt, weicht zunehmend der Überzeugung, daß Schriftsysteme Mischsysteme darstellen, Relationen zu verschiedenen sprachlichen Ebenen aufweisen und damit auf verschiedene orthographische Verfahren rekurrieren.

---

[1] S. hierzu Ternes, E. (1979): Das schwere Erbe der Lateinschrift. Ein Beitrag zum Verhältnis von Phonologie und Graphematik. In: Baum, R.; F.J. Hausmann u. J. Monreal-Wickert (Hrsg.): Sprache in Unterricht und Forschung. Schwerpunkt Romanistik. Tübingen. S.137-174.

Auch im Rahmen von Alphabetschriften lateinischer Ausprägung besteht ein ganz erheblicher Spielraum.

Die vorliegende Arbeit widmet sich der Untersuchung verschiedener Orthographie-Diskussionen: der Auseinandersetzung um die Graphie der Kreolsprachen auf französischer Basis in der Karibik und den Debatten um eine Reform der Schreibung des Französischen im 16. Jahrhundert und heute. Die gewählten Diskussionen differieren sowohl bezüglich ihrer soziokulturellen Bedingungen als auch der Art der Schreibung, die den Ausgangspunkt der Debatte bildet.

Die Kreolsprachen koexistieren mit einer europäischen Standardsprache in einem Verhältnis, das im allgemeinen als Diglossie bezeichnet wird. Die Geschichte ihrer Schreibung ist noch jung, sieht man von sporadischen Verschriftungsversuchen ab. Schriftsysteme phonologischer Ausrichtung gewinnen gegenüber älteren Schreibungen etymologischer Art zunehmend an Bedeutung; die Frage nach der „richtigen" Schreibung steht jedoch nach wie vor zur Debatte.

Die Untersuchung der Reform-Diskussion in Frankreich greift zwei Epochen heraus: In der Geschichte der Auseinandersetzung um die Schreibung des Französischen kommt dem 16. Jahrhundert eine wichtige Bedeutung zu. Im Zuge der Emanzipation des Französischen vom Lateinischen, der zunehmenden Verbreitung des Buchdrucks und der Bestrebungen zur Normierung der Sprache wird die Frage der Schreibung erstmals allgemein thematisiert, und die Auseinandersetzung erhält ihren ersten Höhepunkt. Die verbreiteten latinisierenden Schreibweisen stoßen dabei auf heftige Kritik von seiten der Reformer.

Die zweite für die Untersuchung gewählte Epoche bildet die neuere und aktuelle Debatte seit Mitte der 60er Jahre, die vor allem in jüngster Zeit verstärkt an Aktualität gewinnt. Eine hochliterate Gesellschaft mit allgemeiner Schulpflicht und eine normierte, sehr komplexe Orthographie stellen die Voraussetzungen dieser Diskussion dar.

Das Ziel der Arbeit ist ein zweifaches: Es geht zum einen um eine kritische Aufarbeitung der einzelnen Diskussionen. Die verschiedenen Positionen innerhalb der jeweiligen Debatte werden herausgearbeitet, wobei im Zentrum die Frage steht, wie die Befürwortung oder Ablehnung der einen oder anderen Schreibweise oder Ausrichtung der Graphie begründet wird und welche Argumente in die Debatte einfließen. Der Argumentationshaushalt der jeweiligen Debatte soll zusammengestellt und systematisiert werden.

Die Betrachtung ganz verschiedener Orthographie-Diskussionen und ihr Vergleich soll zum anderen die Erörterung der folgenden Fragen ermöglichen: Gibt es bestimmte Argumentationsmuster, die immer wiederkehren, und lassen sich Tendenzen in Richtung universaler Merkmale von Orthographie-Diskussionen erkennen? Inwieweit weisen die

Debatten Parallelen auf, und inwieweit erfahren sie eine jeweils spezifische Ausprägung?

Im folgenden wird zunächst ein Überblick über die zentralen Aspekte der Schreibung gegeben, die für die Analyse der Orthographie-Diskussionen relevant sind. Das zweite Kapitel untersucht die Auseinandersetzung um die Graphie der Kreolsprachen auf französischer Basis in der Karibik. Im dritten Kapitel folgt nach einer kurzen Übersicht über die Entwicklung der französischen Orthographie die Untersuchung der Orthographie-Debatte in Frankreich zur Zeit der Renaissance und im Anschluß daran der neueren und aktuellen Diskussion. Ein abschließendes Kapitel gehört dem Vergleich der behandelten Diskussionen.

I. Theoretische Vorbemerkungen

Das Phänomen der Schreibung kann aus ganz verschiedenen Perspektiven betrachtet werden und ist Gegenstand verschiedener wissenschaftlicher Disziplinen. Im Hinblick auf die Untersuchung von Orthographie-Diskussionen sind drei Fragestellungen zentral:
1. Die Analyse von Schriftsystemen und ihrer Relation zum jeweiligen Sprachsystem
2. Das Lesen und das Schreiben in psychologischer sowie pädagogischer Hinsicht
3. Die Bedeutung „außersprachlicher" Faktoren

Als Grundlage und Hintergrund für die Analyse der Argumentation in den Orthographie-Debatten seien die genannten Aspekte im folgenden erläutert.

Die Literatur im Bereich der Graphematik und Leseforschung verzeichnet insbesondere während der letzten Jahre einen starken Zuwachs. Es geht im Rahmen der vorliegenden Arbeit nicht um eine umfassende Aufarbeitung; Ziel ist es vielmehr, einen Überblick über wesentliche Fragestellungen zu geben.

I.1. Schriftsystem und Sprachsystem: Die Orthographie aus linguistischer Sicht

Als ein wesentliches definitorisches Element der Schreibung wird im allgemeinen ihr Bezug zur Sprache erachtet.[1] Auf der Grundlage ihrer Relation zu verschiedenen sprachlichen Einheiten läßt sich eine Typologie der Schriftsysteme erstellen. So unterscheidet zum Beispiel Sampson zwei Grundtypen von Schriftsystemen nach ihrem Bezug zur ersten oder zweiten Gliederung der Sprache (im Sinne der „double articulation" von Martinet): Logographische Schriftsysteme beziehen sich auf Wörter oder Morpheme, phonographische Schriftsysteme stellen eine Relation zu

---

[1] Vgl. Coulmas, Florian (1989): The Writing Systems of the World. Oxford, S.35; Sampson, Geoffrey (1985): Writing Systems. London, S.26 ff.; Günther, Hartmut (1988): Schriftliche Sprache. Strukturen geschriebener Wörter und ihre Verarbeitung beim Lesen. Tübingen, S.19.
Die Frage, ob graphische Symbole, die sich auf außersprachliche Gegenstände oder nicht in einer festen Form versprachlichte Inhalte beziehen, als zur Schreibung gehörig betrachtet werden sollen, ist nicht unumstritten; sie ist in vorliegendem Zusammenhang jedoch nicht relevant.

Silben, Lauten oder Klassen von Lauten her.[2] In Anlehnung an die Terminologie von Hjelmslev wird auch von pleremischen und kenemischen Schriftsystemen gesprochen.[3] Eine Zuordnung zu den verschiedenen Typen erfolgt auf der Basis der dominierenden Relation; Schriftsysteme kommen in aller Regel nicht in Reinform vor. Ein Paradebeispiel für den ersten Typ stellt die Schreibung des Chinesischen dar; ein Beispiel für den zweiten Typ sind die Alphabetschriften lateinischer Ausprägung, die im Zentrum der folgenden Ausführungen stehen.

Betrachtet man die historische Entwicklung der Schreibung, so läßt sich eine Abfolge erkennen von semasiographischen Vorstufen, die auf außersprachliche Gegenstände und nicht in fester Form versprachlichte Inhalte referieren, über logographische Schriftsysteme, die an der Bedeutungsseite der Sprache orientiert sind, hin zu phonographischen Schriftsystemen, die sich auf die Ausdrucksseite beziehen. Es ist eine Entwicklung in Richtung zunehmender Abstraktion und Reduktion der Elemente.[4] Das griechische Alphabet stellt eine Adaptation der phönizischen Konsonantenschrift dar. Das Verdienst der Griechen liegt in der systematischen Darstellung der Vokale. Das Alphabet lateinischer Ausprägung ist eine Übernahme des griechischen; in struktureller Hinsicht bestehen keine Unterschiede.

Das Alphabet zeichnet sich durch eine Reihe von Vorzügen aus: Es ist ökonomisch aufgrund des geringen Zeicheninventars; die Feinheit der Segmentierung erlaubt eine genaue Darstellung der Lautung; es ist im Prinzip universell anwendbar. Die Entwicklung der Schreibung wird daher häufig als teleologische Bewegung dargestellt: Im Alphabet wird der Endpunkt und Gipfel der Entwicklung gesehen. Die ideale Graphie, so wird gefolgert, bestehe damit in der konsequenten Anwendung des alphabetischen Prinzips, einer biunivoken Relation zwischen Lauten bzw. Klassen von Lauten und Schriftzeichen.

Dieser Sichtweise, die sich zunehmend in Frage gestellt findet, sind einige Einwände entgegenzuhalten:

- Die Qualität eines Schriftsystems kann nur in Relation zum jeweiligen Sprachsystem beurteilt werden. Eine Silbenschrift zum Beispiel eignet sich für Sprachen mit einfacher Silbenstruktur wie etwa das Japanische, nicht jedoch für das Deutsche, das eine sehr komplexe Silbenstruktur aufweist.
- Ökonomie, Einfachheit und Genauigkeit der lautgetreuen Abbildung sind nicht die einzigen Kriterien für die Beurteilung eines

---

[2] Vgl. Sampson (1985), S.32 ff.

[3] Vgl. Coulmas (1989), S.49.

[4] Für einen Überblick über die Geschichte der Schreibung s. Coulmas (1989), S.17 ff. u. Günther (1988), S.18 ff.

Schriftsystems. Aus der Perspektive der Perzeption schriftlicher Texte sind sie nicht unbedingt von Vorteil.[5]
- Alphabetschriftsysteme entsprechen in aller Regel nicht dem Ideal der Biunivozität; vor allem mit zunehmender historischer Entwicklung entfernen sie sich häufig von der phonologischen Ausrichtung.

Auch innerhalb der Lateinschriften gibt es beträchtliche Unterschiede. Eine Typologie alphabetischer Schriftsysteme verwendet die graduelle Unterscheidung zwischen flach und tief: Ein flaches Schriftsystem ist an der lautlichen Oberfläche orientiert; ein Schriftsystem gilt als umso tiefer, je stärker es die phonologische und morphologische Ebene einbezieht. Die spanische Orthographie zum Beispiel stellt ein relativ flaches System dar, tief hingegen sind die Orthographien des Deutschen, Französischen und Englischen.[6] Eisenberg erweitert das Konzept der „Tiefe" und ersetzt den Terminus durch „Grammatikalisierung". Damit wird über die phonologische und morphologische Ebene hinaus auch die syntaktische Ebene mit einbezogen.[7]

Alphabetschriftsysteme rekurrieren damit nicht ausschließlich auf die phonologische Ebene, sondern auch auf andere sprachliche Ebenen und stellen einen direkten Bedeutungsbezug her; in ein kenemisches System werden somit pleremische Elemente eingeführt.[8] Es handelt sich dabei insbesondere um folgende Erscheinungen, die in einzelnen Schriftsystemen mehr oder weniger stark vertreten sind:

- Spatien, Groß- und Kleinschreibung, Interpunktion[9]
- Streben nach einheitlicher Schreibung grammatischer und lexikalischer Paradigmen unabhängig von der jeweiligen lautlichen Realisierung
- Homonymendifferenzierung

Das komplexe Verhältnis zwischen Schriftsystem und Sprachsystem steht im Zentrum der jüngeren graphematischen Diskussion. Dabei geht es sowohl um die Untersuchung einzelner Schriftsysteme als auch um die

---

[5] S. dazu das folgende Kapitel

[6] Zur Unterscheidung zwischen flachen und tiefen Schriftsystemen vgl. Sampson (1985), S.43 ff., Coulmas (1989), S.169 sowie Günther (1988), S.44.

[7] Vgl. Eisenberg, Peter (1989): Die Grammatikalisierung der Schrift: Zum Verhältnis von silbischer und morphematischer Struktur im Deutschen. In: Mitteilungen des Deutschen Germanistenverbandes 3. S.20-29, hier S.21.

[8] Vgl. Coulmas (1989), S.170.

[9] In der Entwicklung der griechischen und lateinischen Graphie stellt die Generalisierung der Markierung von Wortgrenzen und der Zusammengehörigkeit syntaktischer Gruppen einen Prozeß dar, der sich über Jahrhunderte erstreckt. Vgl. hierzu Raible, Wolfgang (1991 a): Zur Entwicklung von Alphabetschrift-Systemen. Is fecit cui prodest. Sitzungsberichte der Heidelberger Akademie der Wissenschaften. Philosophisch-historische Klasse. Jahrgang 1991. Bericht 1. Heidelberg.

Frage nach den universalen Charakteristika von Alphabetschriftsystemen. Verschiedene theoretische Positionen stehen einander gegenüber, sie sollen im folgenden in kurzen Zügen dargestellt werden:[10]

1. Die Auffassung, die bis in die jüngste Zeit als opinio communis betrachtet werden kann, sieht die Schreibung in Abhängigkeit von der gesprochenen Sprache. Die Abhängigkeitshypothese verfügt über eine ungebrochene Tradition, sie findet sich bei Platon und Aristoteles und reicht von den Junggrammatikern über Saussure und Bloomfield bis zu modernen linguistischen Theorien.[11] Zumeist begründet mit der Priorität der gesprochenen Sprache in der Phylo- und Ontogenese wird als alleinige Aufgabe der Graphie die Abbildung der gesprochenen Sprache erachtet. Die Schreibung stellt dieser Meinung zufolge ein sekundäres Zeichensystem dar. Die phonographischen Beziehungen sind damit diejenigen, die dem Wesen der Schreibung entsprechen, Buchstabenfolgen stehen für Lautfolgen, das Ideal besteht in einem biunivoken Verhältnis zwischen Lauten und Schriftzeichen. Das Graphem wird im Rahmen dieser Theorie als kleinste Einheit eines Schriftsystems definiert, die ein Phonem darstellt. Phoneme sind damit primäre, Grapheme sekundäre, abgeleitete Einheiten.

Die biunivoke Relation zwischen Phonemen und Graphemen wird als erstrebenswerter Idealzustand betrachtet, nicht als Eigenschaft traditioneller Orthographien. Abweichungen werden entweder nicht untersucht oder als bedauerliche Entfernungen vom Ideal der reinen Alphabetschrift interpretiert. So spricht etwa Alarcos Llorach von einer „rechute

---

[10] Vgl. für eine Darstellung der verschiedenen Positionen vor allem Rolffs, Elisabeth (1980): Die Orthographie als Gegenstand der modernen Sprachwissenschaft – mit besonderer Berücksichtigung der französischen Orthographie. Diss. Münster; Deutsche Orthographie. (1987). Von einem Autorenkollektiv unter der Leitung von Dieter Nerius. Leipzig, S.42 ff.; Glück, Helmut (1987): Schrift und Schriftlichkeit. Eine sprach- und kulturwissenschaftliche Studie. Stuttgart, S.57 ff. Zu den verschiedenen Graphemdefinitionen s.: Pellat, Jean-Christophe (1988): Indépendance ou interaction de l'écrit et de l'oral? Recensement critique des définitions du graphème. In: Catach, Nina (Hrsg): Pour une théorie de la langue écrite. Paris. S.133-146; Kohrt, Manfred (1986): The term 'grapheme' in the history and theory of linguistics. In: Augst, Gerhard (Hrsg.): New Trends in Graphemics and Orthography. Berlin, New York, S.80-96; Heller, Klaus (1980): Zum Graphembegriff. In: Nerius, Dieter und Jürgen Scharnhorst (Hrsg.): Theoretische Probleme der deutschen Orthographie. Berlin, S.74-108.

[11] Die Haltung Saussures im „Cours de linguistique générale" ist jedoch nicht eindeutig. Neben der genannten Auffassung finden sich Äußerungen, die den Laut als ebenso sekundär wie das graphische Material sehen; hiermit wird die Möglichkeit eröffnet, daß beide „Substanzen" als gleichwertig betrachtet werden können. Diese Überlegung wird von der Glossematik aufgegriffen und weiterentwickelt. Vgl. hierzu insbesondere Rolffs (1980), S.58 ff.

vers d'autres procédés d'écriture sémiographique et idéographique".[12] Für die Erstverschriftung wird das Ideal der phonologischen Schreibung zum Beispiel von Pike vertreten, dessen Arbeit mit dem bezeichnenden Titel „Phonemics: A Technique for Reducing Languages to Writing" einen Klassiker der Erstellung von Schriftsystemen darstellt.[13]

Mit der verstärkten Zuwendung zu Fragen der geschriebenen Sprache und Orthographie seit Mitte der 70er Jahre wird die Abhängigkeitshypothese zunehmend in Frage gestellt. In der jüngeren graphematischen Forschung zeichnet sich ein Konsens dahingehend ab, daß die Schreibung nicht eine isomorphe Abbildung der gesprochenen Sprache darstellt, sondern beide Systeme autonome Züge tragen. Damit wird auch die Graphematik als eigenständige Disziplin innerhalb der Linguistik konstituiert. Unterschiedliche Auffassungen bestehen jedoch hinsichtlich der Frage, wie weit die Autonomie der Graphie geht, inwiefern Bezüge zur gesprochenen Sprache bestehen und wie diese beschaffen sind. Die verschiedenen Theorien lassen sich in zwei Gruppen gliedern, die zum einen von einer relativen und zum anderen von der strikten Autonomie der Schreibung ausgehen.

2. Der Auffassung einer relativen Autonomie zufolge bestehen Bezüge der Schreibung sowohl zum Phonemsystem als auch zu anderen sprachlichen Ebenen. Der Graphie werden eigenständige Funktionen zugesprochen, die über die Abbildung der gesprochenen Sprache hinausreichen und einen direkten Bezug zur Bedeutung herstellen.

Vorläufer dieses Ansatzes finden sich im Prager Funktionalismus, insbesondere in den Arbeiten von Josef Vachek. Vachek erklärt die Spezifik der gesprochenen und der geschriebenen Sprache ausgehend von ihren unterschiedlichen Funktionen in der Kommunikation. Die geschriebene Norm einer Sprache ist historisch zwar abhängig von der gesprochenen, tendiert jedoch dazu, sich aufgrund ihrer spezifischen Funktion zu einem teilweise autonomen Zeichensystem zu entwickeln. Aus synchroner Perspektive besteht keine Priorität einer Sprachnorm gegenüber der anderen, sie sind funktional komplementär. In der Orthographie sieht Vachek eine Art Brücke zwischen der gesprochenen und der geschriebenen Norm. Voraussetzung ist eine gewisse Parallelität der Strukturen. Der Übergang ist umso leichter, je mehr sich die Strukturen entsprechen. Zwischen Graphemen und Phonemen bestehen Entsprechun-

---

[12] Alarcos Llorach, E. (1968): Les représentations graphiques du langage. In: Martinet, André (Hrsg.): Le Langage. (Encyclopédie de la Pléiade). Paris. S.513-568, hier S.553, vgl. auch S.558 u. 561.

[13] Pike, Kenneth L. (1947): Phonemics: A Technique for Reducing Languages to Writing. Ann Arbor. „A practical orthography should be phonemic. There should be a one-to-one correspondence between each phoneme and the symbolization of that phoneme." (S.208)

gen, Korrespondenzen finden sich aber auch auf anderen sprachlichen Ebenen.[14]

Zwei jüngere Konzeptionen, die von einer relativen Autonomie ausgehen und sich auf die Arbeiten Vacheks beziehen, seien im folgenden kurz vorgestellt:

Die Forschungsgruppe Orthographie der ehemaligen DDR unter Leitung von Dieter Nerius widmet sich insbesondere der Beschreibung und Analyse der deutschen Orthographie. Grundlage bildet die Neufassung und theoretische Fundierung der Prinzipien der Orthographie.[15]

Der theoretische Rahmen basiert auf folgenden Überlegungen: Jede entwickelte Literatursprache tritt in zwei relativ autonomen Existenzweisen auf: als gesprochene und als geschriebene Sprache. Sie erfüllen unterschiedliche funktionale Anforderungen in der Kommunikation. Die Beschreibung der Literatursprache geht von einem Ebenenmodell des Sprachsystems aus. Die Schreibung oder Graphie als formale Seite der geschriebenen Sprache wird als eine Ebene im System der Literatursprache angenommen. Unterschieden werden unilaterale und bilaterale Ebenen. Die unilateralen Ebenen beziehen sich nur auf eine Seite des sprachlichen Zeichens. Es handelt sich um die phonologische, die graphische und die semantische Ebene. Bilaterale Ebenen, die sich auf beide Seiten des sprachlichen Zeichens beziehen, sind die morphematische, die lexikalische, die syntaktische und die Textebene. Auf dieser Grundlage wird das orthographische Prinzip als „Ausdruck der Beziehungen der graphischen Ebene zu den anderen Ebenen des Sprachsystems" definiert.[16]

Besondere Bedeutung kommt zwei Grundprinzipien zu: dem phonologischen und dem semantischen. Das phonologische Grundprinzip bezeichnet die Beziehungen zwischen Elementen der graphischen Ebene und der phonologischen Ebene. Zwischen den Einheiten dieser beiden Ebenen besteht eine mehr oder weniger ausgeprägte Parallelität. Das phonologische Grundprinzip steht im Dienst der Aufzeichnungsfunktion der Schreibung. Das semantische Grundprinzip bezeichnet die Beziehungen der graphischen Ebene zur semantischen Ebene, die durch die Bedeutungsseite der bilateralen Ebenen gebildet wird. Es dient der Er-

---

[14] Vgl. Rolffs (1980), S.269 ff., Deutsche Orthographie. (1987), S.46 ff.

[15] Vgl. hierzu insbes.: Deutsche Orthographie. (1987); Nerius, Dieter (1986): Zur Bestimmung und Differenzierung der Prinzipien der Orthographie. In: Augst, Gerhard (Hrsg.): New Trends in Graphemics and Orthography. Berlin, New York, S.11-24; Rahnenführer, Ilse (1980): Zu den Prinzipien der Schreibung des Deutschen. In: Nerius, Dieter u. Jürgen Scharnhorst (Hrsg.): Theoretische Probleme der deutschen Orthographie. Berlin, S.231-259; dies. (1989): Nochmals zum Status der Prinzipien in der Orthographie. In: Eisenberg, Peter und Hartmut Günther (Hrsg.): Schriftsystem und Orthographie. Tübingen, S.283-296.

[16] Nerius (1986), S.18.

fassungsfunktion der Graphie. Damit werden in der Orthographie einerseits Gegebenheiten der Lautstruktur wiedergegeben, andererseits werden Bedeutungen gekennzeichnet.

Die Grundprinzipien realisieren sich in der Orthographie immer in verschiedenen Einzelprinzipien. Dem phonologischen Grundprinzip untergeordnet werden:
- das phonematische Prinzip (Beziehungen von Phonemen und Graphemen)
- das syllabische Prinzip (Beziehungen von Silben und graphischen Wortsegmenten bei der Worttrennung)
- das intonatorische Prinzip (Beziehungen zur Satzintonation)

Das phonematische Prinzip stellt den wichtigsten Bestandteil des phonologischen Grundprinzips dar.

Das semantische Grundprinzip gliedert sich in folgende Prinzipien:
- das morphematische Prinzip (Beziehungen der Morphembedeutung zur graphischen Morphemform, die semantische Identität des Morphems wird durch eine konstante graphische Morphemform unterstützt)
- das lexikalische Prinzip (Beziehungen zwischen der graphischen Form und der Bedeutungsseite der Wörter bzw. Lexeme, z.Bsp. Spatien, Großschreibung der Wortklasse der Substantive)
- das syntaktische Prinzip (Beziehungen der Bedeutungsseite der Einheiten der syntaktischen Ebene zur graphischen Ebene, z.Bsp. Interpunktion)
- das textuale Prinzip (Beziehungen der textsemantischen Einheiten zur graphischen Ebene, inhaltlich-hierarchische Gliederung des Textes)

Eine grundlegende Rolle innerhalb des semantischen Grundprinzips spielt das morphematische Prinzip. In der Schreibung der deutschen Literatursprache ist das morphematische Grundprinzip ebenso grundlegend wie das phonematische. Anderen Einzelprinzipien kommt eine beschränktere Bedeutung zu.

In einem Aufsatz von 1989 differenziert Ilse Rahnenführer Prinzipien der Schreibung und orthographische Prinzipien und unterscheidet damit die universalen Charakteristika von Alphabetschriften und die spezifische Ausprägung einzelner Schriftsysteme:

> Der Begriff Prinzip der Schreibung erfaßt allgemeine Grundsätze der Schreibung. Diese Prinzipien sind die Widerspiegelung von allgemeinen Beziehungen, die für alle Sprachen mit Graphemschrift zutreffen, denn hier ist immer ein Bezug zur Lautung und zur Bedeutung notwendig. Dem entsprechen die beiden Grundprinzipien und die ihnen zuzuordnenden Einzelprinzipien. Da die Schreibung jeweils zwei wesentliche Funktionen hat, die Aufzeichnungs- und die Erfassungsfunktion, müssen bei den der Schreibung zugrunde liegenden Prinzipien beide Funktionen ihre Berücksichtigung finden. Insofern muß in der Schreibung jeweils ein Bezug zur

phonologischen Ebene und zur semantischen Ebene deutlich werden. Es muß aber nicht notwendigerweise ein ganz bestimmter Bezug sein. Diese Prinzipien der Schreibung widerspiegeln allgemeine, in der genannten Hinsicht notwendige und damit wesentliche Zusammenhänge. Sie können in den verschiedenen Sprachen mit Graphemschrift in unterschiedlicher Weise ausgeprägt sein, ebenso in den verschiedenen Etappen der Entwicklung einer Sprache.[17]

Die orthographischen Prinzipien hingegen beziehen sich auf die Norm der Schreibung einer bestimmten Sprache zu einem bestimmten Zeitpunkt.

Die Annahme einer relativen Autonomie der Schreibung bildet auch die Grundlage der Arbeiten von Nina Catach und der von ihr geleiteten CNRS-Forschungsgruppe HESO (Histoire et structure des orthographes et systèmes d'écriture), die sich seit den 70er Jahren insbesondere der Beschreibung der französischen Orthographie widmen.[18]

N. Catach geht davon aus, daß Schriftsysteme in aller Regel Mischsysteme darstellen; sie beinhalten in unterschiedlichem Umfang Elemente der ersten und der zweiten Gliederung der Sprache. Alphabetschriftsysteme wie zum Beispiel die Orthographien des Französischen, Englischen und Deutschen sind zwar im wesentlichen kenemischer Natur, sie verfügen jedoch auch über pleremische Elemente. N. Catach charakterisiert sie folgendermaßen:

> [...] a mixture (compound) of „empty" signs (or more or less empty), and of „full" signs, carrying a type of information which is not only distinctive, but also significant. These languages constitute mixed systems, not only because they make use of such subsystems as punctuation, figures, etc., but also for two other reasons: coexistence of cenemes and pleremes, and coexistence of a communication linked to orality and another one based on visuality.[19]

Die Grapheme zeichnen sich daher durch ihre mögliche Polyvalenz aus: Sie können in Relation zu verschiedenen Subsystemen der Sprache stehen. Die Beschreibung der französischen Orthographie als Prototyp ei-

---

[17] Rahnenführer (1989), S.289 f.

[18] Vgl. zu den folgenden Ausführungen insbes.: Catach, Nina (1985): L'écriture et le signe plérémique. In: Modèles Linguistiques 7/2. S.53-71; dies. (1986): The grapheme: its position and its degree of autonomy with respect to the system of the language. In: Augst, Gerhard (Hrsg.): New Trends in Graphemics and Orthography. Berlin, New York. S.1-10; dies. (1988): L'écriture en tant que plurisystème, ou théorie de L prime. In: Dies. (Hrsg.): Pour une théorie de la langue écrite. Paris. S.243-259; dies.(1990): Französisch: Graphetik und Graphemik. In: Holtus, Günter; Michael Metzeltin u. Christian Schmitt (Hrsg.): Lexikon der Romanistischen Linguistik. Band V,1. Tübingen. S.46-58.
Zur französischen Orthographie vgl. Kap. III.3.2.3.3. und die dort angegebene Literatur.

[19] Catach (1986), S.4.

nes solchen Mischsystems wird in Kapitel III dargestellt, da sie die Grundlage von Vorschlägen für eine Orthographiereform bildet.

3. Der autonomietheoretische Ansatz geht davon aus, daß die Schreibung als ein von der gesprochenen Sprache unabhängiges System aufzufassen ist.

Ein Wegbereiter dieses Ansatzes ist die Glossematik. In der Konzeption von Hjelmslev und Uldall bilden die gesprochene und die geschriebene Sprache zwei Ausdrucksformen einer Sprache, die gleichberechtigt nebeneinander stehen. Beide Ausdrucksformen sind unterschiedlich strukturiert, beziehen sich jedoch auf eine gemeinsame Inhaltsform, womit die Einheit der Sprache begründet wird. Die Beziehungen zwischen beiden Ausdrucksformen der Sprache sind für die Glossematiker zumeist von sekundärem Interesse; in der Weiterentwicklung der Theorie durch Haas werden sie in den Rahmen einer Übersetzungstheorie gestellt.[20]

Das Graphem wird als kleinste distinktive Einheit eines Schriftsystems unabhängig vom phonologischen System definiert, wobei zur Ermittlung der Grapheme in methodologischer Analogie zur Phonologie verfahren wird.

Auf der Grundlage eines autonomietheoretischen Ansatzes hat Jacques Anis eine Beschreibung der französischen Orthographie vorgelegt.[21] Die folgende Hypothese bildet den Ausgangspunkt seiner Untersuchung:

> [...] une langue dotée d'une forme graphique dispose de deux formes d'expression; la forme écrite et la forme parlée divergent au niveau des unités distinctives [...] et des marqueurs syntaxico-énonciatifs [...]; le reste du système linguistique demeure grosso modo inchangé: syntaxe et lexique, à la réserve près – réserve capitale il est vrai – de différenciations de nature communicationnelle [...][22]

Entsprechend der strukturalistischen Vorgehensweise ermittelt er Grapheme und zeigt deren Distribution auf. Dabei werden drei Arten von Graphemen unterschieden:

- „alphagrammes" sind die kleinsten distinktiven Einheiten der französischen Orthographie, sie entsprechen im wesentlichen den Buchstaben. Ausgehend von der Silbe, die sich in der Worttrennung am Zeilenende manifestiert, unterscheidet er zwei Klassen von „alphagrammes": „nodes" können allein eine Silbe bilden und stellen das Zentrum der Silbe dar, „sates" bilden die Peripherie der Silbe.

---

[20] Zur glossematischen Konzeption vgl. Rolffs (1980), S.161 ff.; Glück (1987), S.86 ff.

[21] Vgl. insbes.: Anis, Jacques (1988 a): L'Ecriture: théorie et descriptions. Bruxelles; ders. (1988 b): Une graphématique autonome? In: Catach, Nina (Hrsg.): Pour une théorie de la langue écrite. Paris. S.213-223.

[22] Anis (1988 a), S.145.

- „topogrammes" werden folgendermaßen definiert: „graphème ponctuo-typographique, qui contribue à la production du sens, en tant qu'organisateur de la séquentialité et indicateur syntagmatique et énonciatif".[23] Es handelt sich um Interpunktionszeichen, Spatien, Unterstreichung und typographische Varianten der Buchstaben.
- „logogrammes" sind Grapheme, die Bedeutungseinheiten entsprechen, zum Beispiel Zahlen und Abkürzungen.

Die Untersuchung der Bezüge zwischen der Orthographie und der gesprochenen Sprache wird als „discipline auxiliaire" bezeichnet; es lassen sich „règles de transposition" ermitteln. Die Korrespondenzen zwischen Graphemen und Phonemen werden dabei einer Relativierung unterzogen, sie spielen nach Ansicht von Anis im Umgang mit der Orthographie eine völlig untergeordnete Rolle.

> [...] le passage de l'oral à l'écrit et de l'écrit à l'oral suppose l'appropriation du sens: le niveau minimal de transposition est le niveau morphématique et non – par exemple – le niveau alphagrammes-phonèmes.[24]

Bezüge bestehen zwischen „alphagrammes" und Phonemen, zwischen „topogrammes" und Prosodemen (zum Beispiel im Fall von Interpunktion und Intonation) sowie zwischen „logogrammes" und Phonemen.

Die autonomietheoretische Konzeption wirft eine ganze Reihe von Fragen auf, von denen hier nur zwei kurz angesprochen werden sollen:

1. Nicht immer wird deutlich, ob die Autonomie im Sinne einer der Schreibung inhärenten Eigenschaft oder als Prinzip der Analyse aufgefaßt wird.
2. Es stellt sich die Frage, ob sich der Bezug zum Lautsystem der betreffenden Sprache völlig ausklammern läßt. Bei der Lektüre der Untersuchung von Anis kann man sich des Eindrucks kaum erwehren, daß die graphische Silbe aus der gesprochenen abgeleitet wird und die „nodes" und „sates" aufgrund der Relation von Buchstaben und Vokal- bzw. Konsonantenphonemen ermittelt werden.

Die verschiedenen theoretischen Positionen zur Relation von Schreibung und gesprochener Sprache implizieren verschiedene Haltungen zur Frage der Orthographiereform und Verschriftung von Sprachen. Vertreter der Dependenzhypothese plädieren für eine Reform in Richtung einer phonologischen Schreibung und im Fall der Neuverschriftung für die weitestgehende Annäherung an das Ideal der Biunivozität. Die Konzeption der relativen Autonomie führt bezüglich einer Reform zu mehr Zurückhaltung insofern, als der Graphie der Bezug zu verschiedenen sprachlichen Ebenen und eigenständige Funktionen zugesprochen wer-

---

[23] Anis (1988 a), S.246.
[24] Anis (1988 a), S.150.

den. Für die Erstverschriftung stellt sich die Frage, inwiefern über die phonologische Ebene hinaus weitere sprachliche Ebenen berücksichtigt werden sollten. Aus der Sicht des autonomietheoretischen Ansatzes können verschiedene Schriftsysteme als für eine Sprache gleichermaßen adäquat betrachtet werden. So schreibt Anis:

> Rien n'empêche [...] d'inventer de nouvelles prononciations, de nouvelles orthographes ou de nouveaux systèmes d'expression, pourvu que le nombre d'unités d'expression suffise à évoquer les unités de contenu correspondantes. Cette liberté sémiotique ruine donc l'idée d'une inadéquation de l'orthographe à la parole [...][25]

Aus praktischen Gründen werden jedoch auch Entsprechungen zwischen der phonischen und der graphischen Realisierung der Sprache befürwortet.

Freilich stellt sich die Frage aus der Perspektive der Erstverschriftung anders als aus derjenigen eines historisch gewachsenen Schriftsystems. In der Anfangsphase der Verschriftung von Alphabetschriften sind Dependenzverhältnisse evident. Die Konzeption einer strikten Autonomie ist nur bei hochentwickelten und durchgängig normierten Schriftsystemen denkbar.

Schließlich ist die Frage nach der idealen Graphie aber nicht allein abhängig von einer theoretischen Konzeption, sondern muß vor allem in Relation zur Struktur des jeweiligen Sprachsystems gesehen werden.

I.2. Lesen und Schreiben

Die Beurteilung einer Orthographie kann nicht ausschließlich aufgrund der Analyse des Schriftsystems und seiner Relation zum betreffenden Sprachsystem erfolgen; es stellt sich darüberhinaus vor allem die Frage, was ein Schriftsystem bezüglich der an es gestellten Anforderungen leistet. Drei Fragestellungen stehen im Zentrum:

- Wie effizient ist ein Schriftsystem für den Leser?
- Welche Anforderungen stellt es an den Schreibenden?
- Wie leicht ist es erlernbar?

Es handelt sich um verschiedene Anforderungen, die miteinander in Konflikt stehen. Eine optimale Graphie sieht von seiten der produktiven Beherrschung anders aus als von seiten der rezeptiven Verarbeitung, und Anfänger stellen andere Ansprüche als geübte Leser und Schreiber. Schriftsysteme können angesichts dieser divergierenden Ansprüche immer nur Kompromißlösungen darstellen.

---

[25] Anis (1988 a), S.51.

Beim Schreiben spielt die Zuordnung von Lauten und Schriftzeichen eine wichtige Rolle; dies geht schon daraus hervor, daß viele Rechtschreibfehler lautlich motiviert sind.[26] Ein phonologisch flaches Schriftsystem, das auf einer biunivoken Relation zwischen Phonemen und Schriftzeichen beruht, ist für den Schreibenden leicht zu handhaben. Die Kenntnis der der Orthographie zugrundeliegenden Aussprache führt zur korrekten Schreibung.

Beim Erlernen des Lesens und Schreibens kommen Phonem-Graphem-Korrespondenzen ebenfalls zentrale Bedeutung zu; dies gilt zumindest für das Schreiben-Lernen, für das Erlernen des Lesens ist es nicht unumstritten.[27] Daß für den Anfänger eine phonologische Graphie von Vorteil ist, zeigt der Erfolg von Anfängeralphabeten phonologischer Ausrichtung, die zum Beispiel in französischem und englischem Sprachgebiet für die erste Phase des Erlernens vor dem Übergang zur traditionellen Orthographie Verwendung finden.[28]

Von seiten des Lesers werden andere Ansprüche an ein Schriftsystem gestellt; im Vordergrund steht ein möglichst rasches Erfassen der Bedeutung. Man kann daher annehmen, daß Charakteristika von Schriftsystemen, die vom phonologischen Prinzip abweichen zugunsten der Darstellung anderer sprachlicher Ebenen und damit einen direkten Zugang zur Bedeutung ermöglichen, der Erfassungsfunktion der Schreibung entgegenkommen, dazu gehören etwa Spatien, Morphemkonstanz, Homonymendifferenzierung, Groß- und Kleinschreibung und Interpunktion.

Raible zeigt in einer historischen Untersuchung, daß sich in der Entwicklung alphabetischer Schriftsysteme eine zunehmende Ausrichtung auf die Interessen des Lesers erkennen läßt.[29] Griechische und lateinische Texte verwenden zunächst eine relativ lautgetreue Graphie; mit Ausnahmen vor allem im Bereich der Epigraphik und früher lateinischer Texte sind sie in scriptio continua geschrieben. Erst allmählich finden sich Ansätze zu einer Markierung von Wortgrenzen und Interpunktion.

---

[26] Vgl. hierzu Frith, Uta (1983): Psychologische Studien zur Rolle der Orthographie beim Lesen und Schreiben. In: Günther, Klaus B. u. Hartmut Günther (Hrsg.): Schrift, Schreiben, Schriftlichkeit. Arbeiten zur Struktur, Funktion und Entwicklung schriftlicher Sprache. Tübingen. S.119-131, hier S.128.

[27] Vgl. Aaron, P.G. (1989): Dyslexia and Hyperlexia. Diagnosis and Management of Developmental Reading Disabilities. Dordrecht, Boston, London. S.67 ff.

[28] Vgl. etwa Martinet, André (1976): L'accès à la lecture et à l'écriture par l'Alfonic. In: Bentolila, Alain (Hrsg.): Recherches actuelles sur l'enseignement de la lecture. Paris. S.134-146.

[29] Vgl. Raible (1991 a); vgl. auch Raible, Wolfgang (1991 b): Die Semiotik der Textgestalt. Erscheinungsformen und Folgen eines kulturellen Evolutionsprozesses. Abhandlungen der Heidelberger Akademie der Wissenschaften. Philosophisch-historische Klasse. Jahrgang 1991. 1. Abhandlung. Heidelberg.

Im Bereich der Lateinschrift wird die systematische Worttrennung durch Spatien während des 8. Jahrhunderts in England und Irland eingesetzt und verbreitet sich im 9. Jahrhundert auf dem Kontinent. In Texten des 7., 8. und 9. Jahrhunderts finden sich zunehmend Interpunktionszeichen. Eine wichtige Etappe auf dem Weg zur heutigen Schreibtradition stellt die Scholastik dar. Mit den schreibtechnischen Neuerungen verbreitet sich im 13. Jahrhundert allgemein die Praxis des leisen Lesens und löst das lange Zeit übliche laute Lesen ab. Auch die Herausbildung einer Flächen-Koinè oder die Durchsetzung der Scripta einer Region, die Entwicklung des morphologisch-semantischen Prinzips sowie die Hervorhebung bestimmter Wortarten durch Majuskeln am Wortanfang stehen im Dienst einer Verbesserung der Lesbarkeit.

Zur Perspektive des Lesens soll auch ein Blick auf die Ergebnisse der experimentellen Leseforschung geworfen werden.[30] Grundlegend ist die Beobachtung, daß sich der Lesevorgang nicht auf das „Auflesen" der einzelnen Buchstaben und ihre Übersetzung in Laute reduzieren läßt. Die Frage nach den Verarbeitungsebenen und den Verarbeitungseinheiten im Leseprozeß des geübten Lesers bilden zentrale Problemstellungen der experimentellen Leseforschung.

Bezüglich der Verarbeitungsebenen stellt sich die Frage, ob Wörter notwendigerweise in Lautfolgen rekodiert werden müssen, bevor ihre Bedeutung erfaßt wird, oder ob der Zugriff zum mentalen Lexikon direkt ohne den Umweg über die Lautsprache erfolgt. Experimente, die darauf angelegt sind, in visuellen Leseaufgaben lautsprachliche Einflüsse nachzuweisen, und Befunde der Neuropsychologie, die auf der Untersuchung verschiedener Dyslexien beruhen, führen zu folgenden Ergebnissen: Ein direkter Zugang zur Wortbedeutung ist mit Sicherheit möglich, phonologisches Rekodieren kann daher nicht obligatorisch sein. Andererseits lassen sich jedoch auch beim leisen Lesen phonetisch-phonologische Effekte beobachten.

Die Frage, ob und inwieweit das phonologische Rekodieren im Leseprozeß des geübten Lesers von Bedeutung ist, ist noch immer umstritten. In seinem Überblick über Probleme und Ergebnisse der experimentellen Leseforschung von 1983 schreibt Scheerer:

---

[30] Vgl. für einen Überblick: Scheerer, Eckart (1978): Probleme und Ergebnisse der experimentellen Leseforschung. In: Zeitschrift für Entwicklungspsychologie und pädagogische Psychologie X,4. S.347-364, wieder abgedruckt in: Günther, Klaus B. u. Hartmut Günther (Hrsg.) (1983): Schrift, Schreiben, Schriftlichkeit. Arbeiten zur Struktur, Funktion und Entwicklung schriftlicher Sprache. Tübingen. S.89-103; ders. (1983): Probleme und Ergebnisse der experimentellen Leseforschung – Fünf Jahre später. In: Günther/Günther (Hrsg.), S.105-118; Günther, Hartmut (1988): Schriftliche Sprache. Strukturen geschriebener Wörter und ihre Verarbeitung beim Lesen. Tübingen. S.99 ff.; Aaron (1989), S.37 ff.

> [...] man hat Mühe, den schlüssigen Nachweis zu führen, daß lexikalische Eintragungen jemals auf dem Wege der Aktivierung eines phonologischen Codes angesteuert werden.

Er spricht von der Herausbildung eines Konsenses,

> [...] wonach der lexikalische Zugriff grundsätzlich direkt, d.h. ohne phonologische Vermittlung erfolgt, jedoch mit einer automatischen post-lexikalischen Aktivierung eines phonologischen Codes verbunden ist.[31]

Aaron hingegen betont in einem Forschungsbericht aus dem Jahr 1989 die Wichtigkeit sowohl des phonologisch vermittelten Zugangs zur Bedeutung und der Graphem-Phonem-Korrespondenzen als auch des direkten lexikalischen Zugriffs, dies zumal dann, wenn man über die Untersuchung des Erkennens einzelner Wörter hinausgeht und das Lesen von Texten berücksichtigt.[32]

Eine Integration beider Verfahren bildet die Grundlage der Zwei-Prozeß-Theorie, deren einflußreichste Version von Coltheart stammt. Sie geht davon aus, daß der direkte Zugang zur Wortbedeutung und der über Phonem-Graphem-Korrespondenzen vermittelte parallel und unabhängig voneinander ablaufen. Zwischen beiden Prozessen findet eine Art Wettlauf statt, wobei der langsamere Prozeß abbricht, sobald der schnellere den Lexikoneintrag erreicht hat. Schneller ist in der Regel der direkte lexikalische Zugriff. Ende der 70er Jahre bestand ein weitgehender Konsens hinsichtlich eines solchen Zwei-Prozeß-Modells des Worterkennens; inzwischen wird es kritischer betrachtet. Jüngere Arbeiten, die an einem Zwei-Prozeß-Modell festhalten, betonen vor allem die Interaktion zwischen beiden Prozessen und nehmen an, daß der indirekte Zugang zur Bedeutung nicht ausschließlich auf Graphem-Phonem-Zuordnungen, sondern auch auf größeren Einheiten basieren kann.[33]

Daß in der Frage nach den Verarbeitungseinheiten dem Wort entscheidende Bedeutung zukommt, wurde bereits 1885 von Cattell entdeckt. Nach einer kurzzeitigen Darbietung können nur 4 bis 5 isolierte Buchstaben wiedergegeben werden, aber 15 bis 20, sofern es sich um Wörter handelt. Ganze Wörter werden auch dann noch richtig erkannt, wenn dies für einzelne Buchstaben nicht mehr möglich ist. Versuche, den „Wortüberlegenheits-Effekt" zu erklären, stehen im Zentrum der Worterkennungsforschung. Gesamtform- und Ratetheorien, die zunächst zur Erklärung herangezogen wurden, gelten inzwischen als widerlegt. Man nimmt an, daß Wörter nicht als unanalysierte Ganze wahrgenom-

---

[31] Scheerer (1983), S.111 f.

[32] Vgl. Aaron (1989), S.73 ff.

[33] Vgl. Paap, K.R. u. R.W. Noel (1991): Dual-route models of print to sound: Still a good horse race. In: Psychological Research 53.1. S.13-24. Für eine kritische Evaluierung der Zwei-Prozeß-Theorie s. Humphreys, Glyn W. u. Lindsay J. Evett (1985): Are there independent lexical and nonlexical routes in word processing? An evaluation of the dual-route theory in reading. In: Behavioral and Brain Sciences 8. S.689-740.

men werden, sondern daß sich die visuelle Analyse auf Einheiten stützt, die größer sind als einzelne Buchstaben, jedoch nicht ganzen Wörtern entsprechen. Die Frage, um welche Art von Einheiten es sich handelt, ist weitgehend ungeklärt. In der Diskussion sind „spelling patterns", orthographisch regelmäßige Gruppen sowie Silben. Diese werden inzwischen jedoch eher skeptisch betrachtet, und in jüngerer Zeit steht vor allem der morphologische Aufbau im Blickpunkt des Interesses. Experimente zeigen, daß die morphologische Analyse im Verlauf des Worterkennens eine gewisse Rolle spielt; der Status der morphologischen Gliederung ist jedoch noch nicht geklärt.[34]

Die Versuche der experimentellen Leseforschung wurden in ihrer überwiegenden Mehrheit anhand der englischen Orthographie durchgeführt. Erst neuere Arbeiten widmen sich verstärkt auch der Untersuchung des Lesens anderer Schriftsysteme und befassen sich mit dem Problem, inwieweit der Leseprozeß abhängig von der Struktur des jeweiligen Schriftsystems ist. Für Alphabetschriftsysteme stellt sich die Frage, ob phonologisch tiefe Schriftsysteme anders gelesen werden als phonologisch flache.

Eine 1982 veröffentlichte Arbeit von Sartori und Masutto, die sich der phonologisch flachen italienischen Orthographie widmet, kommt zu folgendem Ergebnis: Auch im Italienischen kann das Worterkennen sowohl auf direkte als auch auf indirekte Weise erfolgen; der phonologisch vermittelte Zugang zur Wortbedeutung ist zum Teil jedoch schneller als der visuelle.[35]

1987 publizieren Katz, Frost und Bentin eine Studie, die sich mit den Schriftsystemen des Hebräischen, des Englischen und des Serbokroatischen befaßt. Diese können bezüglich ihrer Tiefe auf einem Kontinuum angeordnet werden, an dessen einem Pol das Hebräische als besonders tiefes System steht, am anderen Pol befindet sich die serbokroatische Orthographie, die phonologisch flach ist, das Englische nimmt hier eine Mittelposition ein. Die Resultate zeigen, daß die beiden Zugangswege zur Bedeutung in allen Schriftsystemen zur Verfügung stehen. Ein Einfluß der orthographischen Tiefe besteht insofern, als in einem tiefen System der direkte Zugriff überwiegt, während bei einer flachen Schreibung wie dem Serbokroatischen der phonologisch vermittelte Zugang

---

[34] Vgl. hierzu Henderson, Leslie (1986): From morph to morpheme: the psychologist gaily trips where the linguist has trodden. In: Augst, Gerhard (Hrsg.): New Trends in Graphemics and Orthography. Berlin, New York. S.197-217; Katz, L.; K. Rexer u. G. Lukatela (1991): The processing of inflected words. In: Psychological Research 53.1. S.25-32; Feldman, L.B. (1991): The contribution of morphology to word recognition. In: Psychological Research 53.1. S.33-41.

[35] Vgl. Sartori, G. u. S. Masutto (1982): Visual access and phonological recoding in reading Italian. In: Psychological Research 44. S.243-256.
Derselben Auffassung sind Paap/Noel (1991), vgl. S.22 f.

zur Bedeutung im Vordergrund steht. Die Autoren sehen damit ihre Ausgangshypothese bestätigt:

> [...] lexical word recognition in a shallow orthography is mediated primarily by phonemic cues generated prelexically by grapheme-to-phoneme translation. In contrast, lexical access for word recognition in a deep orthography relies strongly on orthographic cues, whereas phonology is derived from the internal lexicon.[36]

Welche Schlüsse erlauben die – hier sehr verkürzt vorgetragenen – Ergebnisse der Worterkennungsforschung? Ein direkter Zugang zur Bedeutung ist in allen Schriftsystemen möglich. Der Anteil, der der Zuordnung von Graphemen zu Phonemen und dem phonologischen Rekodieren im Leseprozeß des geübten Lesers zukommt, ist ungeklärt, doch scheint hier die Struktur des Schriftsystems entscheidenden Einfluß zu haben. Dem Wort kommt beim Lesen zentrale Bedeutung zu; es gibt Hinweise dafür, daß die morphologische Gliederung im Verlauf des Leseprozesses eine Rolle spielt. Diese Beobachtungen lassen sich zur Stützung von phonologisch tiefen Schriftsystemen heranziehen. Die Forschungen der kognitiven Psychologie zum komplexen Prozeß des Lesens sind jedoch noch nicht so weit, daß sie die Frage beantworten könnten, inwieweit die Struktur von Schriftsystemen dem Lesen zuträglich ist oder den Leseprozeß erschwert.

I.3. „Außersprachliche" Faktoren

Die theoretischen Positionen zur Relation von Sprachsystem und Schriftsystem sowie die Vor- und Nachteile, die eine Schreibung für das Lesen, das Schreiben und das Erlernen aufweist, bilden zentrale Kriterien für die Beurteilung eines Schriftsystems. Eine Untersuchung von Orthographie-Diskussionen, die ausschließlich auf diese Aspekte gerichtet ist, würde jedoch zu kurz greifen.

Schriftsysteme stellen für die jeweiligen Gesellschaften wichtige Institutionen dar; vor allem in hochliteraten Gesellschaften mit einer durchgängig normierten Orthographie, deren Abweichungen als Fehler sank-

---

[36] Katz, Leonard; Ram Frost u. Shlomo Bentin (1987): Strategies for visual word recognition and orthographical depth: a multilingual comparison. In: Journal of experimental psychology: human perception and performance 13.1. S.104-115, hier S.113.
Zu einer anderen Folgerung als die hier referierten Arbeiten kommen Turvey, Feldman und Lukatela anhand von Experimenten mit der serbokroatischen Orthographie. Ihres Erachtens ist das Lesen dieser sehr flachen Schreibung an eine phonologische Rekodierung gebunden. Vgl. Turvey, M.T.; L.B. Feldman u. G. Lukatela (1984): The Serbo-Croatian orthography constrains the reader to a phonologically analytic strategy. In: Henderson, L. (Hrsg.): Orthographies and Reading – Perspectives from Cognitive Psychology, Neuropsychology, and Linguistics. London. S.81-89.

tioniert werden, bilden sie einen Teil des gesellschaftlichen Normenkodexes.

Sie sind wesentlicher Bestandteil des Kulturguts einer Gesellschaft und stellen ein identitätsstiftendes Element einer Sprachgemeinschaft dar. Schriftzeichen und ganze Schriftsysteme können Symbolcharakter haben und konnotative Funktionen aufweisen.[37] Besonders offensichtlich wird dieser Zusammenhang in der Tatsache, daß viele verbreitete Schriftarten historisch mit Religionen in Verbindung stehen.[38] Aber auch innerhalb einer Schriftart, etwa der hier behandelten Alphabetschriften lateinischer Ausprägung, kann die Eigenständigkeit eines Schriftsystems herausgestellt werden oder aber seine Zugehörigkeit zu anderen Schriftsystemen und damit seine Verbindung zu kulturellen oder politischen Gemeinschaften.

In Auseinandersetzungen um die ideale Schreibung – sowohl im Fall der Erstverschriftung als auch der Reform etablierter Orthographien – können daher neben den erläuterten systematischen Aspekten eine ganze Reihe weiterer Faktoren einfließen, so vor allem soziale, ideologische, politische, emotionale und ästhetische. Gesichtspunkte dieser Art werden im Rahmen der vorliegenden Arbeit unter dem Terminus „außersprachlich" zusammengefaßt.

In der wissenschaftlichen Literatur finden die genannten Faktoren und ihr Einfluß auf die Herausbildung und Entwicklung von Schreibsystemen im großen und ganzen noch wenig Beachtung.[39] Betont wird die Bedeutung dieser Faktoren besonders im Rahmen von Arbeiten, die sich mit der Erstverschriftung oraler Sprachen befassen. So räumt etwa Smalley kulturellen, sozialen und politischen Gesichtspunkten unter fünf Kriterien zur Erstellung von Schriftsystemen im Hinblick auf ihre Akzeptanz den ersten Platz ein.[40] Auch Fishman teilt diese Ansicht, wenn er zum

---

[37] Vgl. hierzu Harweg, Roland (1989): Schrift und sprachliche Identität. Zur konnotativen Funktion von Schriftzeichen und Orthographien. In: Eisenberg, Peter und Hartmut Günther (Hrsg.): Schriftsystem und Orthographie. Tübingen. S.137-162; Schroeder, Klaus-Henning (1981): Schrifttheorie und Konnotation der Schriftzeichen. In: Kotschi, Thomas (Hrsg.): Beiträge zur Linguistik des Französischen. Tübingen. S.123-140, hier S.133 ff.

[38] Vgl. hierzu Glück (1987), S.113 ff.

[39] Der Untersuchung des Zusammenwirkens von inner- und außersprachlichen Faktoren bei der Herausbildung und Entwicklung romanischer Schriftsysteme widmet sich Trudel Meisenburg; vgl. Meisenburg, Trudel (1989): Romanische Schriftsysteme im Vergleich: Französisch und Spanisch. In: Eisenberg, Peter und Hartmut Günther (Hrsg.): Schriftsystem und Orthographie. Tübingen. S.251-265; dies. (1992 a): Inner- und außersprachliche Faktoren als Determinanten bei der Gestaltung von Schriftsystemen: Eine Analyse am Beispiel einiger neu verschrifteter Sprachen (Rumänisch, Katalanisch, Okzitanisch). Erscheint in: Werner, O. (Hrsg.): Probleme der Graphie. Tübingen.

[40] Smalley, William A. (1963 b): How Shall I Write This Language? In: Ders. et al.: Orthography Studies Articles on New Writing Systems. London. S.31-52, hier S.35 ff.; vgl.

Beispiel schreibt: „The major determinants of the success of efforts to create and revise writing systems are of a socio-cultural rather than of a technical linguistic order."[41]

---

etwa auch Berry, Jack (1977): 'The Making of Alphabets' Revisited. In: Fishman, J. (Hrsg.): Advances in the creation and revision of writing systems. Den Haag. S.3-16; Coulmas (1989), S.225 ff.

[41] Fishman, Joshua A. (1988): The Development and Reform of Writing Systems. In: Sociolinguistics. An International Handbook. Berlin, New York. S.1643-1650, hier S.1648.

II. Die Orthographie-Diskussion in der Karibik

II.1. Einleitung

Erste Verschriftungen von Kreolsprachen sind aus dem 17. Jahrhundert überliefert. Sie finden sich in Aufzeichnungen von Reisenden, Missionaren und Schriftstellern, die über neue Sprachformen in den Kolonien berichten und kreolische Abschnitte einfügen, um auf Unterschiede zum Französischen hinzuweisen und das spezifische Lokalkolorit wiederzugeben. Umfassendere, selbständige Texte entstehen seit der Mitte des 18. Jahrhunderts und nehmen mit dem 19. Jahrhundert beständig zu. Hierbei handelt es sich zumeist um Aufzeichnungen von Erzählungen, Sprichwörtern und Liedern, Gedichte sowie religiöse Texte.

Sehr viel jünger ist die Forderung nach dem systematischen Gebrauch des geschriebenen Kreol, die sich auf verschiedene Faktoren zurückführen läßt: Die Emanzipationsbestrebungen der antillanischen Kultur durch „Indigénisme" und „Négritude" seit den 30er Jahren lenken in ihrer Folge die Aufmerksamkeit auf die Kreolsprachen, die als ein wesentliches Element der eigenen antillanischen Identität in Absetzung zum dominierenden europäischen Modell erfahren werden. Die Forderung nach der Aufwertung der Kreolsprachen und der Ausweitung ihres Gebrauchs verbindet sich mit derjenigen nach ihrer Verschriftung, Standardisierung und Instrumentalisierung. Einen weitereren Faktor stellen Probleme praktischer Natur dar: Der sehr verbreitete Analphabetismus insbesondere in Haiti und St.Lucia, enorm hohe Schulversagerquoten in den französischen Übersee-Départements lassen zunehmend Stimmen laut werden, die sich für eine Alphabetisierung in der Muttersprache einsetzen.

Vor allem Haiti und die Départements d'outre mer verfügen heute über eine beachtliche Anzahl kreolischer Texte. Entsprechend groß ist die Zahl der verschiedenen Schriftsysteme und Schreibweisen. Einige Schriftsysteme erfreuen sich bereits einer weiten Verbreitung; Haiti hat seit 1980 eine Orthographie mit offiziellem Status. Die Diskussion um die „richtige" Schreibung der Kreolsprachen ist jedoch nach wie vor virulent. Es gibt verschiedene konkurrierende Ansätze, und in der Praxis der kreolischen Schriftlichkeit finden sich die unterschiedlichsten Schreibweisen.

Die Untersuchung der karibischen Orthographie-Diskussion bezieht sich in erster Linie auf Feldarbeiten, die zwischen Januar und April 1989 in zwei kreolophonen Gebieten, Martinique und St.Lucia, durchgeführt wurden. Diese Gebiete wurden deshalb gewählt, weil auf beiden Inseln eine ähnliche Kreolsprache gesprochen wird; ganz verschieden ist jedoch der sprachliche, soziale und politische Kontext. Martinique ist französisches Übersee-Département, in dem Kreol zwar die gängige Umgangssprache darstellt, die Mehrheit der Bevölkerung jedoch zweisprachig ist. In St.Lucia, das 1979 die Unabhängigkeit erlangt hat und zu den Entwicklungsländern gehört, koexistiert eine Kreolsprache auf französischer Basis mit dem Englischen. Andere Kreolsprachen, insbesondere das Haiti-Kreol, das über die längste Schrifttradition verfügt, werden in die Untersuchung mit einbezogen.

Das vorliegende Kapitel widmet sich zunächst der soziolinguistischen Situation, die für das Verständnis und die Beurteilung der karibischen Orthographie-Diskussion unabdingbar ist. Im Zentrum stehen dann die historischen Phasen der Verschriftung und die Positionen in der aktuellen Diskussion.

II.2. Zur soziolinguistischen Situation

II.2.1. Der Begriff der „Diglossie" als Beschreibungsmodell

In den kreolophonen Gebieten koexistieren als Erbe aus der Kolonialzeit eine Kreolsprache und in der Regel eine europäische Standardsprache. Zur Beschreibung ihres spezifischen Verhältnisses hat sich weitgehend, wenn auch nicht unumstritten, der Begriff der „Diglossie" durchgesetzt. In Verbindung mit der Sprachensituation Griechenlands wird dieser von Psichari bereits zu Beginn unseres Jahrhunderts verwendet. Er wird 1959 von Ferguson aufgenommen und neu definiert.[1] Als klassisches Beispiel für eine Diglossie-Situation nennt er neben dem Arabischen, Neugriechischen und Schweizerdeutschen das Haiti-Kreol. Ferguson bezieht die „Diglossie" auf zwei Varietäten einer Sprache, die er als „high variety" und „low variety" bezeichnet und führt zu ihrer Definition sowohl soziolinguistische als auch linguistische Kriterien an:

> Diglossia is a relatively stable language situation in which, in addition to the primary dialects of the language (which may include a standard or regional standards), there is a very divergent, highly codified (often grammatically more complex) superposed variety, the vehicle of a large and respected body of written literature, either of an earlier period or in another speech community, which is learned largely by formal

---

[1] Ferguson, Charles (1959): Diglossia. In: Word 15. S.325-340. Zur Geschichte des Begriffes vor Ferguson vgl. Jardel, Jean-Pierre (1982): Le concept de 'diglossie' de Psichari à Ferguson. In: Lengas 11. S.5-15.

education and is used for most written and formal spoken purposes but is not used by any sector of the community for ordinary conversation.[2]

Das Konzept der Diglossie wird in der Folge von der nordamerikanischen Soziolinguistik, Arbeiten zum Okzitanischen und Katalanischen sowie der Kreolistik aufgenommen. Dabei erfährt es eine beträchtliche Ausweitung, wird mit zum Teil unterschiedlichen Inhalten gefüllt und daneben vielfach kritisiert. Die Bedingung der Verwandtschaft beider Idiome und die linguistischen Kriterien in der Definition Fergusons treten völlig in den Hintergrund; rezipiert wird in erster Linie die Funktionsverteilung zwischen zwei Idiomen innerhalb einer Sprachgemeinschaft und ihre unterschiedliche soziale Bewertung.[3] Gerade die sozialen Implikationen machen den Begriff für den Bereich der Kreolsprachen interessant, so daß auch Situationen, in denen die koexistierenden Sprachen nicht verwandt sind, als diglossisch beschrieben werden. Die Kritik am Konzept der Diglossie betrifft in erster Linie die folgenden Punkte:

1. Die im Rahmen der Diglossie postulierte Stabilität und Harmonie findet sich in Frage gestellt. Eine Diglossie-Situation geht in der Regel mit Konflikten einher, sowohl in linguistischer als auch in soziokultureller und politischer Hinsicht. Schließlich ist die Diglossie an gesellschaftliche Dominationsverhältnisse gebunden. Valdman zum Beispiel bezeichnet aus diesem Grund die Sprachensituation in Haiti als „diglossie conflictuelle"[4], soziolinguistische Arbeiten zum Katalanischen gehen noch einen Schritt weiter und ersetzen „Diglossie" durch das Konzept des „conflit linguistique"[5].

2. Das bipolare Modell der Diglossie trägt intermediären Varianten und Interferenzerscheinungen zwischen beiden Codes sowie dem Phänomen des Code-Switching nicht in zufriedenstellender Weise Rechnung. Ferguson sieht in diesem Bereich lediglich „relatively uncodified, un-

---

[2] Ferguson (1959), S.336.

[3] Zur Entwicklung des Konzeptes nach Ferguson vgl. insbes.: Tabouret-Keller, Andrée (1978): Bilinguisme et diglossie dans le domaine des créoles français. In: Etudes Créoles 1. S.135-152; Jardel, Jean-Pierre (1979 c): De quelques usages des concepts de bilinguisme et de diglossie. In: Wald, P. et G. Manessy (Hrsg.): Plurilinguisme: normes, situations, stratégies. Paris. S.25-37; Prudent, Lambert-Félix (1980 b): Diglossie ou continuum? Quelques concepts problématiques de la créolistique moderne appliqués à l'archipel caraïbe. In: Gardin, B. et J.-B. Marcellesi (Hrsg.): Sociolinguistique. Approches, théories, pratiques. Paris. S.197-210; Ders. (1981 a): Diglossie et interlecte. In: Langages 61. S.13-38; Kremnitz, Georg (1981): Du „Bilinguisme" au „conflit linguistique": cheminement de termes et de concepts. In: Langages 61. S.63-74.

[4] Vgl. Valdman, Albert (1987): Le cycle vital créole et la standarisation du créole haïtien. In: Etudes Créoles 10,2. S.107-125, hier S.110.

[5] Vgl. Kremnitz (1981), S.65 ff.

stable, intermediate forms of the language".[6] Das „français local" in Guadeloupe führt Guy Hazaël-Massieux zur Annahme einer „triglossie"[7], Bernabé spricht bezüglich der französischen Antillen von „tétraglossie"[8]. In diesem Zusammenhang stellt sich jedoch das Problem der Abgrenzbarkeit der Varianten, zumal dann, wenn eine Kreolsprache mit der ihr zugrunde liegenden Basissprache koexistiert.

Neue Impulse auf diesem Gebiet sind Untersuchungen zum Verhältnis von englischen Kreolsprachen und dem Englischen zu verdanken, die von DeCamp zu Jamaica und Bickerton zu Guyana gemacht wurden.[9] Hier finden sich nicht zwei klar unterscheidbare Idiome, sondern ein Kontinuum von Sprachvarianten, das vom Basilekt, dem Kreolischen, über mesolektale Varianten bis zum Akrolekt, dem Englischen reicht, wobei sich eine graduale Auflösung des Basilekts beobachten läßt. Implikationelle Analysen zeigen, daß die intermediären Varianten regelmäßig sind und einer internen Logik folgen. Die Existenz eines Kontinuums ist in soziolinguistischer Hinsicht von sozialer Mobilität abhängig, die die Sprecher motiviert, die sozial höher bewerteten Varietäten anzunehmen, sich mithin dem Standard anzunähern. Jeder Sprecher verfügt über ein mehr oder weniger breites Spektrum des Kontinuums.

Während Chaudenson für die Kreolsprache auf französischer Basis und das Französische auf der Insel Réunion im Indischen Ozean die Existenz eines Kontinuums nachgewiesen hat,[10] ist der Status intermediärer Varianten im Frankokreolischen der Karibik unklar. Nach einer Untersuchung von Claire Lefebvre läßt sich die sprachliche Variation in Martinique als Kontinuum im Sinne von DeCamp beschreiben. Bei keinem Sprecher finden sich jedoch ausschließlich mesolektale Varianten und eine Fusion beider Systeme. Jeder Sprecher verfügt über zwei unterscheidbare Systeme, alle Variationen lassen sich einem der beiden Codes zuordnen. Die linguistische Analyse bestätigt sich durch die Mei-

---

[6] Ferguson (1959), S.332.

[7] Vgl. Hazaël-Massieux, Guy (1978 a): Approche socio-linguistique de la situation de diglossie français-créole en Guadeloupe. In: Langue Française 37. S.106-118.

[8] Vgl. Bernabé, Jean (1983): Fondal-natal. Grammaire basilectale approchée des créoles guadeloupéen et martiniquais. Approche sociolittéraire, sociolinguistique et syntaxique. Vol. 1-3. Paris, S.71. Bei den vier Idiomen handelt es sich um die folgenden: français standard, français créolisé, créole francisé, créole basilectal.

[9] DeCamp, David (1971): Toward a Generative Analysis of a Post-Creole Speech Continuum. In: Hymes, Dell (Hrsg.): Pidginization and Creolization of Languages. Cambridge. S.349-370; Bickerton, Derek (1973): The nature of a creole continuum. In: Language 49,3. S.640-669. Zur Entwicklung des Kontinuum-Begriffes vgl. Prudent, Lambert-Félix (1981 b): Continuités et discontinuités sociolinguistiques dans le champ créoliste francophone. In: Etudes Créoles 4. S.5-16.

[10] S. Chaudenson, Robert (1981): Continuums intralinguistique et interlinguistique. In: Etudes Créoles 4. S.19-46.

nung der Sprecher.[11] Bernabé spricht angesichts dieser Situation von einem „modèle continuum-discontinuum". Ein Kontinuum besteht seiner Auffassung zufolge sowohl zwischen créole francisé und créole basilectal als auch zwischen français standard und français créolisé, zwischen français créolisé und créole francisé verläuft jedoch eine deutliche Grenze.[12] Prudent hingegen sieht in Martinique eine „zone interlectale qui n'obéit ni au basilecte nucléaire ni à la grammaire acrolectale".[13] Die Alternative Diglossie oder Kontinuum erweist sich seines Erachtens als eine Frage der Perspektive: Während die linguistische Untersuchung auf die Existenz mesolektaler Varietäten hindeutet, besteht in der Meinung der Sprecher eine Diglossie-Situation.

> Tout se passe comme si deux tendances distinctes aujourd'hui étaient à l'oeuvre: d'une part une insécurité grammaticale et phonologique croissante entre les deux codes, d'autre part la reconnaissance du poids symbolique et du rôle spécifique de chacune des deux langues.[14]

3. Innerhalb des Konzeptes der Diglossie finden die unterschiedlichen individuellen Sprachkompetenzen keine Berücksichtigung. Nicht jeder Sprecher partizipiert in gleicher Weise an der Diglossie. Chaudenson schlägt daher vor, zwischen der institutionellen und der individuellen Ebene der Diglossie zu unterscheiden.[15] In der Okzitanistik wird dieser Tatsache mit dem Begriff der „fonctionnements diglossiques" Rechnung getragen.[16] Besonders im Fall Haitis sind die Unterschiede eklatant: Die überwiegende Mehrheit der Bevölkerung ist einsprachig und spricht damit in allen Situationen Kreol; von einer Funktionsverteilung zwischen zwei Idiomen kann hier nicht die Rede sein. Chaudenson und Vernet nehmen aus diesem Grund für Haiti eine Reihe von Dichotomien an, die jedoch nicht Ausschließlichkeitscharakter haben. Demnach entspricht das Kreolische etwa dem informellen, nicht-offiziellen, oralen Bereich im Gegensatz zum Französischen.[17] Bernabé unterscheidet zwischen einem „champ central" und einem „champ périphérique" der Diglossie

---

[11] Lefebvre, Claire (1976): Discreteness and the Linguistic Continuum in Martinique. In: Snyder, Emile et Albert Valdman (Hrsg.): Identité culturelle et francophonie dans les Amériques (I). Québec. S.87-121.

[12] Bernabé (1983), S.72 f.

[13] Prudent (1981 a), S.26; vgl. auch Prudent, Lambert-Félix et Georges Jacques Mérida (1984): An Langaj Kréyòl Dimi-Panaché ...: Interlecte et Dynamique Conversationnelle. In: Langages 74. S.31-45.

[14] Prudent (1980 b), S.206.

[15] Chaudenson, Robert (1978 b): Présentation. In: Langue Française 37. S.3-20, hier S.19.

[16] Vgl. Kremnitz (1981), S.72 f.

[17] Chaudenson, Robert et Pierre Vernet (1983): L'école en créole. Etude comparée des réformes des systèmes éducatifs en Haiti et aux Seychelles. (Agence de Coopération Culturelle et Technique (ACCT)), S.43.

und möchte damit den Unterschied zwischen der städtischen Mittelschicht und der Masse der Bevölkerung auf dem Land herausstellen.[18] Valdman sieht in Haiti zwei Sprachgemeinschaften: Die oberen Schichten in der Stadt sind diglossisch im Sinne Fergusons, während die überwiegende Mehrheit der Bevölkerung im wesentlichen einsprachig ist. Alle Haitianer teilen jedoch das System symbolischer Werte, das mit dem Französischen und der Kreolsprache verbunden wird. Bezüglich der einsprachigen Kreolsprecher wird daher auch von „fantasme diglossique" gesprochen.[19]

Das Konzept der Diglossie ist angesichts der aufgezeigten Kritikpunkte nur mit Vorbehalten zu verwenden. Die Funktionsverteilung zwischen einer Kreolsprache und einer europäischen Standardsprache und ihre unterschiedliche soziale Bewertung trifft jedoch für alle im Rahmen der vorliegenden Arbeit untersuchten Gebiete im wesentlichen zu und vermag damit ihre Gemeinsamkeiten herauszustellen. Gleichzeitig läßt sich eine zunehmende Infragestellung der Diglossie beobachten, bedingt durch die Aufwertung der Kreolsprachen und die Ausweitung ihres Gebrauchs. Die Vielfalt sprachlicher, historischer, sozialer und politischer Bedingungen gerade im karibischen Raum führen jedoch zu wesentlichen Unterschieden, die im folgenden aufgezeigt werden sollen.

II.2.2. Martinique

Martinique gehört zur Inselgruppe der Kleinen Antillen, hat eine Oberfläche von 1100 km^2 und etwa 335 000 Einwohner.[20] Die ehemalige französische Kolonie wird – ebenso wie das derselben Inselgruppe zugehörende Guadeloupe – 1946 französisches Überseedépartement. Die politische Angleichung an das Mutterland geht mit tiefgreifenden ökonomischen und sozialen Veränderungen einher. Die allmähliche Annäherung an französische Infrastruktur und Sozialleistungen bringt eine massive Kapitaleinfuhr mit sich und führt zu einem Wohlstand, der in der Karibik höchstens noch von Puerto Rico erreicht wird. Kehrseite dieser Entwicklung ist jedoch der sukzessive Abbau der einheimischen Wirtschaft – von Bedeutung ist in erster Linie der Anbau von Zuckerrohr und seine Verarbeitung – und eine starke Aufblähung des Tertiärsektors. 90 % der Verbrauchsgüter stammen aus Importen, insbesondere

---

[18] Bernabé (1983), S.61.

[19] Valdman, Albert (1988): Diglossia and language conflict in Haiti. In: International Journal of the Sociology of Language 71. S.67-80, hier S.68 ff.; vgl. auch Valdman, Albert (1987).

[20] Vgl. Institut National de la Statistique et des Etudes économiques (insee) (1988): Tableaux économiques régionaux. Martinique. Edition 1988. Fort-de-France.

aus Frankreich,[21] und die lokale Landwirtschaft vermag nur annähernd 40 % des Bedarfs zu decken.[22] Mit dieser Entwicklung gehen die Veränderung der traditionellen Gesellschaftsstruktur, eine ausgeprägte Landflucht in Richtung der Hauptstadt Fort-de-France und Abwanderungen nach Frankreich einher. So wird der für die Region vergleichsweise hohe Lebensstandard durch politische und ökonomische Abhängigkeit von der Metropole sowie soziokulturelle Assimilation erkauft.

Kreol ist gängige Alltags- und Umgangssprache; fast 100 % der Einwohner Martiniques sind Kreol-Sprecher.[23] Die Übernahme des französischen Schulsystems und eine hundertprozentige Verschulungsquote haben zur Folge, daß die überwiegende Mehrheit der Bevölkerung – mehr oder weniger gut – Französisch spricht. Einsprachige Kreol-Sprecher sind zu einer Minderheit geworden, 1967 sind es jedoch immerhin noch 13,9 % der über 15 Jahre alten Bevölkerung.[24]

Führt diese Entwicklung einerseits zu Zurückdrängung und Bedeutungsverlust der Kreolsprache, so hat sie andererseits vor allem qualitative Auswirkungen: Wirklich authentisches Kreol wird in Martinique nur noch selten gesprochen; die Omnipräsenz der Basissprache Französisch führt zu Refranzisierungserscheinungen und der Existenz intermediärer Varianten, eine Tendenz, die sich insbesondere bezüglich der Standardisierungsbemühungen als Problem erweist.[25]

Die beiden Sprachen Martiniques unterliegen einer Funktionsverteilung, die sich – mit den genannten Vorbehalten – als diglossisch beschreiben läßt. Französisch ist offizielle Sprache, Sprache von Schule, Verwaltung und Medien, Sprache der Schriftlichkeit. Aus diesen Gebieten ist das Kreolische weitgehend ausgeschlossen, es gehört dem informellen, affektiven Bereich zu. Der Gebrauch der Kreolsprache ist gebunden an bestimmte Personen (Freunde, Bekannte, Verwandte), an be-

---

[21] Vgl. Gewecke, Frauke (1984): Die Karibik. Zur Geschichte, Politik und Kultur einer Region. Frankfurt, S.59.

[22] Vgl. Armet, Auguste (1982): Guadeloupe et Martinique: des sociétés „krazé"? In: Présence Africaine 121-122. S.11-19, hier S.14.

[23] Vgl. Chaudenson, Robert et Pierre Vernet (1983): L'école en créole. Etude comparée des réformes des systèmes éducatifs en Haiti et aux Seychelles. (Agence de Coopération Culturelle et Technique (ACCT)). S.16.

[24] Fleischmann, Ulrich (1986): Das Französisch-Kreolische in der Karibik. Zur Funktion von Sprache im sozialen und geographischen Raum. Tübingen, S.114; Chaudenson/Vernet (1983) betrachten 80 % der Bevölkerung als frankophon (S.19). Nach einer jüngeren Umfrage von Christian March bei Studenten der Wirtschaftswissenschaften in Fort-de-France geben 85 % der Befragten Französisch sogar als erste Muttersprache an, während sie das Kreolische als zweite Muttersprache betrachten. Vgl. March, Christian (1988): La question de la langue maternelle à la Martinique. Une enquête épilinguistique chez les étudiants en sciences économiques. T.E.R. de Maîtrise, Université de Bordeaux III, S.112.

[25] Zur Kontinuums-Problematik und Frage der Abgrenzbarkeit der Varianten s.o.

stimmte Örtlichkeiten (Café, Markt, zu Hause) sowie Textsorten (Anekdoten, Scherze, Kommentierung lokaler Begebenheiten).[26] Je formeller eine Kommunikationssituation ist, desto eher wird das Französische gewählt.[27] Aimé Césaire, herausragender Vertreter der Négritude und Bürgermeister von Fort-de-France, hat diese Situation in einem Interview mit einfachen Worten beschrieben:

> Il y a des choses qu'on dit toujours en créole, d'autres toujours en français. [...] Prenez, par exemple, un Martiniquais qui parle très bien le créole et mal le français, il y a des choses, pourtant, qu'il ne dira jamais en créole, qu'il tâchera toujours de dire en français. Je peux prendre l'exemple inverse: il y a des Martiniquais qui parlent très bien le français et pas tellement bien le créole, eh bien, ce même homme qui peut sembler très français „assimilé" (entre guillemets), même lui, il y a des choses qu'il dira toujours en créole! Pour rendre la totalité de sa personnalité, il a besoin des deux langues. [...] Voyez-vous, le créole, c'est la langue de l'immédiateté, la langue du folklore, des sentiments de l'intensité.[28]

Konsequenz der Funktionsverteilung zwischen den beiden Codes ist das weitgehende Fehlen konzeptionell schriftsprachlicher Register im Kreolischen, umgekehrt aber umgangsspachlicher Register im Französischen.

Fragt man nach der Bewertung der beiden Idiome von seiten der Sprecher, so zeigt sich die reale und symbolische Wichtigkeit des Französischen, sind Französisch-Kenntnisse doch gleichsam der Schlüssel für jeden sozialen Aufstieg. Die Kreolsprache hingegen erfährt häufig Geringschätzung, was bereits aus den oft verwendeten Bezeichnungen wie etwa „patois" oder „français déformé" hervorgeht.[29] Abgewertet wird das Kreolische aber in erster Linie in Relation zur Metropole und ihrer Kultur, bezüglich der lokalen Kultur wird es – insbesondere mit zunehmender Aufwertung – durchaus positiv gesehen und geschätzt als das eigentliche nationale Idiom Martiniques. So findet sich ein Nebeneinander von gegensätzlichen Bewertungen der Kreolsprache nicht selten beim selben Individuum; „créolophobie" und „créolophilie" sind häufig nicht weit voneinander entfernt.[30] Diese ambivalente Haltung läßt sich nur im größeren Zusammenhang verstehen: Der sprachliche Konflikt ist eingebettet in ein soziokulturell und politisch prekäres Spannungsfeld zwi-

---

[26] Fleischmann (1986), S.129.

[27] Vgl. Kremnitz, Georg (1983): Français et créole: ce qu'en pensent les enseignants. Le conflit linguistique à la Martinique. Hamburg, S.295.

[28] Leiner, Jacqueline (1980): Imaginaire – Langage. Identité culturelle – Négritude. Afrique – France – Guyana – Haiti – Maghreb – Martinique. Tübingen, Paris, S.143 f.

[29] Zur sozialen Bewertung der Kreolsprache vgl. Fleischmann (1986), S.120 ff; nach einer von Kremnitz 1975 durchgeführten Umfrage bei Lehrern in Martinique, sind die Befragten, die der Kreolsprache den Status einer Sprache zugestehen in der Minderzahl (20-25 %), vgl. Kremnitz (1983), S.291 u. 182 f.

[30] Die Begriffe stammen von Prudent, Lambert Félix (1980 a): Des baragouins à la langue française. Analyse historique et sociolinguistique du discours sur le créole. Paris.

schen Assimilation an Frankreich und politischer und ökonomischer Abhängigkeit auf der einen Seite, dem Bedürfnis und Streben nach eigener Identität auf der anderen, das die gesamte antillanische Gesellschaft durchzieht.[31] Es ist dies ein Konflikt, der jedoch nicht nur zwischen den ideologischen Blöcken ausgetragen wird, sondern – umso dramatischer – im Individuum selbst.

> Le Martiniquais se découvre [...] tiraillé entre son appartenance juridique à la France, à l'Europe, et sa volonté de définir une identité psychologique et culturelle originale. Cette ambivalence ou cet antagonisme socio-symbolique trouve son écho sur le plan linguistique dans un comportement qui frise la schizoglossie [...][32]

Kristallisationspunkt des sprachlichen Konfliktes stellt die Schule dar. Das aus Frankreich übernommene Schulsystem trägt der spezifischen Situation auf den Antillen nicht in ausreichendem Maße Rechnung, wenn auch inzwischen die Unterrichtsinhalte angepaßter sind und die Zeiten, in denen die antillanischen Kinder „nos ancêtres les Gaulois" und „les quatre saisons de notre climat tempéré"[33] lernen mußten, der Vergangenheit angehören. Viele Kinder, vor allem aus ländlichen Gebieten und sozial benachteiligten Familien, werden erst in der Schule in vollem Umfang mit dem Französischen konfrontiert, was zu psychischen Konflikten und enorm hohen Schulversagerquoten führt.

> Le monde du langage scolaire apparaît à l'enfant étranger, abstrait, surdiscipliné et artificiel; l'enfant laisse à la porte sa spontanéité, et curieusement, l'art de s'exprimer qu'il cultive quotidiennement avec ses petits camarades de quartier en... créole.[34]

Bereits in der Grundschule in der Jahrgangsstufe von 6 Jahren sind 1987 17,6 % der Schüler älter; Wiederholungen und Überalterung der Klassen nehmen in den fortgeschritteneren Stufen beständig zu. Von 2233 Kandidaten für das Abitur 1987 bestehen nur 1364 die Prüfungen, das sind 61,1 %.[35]

Der qualitativen Dekreolisierung und quantitativen Zurückdrängung der Kreolsprache steht ihre zunehmende Anerkennung und Aufwertung seit den 60er Jahren gegenüber. Damit einher geht eine Ausweitung

---

[31] Zur Verquickung sprachlicher mit politischen und sozialen Problemen s. insbes. Bebel-Gisler, Dany (1981): La langue créole force jugulée. Etude sociolinguistique des rapports de force entre le créole et le français aux Antilles. Paris, Montréal.

[32] Prudent (1980 a), S.135 f.

[33] zitiert nach Prudent (1980 a), S.123.

[34] Lucrèce, André (1981): Civilisés et énergumènes. – De l'enseignement aux Antilles. Paris, S.154; zu dieser Problematik s. auch Chaudenson, Robert (1984): Vers une politique linguistique et culturelle dans les DOM français. In: Etudes Créoles 7, 1-2. S.126-141 sowie Leger, Adolphe (1982): Coexistence du créole et du français dans l'éducation à la Martinique. Phénomènes d'Acculturation. Thèse de Doctorat de IIIème cycle, Université de Bordeaux II.

[35] Institut National de la Statistique et des Etudes économiques (insee) (1988), S.36.

ihres Gebrauchs; die Kreolsprache dringt in Bereiche vor, die über die ihr bisher zugewiesenen Grenzen hinausreichen und in Richtung eines Aufbrechens der Diglossie-Situation wirken. Diese Entwicklung steht im Zusammenhang mit dem Streben der Antillaner nach einer eigenständigen Kultur und Identität in Absetzung zum dominierenden europäischen Modell. Vorläufer und wichtige Etappe auf diesem Weg stellt die Bewegung der „Négritude" der 30er Jahre dar. Sie bemüht sich um die Abgrenzung von der europäischen Kultur durch die Aufwertung des Schwarzen und Solidarität mit Afrika; es ist der Versuch der Identitätsfindung über das afrikanische Kultursubstrat der antillanischen Gesellschaft. Dem Sprachenproblem widmet sie jedoch kaum Aufmerksamkeit und bedient sich allein des Französischen, das als universelle Sprache betrachtet wird. Jüngere Konzepte der „Antillanité" und „Créolité", die sich der „Négritude" verpflichtet fühlen, ihre einseitige Ausrichtung auf Afrika jedoch zu überwinden suchen, betonen den Mischcharakter als Konstituens der antillanischen Kultur. Parallel dazu erfolgt auch die Zuwendung zur Kreolsprache, die als ihr zentrales Element, „pivot central (potomitan)"[36] erachtet wird. Kreol, so schreibt der französische Anthropologe Jean-Pierre Jardel,

> est théoriquement un des éléments le mieux structuré et le plus stable, que l'on peut opposer, avec les caractères raciaux, au monde blanc français et occidental.[37]

Die Autoren des „Eloge de la Créolité" formulieren dies folgendermaßen:

> Le créole, notre langue première à nous Antillais, Guyanais, Mascarains, est le véhicule originel de notre moi profond, de notre inconscient collectif, de notre génie populaire, elle demeure la rivière de notre créolité alluviale.[38]

Gestützt wird die Aufwertung des Kreolischen durch ein zunehmendes wissenschaftliches Interesse, sowohl im internationalen Rahmen als auch von seiten einheimischer Wissenschaftler. Eine zentrale Rolle in Martinique spielt in dieser Hinsicht das Centre Universitaire des Antilles et de la Guyane.

Motor der Aufwertung der Kreolsprache sind die sogenannten Gegen-Eliten. Dabei verbindet sich die Bemühung um eine Veränderung des Status der Kreolsprache – insbesondere in ihrer Anfangsphase – häufig mit politischer Opposition. Dies ist im Rahmen des Département-Status Martiniques zu sehen: Die Befürwortung des Status quo in sprachlicher

---

[36] Bernabé, Jean (1983): Fondal-natal. Grammaire basilectale approchée des créoles guadeloupéen et martiniquais. Approche sociolittéraire, sociolinguistique et syntaxique. Vol. 1-3. Paris, S.53.

[37] Jardel, Jean-Pierre (1978): Les idiomes français et créole dans le conflit interculturel à la Martinique. Paris (Cahiers du CMIEB 9), S.44.

[38] Bernabé, Jean; Patrick Chamoiseau et Raphaël Confiant (1989): Eloge de la Créolité. Paris, S.44.

Hinsicht und der Assimilation an Frankreich, die Verteidigung der Kreolsprache und der politische Wunsch nach Eigenständigkeit sind jeweils nicht weit voneinander entfernt. „Notre projet [...] est on ne peut plus politique" kann man in der „Charte Culturelle Créole" lesen[39] und im „Eloge de la Créolité":

> La revendication de la Créolité n'est pas seulement de nature esthétique [...], elle présente des ramifications importantes dans tous les domaines d'activités de nos sociétés et notamment dans ceux qui en sont les moteurs: le Politique et l'Economique. Elle s'articule, en effet, sur le mouvement de revendication d'une pleine et entière souveraineté de nos peuples [...][40]

Das Spektrum derjenigen, die eine Aufwertung des Kreolischen befürworten, ist jedoch durchaus breit gefächert und reicht von wissenschaftlichem Interesse bis zu militantem Sprachbewußtsein. Eine gewisse Anerkennung der Kreolsprache wird heute von breiteren Gesellschaftsschichten getragen und im Rahmen der Dezentralisierung innerhalb Frankreichs vom Mutterland durchaus gestützt.

Die Aktivitäten zugunsten einer Änderung des Status der Kreolsprache führen einerseits zur Ausweitung ihres mündlichen Gebrauchs in manchen Bereichen. So gibt es Rundfunksendungen in Kreol, man spricht es beispielsweise auch im Rahmen von politischen, gewerkschaftlichen, studentischen oder kirchlichen Versammlungen.[41] Auf der anderen Seite stehen Bemühungen, die sich in den Dienst der Verschriftlichung und Standardisierung des Kreols stellen, von diesen wird im folgenden noch ausführlicher die Rede sein.

Einen zentralen Schritt für die prokreolische Bewegung stellt das Vorhaben dar, die Kreolsprache in die Schule einzuführen. Vom Rektor der Académie des Antilles-Guyane initiiert und auf dem internationalen Kreolistenkongreß 1983 in Louisiana erstmals bekanntgegeben, steht es im Rahmen des größeren Spielraums, den Frankreich den regionalen Kulturen und Sprachen im Zuge der Dezentralisierung zugesteht. Die Rolle, die der Kreolsprache während der ersten Schuljahre zukommen soll, ist diejenige eines „outil pédagogique destiné à stimuler l'ouverture d'esprit des élèves et à mieux les insérer dans leur contexte culturel spécifique." Ihre Einführung in anderer Funktion und auf höheren Stufen ist vorgesehen.[42] 1990 ist eine „option culture et langues créoles au niveau des classes de seconde, première et terminale de lycée" in Vorbereitung.[43] Besonders in den 70er Jahren führt die Frage um Kreol und

---

[39] Charte Culturelle Créole. (1982). Ed. par le G.E.R.E.C. Martinique, S.7.

[40] Bernabé/Chamoiseau/Confiant (1989), S.57; vgl. dazu auch insbes. Bébel-Gisler (1981).

[41] Vgl. Bernabé (1983), S.55 f.

[42] Déclaration du Rectorat Antilles-Guyane à propos de l'introduction du créole à l'école. (1983). In: Sobatkoz 1. S.109-113.

[43] Antilla Kréyòl. No.14. Janvier 1990, S.11.

Schule zu heftigsten Kontroversen, die einmal mehr die ideologische und emotionale Besetzung der Sprachenfrage in Martinique deutlich machen. Die Diskussion ist inzwischen zwar sachlicher geworden, es bestehen bezüglich der Einführung der Kreolsprache in die Schule jedoch immer noch erhebliche Widerstände. Heftige Opposition wird beispielsweise von seiten der UDF vorgebracht, deren Hauptargumente hier stellvertretend genannt seien: Befürchtet wird einerseits eine mangelnde Öffnung nach außen durch eine zu ausgeprägte Konzentration auf die lokalen Verhältnisse:

> [...] cette initiative qui n'aura comme inévitable conséquence, que d'enclaver les futurs Martiniquais sortis des écoles, dans un univers intellectuel déterminé [...] la finalité de l'Enseignement ne doit pas tendre à former des hommes adaptés à telle contrée ou tel clocher, mais à leur permettre d'accéder à l'universalité de la science et de la connaissance.

Die Aktivitäten zugunsten des Kreolischen werden zum anderen mit Autonomiebestrebungen in Verbindung gesehen und daher abgelehnt:

> [...] la conjonction évidente entre l'offensive des défenseurs des thèses créolophones et celle tendant à l'émergence de la nation „Martinique Martiniquaise".[44]

Martinique verfügt heute bereits über eine recht umfangreiche Anzahl schriftlicher kreolischer Texte; die Aktivitäten auf diesem Sektor mehren sich seit den 70er Jahren. Das Spektrum reicht von Aufzeichnungen mündlicher Erzählungen und Sprichwörter über Gedichtbände und Theaterstücke bis hin zu den Romanen von Raphaël Confiant. Auch gibt es Zeitschriften in Kreol oder mit kreolischen Beiträgen, so etwa „Grif an tè" (1977-1982) und „Antilla Kréyòl" (seit 1984). Ein Großteil der Publikationen sind der Initiative des GEREC (Groupe d'Etudes et de Recherches en Espace Créolophone) am Centre Universitaire des Antilles et de la Guyane zu verdanken. Auch populärere Bereiche bedienen sich in jüngster Zeit des geschriebenen Kreols: die Werbung, „Bandes déssinées", Musiktexte des auf den Antillen sehr beliebten „Zouk".[45]

Der schriftliche Gebrauch der Kreolsprache setzt sich dennoch nur sehr zögerlich durch und sieht sich mit einer Reihe von Schwierigkeiten konfrontiert. Die Orthographie stellt eine Dimension dieser Frage dar, es bestehen andererseits aber Probleme, die weit über diese hinausrei-

---

[44] Maran, Jean (1983): Le créole à l'école. Le communiqué de l'UDF. In: L'Echo des Antilles. 28 mai 1983.

[45] Einen Überblick über kreolsprachige Texte bis Anfang der 80er Jahre gibt Prudent, Lambert Félix (1984 b): L'émergence d'une littérature créole aux Antilles et en Guyane. In: Ders. (Hrsg.): Kouté pou tann! Anthologie de la nouvelle poésie créole. o.O. (Editions Caribéennes). S.20-56. Zur neueren Entwicklung vgl. Prudent, Lambert Félix (1989 a): Ecrire le créole à la Martinique: Norme et conflit sociolinguistique. In: Ludwig, Ralph (Hrsg.): Les créoles français entre l'oral et l'écrit. Tübingen. S.65-80 u. Ders. (1989 b): La pub, le zouk et l'album. In: Bastien, Daniel et Maurice Lemoine (Hrsg.): Antilles. = Autrement. Série Monde 41. octobre 1984. S.209-216.

chen. Das Eindringen der Kreolsprache in ihr bisher verschlossene Bereiche stellt neue Anforderungen an die Sprache und verlangt nach der Schaffung konzeptionell schriftsprachlicher Register. Mit diesem Problem verbindet sich in gewisser Weise dasjenige der Wahl der Varietät zwischen basilektalem Kreol und intermediären Varianten. Denn je mehr sich die Kreolsprache ihr neue Anwendungsbereiche erschließt, desto mehr besteht auch die Tendenz zu Entlehnungen aus dem Französischen und damit die Gefahr der Refranzisierung. „Paradoxalement", so schreibt Bernabé,

> plus on veut étendre le champ d'énonciation du créole plus on le décréolise, c'est-à-dire, en fait, plus on le francise. Ce paradoxe est un véritable drame [...][46]

Die Bevorzugung des basilektalen Kreols von seiten des GEREC verbindet sich bei Raphaël Confiant etwa mit dem Streben nach Neuschöpfungen und Entlehnungen aus anderen Kreolsprachen. Diese Ausrichtung, die wohl zu Recht als Kompensationsphänomen zur Entwicklung des Kreolischen gedeutet wird,[47] geht jedoch an der sprachlichen Realität vorbei und Confiants kreolsprachige Romane werden von den potentiellen Lesern so gut wie nicht rezipiert. Das Mißverhältnis zwischen Produktion und Rezeption schriftlicher Texte hängt aber auch damit zusammen, daß der Umgang mit geschriebenem Kreol ein Umdenken erfordert und auch unbewußte Widerstände überwunden werden müssen, denn die Grenze zwischen Kreol und Französisch entspricht auch derjenigen zwischen Mündlichkeit und Schriftlichkeit.

Fragt man nach Tendenzen der zukünftigen Entwicklung der Sprachensituation Martiniques, so zeigt sich die Bedeutung beider Idiome. Eine kreolophone Einsprachigkeit wird nur von einer sehr kleinen Minderheit angestrebt; die Wichtigkeit des Französischen bleibt unbestritten, dies als internationale Sprache und im Rahmen der Zugehörigkeit zu Frankreich, zumal im Augenblick eine völlige Ablösung angesichts der wirtschaftlichen Situation von kaum einer politischen Fraktion ernsthaft vertreten werden kann. Die gleichberechtigtere Koexistenz der beiden Sprachen in Richtung eines Bilingualismus ist daher das Anliegen der meisten prokreolischen Initiativen.[48] Während zum Beispiel Kremnitz in einer 1975 durchgeführten Umfrage bei Lehrern zum Sprachverhalten und zur Einstellung beiden Sprachen gegenüber den konfliktuel-

---

[46] Bernabé, Jean (1978): Problèmes et perspectives de la description des créoles à base lexicale française. In: Etudes Créoles 1. S.91-108, hier S.103; vgl. auch Charte Culturelle Créole (1982), S.17.

[47] Vgl. L'Etang, Gerry (1986): Introduction à une étude de la littérature martiniquaise d'expression créole et à l'oeuvre de Raphaël Confiant. Mémoire de Maîtrise, Université de Paris III, S.45.

[48] Vgl. Charte Culturelle Créole (1982), S.44 ff.; Bernabé/Chamoiseau/Confiant (1989), S.43 ff.

len Aspekt betont,[49] so zeichnet sich nach einer jüngeren Arbeit von Christian March eine harmonischere Koexistenz beider Idiome ab.[50] Diese Untersuchung, die sich auf Studenten der Wirtschaftswissenschaften in Fort-de-France beschränkt, darf sicherlich keine Repräsentativität für sich beanspruchen, ist aber vielleicht dennoch Indikator für die zukünftige Entwicklung.

II.2.3. St.Lucia

St.Lucia liegt 24 Meilen südlich von Martinique, hat eine Landesfläche von 238 Quadratmeilen und etwa 142 000 Einwohner.[51] Die Insel wird 1979 von der englischen Kolonialmacht in die Unabhängigkeit entlassen, ist Mitglied des Commonwealth und verfügt über ein demokratisches Regierungssystem entsprechend dem britischen. Der Lebensstandard läßt sich mit demjenigen Martiniques kaum vergleichen; St.Lucia gehört zu den Ländern der sogenannten Dritten Welt, die wesentlichen Probleme stellen Armut, Unterentwicklung und Überbevölkerung dar. St.Lucia hat eine sehr hohe Geburtenrate, annähernd die Hälfte der Bevölkerung ist weniger als 14 Jahre alt.[52] Wichtigster Wirtschaftssektor ist die Landwirtschaft, eine herausragende Rolle spielt der Anbau von Bananen; daneben erhält der Tourismus für St.Lucia wachsende Bedeutung.

Es koexistieren Englisch und eine Kreolsprache auf französischer Basis, die derjenigen Martiniques ähnlich ist, sieht man von den Refranzisierungserscheinungen der letzteren ab. Diese Situation ist darauf zurückzuführen, daß die europäischen Siedler in ihrer überwiegenden Mehrheit französischer Herkunft sind. Aufgrund der strategisch günstigen Lage der Insel kämpfen Frankreich und Großbritannien während etwa 150 Jahren um die Besitzansprüche (St.Lucia wechselt 13 mal den Besitzer), bis es 1814 endgültig in britischen Besitz übergeht.[53] Englisch wird in der Folge offizielle Sprache und durch Einfluß der britischen Elite Kultur- und Prestigesprache, während die überwiegende Mehrheit der Bevölkerung Kreol spricht.

Auch mit der Erlangung der Unabhängigkeit behält das Englische seinen Status als alleinige offizielle Sprache bei. Bis heute ist jedoch Kreol für die Majorität der Einwohner Erst- und allgemeine Umgangssprache. Steigende Verschulungsquoten, wachsende Verbreitung von Rundfunk

---

[49] Vgl. Kremnitz (1983), S.306 ff.

[50] March (1988), S.116.

[51] Government of St.Lucia (1987): Annual Statistical Digest. Castries. S.5 u. 2.

[52] Ebda. S.13.

[53] Zur Geschichte St.Lucias s. Jesse, Rev. C. (1986): Outlines of St.Lucia's history. Castries, St.Lucia.

und Fernsehen, Ausbau des Tourismus und Verbesserung der Verkehrsverbindungen sind Faktoren, die dazu beitragen, daß der Gebrauch des Englischen sich ausbreitet und die Zahl der Zweisprachigen – mit mehr oder minder guten Englisch-Kenntnissen – beständig ansteigt. 1911 sind 61,7 % der St.Lucier einsprachig, nach dem letzten offiziellen Census von 1946 sind es 43,4 %, Schätzungen des Ministry of Education zufolge ist diese Zahl inzwischen auf 15-20 % zurückgegangen.[54] Im krassen Gegensatz dazu können nach Chaudenson und Vernet nur 25 % der Bevölkerung als anglophon betrachtet werden.[55] Hierbei stellt sich freilich die Frage, welche Bewertungsmaßstäbe solchen Angaben zugrunde liegen. Carrington schreibt zur Englisch-Beherrschung der zweisprachigen St.Lucier:

> there is no doubt that for the large majority of „bilinguals", St.Lucian Creole is the dominant language and English an auxiliary under highly variable control.[56]

Bezüglich der Sprachenkompetenz besteht ein ausgeprägtes Stadt-Land-Gefälle: In der Hauptstadt Castries ist das Englische sehr verbreitet, während es in den ländlichen Gebieten weit seltener anzutreffen ist, die Zahl der einsprachigen Kreolophonen ist hier am höchsten.

Die Sprachensituation St.Lucias wird – wie diejenige Martiniques – gemeinhin als Diglossie beschrieben. Dies trifft insofern zu, als Kreol die vertraute Umgangssprache für die meisten St.Lucier darstellt, der offizielle Bereich jedoch weitestgehend dem Englischen vorbehalten bleibt. Englisch ist alleinige Sprache von Schule und Verwaltung. Von der aktiven Mitarbeit an der Regierung ist ausgeschlossen, wer nicht über ausreichende Kenntnisse des Englischen verfügt. Dasselbe gilt beispielsweise für die „Saint Lucia Banana Growers Association", in deren Satzung von 1967 folgender Abschnitt aufgenommen ist:

> The office of delegate or other member of the Managing Committee of a District Branch shall ipso facto be vacated: if he is unable to speak, and unless incapacitated by blindness or other physical cause, to read the English language with a degree of proficiency sufficient to enable him to take an active part in the proceedings of the Managing Committee.[57]

Über diese generellen Tendenzen hinaus ist die Funktionsverteilung zwischen beiden Codes jedoch nicht leicht zu etablieren und der Sprachengebrauch läßt sich nicht eindeutig vorhersagen. Verantwortlich dafür sind insbesondere die hohe Zahl der Einsprachigen und das sehr häufig anzutreffende Phänomen des Code-Switching. Darüberhinaus

---

[54] Fleischmann (1986), S.114.
[55] Chaudenson/Vernet (1983), S.17.
[56] Carrington, Lawrence D. (1981): Literacy and rural development: A look at the Saint Lucian initiative. Paper prepared for the ICAE executive meeting and seminar 1981 on Adult Education, Training and Employment. Port of Spain, Trinidad, S.5.
[57] zitiert nach Carrington (1981), S.1.

verkompliziert sich die Sprachensituation insofern, als neben Englisch und Kreol als dritte Variante ein umgangssprachliches Englisch entsteht, das in der Literatur zum Teil auch als kreolisiertes Englisch bezeichnet wird. Es handelt sich um einen sehr variablen Code, der strukturelle Ähnlichkeiten mit dem Kreolischen aufweist und Funktionsbereiche sowohl des Englischen als auch der Kreolsprache übernimmt.[58]

Die Einstellung der Sprecher zum Englischen und der Kreolsprache ist ambivalent. Englisch ist Prestigesprache und als einzige offizielle Sprache von realer Wichtigkeit für die Einwohner St.Lucias. Englisch-Kenntnisse sind unabdingbar für soziales Fortkommen, dies auch insofern, als viele St.Lucier angesichts der hohen Arbeitslosigkeit den begrenzten Wirtschaftsraum der Insel verlassen müssen. Vor diesem Hintergrund erhält die Kreolsprache einen negativen Status und wird mit Unterentwicklung und Armut in Verbindung gebracht. Im Bezug zur lokalen Kultur jedoch wurde das „patwa", wie das Kreolische in St.Lucia genannt wird, nie wirklich abgewertet und, da keine Relation zur dominierenden englischen Sprache besteht, als separates Idiom durchaus positiv gesehen.[59] Gestützt wird diese Haltung durch die Aufwertung der Kreolsprache in jüngerer Zeit.

Das Bildungssystem, Schlüsselstelle für das Verhältnis zwischen beiden Idiomen und ihre zukünftige Entwicklung, trägt bislang der Zweisprachigkeit St.Lucias so gut wie keine Rechnung. Seit den 70er Jahren wird mit der Gründung des „Caribbean Examinations Council" zwar der spezifische karibische Kontext in Unterrichts- und Prüfungsinhalten berücksichtigt,[60] das Kreolische bleibt in St.Lucia offiziell jedoch nach wie vor von der Schule ausgeschlossen. In der Praxis findet die Kreolsprache als Unterrichtsmedium – vor allem auf dem Land – jedoch durchaus Verwendung. St.Lucia hat zwar steigende Verschulungsquoten (1976 besuchen 92 % der 5 bis 11 jährigen Kinder die Schule)[61], als großes Pro-

---

[58] Vgl. hierzu insbes.: Midgett, Douglas (1970): Bilingualism and linguistic change in St.Lucia. In: Anthropological Linguistics 12. S.158-70, hier S.165 f; Lieberman, Dena (1974): Bilingual Behavior in a St.Lucian Community. PhD. University of Wisconsin, S.127 ff; Le Page, Robert B. (1977): Decreolization and recreolization: a preliminary report on the sociolinguistic survey of multilingual communities, stage II: St.Lucia. In: York Papers in Linguistics 7. S.107-128, hier S.126; Le Page, Robert B. u. Andrée Tabouret-Keller (1985): Acts of identity. Creole-based approaches to language and ethnicity. Cambridge, S.135 ff; Simmons-Mc Donald, Hazel (1988): The Learning of English Negatives by Speakers of St.Lucian French Creole. PhD, Stanford University, S.21 f.

[59] Vgl. Lieberman, Dena (1975): Language Attitudes in St.Lucia. In: Journal of Cross-Cultural Psychology 6. S.471-81, hier S.479 f. u. Lieberman (1974), S.109 ff.

[60] Vgl. hierzu Carrington, Lawrence D. (1980-81): Le conflit linguistique à l'école dans les Caraïbes. In: Bulletin de Psychologie. Tome 34, No.351. S.669-677, hier S.674.

[61] In der Altersgruppe von 12-14 Jahren sind es 1977 70 %, in derjenigen von 15-18 Jahren jedoch nur noch 13 % (1976). Vgl. Carrington (1981), S.3.

blem erweist sich jedoch die Erreichung der gesetzten Lernziele. Nach einer Erhebung von 1980 haben 79,2 % der über 15 Jahre alten Einwohner St.Lucias keinen Schulabschluß.[62] Neben dem Mangel an Schulplätzen, überfüllten Klassen, häufiger Abwesenheit der Schüler und einer hohen Anzahl schlecht ausgebildeter Lehrer muß hierfür sicherlich die Sprachensituation und ihre mangelnde Berücksichtigung verantwortlich gemacht werden.[63] Dasselbe gilt für die sehr hohe Analphabetenrate: Dem immer noch jüngsten offiziellen Census von 1946 zufolge können 44,8 % der über 10 Jahre alten Einwohner nicht lesen und schreiben.[64] Nach einer aktuelleren Berechnung von Carrington für die über 15 Jahre alte Bevölkerung im Jahr 1970 liegt die Zahl der Illiteraten bei 30,21 % (kein Schulbesuch oder weniger als 3 Jahre), berücksichtigt man zusätzlich die funktionalen Analphabeten, so handelt es sich um 64,03 % (Schulbesuch weniger als 6 Jahre).[65] St.Lucia weist damit nach wie vor die höchste Analphabetenquote der gesamten englisch-sprachigen Karibik auf. Dabei besteht eine fatale Verkettung von kreolophoner Einsprachigkeit und Analphabetismus.

Die Aufwertung des Kreolischen als gesamtkaribisches Phänomen erhält in St.Lucia mit der neu erworbenen Unabhängigkeit zusätzliche Bedeutung, stellt die Kreolsprache doch ein wesentliches Element dar in der Suche der St.Lucier nach einer eigenen Identität im Spannungsfeld von englisch-amerikanischer Dominanz und afrikanischen Wurzeln. Eine zentrale Bedeutung haben in St.Lucia daneben die mit der Sprachensituation verbundenen praktischen Probleme. So erstaunt es nicht, daß gerade zur Zeit der Erlangung der Unabhängigkeit die Sprachenfrage eine neue Bedeutung erhält. Im Zuge der Bemühungen der neuen Labour-Regierung um eine Orientierung nach innen erfolgen auch Überlegungen zu einer Revision des Bildungssystems und seiner Anpassung an die spezifischen Bedürfnisse St.Lucias. Das „Committee on Educational Priorities", das sich der Analyse des Schulsystems widmet und Verbesserungsvorschläge erarbeitet, legt im Februar 1980 seinen Abschlußbericht vor. Im April 1980 findet eine „National Consultation on Education" statt, bei der die Regierung mit der Zielvorstellung einer Demokratisierung der Bildung alle interessierten Gruppen zu Wort kommen läßt. Im November desselben Jahres liegt ein „Report on the feasibility of a

---

[62] Vgl. Carrington, Lawrence D. (1987): Creole discourse and social development. A report prepared of the Economic Commission for Latin America and the Caribbean for submission to the International Development Research Centre. o.O., S.42.

[63] 1975/76 haben nur 24 % der Unterrichtenden an Grundschulen eine Lehrer-Ausbildung. Vgl. Final Report of the Committee on Educational Priorities. (1980). St.Lucia, Ministry of Education, S.46.

[64] Carrington, Lawrence D. (1980): Literacy in the English Speaking Caribbean. St.Augustine, Trinidad (UNESCO publication), S.23.

[65] Ebda. S.119 u. 138.

national literacy programme for St.Lucia" vor, der auf Probleme und Perspektiven der Erwachsenenalphabetisierung eingeht.[66] Alle diese Aktivitäten führen bezüglich der Sprachenfrage zu einem bemerkenswerten Konsens: Im Rahmen der Erwachsenenalphabetisierung soll die Kreolsprache Verwendung finden und Englisch als Zweitsprache gelehrt werden. In den Schulen soll das Kreolische zumindest als Unterrichtsmedium während der ersten Jahre einbezogen werden. Darüberhinaus besteht Einigkeit in der Forderung einer Sprachpolitik, die zu einer Änderung des Status der Kreolsprache führt, ihrer Anerkennung als zentrales Kommunikationsmittel und kulturelles Erbe St.Lucias. Diese Forderungen verbinden sich mit derjenigen nach ihrer Verschriftung und Standardisierung. Die Tatsache, daß sich unter den Diskutanten sehr viele Lehrer finden, ist beachtenswert und deutet auf eine Bewußtseinsänderung hin, da es sich um eine traditionell dem Kreol eher feindlich gegenüberstehende Gruppe handelt.

Wirtschaftliche Schwierigkeiten und eine innere politische Krise führen zur Spaltung der regierenden Partei, mit den Wahlen von 1982 kommt die bereits vor der Unabhängigkeit regierende konservative „United Workers Party" wieder an die Macht. Die Aktivitäten von staatlicher Seite in Richtung einer Änderung von Status und Funktion der Kreolsprache finden sich damit weitgehend eingefroren, und die Sprachenfrage erhält wieder eine andere Akzentuierung. Die Bemühungen auf diesem Gebiet gelten vor allem der Beseitigung des Analphabetismus. Während sich bisher nur individuelle und unzusammenhängende Initiativen ohne signifikanten Erfolg diesem Anliegen widmeten, so wird 1984 – zunächst in Form von Pilotprojekten – ein „National Literacy Programme" gestartet. Es steht im Rahmen eines umfassenden UNESCO-Projektes für Lateinamerika und die Karibik und setzt sich zum Ziel „to eradicate illiteracy in the productive age group by the year 2000, and reduce the potential for lapsed literates simultaneously."[67] Zielsprache ist allein das Englische, wobei – bedingt durch die überwiegende Mehrzahl einsprachiger Teilnehmer – zur Erleichterung der mündlichen Kommunikation vor allem zu Beginn die Kreolsprache benutzt wird. Eine 1986 vorgelegte Projektevaluierung verzeichnet positive Ergebnisse, fordert jedoch gleichzeitig mit Nachdruck die verstärkte Einbeziehung der Kreolsprache und die Alphabetisierung

---

[66] Final Report of the Committee on Educational Priorities. (1980). St.Lucia, Ministry of Education; National Consultation on Education Conference. Draft Report. (1980). Ministry of Education and Culture. St.Lucia; A Report on the feasibility of a national literacy programme for St.Lucia. (1980). Prepared by Caribbean Research Centre. St.Lucia.

[67] Charles, Patricia (1984): Summary Statement of Objectives and Achievements of the National Literacy Programme and Pilot Project. Ministry of Education and Culture, Government of St.Lucia. Castries, St.Lucia, S.1.

in Kreol vor dem Übergang zum Englischen. Beklagt wird die Abwesenheit einer Sprachpolitik, die zur Anerkennung der Kreolsprache führt:

> The continued absence of such a policy and the rather slow national recognition of the status of St.Lucian creole creates ambivalence and complicates the process of education at all levels." „One recognizes that the programme is hampered severely by the absence of any policy on such a fundamental issue [...][68]

Nach einer im Rahmen der Pilotprojekte in Ti Rocher und La Guerre durchgeführten Umfrage wollen die Betroffenen durchaus in beiden Sprachen lesen und schreiben lernen: In Ti Rocher sind es 56 % (39 % wollen ausschließlich in Englisch, 5 % nur in Kreol alphabetisiert werden), in La Guerre sind 61 % für die Alphabetisierung in Englisch und Kreol (32 % sind nur für Englisch, 4 % nur für Kreol).[69] Doch obwohl Forderungen in dieser Richtung immer wieder laut werden, enthält sich die Regierung einer klaren Sprachenpolitik.

Im mündlichen Bereich wird der Gebrauch der Kreolsprache von staatlicher Seite durchaus gestützt. So steht auf Veranlassung des Ministry of Education and Culture auf dem Umschlag eines jeden Schulheftes unter anderen Verhaltensmaßregeln die folgende:

> Our language is an essential part of our culture. We have two languages: English and Creole. We must respect these languages and learn to speak them properly.

Die Verwendung der Kreolsprache ist häufig eine praktische Notwendigkeit im Umgang mit einem großen Teil der Bevölkerung. Der Government Information Service sendet im Rundfunk zum Teil in Kreol, im Gesundheits- und Landwirtschaftssektor etwa wird in der Interaktion von Regierung und Bevölkerung das Kreolische verwendet. Während die Regierung einer Erweiterung der Anwendungsbereiche der Kreolsprache jedoch reserviert gegenübersteht, setzen sich mehrere Organisationen aktiv für dieses Ziel ein. Dabei handelt es sich vor allem um das „Mouvman Kwéyòl Sent Lisi" (Mokwéyòl), das „Folk Research Centre" (FRC), die „National Research and Development Foundation" (NRDF) und die katholische Kirche. Sie bemühen sich um die Aufwertung der Kreolsprache, die Intensivierung ihres Gebrauchs, ihre Verschriftlichung und Instrumentalisierung. Als Indikator für den Erfolg dieser Initiativen und eine wachsende Wertschätzung der Kreolsprache bei der Bevölkerung darf das steigende Interesse am „Jounen Kwéyòl" gelten. Es handelt sich um Aktivitäten zur kreolischen Sprache und Kultur, die in St.Lucia seit 1983 in der Zeit des internationalen Kreol-Tags am 28.

---

[68] Compton, Petrus and Martha Isaac (1986): Removing the shame. Report of an evaluation study of the national literacy programme and pilot project St.Lucia. St.Lucia, S.28 u. 41. Vgl. auch Jules, Didacus (1988 a): Literacy in St.Lucia: Theoretical and practical parameters of the language experience. St.Lucia.

[69] Jules (1988 a), S.7.

Oktober stattfinden und sich hier einer besonderen Beliebtheit erfreuen.[70]

Die Ausweitung des Gebrauchs der Kreolsprache betrifft bisher in erster Linie den mündlichen Bereich. Vor allem der Runkfunk verwendet seit Mitte der 70er Jahre verstärkt den „Patwa". Besonders gerne gehört werden die Nachrichten- und Musiksendungen der privaten Rundfunkstation „Radio Caribbean International". Nach einer 1982 veröffentlichten Umfrage hören 47,3 % der befragten St.Lucier täglich den Rundfunk in kreolischer Sprache, 40 % mehr als einmal in der Woche. Als Gründe dafür werden „Information" von 49,1 % genannt, „Interest" von 21,8 %, „Comprehension" von 18,1 % und schließlich „Entertainment" von 5,5 %.[71] Verwendet wird Kreol verstärkt auch in der Kirche und bei politischen Versammlungen.

Die Verschriftlichung der Kreolsprache steht in St.Lucia noch am Anfang, und ihre Verwendung in schriftlicher Form hat einige Mühe sich durchzusetzen. Dabei muß man sich freilich vor Augen halten, daß St.Lucia eine in erster Linie orale Gesellschaft ist; es wird überhaupt wenig geschrieben, auch in Englisch. Ein Hemmschuh für die Verbreitung kreolischer Texte besteht aber auch in der Begrenztheit der finanziellen Möglichkeiten eines Entwicklungslandes. So gibt es im Vergleich zu Martinique nur eine bescheidene kreolophone Literatur; in Buchhandlungen ist diese so gut wie nicht präsent, meist handelt es sich um vervielfältigte Texte. Es gibt Erzählungen, Theaterstücke, Liedertexte sowie eine Reihe von Übersetzungen von Bibeltexten. Die von der UNESCO subventionierte Zeitung „Balata" ist zweisprachig und erscheint seit 1983 in unregelmäßigen Abständen. Zwei weitere Zeitungen veröffentlichen hin und wieder kleine Beiträge in Kreol: Der „Castries Catholic Chronicle" sowie „The Crusader"; letztere Zeitung verwendet Kreol vor allem im Rahmen der politischen Satire.

Die Verhältnisse in St.Lucia und die Vitalität der Kreolsprache stellen für den außenstehenden Beobachter gute Bedingungen dar für ihre Aufwertung und Ausweitung ihres Gebrauchs. Für die Minderung von Schulproblemen und Analphabetismus und damit die Entwicklung des Landes insgesamt erscheint eine solche Sprachpolitik unabdingbar.[72] Ob sich dies in der Zukunft verwirklichen wird, hängt vor allem von politi-

---

[70] Vgl. hierzu insbes. Charles, Embert (1986): Oral Traditions in St.Lucia: Mobilisation of Public Support – Jounen Kwéyòl. In: Kremser, Manfred u. Karl R. Wernhart (Hrsg.): Research in Ethnography and Ethnohistory of St.Lucia. A preliminary report. Horn – Wien (Wiener Beiträge zur Ethnologie und Anthropologie Bd. 3). S.57-69.

[71] S. Charles, Embert (1983): Making communication effective through creole in the media in St.Lucia. Submitted in partial fulfillment of the requirements for the B.A. degree in the Faculty of Arts and General Studies, University of the West Indies. Mona, Jamaica, S.43 f.

[72] Vgl. hierzu auch Carrington (1987) sowie Creole Discourse and Social Development. (1988). Report of a Workshop Dec. 7-9, 1987, Castries, St.Lucia. St.Lucia (NRDF).

schen Entscheidungen ab, wenn sich auch verschiedene Schwierigkeiten stellen: Zu berücksichtigen ist die zunehmende Verbreitung des genannten kreolisierten Englisch, das vor allem in der Hauptstadt zu einer Verdrängung der Kreolsprache führt. Ein weiteres Problem hängt mit der Abtrennung der Kreolsprache von ihrer Basissprache zusammen: Stellt dies einerseits eine Chance dar, denn es besteht nicht die Gefahr des Wiederaufgehens im Französischen, so fehlt andererseits die Ausgangssprache als Reservoir beim Bedarf neuen Vokabulars und der Schaffung konzeptionell schriftsprachlicher Register. Diese Tatsache veranlaßt Fleischmann zu der Folgerung: „Das Kreolische von Martinique ist durch seine Nähe zur Hochsprache bedroht, das von St.Lucia durch seine Distanz hierzu."[73]

II.2.4. Haiti

Haiti liegt auf dem westlichen Teil Hispaniolas, der zweitgrößten Insel der Großen Antillen, ist bereits seit 1804 unabhängig und stellt mit über 5 Millionen Einwohnern die größte kreolophone Sprachgemeinschaft dar. Die Situation ist unvergleichbar mit derjenigen Martiniques oder auch St.Lucias. Die Jahrzehnte während Willkürherrschaft der Familie Duvalier, Korruption und Mißwirtschaft führen zur Verelendung des überwiegend größten Teils der Bevölkerung und machen Haiti zu einem der zehn ärmsten Länder der Welt. Die Gesellschaft ist extrem polarisiert: Einer sehr kleinen, reichen Oberschicht stehen die verarmte Landbevölkerung und das städtische Proletariat gegenüber. 65 % der Haitianer sind ohne Arbeit, soziale Unterstützung und medizinische Versorgung; in der Hauptstadt Port-au-Prince leben 60 %, auf dem Land sogar 94 % der Einwohner unterhalb der absoluten Armutsgrenze.[74]

Die Erlangung der Unabhängigkeit ändert nichts an Status und Funktion des Französischen, wenn auch erst die Verfassung von 1926 – eine Reaktion auf die von 1915 bis 1934 dauernde amerikanische Besatzung – Französisch zur offiziellen Sprache erklärt. Während alle Einwohner Haitis Kreolsprecher sind, spricht nur ein kleiner Teil der Bevölkerung Französisch. Nach optimistischsten Schätzungen können 15-25 % der Haitianer – mehr oder weniger gut – mit Französisch umgehen, 5 % dürfen als frankophon bezeichnet werden.[75] Wirklich nationales Idiom

---

[73] Fleischmann (1986), S.112.

[74] Vgl. Gewecke (1986), S.49 ff.

[75] Vgl. Chaudenson/Vernet (1983), S.38 u. 19. Die Schätzungen zur Zahl der Französisch-Sprecher variieren: Nach Bentolila und Gani können 15-20% der Haitianer mit dem Französischen umgehen, nur 3 % sind hingegen in jeder Situation des Französischen mächtig; vgl. Bentolila, Alain u. Léon Gani (1981): Langues et problèmes d'éducation en Haïti. In: Langages 61. S.117-127, hier S.117. Carrington schätzt die Zahl der Frankophonen auf 7-10 % (Carrington (1987), S.34); nach Fleischmann und

Haitis ist das Kreolische: „La vie haïtienne dans ses manifestations quotidiennes se réalise spontanément en créole"; Französisch ist weniger Kommunikationsmittel als soziales Symbol:

> [...] le français joue dans la satisfaction réelle des besoins communicatifs un rôle très restreint. L'illusion produite à ce sujet vient de sa puissante valeur symbolique et de son prestige écrasant dans la société haïtienne.[76]

Angesichts dieser Situation läßt sich – wie schon oben erwähnt – das Konzept der Diglossie zur Beschreibung der Sprachensituation Haitis nur mit Vorbehalten anwenden. Valdman spricht von zwei Sprachgemeinschaften in Haiti: auf der einen Seite die große Masse der Bevölkerung, die in jeder Situation Kreol spricht, die städtische Oberschicht auf der anderen Seite, die zweisprachig und diglossisch ist.[77] Betrachtet man hingegen die Ebene der Wertvorstellungen, die mit den beiden Idiomen verbunden sind, so zeigt sich, daß diese von der gesamten Bevölkerung geteilt werden:

> All Haitians are diglossic in the sense that they share the same system of symbolic values about Creole and French. The monolingual masses and the bilingual urban elite differ only with respect to access to French, which in turn determines relative productive and receptive capabilities.[78]

Die Situation des einsprachigen Kreolophonen wird daher auch als „fantasme diglossique" beschrieben.[79] In der sprachlichen Realisierung äußert sich dies in der Verwendung franzisierter, zum Teil hyperkorrekter Formen in Situationen, die in der diglossischen Verteilung der Domäne des Französischen zugehören.

Das Schulsystem trägt bis zur Bildungsreform von 1979 – abgesehen vom inoffiziellen mündlichen Gebrauch der Kreolsprache – der Einsprachigkeit der Haitianer nicht Rechnung. Neben der Armut der Bevölkerung, dem Mangel an finanziellen Mitteln für den Bau von Schulen sowie die Ausbildung und Bezahlung von Lehrern, ist dies sicherlich ein Faktor, der für den desolaten Bildungsstand der haitianischen Bevölkerung verantwortlich gemacht werden muß. Die Analphabetenrate ist mit mindestens 75 % die höchste in Lateinamerika.[80] In der

---

Valdman sind 90 % der Bevölkerung einsprachige Kreolophone (Fleischmann (1986), S.114, Valdman (1987), S.110).

[76] Chaudenson/Vernet (1983), S.42 u. 44.

[77] Vgl. Valdman (1987), S.109.

[78] Valdman (1988), S.72 f.

[79] Valdman (1988), S.72; Fleischmann, Ulrich (1984): Language, Literacy and Underdevelopment. In: Foster, Charles R. u. Albert Valdman (Hrsg.): Haiti – Today and Tomorrow. An Interdisciplinary Study. Lanham, New York, London. S.101-117, hier S.102.

[80] Vgl. Fleischmann, Ulrich (1980): Alphabetisierung und Sprachpolitik: Der Fall Haiti. In: Reinhold Werner (Hrsg.): Sprachkontakte. Tübingen. S.87-120, hier S.92.

Altersgruppe der 6-12 jährigen Kinder besuchen 1978/79 nur 36,6 % eine Schule; dabei besteht ein enormes Stadt-Land-Gefälle: Die Verschulungsquote beträgt 1977/78 in der Stadt 82 %, auf dem Land hingegen nur 24 %. Darüberhinaus ist die Zahl der schulischen Mißerfolge sehr hoch: In der Stadt erreichen weniger als die Hälfte der Schüler das Ende der Grundschule, weniger als ein Drittel erhält einen Grundschulabschluß. Auf dem Land gelangen über die Hälfte der Kinder nicht über das erste Schuljahr hinaus und nur ein Fünftel erhält das „Certificat d'études primaires".[81] Es besteht eine extreme Form der Selektivität, und es mangelt an Bildungsangeboten, die den nationalen Bedürfnissen angepaßt sind. Schwierigkeiten bleiben aber auch für die wenigen, die Erfolg haben. Der Unterricht in einer Sprache, die nicht beherrscht wird, führt meist zu Auswendiglernen ohne Bezug zum Inhalt. Chaudenson und Vernet beschreiben die Situation folgendermaßen:

> [...] scolarisation non adaptée à la réalité et non rentable; déculturation, ambivalence et blocage; création de frustrations; pas de structuration mentale et de logique mais mémorisation de phrases; amour du verbe et de l'apparat.[82]

Die Aufwertung der Kreolsprache nimmt ihren Anfang während und nach der amerikanischen Besatzungszeit; mit der Bewegung des „Indigénisme" der 30er Jahre erfolgt die Zuwendung zu allen Elementen der haitianischen Volkskultur. Daß das Kreolische Symbol der nationalen Identität und kulturellen Spezifität Haitis ist, wird heute kaum noch bestritten. Die vermehrte Aufmerksamkeit, die man der Kreolsprache zuteil werden läßt, entspringt daneben aber vor allem praktischen Problemen. Die hohe Zahl der Illiteraten erscheint nur durch die Alphabetisierung in der Muttersprache reduzierbar. Seit den 40er Jahren werden Alphabetisierungsprogramme für Erwachsene in der Kreolsprache durchgeführt. 1961 wird das „Office National d'Education Communautaire" (ONEC) gegründet, das 1969 durch das „Office National d'Alphabétisation et d'Action Communautaire" (ONAAC) abgelöst wird. Als zentrale staatliche Instanz überdacht diese Organisation alle Alphabetisierungskampagnen. Erfolge in der Erwachsenenalphabetisierung sind vor allem kirchlichen Initiativen zu verdanken; die Kirchen verfügen über eine bereits akzeptierte Infrastruktur auf dem Land und bieten den Alphabetisierten Anwendungsmöglichkeiten des Erlernten.[83] 10 bis 15 % der Erwachsenen sind in Kreol alphabetisiert.[84] Das Eindringen der Kreolsprache in die Schule erfolgt sehr viel zögerlicher. Erst mit der Neuorganisierung des Bildungssystems 1979 findet sie offiziell Eingang in die Schule: Kreol wird Unterrichtssprache und Unterrichts-

---

[81] Vgl. Chaudenson/Vernet (1983), S.31 f.

[82] Chaudenson/Vernet (1983), S.52.

[83] Zur Erwachsenenalphabetisierung vgl. Fleischmann (1980).

[84] Vgl. Chaudenson/Vernet (1983), S.38.

gegenstand in der Grundschule, Französisch wird als Fremdsprache von Anfang an unterrichtet und stellt ab dem 6. Schuljahr auch Unterrichtssprache dar. Das Erlernen des Französischen als oberstes Ziel wird damit nicht in Frage gestellt. Haiti ist mit den Seychellen das erste kreolophone Land, das eine Bildungsreform durchführt.[85] Der Änderung von Funktion und Status der Kreolsprache wird in jüngster Zeit auch in der Verfassung Rechnung getragen: Die Verfassung von 1983 erklärt Französisch und Kreol zu Nationalsprachen, Französisch bleibt zunächst alleinige offizielle Sprache. 1986 wird die Kreolsprache als offizielle Sprache dem Französischen zur Seite gestellt.

Neben der Ausweitung des Gebrauchs der Kreolsprache im mündlichen Bereich, etwa im Rundfunk und Fernsehen, findet sie auch zunehmend in schriftlicher Form Verwendung. Haiti kennt die längste Schrifttradition aller Kreolsprachen, besonders seit Ende der 40er Jahre läßt sich eine rege Textproduktion beobachten. Neben belletristischer Literatur, zum Beispiel Erzählungen, Gedichtbänden, Theaterstücken und auch Romanen,[86] gibt es Übersetzungen, religiöse Texte und – in wachsendem Umfang seit der Bildungsreform – Lehrmaterial. Die katholische und protestantische Kirche geben monatlich erscheinende Zeitungen heraus, wobei die Zeitung der katholischen Kirche „Bon Nouvèl" mit einer Auflage von 30000 Exemplaren bei weitem die Auflage aller französischen Zeitungen und Zeitschriften in Haiti übertrifft.[87]

Die weitere Ausweitung der Funktionsbereiche der Kreolsprache und die Änderung ihres Status stehen in Haiti damit unter guten Vorzeichen. Gleichzeitig sieht sich diese Entwicklung jedoch mit Schwierigkeiten verschiedenster Art konfrontiert:

Das Vordringen der Kreolsprache in Bereiche, die ihr bisher verschlossen waren, stellt neue Anforderungen an das Sprachsystem, verlangt die Schaffung neuen Vokabulars und die Herausbildung schriftsprachlicher Register. Dabei liegt es nahe, auf die koexistierende Ausgangssprache zurückzugreifen. Dieser Tendenz wird dadurch Vorschub geleistet, daß franzisierte Varianten über größeres Prestige verfügen. Mit der Ausweitung der Anwendungsbereiche des Kreolischen besteht damit unweigerlich die Gefahr der Dekreolisierung und Wiederannäherung an das Französische.[88]

---

[85] Für eine ausführliche Darstellung der Bildungsreform vgl. Chaudenson/Vernet (1983).

[86] Vgl. hierzu insbes. Fleischmann, Ulrich (1981): Le créole en voie de devenir une langue littéraire. In: Kremer, Dieter u. Hans-Josef Niederehe (Hrsg.): Littératures et langues dialectales françaises. Actes du colloque de Trèves du 17 au 19 mai 1979. Hamburg.

[87] Vgl. Valdman, Albert (1989 a): Aspects sociolinguistiques de l'élaboration d'une norme écrite pour le créole haïtien. In: Ludwig, Ralph (Hrsg.): Les créoles français entre l'oral et l'écrit. Tübingen. S.43-63, hier S.43.

[88] Vgl. hierzu insbes. Valdman (1987).

Die Änderung des Status der Kreolsprache ist letztlich an politische und soziale Veränderungen gebunden. Nachdem 1986 der Diktator Jean-Claude Duvalier sein Land fluchtartig verlassen hatte und 1987 die Wahlen von Duvalier-Anhängern blutig gestoppt wurden, stellt die Wahl des linksgerichteten katholischen Priesters Jean-Bertrand Aristide im Dezember 1990 zum ersten frei und demokratisch gewählten Präsidenten einen entscheidenden Schritt in diese Richtung dar. Bezeichnenderweise hält Aristide seine Antrittsrede in Kreol. Angesichts heftiger Opposition von seiten der Duvalieristen, wiederholter Attentats- und Umsturzversuche und eines Militärputsches im September 1991, der Aristide zum Verlassen seines Landes zwingt, ist die Zukunft jedoch ungewiß. Die kleine zweisprachige Elite hält an der überragenden Bedeutung des Französischen fest und verteidigt damit ihre Machtposition und Privilegien in der Gesellschaft. Das Französische gerät in Haiti jedoch zunehmend in eine prekäre Situation: Aufgrund der ökonomischen und politischen Abhängigkeit von den USA und einer großen haitianischen Diaspora in den Vereinigten Staaten gewinnt das Englische zunehmend an Bedeutung.

II.3. Etappen der Verschriftung der Kreolsprachen und Positionen in der aktuellen Diskussion

Untersucht man die historische Entwicklung der Schreibung der Kreolsprachen, so lassen sich drei Phasen unterscheiden: Erste Texte übertragen die Schreibgewohnheiten europäischer Standardsprachen, zumeist der Basissprache Französisch, auf die Kreolsprachen. In einer zweiten Phase entstehen autonome Schriftsysteme phonologischer Natur. Jüngste Tendenzen weisen in Richtung einer Modifizierung der phonologischen Graphie unter dem Aspekt der Lesbarkeit. Alle drei Schreibweisen und Positionen sind heute präsent, sie stellen die wesentlichen Tendenzen im Spannungsfeld der aktuellen Orthographie-Diskussion dar.

Das vorliegende Kapitel widmet sich der Untersuchung der verschiedenen Schreibweisen und Schriftsysteme mit besonderem Augenmerk auf dem ihnen zugrundeliegenden Argumentationszusammenhang. Dabei sollen sowohl die historische Entwicklung als auch die Relevanz in der aktuellen Debatte und die Praxis des Gebrauchs berücksichtigt werden. Die zum Teil parallele und interdependente Entwicklung legt eine gemeinsame Darstellung für die verschiedenen Kreolsprachen nahe, auf Unterschiede wird jeweils hingewiesen.

II.3.1. Anlehnung an die Orthographie europäischer Standardsprachen

II.3.1.1. Die etymologisierende Schreibung

Erste Schriftzeugnisse über die Existenz neuer Sprachformen in den Kolonien finden sich bereits in Berichten von Reisenden und Missionaren aus dem 17. Jahrhundert. Aus der Zeit des 18. Jahrhunderts sind Texte überliefert, die wesentliche Gemeinsamkeiten mit dem heutigen Kreol aufweisen; seit dem 19. Jahrhundert nimmt die Zahl der Texte beständig zu. Besonders Haiti kennt eine lange Schrifttradition, das älteste überlieferte Gedicht „Lisette quitté la plaine" stammt aus der Mitte des 18. Jahrhunderts.[89]

Die frühen kreolischen Texte sind von Französisch-Sprachigen geschrieben und richten sich an eine frankophone Leserschaft. Da ein großer Teil des Lexikons der Kreolsprachen aus dem Französischen stammt, liegt es nahe, die französischen Schreibgewohnheiten auf die Kreolsprache zu übertragen. Die Schreiber orientieren sich in der Regel an der tatsächlichen oder angenommenen Etymologie und bemühen sich daneben mehr oder weniger, Abweichungen vom Französischen in der Schreibung Rechnung zu tragen. Zur Illustration dieses Vorgehens sei hier ein Text untersucht, an dessen Stelle viele andere zitiert werden könnten. Es handelt sich um einen Abschnitt aus einem kreolischen Katechismus, der zwischen 1900 und 1910 in St.Lucia entstanden ist. Es ist der älteste umfassendere Text in der Kreolsprache St.Lucias.

„1) Ça qui créé ou?
   Bon Dié.
2) Poutchi Bon Dié Créé ou?
   Pou connaîte-li, aimé-i épi sèvi-i.
3) Si ou ka sèvi Bon Dié bien assous latè, ça i kai ba ou yon jou?
   I kai ban moin yon bon place en ciel.
4) Ça ou ni pou fait pou connaîte Bon Dié?
   C'e pou moin appranne Catechisse-moin bien.
5) Ça Bon Dié y-e?
   Bon Dié, c'é pli grand l'esprit, I ni toutes sottes bon qualités, I pas ni

---

[89] Eine Übersicht über die frühen Zeugnisse der Kreolsprachen findet sich bei Goodman, Morris F. (1964): A Comparative Study of Creole French Dialects. London, The Hague, Paris, S.104 ff; Prudent stellt die wichtigen kreolischen Texte seit Mitte des 18. Jahrhunderts in chronologischer Form zusammen, s. Prudent, Lambert Félix (1984 b): L'émergence d'une littérature créole aux Antilles et en Guyane. In: Ders. (Hrsg.): Kouté pou tann! Anthologie de la nouvelle poésie créole. o.O. (Editions Caribéennes), S.20-56, hier S.52 ff.

pièce défauts; c'é li qui fait toutes bagailles.
6) Côté Bon Dié y-é?
   Bon Dié tout patou.
7) Est-ce I icite-la?
   Oui, I icite-la; tout patou.
8) Est-ce Bon Dié ka ouè toutes bagailles?
   Oui, Bon Dié ka ouè toutes bagailles, jisse en fond tchè-nous.
9) Est-ce Bon Dié aimé-nous?
   Oui, Bon Dié aimé nous; c'é li qui ka ban nous toute ça nous ni bisoin."[90]

(1) Wer hat dich geschaffen?
    Der liebe Gott.
2) Warum hat der liebe Gott dich geschaffen?
   Um ihn zu kennen, ihn zu lieben und ihm zu dienen.
3) Wenn du dem lieben Gott auf der Erde gut dienst, was wird er dir eines Tages geben?
   Er wird mir einen guten Platz im Himmel geben.
4) Was mußt du tun, um den lieben Gott zu kennen?
   Ich muß meinen Katechismus gut lernen.
5) Wer ist der liebe Gott?
   Der liebe Gott ist der größte Geist, er hat alle guten Eigenschaften, er hat keine Fehler; er ist es, der alles geschaffen hat.
6) Wo ist der liebe Gott?
   Der liebe Gott ist überall.
7) Ist er hier auf der Erde?
   Ja, er ist hier auf der Erde, überall.
8) Sieht der liebe Gott alles?
   Ja, der liebe Gott sieht alles, bis in unser Herz.
9) Liebt uns der liebe Gott?
   Ja, der liebe Gott liebt uns; er ist es, der uns alles gibt, was wir brauchen.)

Der Verfasser überträgt die französische Orthographie auf die Kreolsprache und versucht, die Beziehung zum Französischen sichtbar zu machen. Ist die phonetische Realisierung in beiden Sprachen gleich oder ähnlich, so wählt er die traditionelle französische Schreibung. Gleichzeitig zeigt sich jedoch das Anliegen des Autors, lautliche und strukturelle Besonderheiten der Kreolsprache in der Graphie sichtbar zu machen. Sieht er keine Entsprechung in der Ausgangssprache, so wird mit den Mitteln, die die französische Orthographie bereitstellt, die Lautung wiedergegeben. Folgende Beispiele sollen dies verdeutlichen, sie stammen großteils aus dem zitierten Abschnitt und werden durch Beispiele aus dem Gesamttext ergänzt:

---

[90] Catechism Creole. Prepared by Fr. Henri Claustre between 1900-1910, reprinted by Fr. Emile Vrignaud between 1940-1950. St.Lucia, S.1.

Zentrale phonetisch/phonologische Unterschiede der Kreolsprache im Vergleich zum Französischen finden in der Schreibung ihren Niederschlag:
- ungerundete Palatalvokale statt gerundeter im Französischen, z.Bsp. <Dié> (Dieu), <pli> (plus), <jisse> (jusque), <bisoin> (besoin)
- Nasalierung, z.Bsp. <moin> (moi), <appranne> (apprendre), <mênme> (même), <ainmé> (aimé), <l'ânme> (l'âme)
- Palatalisierung der Okklusive, z.Bsp. <Poutchi> (Pourquoi), <tchè> (coeur), <atchouellement> (actuellement)
- Ausfall des /r/ im Wortinneren und die daraus resultierende Öffnung des vorausgehenden Vokals, z.Bsp. <sèvi> (servir), <sottes> (sortes), <patou> (partout)
- Schwund des /r/ am Wortende, z.Bsp. <jou> (jour), <pou> (pour), <latè> (la terre), <connaîte> (connaître), <mette> (mettre)
- Vereinfachung von Konsonantengruppen am Wortende, z.Bsp. <appranne> (apprendre), <Catechisse> (Catechisme), <jisse> (jusque)

Bei Lexemen, für die keine französische Herkunft erkennbar scheint oder die phonetische Realisierung von der entsprechenden französischen Form zu sehr abweicht, orientiert sich der Verfasser des Katechismus an der Aussprache, zum Beispiel in folgenden Fällen: <ou, ka, kai, ba, yon, ban, ni>. Daß er dabei soweit wie möglich auf die Regeln der französischen Orthographie zurückgreift, zeigen insbesondere die Beispiele <assous> mit doppeltem <s> zur Anzeige des stimmlosen /s/ und stummem <s> am Wortende, sowie <bagailles> [bagaj] (die Sache).

Auch strukturellen Besonderheiten der Kreolsprache wird zum Teil Rechnung getragen, so zum Beispiel mit der Wahl einer unveränderlichen Verbform (in der Regel der Form des französischen Passé composé) und der Zusammenschreibung im Fall der Agglutination des Artikels zum Nomen, etwa bei <latè>.

Stimmt die lautliche Realisierung eines Lexems in beiden Sprachen überein, so wird die französische Orthographie beibehalten, zum Beispiel bei <ça, qui, bon, ciel, bien, côté, oui>. Daher finden sich auch in der Schreibung des Kreolischen stumme Endkonsonanten, etwa in <fait, grand, l'esprit, pas, défauts, tout, fond, nous, temps> und das „e muet", zum Beispiel in <connaîte, place, appranne, Catéchisse, pièce, jisse>.

Auch im morphologischen Bereich zeigt sich das Bemühen, die Verbindung zum Französischen sichtbar zu machen, zum Beispiel im Fall der Pluralanzeige (<toutes sottes, qualités, défauts, trois jous>) oder der Worttrennung (<Est-ce, c'e, y-e>).

Ist der Verfasser des Katechismus, Fr. Henri Claustre, im Großen und Ganzen zwar bemüht, eine einmal gewählte Schreibung während des gesamten Textes beizubehalten, so weist die Schreibweise doch sehr viele

Inkohärenzen auf. Warum etwa, so könnte man fragen, behält er bei <tout patou> [tupatu] das erste stumme <t> bei, während das zweite entfällt, warum schreibt er <c'é> im Gegensatz zu <Est-ce>, warum wählt er die Zusammenschreibung bei <latè>, nicht aber bei <l'esprit>, bei <icitè> im Gegensatz zu <tout patou>. Vor allem freilich führt die vorgestellte Graphie zu komplizierten und inkonsistenten Phonem-Graphem-Entsprechungen; so finden sich zum Beispiel zur Darstellung von /k/ die Grapheme <k, c, q>, für /s/ <ç, s, ss, c>, für /ã/ <en, em, an, am> und für /ɛ̃/ <ain, en, in>.

Während sich eine solche – für die mit der französischen Orthographie Vertrauten – spontane und intuitive Schreibweise bis in die jüngste Zeit fortsetzt,[91] finden sich daneben auch Versuche, eine franzisierende Graphie systematischer zu machen und ihre Inkohärenzen zu vermeiden. In verstärktem Maß geschieht dies in Auseinandersetzung mit der konkurrierenden phonologischen Graphie, die sich seit den 40er Jahren in Haiti, seit den 70er Jahren in Martinique und den 80er Jahren in St.Lucia zu verbreiten beginnt. Als Beispiel für diese Ausrichtung sei hier die „graphie phonético-étymologique" vorgestellt, die Robert Germain 1976 im Rahmen einer Grammatik vorschlägt. Sie ist für die Schreibung der Kreolsprachen von Guadeloupe, Martinique und Guyana konzipiert. Der im folgenden zitierte Textabschnitt stammt aus dem Vorwort:

„Fai préfas a on liv écri en créyol facil é dificil a la foi. Min, fai préfas a on liv con tala qi en main a zŏt-la pa on ti zafai. [...]
Moun qi vlé fai on travail su lang créol-la pa giè péu touvé enpil bùtin douvan io alhëqilé, obin ça io ni douvan io pa giè gra. Fau fai moun palé, fau couté, posé qièction assù qièction, massé, semblé, trié pou, piti a piti, rivé a bout a cŏdon-la. [...]
Lhë on moun vlé io respètè volonté a-i, I ka écri testamen a-i. Ebin, si nou vlé io respètè lang créol-la, fau nou métè nou enselfin apouann granmai a-i, épi fau nou écri folklò an nou, listoi an nou; fau sizé alentou on tab pou décidé grafi a créyol-la, [...]"[92]

(Ein Vorwort zu einem kreolischen Buch zu schreiben, ist einfach und schwierig zugleich. Aber ein Vorwort zu schreiben zu einem Buch wie diesem, das ihr in den Händen habt, ist keine einfache Sache. [...]
Jemand, der eine Arbeit über die kreolische Sprache anfertigen möchte, kann zum jetzigen Zeitpunkt nicht viel Material vorfinden oder das, was man vorfindet, ist nicht umfangreich. Man muß die Leute zum Sprechen bringen, man muß zuhören, Fragen über

---

[91] So zum Beispiel in folgenden Gedichtbänden: Léro, Yva (1979): Peau d'ébène (poèmes). Martinique; Gratiant, Gilbert (1958): Fab' Compè Zicaque (Poèmes en créole). Fort-de-France.
[92] Germain, Robert (1980): Grammaire créole. Paris. (1.Auflage 1976). S.13 f.

Fragen stellen, sammeln, zusammenstellen, aussuchen, um nach und nach zum Ziel zu kommen. [...]
Wenn jemand möchte, daß sein Wille respektiert wird, schreibt er sein Testament. Nun, wenn wir wollen, daß die kreolische Sprache respektiert wird, dann müssen wir beginnen, ihre Grammatik zu lernen, und wir müssen unsere Traditionen aufschreiben, unsere Geschichte; man muß sich zusammensetzen, um über die Graphie der Kreolsprache zu entscheiden, [...])

Mit der Bezeichnung „graphie phonético-étymologique" vermag Germain sein Vorgehen treffend zu charakterisieren: Er folgt in seiner Schreibung der Aussprache insofern, als er im Gegensatz zur Graphie des Katechismus stumme Buchstaben und das „e muet" weitestgehend ausschließt. Auch vermeidet er die Übertragung morphologisch-syntaktischer Kategorien des Französischen auf die Kreolsprache wie etwa die Pluralmarkierung. Diesen Vorgaben folgend lehnt er sich, sofern die Lautung im Kreolischen nicht zu sehr divergiert, so weit als möglich an die Orthographie des französischen Ausgangswortes an. Es bleiben damit uneindeutige Graphem-Phonem-Zuordnungen, die allein durch das Rekurrieren auf das französische Vorbild zu rechtfertigen sind und zum Teil durch die Einführung zusätzlicher diakritischer Zeichen noch verkompliziert werden. Die oben angeführten Grapheme für /k, s, ã, ɛ̃/ finden sich auch in der Schreibung Germains, ferner wird zum Beispiel /j/ durch <i, ï, y, ÿ, il, ill> dargestellt, /ɛ/ durch <e, è, ĕ, ê, ai> und /o/ durch <au, o, ö>.[93] Auch kollidieren zum Teil die beiden Prinzipien, die Germain für seine Schreibung geltend macht, wenn etwa stumme Buchstaben getilgt werden, die im Französischen den phonologischen Wert benachbarter Grapheme beeinflussen. Während sich eine Veränderung der Vokalqualität durch diakritische Zeichen darstellen läßt, so müssen in anderen Fällen vom französischen Ausgangswort abweichende Grapheme gewählt werden, zum Beispiel <s> in <préfas> (préface), <z> in <thèz> (thèse), <k> in <achitèk> (architecte). Germain weicht darüberhinaus häufig von seinen Prinzipien ab. So behält er das <q> zum Beispiel in <maq> (marque) und <paq> (Pâques) bei, während er in anderen Fällen das französische <-que> durch <c> oder <k> ersetzt, zum Beispiel <alfabétic> (alphabétique), <arabic> (arabique), <afrik> (Afrique), <bibliotèk> (bibliothèque). Manche Lexeme schreibt er entsprechend einer phonologischen Graphie, zum Beispiel <dlo> (l'eau), <kat> (quatre), bei anderen verfährt er etymologisierend und behält auch stumme Buchstaben bei, so etwa in <lhë> (temporale Konjunktion, < frz. l'heure), <nhonm> (l'homme). Die Begründungen für die Wahl der einen oder anderen graphischen Form sind vielfältiger Natur und beschränken sich häufig auf Einzelfälle. Den

---

[93] Vgl. hierzu auch die – allerdings unvollständige – Tabelle der Phonem-Graphem-Korrespondenzen S.29 f.

Entscheidungen haftet eine gewisse Willkür an, die Schreibung bleibt in weiten Teilen unsystematisch.

Was unter der Bezeichnung „etymologisierende Graphie" hier subsumiert wird, umfaßt eine große Bandbreite verschiedenster Schreibweisen. Sie reicht von der maximalen Annäherung an die französische Orthographie bis zur Abbildung der Lautung unter Verwendung französischer Phonem-Graphem-Korrespondenzregeln. Die Argumente, die zur Rechtfertigung einer Franzisierung der Graphie geltend gemacht werden, sind jedoch weitgehend dieselben:[94]

1. Die Herkunft der Kreolsprache aus dem Französischen, ihre Verbindung zum Französischen und darüberhinaus ihre Zugehörigkeit zu den romanischen Sprachen sollen in der Graphie sichtbar gemacht werden.

> [...] cet „aspect français" si nécessaire pour rappeler les étymologies, pour illustrer ce rameau principal de son arbre généalogique que sont les vieux dialectes de France [...][95]

> Le mot, dépouillé de ses racines alphabétiques profondes au profit d'un alphabet théorique, se rend peu reconnaissable. Certes, la lecture devient facile, mais la langue melchisédékienne. En effet, le roi Melchisédek n'apparut-il pas sur terre comme étant „sans père, ni mère, ni généalogie" (Hébreux, 7,3)?[96]

> Les lignes généalogiques du créole devraient être conservées autant que possible dans sa structure graphémique.
> [...] l'orthographe créole n'est pas une fantaisie soumise au goût, à l'humeur, à l'idéologie politique des individus; mais une DERIVATION MAJORITAIRE du latin et du grec à travers les langues latines. Ceci oblige à la recherche et au maintien de la forme étymologique à partir de l'alphabet; et sa combinaison avec la phonétique.[97]

> [...] à l'instar des langues romanes (italien, espagnol, occitan ...), dont fait partie le créole, nous nous sentons habilité à écrire „filosofi". Contre le mot phonétique, nous gardons s avec le son z, puisque nous admettons que „s entre deux voyelles

---

[94] Die Ermittlung der Argumente stützt sich im wesentlichen auf die exemplarische Auswahl folgender Arbeiten: Doret, Michel R. (1980): Une étude du créole haïtien en 1927: les écrits de Frédéric Doret père, ingénieur civil. In: Etudes Créoles III,2. S.157-167; Faine, Jules (1936): Philologie créole. Etudes historiques et étymologiques sur la langue créole d'Haïti. Port-au-Prince. Réimpression Genève-Paris 1981; Jourdain, Elodie (1956 a): Du français aux parlers créoles. Paris u. Dies. (1956 b): Le vocabulaire du parler créole de la Martinique. Paris; G.E.R.E.C. (1977): Poèmes satiriques créoles. In: Mofwaz 2. S.53-67 (bezieht sich auf Marcel André (1973): Poèmes satiriques créoles. Martinique.); Germain, Robert (1980). (1. Aufl. 1976); Archer, Marie-Thérèse (1988): Créologie haïtienne. Latinité du créole d'Haïti. Créole étudié dans son contexte ethnique, historique, linguistique, sociologique et pédagogique. Port-au-Prince.

[95] Faine (1936), S.59.

[96] Germain (1980), S.26.

se prononce z". De plus, s a la pertinence d'un sème qui introduit à la racine „sophia". Contre le mot grammatical avec ph, nous ne serions pas la seule langue romane à lui substituer le F de simplification. Ainsi donc, la graphie créole „filosofi" réjouit les oreilles, les yeux, en même temps qu'elle satisfait l'intelligence et s'harmonise naturellement avec les lois générales de sa famille linguistique.[98]

> La vision alphabétique latine est l'usage dans la structure des mots créoles, de lettres majoritairement latines, donnant aux textes la visualité schématique d'une langue latine.[99]

Das Argument, die französische Tradition solle in der Schreibung zum Ausdruck kommen, findet sich auch in St.Lucia.

2. Die Kreolsprache – dies gilt für Martinique und Haiti – koexistiert mit dem Französischen als offizieller Sprache. Dieser Tatsache muß in der Wahl eines kreolischen Schriftsystems Rechnung getragen werden.

> [...] la nécessité absolue où se trouve le créole de ne pas trop s'éloigner du français, la langue officielle du pays, avec laquelle l'haïtien s'est déjà familiarisé [...][100]

> L'orthographe créole ne doit provenir ni d'un compromis commode pour concilier deux doctrines, ni du contreplacage d'un alphabet importé, fût-il national ou international, mais elle doit découler naturellement de la réalité linguistique complexe où vivent ses utilisateurs.[101]

In diesem Zusammenhang steht die von den Vertretern franzisierender Schreibweisen sehr häufig vorgebrachte Forderung, die Graphie des Kreolischen müsse dergestalt sein, daß sie den Übergang zur Erlernung des Französischen erleichtere. Das Ziel des „passage au français" wird nicht selten zum Angelpunkt der gesamten Orthographiediskussion erhoben.

> [...] toute graphie du créole doit mener sans inconvénient à la graphie française. [...] Quand le créole enseigné est de nature néo-latine, il permet ensuite d'enseigner le français à partir d'une réalité authentique qui ne dépayse pas l'élève; il n'en est pas troublé parce qu'il n'a pas d'interruption; c'est une suite sans heurt.[102]

3. Die Anlehnung an das französische Vorbild wertet die Schreibung des Kreolischen auf und verleiht ihr Prestige, während eine phonologische Graphie mit Vereinfachung und Unterentwicklung assoziiert wird.

> On ne peut réduire une langue à un simple ensemble de groupes phonétiques, en faisant un langage de tribu sous-développée, pour la plus grande joie des amateurs

---

[97] Archer (1988), S.265 u. S.393.

[98] Germain (1980), S.27.

[99] Archer (1988), S. 335.

[100] Faine (1936), S.56 f.

[101] Germain (1980), S.27.

[102] Archer (1988), S.398 u. S.316.

de folklore, les amateurs de films touristiques avec cases, macaques, rhums, nègres saouls et traditionnels cocotiers.[103]

4. Eine etymologisierende Schreibweise erleichtert das Lesen kreolischer Texte, zumal für denjenigen, der bereits mit der französischen Orthographie vertraut ist. Auch dies ist ein Argument, das im Gegensatz zu einer phonologischen Schreibung zugunsten der Französierung der Graphie geltend gemacht wird. Überraschenderweise findet es sich auch in St.Lucia.

> [...] nous écrirons „youn morceau velours". Cette expression ainsi présentée parle tout de suite à l'esprit, tandis que si l'on se borne à faire de l'euphonie avec „youn mosso vlou" on demande au lecteur un certain effort de réflexion pour comprendre ce que représentent ces assemblages de lettres. [...]
> Je demande précisément à ceux qui écrivent le créole de se soumettre à un certain nombre de conventions afin de rendre plus agréable la lecture de leurs oeuvres. Car il ne s'agit pas d'écrire nos mots créoles comme ils se prononcent, mais sous la forme avec laquelle nos yeux de lecteurs de français sont le plus familiarisés.[104]

> [...] si l'on se contente d'un alphabet phonétique, on ne reconnaît plus du tout l'origine française des mots et la lecture en devient quasi impossible aux non-initiés.[105]

> [...] l'impossible orthographe essentiellement phonétique, que les créolophones n'arrivent pas à lire ou lisent difficilement.[106]

5. Ein weiterer Punkt, der eher implizit für eine französierende Schreibweise positiv verbucht wird, ist die Möglichkeit, durch Rekurrieren auf das Etymon verschiedene dialektale Varianten zu überdachen.[107]

Die Befürwortung einer etymologisierenden Schreibweise impliziert meist eine Stellungnahme zum Status der Kreolsprache: Sie wird als Dialekt, „patois" oder modifiziertes Französisch betrachtet. Die Kreolsprache findet sich allein im Bezug zum Französischen definiert, der Status einer eigenständigen Sprache wird ihr nicht zugesprochen. So ist es nur konsequent, wenn die Vertreter einer französierten Graphie in aller Regel mit der Schreibung des Kreolischen auch nur begrenzte Ziele verfolgen: Sie dient etwa der Aufzeichnung der mündlichen Tradition und Folklore. Die Rolle der europäischen Standardsprache in der diglossischen Verteilung der beiden Codes bleibt damit weitgehend unangetastet.

---

[103] André, Marcel (1973) zitiert nach G.E.R.E.C. (1977), S.54.

[104] Doret, Frédéric (1927) zitiert nach Doret, Michel R. (1980), S.161 u. S.163.

[105] Jourdain (1956 a), S.3.

[106] Archer (1988), S.527.

[107] Vgl. dazu insbes. Faine (1936), S.76; Germain (1980), S.36.

Dieser Zusammenhang bestätigt sich durch die Ergebnisse einer Umfrage, die Prudent 1977 bei Bankangestellten in Fort-de-France durchgeführt hat: 74,2 % der Befragten sind für eine franzisierende Graphie, 79 % betrachten das Kreolische als „patois" und 72 % sprechen sich gegen die Einführung der Kreolsprache in die Schule aus.[108]

Vertreter einer etymologisierenden Schreibung finden sich in erster Linie unter einheimischen Intellektuellen. Im Hinblick auf eine systematische Verwendung des geschriebenen Kreols wird sie kaum noch ernsthaft diskutiert; unter Linguisten spielt sie in der neueren und aktuellen Diskussion eine sehr untergeordnete Rolle. Die Gegenargumente liegen auf der Hand, es sind im wesentlichen die folgenden:[109]

1. Eine etymologische Graphie ist in systematischer Form nicht erstellbar; wenn das Etymon unbekannt ist oder die phonetische Realisierung im Kreol gegenüber der Ausgangssprache zu sehr abweicht, wird auf eine mehr oder weniger phonetisch/phonologische Transkription rekurriert. Eine solche Graphie ist damit immer geprägt von Unregelmäßigkeit und Willkür.
2. Sie erfordert einen extrem hohen Lernaufwand, ist handhabbar im Grunde nur für denjenigen, der bereits mit der französischen Orthographie vertraut ist. Damit erweist sie sich als unbrauchbar für die große Masse der Bevölkerung in Haiti und für St.Lucia.
3. Die Annahme, daß eine der französischen Orthographie weitmöglichst angenäherte Schreibweise den Übergang zur Zielsprache erleichtert, wird in Frage gestellt.

Sieht man sich jedoch in der Praxis der kreolischen Schriftlichkeit um, so zeigt sich, daß etymologisierende Schreibweisen weiterhin verbreitet sind, obwohl eine wachsende Kokurrenz von seiten phonologischer Schriftsysteme besteht. Valdman zufolge gilt dies auch für Haiti totz der Offizialisierung eines Schriftsystems auf phonologischer Basis im Jahr 1980.[110] Vor allem in Martinique, aber auch in St.Lucia, finden sich Schreibungen mit franzisierenden Zügen gerade in den Bereichen, in denen das geschriebene Kreol heute am populärsten ist, in Martinique in der Werbung, in Comics und Musiktexten des auf den Antillen sehr be-

---

[108] Vgl. Prudent (1980 a), S.144 ff.

[109] Vgl. hierzu insbesondere Dejean, Yves (1980): Comment écrire le créole d'Haïti. Québec. S.156 ff.

[110] Vgl. Valdman, Albert (1987): Le cycle vital créole et la standarisation du créole haïtien. In: Etudes Créoles 10,2. S.107-125, hier S.114 f.; vgl. auch Ders. (1989 b): Quelques réflexions sur l'écriture des créoles à base lexicale française à partir d'Atipa. In: Fauquenoy, Marguerite (Hrsg.): Atipa revisité ou les itinéraires de Parépou. = T.E.D. No. spécial double 7-8. (GEREC – L'Harmattan – Presses Universitaires Créoles). S.141-159, hier S.143.

liebten „Zouk",[111] in St.Lucia etwa in der Programmübersicht eines Theaterabends oder Aufzeichnungen von „Folk Songs". Diese Manifestationen kreolischer Schriftlichkeit scheinen durchaus einer Untersuchung wert zu sein, sie können hinsichtlich der Akzeptanz der verschiedenen Schriftsysteme wichtige Aufschlüsse geben. Eine kleine Auswahl von Beispielen aus Martinique und St.Lucia möchte einen Eindruck vermitteln:

Die folgenden Zitate stammen aus Martinique:

(1) „ça douce, douce !" (Aufschrift auf Joghurtbechern)
   (Das ist süß, süß!)

(2) „Grand Zouk ...
   ça qué dégagé"[112]
   (Großer „Zouk" (Tanzveranstaltung) ...
   da wird etwas los sein)

(3) „Ti manmaille" (Ladenschild eines Kinderbekleidungs
                      geschäftes)[113]
   (Kleine Kinder)

(4) „Ou pa connait
   ECO PNEU
   Ou pa ni l'auto ?
   eco pneu"[114]
   (Du kennst nicht ECO PNEU
   Hast du kein Auto? eco pneu)

(5) „Hé ben man Fifi ... Eti ou ka allé épi tout cé bougies tala ? !"
   – „Ou pa bien gadé mon fi !: Cé „Bougies Saint-Antoine". Epi a présent nou ni aussi „Veilleuse neuvains Saint-Antoine". La Toussaint a ka rivé. Moin ka fè provision moin, pas yo ka vend yo vite.
   Saint-Antoine ? Respecté marque tala ! Mwin pa lé dautte !"[115]
   (Nun Frau Fifi ... Wohin gehen Sie mit all diesen Kerzen?
   – Sie haben nicht richtig geschaut, mein Freund!: Das sind „Bougies Saint-Antoine". Und jetzt haben wir auch „Veilleuse neuvains [!] Saint-Antoine".

---

[111] Vgl. hierzu insbesondere Prudent (1989 a) und (1989 b).

[112] Zitiert nach Antilla-Kréyòl. No.3. 1985, S.34.

[113] Zitiert nach Fatier, Marie-José (1987): La communication publicitaire à la Martinique: structures et enjeux. D.E.A., Université de Rouen, S.41.

[114] Werbung in Fort-de-France, April 1989.

[115] Zitiert nach Antilla-Kréyòl. No.3. 1985, S.34.

Bald ist Allerheiligen. Ich besorge meine Vorräte, denn sie verkaufen sie schnell. Saint-Antoine? Achten Sie auf diese Marke! Ich möchte keine andere!)

(6) „douce passe siwo" (in der Ankündigung einer Veranstaltung)[116]
(süßer als Sirup)

(7) „Nou ja vacciné ... é zôt ?" (Kampagne zugunsten der Impfung gegen Grippe)[117]
(Wir sind schon geimpft ... und ihr?)

Die zitierten Beispiele weisen unterschiedliche Franzisierungsgrade auf. Die Beispiele (1) bis (3) bilden zwar die kreolische Aussprache ab, tun dies jedoch mit Hilfe möglichst franzisierender Schreibungen, auch in Fällen, in denen keine Beziehung zu einem entsprechenden französischen Lexem ersichtlich ist, zum Beispiel im Fall der Futurpartikel <qué> [ke]. In den Texten (4) und (5) finden sich vor allem bei kurzen Funktionswörtern Schreibungen, die einer phonologischen Graphie entsprechen, ein Beispiel ist die Negationspartikel <pa>, die unveränderliche Form <cé>, aber auch <tout>, <nou>, <fè> (< frz. faire). Die Anlehnung an die französische Orthographie überwiegt jedoch und findet sich zum Beispiel in <l'auto, bougies, présent, aussi, Toussaint, provision, marque>. Das Bemühen, etymologisierend zu verfahren und gleichzeitig der Aussprache Rechnung zu tragen, führt zu der Graphie <dautte> für [dɔt] (< frz. d'autres). Die Beispiele (6) und (7) entsprechen mit Ausnahme von <douce> und <vacciné> der verbreitetsten phonologischen Schreibung Martiniques. In diesen Fällen könnte eine Abneigung gegen die unfranzösisch aussehenden Formen <dous> und <vaksiné> vorliegen.

Der im folgenden zitierte Textabschnitt ist aus St.Lucia:

„Oui, Corbeau partit, Corbeau descend
  Roseau,
Allait chercher travail, pourqui'peut
  soigner ces mamailles-la, [...]
Samedi bon matin, Corbeau partit
  descendre en ville,
Samedi apres-midi, nous tendre
  la mort Corbeau.
Ca fait mwen la peine; oui,
  ca brulait coeur-moin,

---

[116] In: France-Antilles, samedi 8 avril 1989.
[117] In: Fort-de-France Infos. No.29. Mars 1989.

Ca penetrait moin, l'heure moin
   'tendre la mort Corbeau." (Auszug aus einem Musical)[118]

(Ah yes, Corbeau then left, he went down
   to Roseau
He went to look for work, to mind the two
   little ones, [...]
Saturday morning early, Corbeau goes
   into town.
Saturday afternoon we hear Corbeau
   is dead.
That really made me sad, that really
   burnt my heart
That really went through me when I
   heard Corbeau was dead.)

Der Verfasser dieses Textes ist im Extremen bemüht, die Beziehung zum Französischen in der Graphie anzuzeigen. Dabei überträgt er auch so weit als möglich morphologisch-syntaktische Kategorien des Französischen auf die Kreolsprache, etwa im Fall der Verbalendungen. Abweichungen der Schreibung von der kreolischen Aussprache nimmt er zugunsten seines Vorgehens in Kauf. Dies gilt zum Beispiel für folgende Fälle: <Allait> [ale], <peut> [pe], <descendre> [desãn], <tendre> [tãn], <mort> [mɔ], <coeur> [tʃɛ], <l'heure> [lɛ].

II.3.1.2. Die Schreibung der Kreolsprache nach englischem Vorbild in St.Lucia

Neben etymologisierenden Schreibungen gibt es in St.Lucia auch Versuche, die Kreolsprache entsprechend der Konventionen der englischen Orthographie zu schreiben. Eine solche Graphie wird 1933 von Myers erstellt;[119] 1958 schlägt Crowley ein an das Englische angelehnte Schriftsystem vor.[120]

Crowley geht von folgender Überlegung aus: „Since only a handful people in St.Lucia are functionally literate in French, but over 35 % are literate in English, it seems only common sense to work out an orthogra-

---

[118] „The Guitar-Man's Song" or „Conte Mabouya" von Roderick Walcott, erstmals aufgeführt anläßlich der Feierlichkeiten zur 10-jährigen Unabhängigkeit St.Lucias 1989. Der kreolische Text und die englische Version sind dem Programmheft der Aufführung entnommen.

[119] Vgl. dazu Anthony, Patrick A.B. and Pearlette Louisy (1985): A historical development of a creole orthography and a language policy in St.Lucia. = Culture and Society Series No.2. Castries, St.Lucia, S.2.

[120] Crowley, Daniel J. (1958): Suggestions for an English Based Orthography for Creole. In: The Voice of St.Lucia. 19th April, 1958.

phy or writing system based on English."[121] In Kenntnis der haitianischen phonologischen Graphie bemüht er sich dabei, weitgehend das Prinzip der Biunivozität einzuhalten. Charakteristisch für seine Schreibweise sind folgende Beispiele: <cheh> [tʃɛ] (coeur), <weh> [wɛ] (voir), <loh> [lɔ] (l'or), <vley> [vle] (vouloir), <kuma'sey> [kumãse] (commencer), <pwa'> [pwã] (prendre), <me'h> [mɛ̃] (main).

Ein Schriftsystem dieser Art wurde seit dem Versuch Crowleys nicht mehr vorgeschlagen; auch hat eine an das Englische angelehnte Graphie in der neueren Diskussion keine Fürsprecher. In der Praxis hingegen finden sich immer wieder von englischen Schreibkonventionen beeinflußte Formen, dies in aller Regel innerhalb inkohärenter, zum Teil franzisierender, zum Teil phonologischer Schreibweisen. Die Zeitung „The Crusader" etwa fügt im Rahmen der lokalpolitischen Satire kurze kreolische Passagen in englische Texte ein, hier stößt man beispielsweise auf Schreibungen wie <cooyon> [kujõ] (imbécile), <coutay> [kute] (coûter), <passay> [pase] (plus que).[122] Die folgenden Beispiele stammen aus Aufzeichnungen von Volksliedern: <boote'y> [butej] (bouteille), <shanté> [ʃãte] (chanter).[123]

II.3.2. Die phonologische Graphie

II.3.2.1. Die haitianischen Erfahrungen[124]

Die Notwendigkeit einer einfachen, leicht zu erlernenden Graphie ergibt sich in Haiti in den 40er Jahren im Zusammenhang mit der Erwachsenenalphabetisierung. Der protestantische Missionar irischer Abstammung Ormonde McConnell erstellt in Zusammenarbeit mit dem amerikanischen Spezialisten für Alphabetisierung Frank Laubach zwischen 1940 und 45 ein Schriftsystem, das auf dem phonologischen Prinzip basiert und sich weitgehend an den Symbolen des Internationalen Phonetischen Alphabets orientiert. Obwohl vielfach kritisiert, stellt dieses System Ausgangs- und Bezugspunkt für die meisten phonologisch ausge-

---

[121] Ebda.

[122] The Crusader, February 18th 1989 u. March 11th 1989.

[123] In: Auguste, Joyce (1984): St.Lucia sings. St.Lucia.

[124] Zur Entwicklung einer phonologischen Graphie in Haiti vgl. insbes. Dejean (1980), S.19 ff.; Valdman, Albert (1982): Education Reform and the Instrumentalisation of the Vernacular in Haiti. In: Hartford, B.; A. Valdman u. C. Foster (Hrsg.): Issues in International Bilingual Education. The Role of the Vernacular. New York, London. S.139-170, hier S.146 ff; Fleischmann, Ulrich (1980): Alphabetisierung und Sprachpolitik: der Fall Haiti. In: Werner, Reinhold (Hrsg.): Sprachkontakte. Tübingen. S.87-120; Fleischmann (1986), S.205-208, S.249 ff.

richteten Schriftsysteme der Kreolsprachen auf französischer Basis in der Karibik dar.

In Haiti löst die McConnell-Laubach-Graphie einen Kulturkampf aus und darf wohl als Paradebeispiel für die Rolle außersprachlicher Faktoren bei der Durchsetzung eines Schriftsystems gelten. Sie stößt auf vehementen Widerstand auf seiten der haitianischen Intellektuellen und ruft gleichermaßen die frankophone Elite und den katholischen Klerus auf den Plan. Die Gründe für die entschiedene Ablehnung des Schriftsystems sind vor allem die folgenden: Die Graphie wird als angelsächsisch und amerikanisch betrachtet, man sieht in ihr einen Versuch kultureller Amerikanisierung. Sie gilt als Produkt des Protestantismus, was sich durch die zunehmenden missionarischen Bemühungen amerikanischer protestantischer Sekten in Haiti erklären läßt. Man wirft dem von McConnell und Laubach entwickelten Schriftsystem vor, der französischen Tradition Haitis nicht in ausreichendem Maß Rechnung zu tragen, hält es für anti-romanisch und anti-französisch. Darüberhinaus wird McConnell und Laubach vorgeworfen, das „gros créole" verschriftet zu haben, insbesondere deshalb, weil die Graphie keine Zeichen für die gerundeten Palatalvokale bereitstellt, die ein Charakteristikum der franzisierten und Prestige-Variante darstellen. Abgelehnt wird daneben die Simplizität der „phonetischen" Graphie, das Lesen der Texte wird für unmöglich gehalten.[125] Die zentralen Kritikpunkte lassen sich freilich nur in ihrem historischen Kontext verstehen: Nach zwei Jahrzehnten amerikanischer Besatzung herrscht in Haiti ein virulenter Anti-Amerikanismus, der die Hinwendung zur französischen Tradition noch verstärkt.

Das System wird daraufhin in der zweiten Hälfte der 40er Jahre von Charles-Fernand Pressoir mit Unterstützung des Bildungsministers Lélio Faublas überarbeitet. Die Veränderungen bestehen im wesentlichen in einigen Angleichungen an die französische Orthographie und beseitigen die am meisten abgelehnten Züge in der Graphie von McConnell und Laubach: Während letztere Nasalierung durch Accent circonflexe auf dem entsprechenden Vokal darstellen (<ê, â, ô>), wählt Pressoir entsprechend dem französischen Vorbild nachgestelltes <n> (<in, an, on>). Es ergibt sich daraus das Problem der Darstellung von Oralvokal und nachfolgendem /n/, dieses wird durch Bindestrich im Fall von <i-n>, <a-n> und Accent grave im Fall von <òn> gelöst. Einer der Hauptkritikpunkte am Schriftsystem von McConnell und Laubach besteht in der Wahl des Buchstabens <w> für die Schreibung des Halbvokals /w/. Pressoir ersetzt daher <w> durch <ou>, das damit sowohl für den Halbvokal /w/ als auch für den Vokal /u/ steht. Gleichzeitig wird <u> frei für die Darstellung des gerundeten Palatalvokals /y/, der im System von McConnell und Laubach nicht vorgesehen ist.

---

[125] Zur Kritik an der McConnell-Laubach-Graphie s. insbes. Dejean (1980), S.26 f. u. Archer (1988), S.190 u. 341 ff.

Dieses von Pressoir überarbeitete Schriftsystem wird verwendet vom ONEC (Office National d'Education Communautaire), das 1969 abgelöst wird durch den ONAAC (Office National d'Alphabétisation et d'Action Communautaire) sowie von den meisten Organisationen, die im Dienst der Erwachsenenalphabetisierung stehen. In den 70er Jahren wird es nochmals von einer Gruppe von Sprachwissenschaftlern der Pariser Universität René Descartes in einigen Punkten modifiziert. Sie betreffen vor allem die Schreibung der Nasalvokale und der Sequenz von Oralvokal und /n/. <in> bei Pressoir wird durch <en> ersetzt, die Folge Oralvokal und /n/ durch <èn, àn, òn> dargestellt. Für den Halbvokal <w> wird zur Schreibung bei McConnell (<w>) zurückgekehrt. Das Schriftsystem wird in dieser Form 1980 zur offiziellen Orthographie Haitis erklärt.[126]

II.3.2.2. Die phonologische Graphie in Martinique und St.Lucia

Inspiriert von den haitianischen Erfahrungen schlägt Jean Bernabé 1976 in Martinique ein Schriftsystem vor.[127] Sein Ausgangspunkt ist eine entschiedene Absage an Schreibweisen etymologisierender Ausrichtung mit der Begründung, daß sie die Kreolsprachen in Abhängigkeit vom Französischen darstellen und somit ihrer Aufwertung entgegenstehen. Ziel eines Schriftsystems soll vielmehr sein, die Autonomie des Kreolischen im Verhältnis zum Französischen herauszustellen. Eigenständigkeit der Sprache verbindet sich mit dem umfassenden Anliegen einer eigenständigen Kultur und Identität: „Les langues dominées, comme les peuples, demandent à être libérées."[128] Bernabé sieht dies gewährleistet mit einer

---

[126] S. La graphie du créole haïtien. (1980). In: Etudes Créoles Vol.III, No.1. S.101-105. Eine ausführlichere Darstellung der Orthographie Haitis findet sich bei Dejean (1980) sowie in den Arbeiten von Vernet; s. Vernet, Pierre (1980): Techniques d'écriture du créole haïtien. A l'intention des enseignants. Port-au-Prince; ders. (1979-1980): L'Alphabétisation en Haïti: Aspect Linguistique. In: Espace Créole 4. S.83-98; ders. (1981): L'écriture du créole et ses réalités de fonctionnement. = Cahiers du CLAP (Centre de Linguistique Appliquée) No.1. (Haiti).

[127] Zur Graphie von Bernabé s.: Bernabé, Jean (1976): Propositions pour un code orthographique intégré des créoles à base lexicale française. In: Espace Créole 1. S.25-57; ders. (1977 a): Ecrire le créole – Première partie: écriture et phonétique. In: Mofwaz 1. S.11-29; ders. (1977 b): Ecrire le créole – Deuxième partie: écriture et syntaxe. In: Mofwaz 2. S.11-20; ders. (1980): Ecrire le créole – Troisième partie: présentation de la base syntaxique de l'écriture du créole suivie d'une tentative d'évaluation de la socialisation de ce système orthographique après quatre années d'existence. In: Mofwaz 3. S.9-15; ders. (1984): Post-Scriptum ou ni santan douvan dépri dèyè pa lé sav. In: Mofwaz 4. S.65-72; ders. (1983): Fondal-natal. Grammaire basilectale approchée des créoles guadeloupéen et martiniquais. Approche sociolittéraire, sociolinguistique et syntaxique. Vol. 1-3. Paris. S.296-348.

[128] Bernabé (1984), S.71.

Graphie, die die Phoneme des Kreolischen darstellt und dem Prinzip der Biunivozität folgt: „Le principe phonétique sauve, à lui seul, le caractère autonome de l'écriture du créole."[129] Zur Wahl der Zeichen greift Bernabé auf das Inventar der französischen Orthographie zurück. Als Gründe dafür nennt er ökologische (Koexistenz der Kreolsprache mit dem Französischen), pädagogische (Erlernung und Verwendung der kreolischen Schreibung neben der französischen Orthographie) sowie technische (Anpassung an die vorhandenen drucktechnischen Möglichkeiten); ästhetische Gesichtspunkte sollen keine Rolle spielen. Sprechen die genannten Faktoren jedoch nicht dagegen, so wird eine maximale Abweichung vom Französischen angestrebt. Bernabé geht von den Kreolsprachen Martiniques und Guadeloupes aus, das Schriftsystem ist jedoch als „pan-kreolisches" konzipiert; Ziel ist eine „intégration graphique à la mesure de la créolophonie".[130] Es stellt Zeichen für alle Phoneme und häufige phonetische Varianten der Kreolsprachen bereit und ermöglicht damit die Schreibung sämtlicher Kreolsprachen auf französischer Basis. Diese von Bernabé entwickelte Graphie wird in der Folge nochmals geringfügig modifiziert und ist heute vor allem unter der Bezeichnung Graphie des GEREC bekannt.

1981/82 wird im Rahmen von zwei Seminaren in Zusammenarbeit mit dem GEREC in St.Lucia ein Schriftsystem erarbeitet.[131] Als Ausgangspunkt werden die Schriftsysteme des GEREC und Haitis sowie eine von Carrington und Valdman erstellte Graphie für das Kreol St.Lucias gewählt, die in weiten Teilen übereinstimmen. Die Gemeinsamkeiten dieser Systeme werden übernommen; erforderlich bleiben Entscheidungen bezüglich einiger weniger Punkte sowie eine Anpassung an die Verhältnisse des St.Lucia-Kreols. Als Kriterien für die Wahl zwischen verschiedenen Schreibweisen werden die folgenden genannt: Ökonomie (Prinzip der Biunivozität), technologische Möglichkeiten (weitestgehende Anpassung an englische Schreibmaschinen), Ökologie (Übereinstimmung der Grapheme und ihrer Lautwerte mit der englischen Orthographie), Universalität des Schriftsystems (gemeinsame Graphie für alle Kreolsprachen auf französischer Basis). 1981 wird dieses Schriftsystem auch von

---

[129] Bernabé (1977 a), S.15.

[130] Bernabé (1976), S.56.

[131] Zur Graphie des St.Lucia-Kreols s.: Carrington, Lawrence D. et al. (1981): Language and Development: The St.Lucian Context. Final Report of a Seminar on an Orthography for St.Lucian Creole held January 29-31, 1981 under the auspices of Folk Research Centre and Caribbean Research Centre, St.Lucia. Castries, St.Lucia; Louisy, Pearlette (1981): Towards a St.Lucian Orthography. Paper presented at the International Conference on Creole Studies. St.Lucia, May 1981; Bernabé, Jean et al. (1983): The Development of Antillean Kwéyòl. A Report of the second creole orthography workshop held in St.Lucia September 16-19, 1982. Castries, St.Lucia; Louisy, Pearlette and Paule Turmel-John (1983): A handbook for writing creole. Castries, St.Lucia.

Dominica übernommen, das über eine mit dem St.Lucia-Kreol weitgehend übereinstimmende Kreolsprache verfügt.

Bei den genannten Schriftsystemen handelt es sich um diejenigen, die sich sowohl in Martinique als auch in St.Lucia der größten Verbreitung erfreuen und auf dem Weg sind, sich durchzusetzen. Diese Tatsache darf jedoch nicht darüber hinwegtäuschen, daß es – zumal in Martinique – eine ganze Reihe weiterer auch phonologisch ausgerichteter Schriftsysteme gibt. Sie weichen meist lediglich in der Wahl einiger Zeichen ab, lehnen sich stärker an das Internationale Phonetische Alphabet an oder beinhalten weitere Konzessionen an die französische Orthographie.[132] Die Verbreitung dieser konkurrierenden phonologischen Schriftsysteme ist zumeist gering, sie beschränken sich nicht selten auf eine Publikation. Eine Ausnahme stellt hier die von Bébel-Gisler 1975 für die Kreolsprache Guadeloupes vorgeschlagene Graphie dar.[133]

II.3.2.3. Vergleichende Untersuchung der Schriftsysteme

Das vorliegende Kapitel möchte die genannten Schriftsysteme phonologischer Ausrichtung in vergleichender Weise darstellen. Dabei sind drei verschiedene Ebenen zu berücksichtigen: Eine erste Ebene beinhaltet die Phonem-Graphem-Entsprechungen. Die Wahl der Schriftzeichen spielt besonders in der Anfangsphase der phonologischen Schreibung eine wichtige Rolle. Eine zweite Ebene betrifft Fragen der Wortsegmentierung, der Schreibung morphonologischer Alternanzen sowie der Interpunktion. Zum dritten geht es um die Frage der Varietät, die der Verschriftung zugrundegelegt werden soll.

---

[132] Die erste Vorgehensweise findet sich beispielsweise in: Contes de mort et de vie aux Antilles. (1976). Traduits et édités par Joelle Laurent et Ina Césaire. Paris. Die Autorinnen wählen zur Anzeige der Nasalierung eines Vokals die Tilde, /ɛ/ und /ɔ/ werden entsprechend API geschrieben. Eine stärkere Angleichung an die französische Orthographie findet sich zum Beispiel bei Bricault, M. (Hrsg.) (1976): Lectures bilingues graduées (créole-français). Paris (Agence de Coopération Culturelle et Technique). Bricault wählt für die Darstellung von /k/ die Grapheme <k, c, qu> und von /g/ <g, gu>.

[133] Bébèl-Jislè, Dani (1975): Kèk prinsip pou ékri kréyòl. Paris. Es handelt sich hierbei im wesentlichen um die Übernahme des haitianischen Schriftsystems von Pressoir.

II.3.2.3.1. Phonem-Graphem-Entsprechungen

Vergleichende Tabelle: Die Laute/Phoneme der Kreolsprachen und ihre Darstellung

Vokale

API	Orthographie Haitis	Bernabé/ GEREC	St.Lucia	Bébel-Gisler
a	a	a	a	a
e	e	é	é	é
ɛ	è	è,e	è	è
o	o	o	o	o
ɔ	ò	ò,o	ò	ò
i	i	i	i	i
u	ou	ou	ou	ou
ã	an	an	an	an
ɔ̃	on	on	on	on
ɛ̃	en	en	en	in
ũ	oun	-	-	-
an	àn	àn	àn	a-n
ɔn	òn	òn	òn	òn
ɛn	èn	èn	èn	èn
in	in	in	in	i-n
ãn	ann	ann	ann	ann
ɔ̃n	onn	onn	onn	onn
ɛ̃n	enn	enn	enn	inn
y	(u)	u	-	-
ø	(eu)	éu	-	-
œ	(èu)	èu	-	-
œ̃	(eun)	un	-	-

Halbvokale und Konsonanten

API	Orthographie Haitis	Bernabé/ GEREC	St.Lucia	Bébel-Gisler
w	w	w	w	ou,r
j	y	y	y	y,i
ɥ	ui	u	-	ui
p	p	p	p	p
b	b	b	b	b
t	t	t	t	t
d	d	d	d	d
k	k	k	k	k
g	g	g	g	g
f	f	f	f	f
v	v	v	v	v
s	s	s	s	s
z	z	z	z	z
ʃ	ch	ch	ch	ch
ʒ	j	j	j	j
tʃ	tch	(tÿ) tj	tj	tch
dʒ	dj	(dÿ) dj	dj	dj
m	m	m	m	m
n	n	n	n	n
ɲ	-	gn	-	gn
ŋ	ng	ng	ng	-
R	r	r	r	r
h	h	h	h	h
l	l	l	l	l

Wie aus der vergleichenden Tabelle ersichtlich wird, unterscheiden sich die Schriftsysteme, so wie sie sich heute darstellen, nur geringfügig. Die Unterschiede sowie die zentralen im Verlauf ihrer Entwicklung diskutierten Punkte seien im folgenden erläutert:
1. Die Nasalvokale, Oralvokale mit folgendem /n/, Nasalvokale mit folgendem /n/
2. Die gerundeten Palatalvokale
3. Der Halbvokal /w/, die Darstellung von [R] und [w]
4. Die Affrikaten [tʃ], [dʒ]
5. Die Nasalkonsonanten [ɲ], [ŋ]

Zu berücksichtigen sind bei einem Vergleich freilich neben Unterschieden in der graphischen Darstellung solche, die in der verschiedenen lautlichen Struktur der betrachteten Kreolsprachen begründet sind.

zu 1)
In der von McConnell und Laubach für das Haiti-Kreol entwickelten Graphie werden die Nasalvokale mit Hilfe des Accent circonflexe auf dem entsprechenden Vokal dargestellt (<ê, â, ô>). Der Zirkumflex zur Anzeige der Nasalierung steht in Konflikt mit der französischen Schreibkonvention und stellt – wie bereits erwähnt – einen der Hauptkritikpunkte an diesem Schriftsystem dar. Unter Abweichung vom Prinzip der Biunivozität übernimmt Pressoir das französische Verfahren und schreibt die Nasalvokale mit nachgestelltem <-n>: <in, an, on>. Diese Änderung führt jedoch zu einem neuen Problem, der Schreibung der Sequenz von Oralvokal und folgendem [n]. Um den beiden Segmenten des komplexen Graphems ihren ursprünglichen Lautwert zurückzugeben, wählt Pressoir den Bindestrich im Fall von <i-n, a-n>, Accent grave bei <òn>, zum Beispiel <pan> [pã] vs. <pa-n> [pan], <fin> [fɛ̃] vs. <fi-n> [fin]. Die Folge Nasalvokal und Nasalkonsonant wird mit doppeltem <n> dargestellt. Nasalierung im Kontext von Nasalkonsonanten ist in den betrachteten Kreolsprachen sehr häufig, was damit zu einer hohen Frequenz von <nn> in der Graphie führt. Die Lösung Pressoirs zur Schreibung der Nasalvokale findet sich in der offiziellen Orthographie Haitis nochmals verändert. Statt <in> für /ɛ̃/ wird <en> geschrieben. Dies hat den Vorteil, daß <in> für die Darstellung der häufig vorkommenden Sequenz [in] zur Verfügung steht, zum Beispiel in den Verbalformen [vin, fin]; [kuzɛ̃] vs. [kuzin] werden damit <kouzen, kouzin> im Vergleich zu <kouzin, kouzi-n> bei Pressoir geschrieben. Die Graphie <en> führt darüberhinaus zu einer einheitlicheren Darstellung von [ɛ̃, ɛn, ɛ̃n]: <en, èn, enn> statt <in, èn, inn>.[134] Auch der Bindestrich wird in der offiziellen Orthographie in der Funktion bei Pressoir abgeschafft, stiftet er doch Verwirrung deshalb, weil er auch in anderem

---

[134] Vgl. Vernet (1979-80), S.85 u. ders. (1981), S.5.

Verwendungszusammenhang vorkommt, so zum Beispiel zur Anzeige der Verbindung von Nomen und nachgestelltem Determinanten. Wie bereits bei Pressoir im Fall von <òn> wird statt Bindestrich der Accent grave gewählt: <èn, àn, òn>. Dieser dient damit als diakritisches Zeichen zur Anzeige der Denasalierung sowie der Vokalöffnung. Möglich ist dies deshalb, da offene Vokale im Kontext von Nasalkonsonanten nicht nasaliert werden[135] und in geschlossener Silbe – bis auf wenige Ausnahmen – nur offenes /ɛ/ und /ɔ/ vorkommen.

Im Unterschied zu den Kreolsprachen der Kleinen Antillen kennt das Haiti-Kreol auch nasaliertes [ĩ] und [ũ]. Diese kommen jedoch bis auf wenige Ausnahmen ausschließlich in der Umgebung von Nasalkonsonanten vor und stehen nicht in Opposition zu [i] und [u], es wird daher kein <n> hinzugefügt. Die Ausnahmen bestehen in einigen Wörtern afrikanischer Herkunft; [ũ] tritt in diesem Fall ohne Präsenz eines Nasalkonsonanten auf und wird <oun> geschrieben, zum Beispiel <ounsi> [ũsi] (femme initiée au vaudou), <ounfò> [ũfɔ] (temple de vaudou).

Die Graphie des GEREC stimmt mit der Orthographie Haitis in den hier behandelten Punkten überein. Für die Wahl von <en> führt Bernabé folgende Gründe an:

- ökologische (Koexistenz der Kreolsprache mit dem Französischen): <en> zur Darstellung von [ɛ̃] kommt in der französischen Orthographie vor, zum Beispiel <bien, examen>.
- technische: <en> ist ökonomischer als <in>, da es die Darstellung der Opposition [ɛ̃] vs. [in] ermöglicht, zum Beispiel <chaben> vs. <chabin> (métis, métisse).
- ideologische: „la graphie (en) est à la fois connue du français et marginale à l'intérieur de son système graphique, donc pleinement assumable par un système créole en quête de déviance optimale."[136]

Einige Beispiele mögen die Schreibung der Nasalvokale sowie der Sequenz von Oralvokal und nachfolgendem [n] verdeutlichen:

diven [divɛ̃] (vin)
vennen [vɛnɛ̃] (veiné)
anbèn [ãbɛn] (sournois)

rapon [Rapɔ̃] (harpon)
raponnen [Rapɔnɛ̃] (harponner)
kòn [kɔn] (corne)

---

[135] Dies geht zurück auf ein /R/ im französischen Etymon, das insofern latent vorhanden ist, als es Nasalierung verhindert. Vgl. hierzu Valdman, Albert (1978 b): La structure phonologique des parlers franco-créoles de la zone caraïbe. In: Etudes Créoles I. S. 13-34, hier S.18.

[136] Bernabé (1976), S.38; s. auch Bernabé (1977 a), S.20 f.

kan [kã] (flanc)
kann [kãn] (canne)
Lagiyàn [lagijan] (la Guyane)

Auch die Graphie St.Lucias verfährt wie die Schriftsysteme des GEREC und Haitis. Die Schreibung bei Bébel-Gisler hingegen stimmt mit derjenigen Pressoirs überein: <in> zur Darstellung von [ɛ̃] und Bindestrich im Fall von [an, in], zum Beispiel <pa-n, sintantoua-n, machi-n, lali-n>.

zu 2)
Die Schreibung der gerundeten Palatalvokale steht in Zusammenhang mit der Varietät, die der Verschriftung zugrunde gelegt wird. [y, ø, œ] stellen die akrolektalen Varianten von /i, e, ɛ/ dar und sind damit nicht distinktiv. So finden sich zum Beispiel nebeneinander sowohl [bitɛ̃] als auch [bytɛ̃] (die Sache), [misje] und [mysiø], [sɛ] und [sœ] (soeur).

In der Graphie von McConnell und Laubach sind die gerundeten Palatalvokale nicht vorgesehen, womit sie sich den Vorwurf erkauften, das „gros créole" zu verschriften. Pressoir stellt daher in seiner veränderten Fassung des Schriftsystems Zeichen für diese Laute bereit. Im offiziellen Text zur Orthographie Haitis werden die gerundeten Palatalvokale nicht erwähnt. Vernet jedoch beschreibt sie als marginale Laute mit der Graphie <u, eu, èu, eun>.[137] Das System Bernabés stellt Symbole für die betrachteten Laute bereit, begleitet wird dies jedoch von folgender Überlegung:

> [...] les phonèmes vocaliques antérieurs pourraient se trouver représentés par des signes qui sont en rupture avec le système d'ensemble (par la complexité de leur tracé, par exemple), donc, non intégrés.[138]

Da die gerundeten Palatalvokale eine Franzisierungserscheinung darstellen, fehlen sie in der Kreolsprache St.Lucias.[139] Bébel-Gisler scheidet sie in ihrem Graphie-Vorschlag aus, da sie ausschließlich in franzisierten Varianten vorkommen.[140]

zu 3)
Ein Charakteristikum der atlantischen Kreolsprachen stellt der Ausfall des /R/ französischer Etyma bzw. die Änderung seiner Aussprache dar. /R/ schwindet in der Regel am Wortende und vor Konsonanten;[141]

---

[137] Vernet (1980), S.43.
[138] Bernabé (1976), S.34. Bernabé ändert seinen Vorschlag bezüglich der Schreibung von [œ̃]: zunächst <èun> (1976), dann <eun> (1977 a), schließlich <un> (1983).
[139] Damit fehlt auch der Halbvokal [ɥ].
[140] Vgl. hierzu Bébel-Gisler (1975), S.25 ff.
[141] zum Beispiel: bè (beurre), sik (sucre), pòt (porte), chèché (chercher), jounal (journal). Der Schwund des /R/ verläuft jedoch insofern nicht spurlos, als er zum Teil

wenn es in starker Position im Wort steht, bleibt /R/ zwar erhalten, verändert jedoch – je nach Kreolsprache und phonologischer Umgebung – seine Aussprache und wird als [ɣ], [ɣʷ] oder [w] realisiert. Die Labialisierung des [R] zu [w] findet sich in der Regel vor gerundeten Vokalen und nach labialen Konsonanten in Haiti und Martinique; in St.Lucia ist diese Entwicklung besonders ausgeprägt, der Wandel von [R] zu [w] kommt sowohl vor Vokalen als auch nach Konsonanten im allgemeinen vor.[142] Die Opposition /w/:/R/ wird damit in diesen Positionen neutralisiert.[143] Zur Illustration mögen die folgenden Beispiele dienen: [wɔ̃m] (rhum), [wuʒ] (rouge), [twa] (trois), [bwa] (bras), [pwɑ̃n] (prendre), [fwɑ̃s] (France), [vwɛ] (vrai); in St.Lucia finden sich darüberhinaus zum Beispiel: [wɛpwɛzɑ̃nte] (représenter), [wiʃ] (riche), [kwɛjɔl] (créole), [twavaj] (travail). Im Fall Martiniques verknüpft sich die Labialisierung des /R/ mit der Varietätenfrage: In franzisierten Varianten wird /R/ wieder wie im entsprechenden französischen Wort ausgesprochen. Angesichts des Wandels in der Aussprache des /R/ französischer Ausgangswörter sieht man sich bei der Schreibung des Kreolischen vor die Alternative gestellt, in diesen Fällen das entsprechende Symbol für /R/ (<r> in allen Schriftsystemen) oder für /w/ (<w> oder <ou>) zu wählen.

McConnell wählt das Zeichen <w> für den Halbvokal /w/, vor gerundeten Vokalen und nach labialen Konsonanten schreibt er jedoch <r>. Das <w> zur Darstellung des Halbvokals stellt einen der zentralen Punkte dar, der für die vehemente Ablehnung des Schriftsystems in den 40er Jahren verantwortlich ist; es wird als typisch angelsächsisches Graphem betrachtet.[144] Pressoir modifiziert daher diesen Punkt und ersetzt <w> durch <ou>. In seinem Schriftsystem findet sich /w/ je nach Kontext durch <ou> oder <r> dargestellt: Vor gerundeten Vokalen und nach labialen Konsonanten steht für /w/ <r>, zum Beispiel <rou>

---

die Öffnung des vorausgehenden Vokals bewirkt und seine Nasalierung vor folgendem Nasalkonsonanten verhindert.

[142] /R/ wird jedoch wieder in die Kreolsprache St.Lucias eingeführt, vor allem in Entlehnungen aus dem Englischen.

[143] Zur Problematik von [R] und [w] in den betrachteten Kreolsprachen vgl.: Colat-Jolivière, Donald (1978): A propos du „R" en créole. In: Espace Créole 3. S.29-40; Valdman, Albert (1978 a): Le créole: structure, statut et origine. Paris, S.55 ff.; Valdman (1978 b), S.15 f; Stein, Peter (1984): Kreolisch und Französisch. Tübingen, S.25 f; zu Haiti: Dejean (1980), S.97 ff.; zu St.Lucia: Carrington, Lawrence D. (1984): St.Lucian Creole. A Descriptive Analysis of its Phonology and Morpho-Syntax. Thèse de doctorat de l'université des Antilles-Jamaïque 1967. Hamburg (Buske), S.27.

[144] Ähnlich vehemente Reaktionen, die sich an der Wahl eines Buchstabens entzünden, kann man auf der Insel Réunion im Fall des <k> beobachten; vgl. hierzu Neu-Altenheimer, Irmela; J.C. Marimoutou et Daniel Baggioni (1987): Névrose diglossique et choix graphiques. („ç" en catalan et „k" en créole de la Réunion) In: Lengas 22. S.33-57.

[wu] (roue), <ro> [wo] (haut), Schreibungen wie <ouou>, <ouo> werden damit vermieden. <r> ist polyvalent, es steht für /R/ und /w/, ebenso polyvalent ist <ou>, das der Darstellung von /u/ und /w/ dient.[145] Die offizielle Orthographie Haitis kehrt zur Lösung bei McConnell und Laubach zurück und schreibt <w>. In den Fällen der Labialisierung des [R] zu [w] wird dem Schreiber die Wahl zwischen <w> und <r> überlassen, es besteht damit zum Beispiel die Alternative zwischen <wou> und <rou>, <ro> und <wo>.[146]

In dem von Bernabé entwickelten Schriftsystem wird der Halbvokal /w/ in jeder Position durch <w> dargestellt. Bernabé wendet sich gegen die Schreibung von <r> in den Fällen, in denen [R] des französischen Ausgangswortes labialisiert wurde und schreibt zum Beispiel <wouj> (rouge), <wonm> (rhum).[147]

Das Schriftsystem St.Lucias stimmt mit demjenigen Bernabés überein. Wenn die lautliche Realisierung zwischen [R] und [w] liegt, wird das Zeichen <w> vorgezogen, zum Beispiel <twavay> für [tr^{w}avay].[148]

Im Graphievorschlag von Bébel-Gisler findet sich kein <w>, sie gibt dem Digraphen <ou> den Vorzug und schreibt <r> entsprechend dem französischen Etymon, auch wenn dieses als [w] realisiert wird, zum Beispiel <gro>, <ron>.[149]

Die folgenden Beispiele sollen die Unterschiede zwischen den Schriftsystemen verdeutlichen:

<bwa>,	<dwèt>,	<jwenn>	(Haiti, Bernabé, St.Lucia)
<boua>,	<douèt>,	<jouinn>	(Pressoir, Bébel-Gisler)
(bois)	(devoir)	(joindre)	

<wouj>,	<siwo>,	<fwè>	(Bernabé, St.Lucia)
<rouj>,	<siro>,	<frè>	(Pressoir, Bébel-Gisler)
(rouge)	(sirop)	(frère)	(In der Orthographie Haitis sind jeweils beide Schreibweisen möglich)

zu 4)
Alle Kreolsprachen kennen das Phänomen der Palatalisierung, in Häufigkeit und Umfang bestehen jedoch Unterschiede. Die alveolaren Okklusive [t] und [d] verändern vor den Halbvokalen [j] oder [ɥ] des fran-

---

[145] Zur Schreibung des /w/ bei McConnell und Pressoir vgl. Dejean (1980), S. 20 ff. u. 183 ff.

[146] Vgl. La graphie du créole haïtien. (1980), S.103.

[147] Vgl. Bernabé (1977 a), S.23: „S'il est faux de dire que le /R/ n'existe pas du tout en créole, il n'est pas conforme à la vérité de la langue de le restituer dans les positions où il est absent."

[148] Vgl. Bernabé et al. (1983), S.17.

[149] Vgl. Bébel-Gisler (1975), S.29 f.

zösischen Ursprungswortes ihre Aussprache. Es entstehen Varianten, die von [tj, dj] bis hin zu den Affrikaten [tʃ, dʒ] reichen. Dasselbe gilt für die velaren Okklusive [k] und [g], die vor den Palatalvokalen des Französischen palatalisiert werden.[150] Besonders ausgeprägt ist diese Entwicklung im Martinique-Kreol, in dem sich zum Beispiel *tuer* zu [tʃwe] entwickelt hat, *diable* zu [dʒab], *coeur* zu [tʃɛ] und *figure* zu [fidʒi]. Was die Schreibung angeht, so bereitet die Darstellung der palatalisierten Okklusive keine Schwierigkeiten, dem entsprechenden Konsonant folgt <y>. Unterschiede ergeben sich im Bereich der Affrikaten, die neben phonetischen Differenzen zwischen den verschiedenen Kreolsprachen mit dem Problem einer mono- oder biphonematischen Wertung zusammenhängen. [tʃ] und [dʒ] können als je ein Phonem betrachtet werden und damit ein eigenes Symbol erhalten oder als Folge /t/ + /ʃ/ und /d/ + /ʒ/ interpretiert werden, wofür dann die je entsprechenden Zeichen geschrieben werden.[151]

Die Schriftsysteme McConnells und Pressoirs sowie die offizielle Orthographie Haitis stimmen in diesem Punkt überein: Es werden keine eigenen Zeichen für die Affrikaten vorgesehen, sie werden aus <t> und <ch> sowie <d> und <j> zusammengesetzt.[152] Bernabé unterscheidet die palatalen Okklusive von den entsprechenden Phonemfolgen /t/ + /ʃ/, /d/ + /ʒ/. Während er letztere <tch>, <dj> schreibt, wählt er für erstere die Zeichen <tÿ> und <dÿ>. Diesen wird in erster Linie eine symbolische Rolle zugeteilt: Sie sollen die Besonderheit des Kreolischen in Absetzung vom Französischen herausstellen. 1981 wird diese Schreibung aus Gründen der Übereinstimmung mit St.Lucia geändert, da auf englischen Schreibmaschinen kein Trema zur Verfügung steht. <ÿ> wird durch <j> als zweites Element ersetzt, da die Sequenz /d/ + /j/ äußerst selten vorkommt.[153] Die Schreibung <tj> stößt jedoch häufig auf Ablehnung, da die Verbindung eines Zeichens für einen stimmlosen Konsonanten (<t>) mit einem Buchstaben, der einen stimmhaften Konsonanten darstellt (<j>), uneinsichtig erscheint. Die Schreibung bei Bébel-Gisler stimmt mit derjenigen des Haiti-Kreols überein.

zu 5)
Über den phonologischen Status des palatalen Nasalkonsonanten [ɲ] in den Kreolsprachen besteht Uneinigkeit. Die phonetische Realisierung

---

[150] Vgl. Stein (1984), S.24 f.; Valdman (1978 a), S.52 f.; Valdman (1978 b), S.14 f.

[151] Vgl. für eine ausführliche Diskussion des Problems einer mono- oder biphonematischen Wertung: Dejean (1980), S.102 ff.; Valdman (1978 a), S.52 ff.; Carrington (1984), S.24.

[152] Zu McConnell und Pressoir vgl. Dejean (1980), S.19 u. 183; zur Orthographie Haitis: La graphie du créole haïtien. (1980) u. Vernet (1979-1980), S.83.

[153] Vgl. Bernabé (1977 a), S.24 ff.; Bernabé (1983), S.318 und Bernabé (1984), S.70 f.; Carrington et al. (1981), S.8.

entspricht eher einem nasalierten [j] oder beide Laute konkurrieren miteinander. Da der palatale Nasalkonsonant ausschließlich im Kontext von Nasalvokalen vorkommt, wird er zum Teil als kontextbedingte Variante von /j/ interpretiert.[154]
Sowohl McConnell als auch Pressoir sehen Zeichen für den palatalen Nasalkonsonanten vor und wählen beide den Digraphen <gn>. In der offiziellen Orthographie Haitis findet sich [ɲ] hingegen nicht erwähnt. Den Erläuterungen Vernets zufolge wird es als Variante von /j/ interpretiert und daher <y> geschrieben. So entsprechen die Schreibungen <bingn> (bain), <pingn> (peigne), <changn> (cireur de bottes) bei Pressoir <beny>, <peny>, <chany> in der offiziellen Orthographie.[155] Bernabé geht von der Existenz des /ɲ/ aus und entscheidet sich wie McConnell und Pressoir für die Schreibung <gn>. Die mögliche Graphie <ny> verwirft er deshalb, weil dieses am Wortende die Aussprache [ni] nahelegt. Um die Folge der Einzelgrapheme von dem Digraphen <gn> zu unterscheiden, rekurriert er auf dasselbe Verfahren, das im Fall der Nasalkonsonanten angewendet wird: Das <g> erhält einen Accent grave, zum Beispiel <magni> [magni] (rusé).[156] In den Arbeiten zur Graphie St.Lucias findet sich [ɲ] nicht erwähnt, in Beispieltexten wird <y> geschrieben, etwa in <konpany> (compagne). Bébel-Gisler entscheidet sich für die Schreibung <gn> wie McConnell, Pressoir und Bernabé.

Auch der velare Nasalkonsonant [ŋ] ist bezüglich seines phonologischen Status nicht unumstritten. Dejean betrachtet ihn in seiner Untersuchung des Haiti-Kreols als kombinatorische Variante von /g/: Nach Nasalvokal am Wort- oder Silbenende wird /g/ als [ŋ] realisiert.[157]

In den Grapheminventaren bei McConnell sowie bei Pressoir befindet sich kein Zeichen für [ŋ]. Alle Schriftsysteme, sofern sie ein Symbol für [ŋ] bereitstellen, stimmen in der Schreibung <ng> überein. Dies trifft zu für die Orthographie Haitis, die Graphie des GEREC und St.Lucias, nicht jedoch für das von Bébel-Gisler erstellte Schriftsystem.

II.3.2.3.2. Die morphologisch-syntaktische Ebene

Auch Schriftsysteme phonologischer Ausrichtung beschränken sich in aller Regel nicht auf die Abbildung der Phoneme, sondern rekurrieren darüberhinaus, sofern sie die „chaîne écrite" in Wörter und syntaktische Einheiten segmentieren, auf die morphologische und syntaktische Ebene der Sprache. Diese Verfahren sind wichtig unter dem Aspekt der Les-

---

[154] Vgl. Valdman (1978 a), S.54; Stein (1984), S.30; Dejean (1980), S.112 ff.
[155] Vgl. Vernet (1981), S.5.
[156] Vgl. Bernabé (1976), S.42 f.
[157] Dejean (1980), S.115 ff.

barkeit eines Schriftsystems sowie zur Vermeidung morphologisch-syntaktischer Ambiguitäten.

Im Mittelpunkt der Vorschläge für eine phonologische Graphie des Kreolischen steht vor allem in der Anfangsphase die Auseinandersetzung mit etymologisierenden Schreibweisen und die Wahl der Grapheme. Der morphologisch-syntaktischen Ebene wird erst in jüngerer Zeit vermehrt Aufmerksamkeit geschenkt. Eine systematische Gegenüberstellung ist in diesem Bereich nicht möglich, da in den verschiedenen Graphievorschlägen nicht alle Fragen gleichermaßen behandelt werden. Im folgenden geht es vielmehr um eine Darstellung der zentralen Fragestellungen, wobei die Schreibweisen der Orthographie Haitis sowie der Schriftsysteme des GEREC und St.Lucias, sofern sich die diesbezüglichen Arbeiten dazu äußern, untersucht werden sollen.

1. Getrennt- und Zusammenschreibung

Die Segmentierung der „chaîne écrite" in Wörter bereitet in den meisten Fällen keine Schwierigkeiten. So schreibt Vernet in seinen Erläuterungen zur Orthographie Haitis: „Chaque élément porteur de sens est détaché de celui qui le précède et qui le suit."[158] Im Graphievorschlag für die Kreolsprache St.Lucias findet sich folgende Formulierung: „if the separated lexical items do not make sense, then the expression is to be written as one word."[159] Dies ist jedoch nicht immer evident; Probleme können vor allem in zwei Fällen entstehen:

Eine erste, spezifisch kreolische Schwierigkeit besteht darin, daß Syntagmen, die aus dem Französischen übernommen und lexikalisiert wurden, Elemente enthalten können, die in der Kreolsprache ihre Funktion teilweise verloren haben und nur noch unsystematisch gebraucht werden. Vernet, der sich dieser Fragestellung am ausführlichsten widmet, spricht sich für Zusammenschreibung aus, wenn Teile eines solchen Syntagmas in der Kreolsprache nicht produktiv sind und an anderer Stelle nicht vorkommen. Die folgenden Beispiele mögen dies illustrieren: <senkèdimaten, lwildoliv, mwadavril, lematen, leswa, toulejou, toulematen, alamòd, alamen, kikeseswa, swadizan, alèkile, toudenkou>. Getrennt geschrieben werden jedoch Morpheme, die vollständig in die Sprache integriert sind, zum Beispiel <a sizè, a gòch, pa anba, pa dèyè, pale mwen de ou>.

Ein weiteres, sehr viel allgemeineres Problem besteht im Fall der Wortbildung. Den Erläuterungen Vernets zufolge werden Komposita dann zusammengeschrieben, wenn sie eine Sinneinheit bilden, zum Beispiel <pyebwa> (l'arbre), <timoun> (l'enfant). Ebenso findet sich bei Bernabé <an timoun>, <an granmoun> (un adulte), <an vyékò> (un viellard) im Gegensatz zu <an vyé tab, an ti kay>. Spatien können in

---

[158] Vernet (1980), S.97.

[159] Carrington et al. (1981), Supplement S.2.

diesem Fall der Homonymendifferenzierung dienen, zum Beispiel <kouto famasi> (couteau de pharmacie) vs. <koutofamasi> (traître), <on lo kann> (un lot de cannes) vs. <onlo kann> (beaucoup de cannes).[160]

2. Morphonologische Alternanzen

Im Zusammenhang mit der Wortsegmentierung stellt sich die Frage, inwieweit Sandhi-Erscheinungen an Wortgrenzen in der Graphie zu berücksichtigen sind. Die Kreolsprachen kennen keine Flexion und wenig produktive Derivationsaffixe, morphonologische Alternanzen treten vor allem an Wortgrenzen auf. Es handelt sich insbesondere um folgende Fälle:

- Der nachgestellte Determinant unterliegt einer kontextbedingten, obligatorischen Variation; abhängig vom Auslaut des vorhergehenden Wortes finden sich die folgenden phonetischen Realisierungen: [a, ã, la, lã] in Martinique, in Haiti und St.Lucia zusätzlich [nã], zum Beispiel [zuti a] (l'outil), [bã ã] (le banc), [tab la] (la table), [saltɛ̃bãk lã] (la personne méprisable), [madãm nã] (la femme).[161] Die Schriftsysteme des GEREC und Haitis schreiben die jeweils phonetisch realisierte Form: <a, an, la, lan> und <nan> im Fall Haitis. In der Schreibung des St.Lucia-Kreols sind hingegen nur die Formen <a> und <la> vorgesehen, während Nasalierung als Phänomen des Kontextes in der Graphie nicht angezeigt wird.
- Die Personalpronomen kommen in Vollformen und kontrahierten Formen vor. Im Haiti-Kreol zum Beispiel können sie sowohl in Subjektposition als auch nachgestellt als Objekt- oder Possessivpronomen ihr vokalisches Element verlieren: mwen/m, ou/w, li/l, nou/u, yo/y. Die Variation ist fakultativer Art. Eine Ausnahme bildet die obligatorische Vollform, wenn das Pronomen einem Konsonanten folgt und wenn <ou, yo> vor einem mit Konsonant beginnenden Wort stehen. Selten hingegen ist der obligatorische Gebrauch der kontrahierten Form, so etwa vor der Imperfektiv-Partikel <ap>. In freier Variation alternieren zum Beispiel die folgenden Formen: Mwen wè li. / Mwen wè l. / M wè li. / M wè l. (Ich habe ihn/sie gesehen.)[162] Dem offiziellen Text der haitianischen Orthographie zufolge können die Personalpronomen in kontrahierter Form geschrieben werden, wobei die Elision im Fall des Subjektpronomens durch Apostroph angezeigt wird, das nachgestellte

---

[160] Zur Getrennt- und Zusammenschreibung vgl. Vernet (1980), S.97 ff.; Vernet (1979-80), S.91 ff.; Vernet (1981), S.13 ff.; Bernabé (1976), S.46 ff.; Bernabé (1983), S.335 ff.; Carrington et al. (1981), Supplement S.2; Bernabé et al. (1983), S.18 f.

[161] Vgl. Valdman (1978 a), S.80 ff.; Damoiseau, Robert (1984): Eléments de grammaire du créole martiniquais. Fort-de-France, S.33 f.

[162] Vgl. Valdman (1982), S.151 f.; Valdman (1978 a), S.86 ff.

kontrahierte Objektpronomen wird durch Bindestrich mit dem vorausgehenden Wort verbunden. Vernet hingegen plädiert für die Schreibung der Vollformen, nur während der Lernphase sieht er die fakultative Schreibung der kontrahierten Formen vor. In der Graphie des GEREC werden die elidierten Formen geschrieben, zum Beispiel <Man ka wè'w> (Vollform: ou) (je te vois), <Man ka wè'y> (Vollform: li) (je le/la vois). Ebenso verfährt die Graphie St.Lucias.

- Kontraktions- und Assimilationserscheinungen unterliegen die Tempus- und Aspektpartikel sowie die Negationspartikel <pa>. Der offizielle Text der Orthographie Haitis erwähnt diese Fälle nicht; Vernet ist wie im obigen Fall für die Schreibung der Vollformen. Auch Bernabé geht auf die Frage nicht ein, der Logik des von ihm konzipierten Systems zufolge werden jedoch die phonetisch realisierten Varianten geschrieben. Wie bei den Personalpronomen folgt die Graphie St.Lucias dem Grundsatz: „contraction will be represented by whatever part of the reduced word is left."[163] Sofern der zweite Teil eines Wortes von der Elision betroffen ist, wird diese durch Apostroph angezeigt. Es alternieren zum Beispiel die folgenden Formen: mwen pa ka fè sa / m'a ka fè sa / m'a a fè sa; mwen ka fè sa / ng'a fè sa.

3. Anzeige der phonetischen, morphologischen und/oder syntaktischen Zusammengehörigkeit
Alle untersuchten Schriftsysteme verbinden – in der Orthographie Haitis fakultativ – das Nomen und den nachgestellten Determinanten durch Bindestrich, zum Beispiel <bagay-la>, <chapo-a>. Dieses Verfahren kann der Differenzierung von homophonen Konstruktionen dienen, beispielsweise <fanm kouyon an> (la femme idiote) im Gegensatz zu <fanm kouyon-an> (la femme de l'idiot). In der offiziellen Orthographie Haitis wird der fakultative Gebrauch des Bindestrichs ausgeweitet auf die Verbindung von Nomen und nachfolgendem grammatischen Element, zum Beispiel das Possessivpronomen (papa-li) oder das bereits erwähnte kontrahierte Objektpronomen (nèg-la di-m).[164]

4. Groß- und Kleinschreibung
In diesem Punkt übernehmen alle Schriftsysteme die Schreibkonventionen der jeweils koexistierenden Standardsprache. Durch Majuskeln gekennzeichnet werden damit im wesentlichen die Eigennamen und Satzanfänge.

---

[163] Carrington et al. (1981), S.9.

[164] Vernet jedoch wendet sich entschieden gegen dieses Verfahren mit der Begründung: „on se trouve en face d'une logique qui peut aller très loin: celle de pouvoir ou de devoir marquer toutes les relations entre les éléments [...]". (Vernet (1981), S.16)

5. Interpunktion
Die Frage der Interpunktion wird in allen Vorschlägen nur am Rande berührt, die Schriftsysteme Haitis und Martiniques übernehmen dabei die Regeln der französischen Orthographie, die Graphie St.Lucias lehnt sich an die englische Orthographie an.

II.3.2.3.3. Die Wahl der Varietät und die Frage der Norm

Jede phonologische Graphie sieht sich vor die Frage gestellt, wie sie sich gegenüber den verschiedenen Sprachvarietäten verhalten soll. Theoretisch bestehen die folgenden Möglichkeiten:

1. Es kann eine Leitvarietät gewählt werden, etwa die statistisch häufigste Varietät oder die Prestigevariante. Damit wird eine Varietät zur Norm erhoben, die Verschriftung geht einher mit Standardisierung. Da ein phonologisch ausgerichtetes Schriftsystem seine Vorteile der leichten Erlern- und Schreibbarkeit jedoch insbesondere dann aufweist, wenn der Schreiber sich auf seine Aussprache stützen kann, sind die Sprecher anderer Varietäten benachteiligt.
2. Verschiedene Varietäten können mit einer Graphie überdacht werden, indem nur die Distinktionen geschrieben werden, die allen gemeinsam sind.
3. Es besteht schließlich die Möglichkeit des graphischen Liberalismus: Jeder Schreiber stützt sich auf die Varietät, die er spricht. Die Erstellung eines Schriftsystems soll damit von der Frage der Standardisierung getrennt werden. Die Nachteile dieser Lösung bestehen in dialektaler Zersplitterung und instabilen graphischen Wortformen.

Die Varietätenfrage stellt sich in besonderer Schärfe in den Gebieten, in denen die Kreolsprache mit ihrer Basissprache koexistiert. Das Hauptproblem besteht in der Franzisierung, die sowohl die diastratische als auch die diatopische und diaphasische Variation betrifft. Mit zunehmender Refranzisierung des Kreolischen besteht die Gefahr des Wiederaufgehens im Französischen. Paradoxerweise verstärkt die Verschriftlichung diese Tendenz, da bei der Erweiterung des Lexikons und beim Ausbau schriftsprachlicher Register natürlicherweise auf das Französische zurückgegriffen wird. Um dieser Entwicklung entgegenzuwirken, ist man aus sprachplanerischen Erwägungen versucht, der Verschriftung des basilektalen Kreols und seiner Standardisierung den Vorzug zu geben. In Martinique ist dies jedoch eine Varietät, die in der sprachlichen Realität immer weniger anzutreffen ist; in Haiti ist – bedingt durch die große Zahl der Einsprachigen – das basilektale Kreol zwar verbreitet, die Prestigevariante stellt jedoch die franzisierte dar.

Das aus dieser Situation resultierende Dilemma wird in den behandelten Graphievorschlägen deutlich, obgleich der Frage der zu verschriftenden Varietät – mit Ausnahme der Arbeiten von Bernabé – nicht viel

Aufmerksamkeit geschenkt wird. Graphischer Liberalismus oder Verschriftung des basilektalen Kreols bzw. eine Kombination beider Verfahren sind die Lösungen, die von den untersuchten Graphievorschlägen angestrebt werden.

In der Orthographie Haitis wird die Wahl der Varietät dem Schreiber überlassen. Valdman zufolge weisen gedruckte Texte jedoch eine relative Einheitlichkeit auf. Es läßt sich eine informelle Standardisierung beobachten, die sich auf den Dialekt der Hauptstadt Port-au-Prince stützt und gleichzeitig eine basilektale Ausrichtung verfolgt. Die Zeitschrift „Bon Nouvèl" zum Beispiel, die mit 30000 Exemplaren über die höchste Auflage aller haitianischen Zeitungen und Zeitschriften verfügt, geht nach Valdman folgendermaßen vor:

> L'équipe rédactionnelle de Bon Nouvèl, tout en se situant dans la mouvance basilectophile, s'efforce de trouver un juste milieu entre une variété de CH (créole haïtien) épurée de traits francisants caractérisés, d'une part, et de traits nettement marqués comme régionaux ou comme trop ruraux – qui constituent le parler dit rèk (grossier, frustre) – d'autre part.[165]

Auch die Graphie des GEREC ist so konzipiert, daß nach den vorgegebenen Prinzipien jeder gemäß seiner Aussprache schreibt. Bernabé wendet sich gegen eine autoritäre Standardisierung, setzt sich jedoch gleichzeitig für die Orientierung in Richtung Basilekt ein.

> Nous pensons qu'il ne faut pas empêcher ceux qui désignent le cheval respectivement sous les vocables „chèval", „chuval", „chival" ou „chouval" de graphier le vocable qu'ils utilisent. La véritable standardisation ne saurait être répressive. Elle doit être orientative. Les instances socio-pédagogiques ont un rôle important à jouer dans le processus de normalisation en se donnant les moyens d'ouvrir l'accès au basilecte sans fermer définitivement l'accès à la graphie du créole acrolectal.[166]

Die Auswahl einer Leitvarietät wird in der Graphie St.Lucias ebenfalls abgelehnt; alle Varietäten können geschrieben werden. So finden sich zum Beispiel folgende Varianten: <adjablès, ladjablès> (diablesse), <koultou, kilti> (culture), <lédikasyon, lendikasyon> (éducation).

Bébel-Gisler stützt sich mit dem von ihr erstellten Schriftsystem auf das basilektale Kreol und scheidet die Schreibung franzisierter Varianten aus; innerhalb dieser Grenzen läßt jedoch auch sie dem Schreiber die Freiheit, sich an der von ihm gesprochenen Varietät zu orientieren.

---

[165] Valdman, Albert (1989 a): Aspects sociolinguistiques de l'élaboration d'une norme écrite pour le créole haïtien. In: Ludwig, Ralph (Hrsg.): Les créoles français entre l'oral et l'écrit. Tübingen. S.43-63, hier S.49; vgl. auch Valdman (1987).

[166] Bernabé (1983), S.311 f.; vgl. auch Bernabé (1977 a), S.15.

II.3.2.4. Textbeispiele

1. Die Orthographie Haitis

„Ant lane 1951 ak 1979, Ayiti pa te bezwen pèsonn vini ak yon nouvo sistèm òtograf kreyòl. Te gen youn ki te la e ki te trè bon. Li te merite pou tout moun te aprann sèvi ak li byen vit, pou tout moun mete men nan alfabetizasyon mas pèp la. Chanjman pa te bezwen fèt nan bon sistèm sa a. Men, leta vin ankouraje preparasyon yon nouvo sistèm òtograf fonolojik ki trè trè bon tou, kwak li pa te nesesè, kwak li pa te bezwen parèt. Men, li parét, li la. Leta pran desizyon sèvi ak li lekòl. Leta pran desizyon fè l'tounen òtograf ofisyèl. Sitiyasyon an vin chanje. [...]"[167]

(Zwischen 1951 und 1979 hatte Haiti keinen Bedarf an der Einführung eines neuen kreolischen Schriftsystems. Es gab eines, das zur Verfügung stand und sehr gut war. Es war es wert, daß jeder den Umgang mit ihm möglichst schnell lernte, daß jeder zur Alphabetisierung des Volkes beitrug. Eine Veränderung dieses guten Systems war nicht notwendig. Aber der Staat hat die Erstellung eines neuen phonologischen Schriftsystems angeregt, das auch sehr, sehr gut ist, obwohl es nicht notwendig war, obwohl es nicht zu entstehen brauchte. Aber es ist entstanden, es ist da. Der Staat hat beschlossen, es in der Schule zu verwenden. Der Staat hat beschlossen, es zur offiziellen Orthographie werden zu lassen. Die Lage hat sich geändert. [...])

2. Die Graphie des GEREC

„Fok nou sav an lang sé kon dlo-a nou ka bwè a, sé kon van-an nou ka respiré a, sé kon chalè soley-la ki ka brilé lapo nou an, kivédi, an lang sé ta tout moun-lan ki ka sèvi épi'y la. Fok pa nou konpwann an ti krey moun pé anni rété épi fè bawouf asou an lanng. AWA!
Pas, si an lanng ka tounen, sé davré tout sé moun-lan ka sèvi épi'y, sé davré i sé an zouti bokantay: bokantay lidé, bokantay fonntyé, bokantay tout kalté bagay moun pé bokanté epi pawol an bouch. Mé si ou wè ayen pafèt pou boul moun-lan wouvè zyé asou ki mannyè, an mizi an mizi, kréyol-la vini tjòlòlò, [...]"[168]

(Wir müssen wissen, daß eine Sprache wie das Wasser ist, das wir trinken, wie die Luft, die wir atmen, wie die Hitze der Sonne, die unsere Haut verbrennt, das heißt, eine Sprache gehört zu all denjenigen, die mit ihr umgehen. Wir dürfen nicht glauben, daß eine kleine Gruppe von Leuten eine Sprache einfach wegnehmen kann. Nein!
Denn wenn eine Sprache lebt, hat dies seinen Grund darin, daß alle diese Menschen sie benutzen, daß sie ein Mittel zum Austausch ist: Austausch von Gedanken, Austausch von Gefühlen, Austausch aller Art von Dingen, die man mit der Sprache austauschen kann.

---

[167] In: bon nouvèl. (1985). 19èm Ane – 206. Sektanm, S.9.
[168] In: Kabouya. (1988). Liméwo 2. Okt-Nov-Désanm, S.5.

Aber wenn man gesehen hat, daß nichts getan wurde, um der Masse zu zeigen, auf welche Weise die Kreolsprache nach und nach verwässert wurde, [...])

3. Die Graphie Saint-Lucias

„Yon jou mwen sòti lakay, ka mouté chimen-a. Lè mwen wivé bò kay an madanm ki té ka wété bò chimen-a, mwen wè an pyé mango ki té ni yon mango mi adan'y. An véwité bouch mwen koulé.
Jou sala madanm-la pa té lakay li. So mwen alé ay tjouwi mango-a.
La té ni yon pyé koko kolé èk pyé mango-a, so mwen mouté pyé koko-a pou mwen sa pwen mango-a, pas pyé koko-a té pli pwé mango-a pasé si mwen mouté pyé mango-a.
Bon, dèyè pyé koko-a té ni an klak-klak. Lè mwen wivé bò mango-a, mwen voyé lanmen mwen pou pwan'y. Lè lòt lanmen mwen touché klak-klak la, mwen tann i hélé, „Klak-klak-klak," èk i vini pa douvan a ko mwen té yé a. [...]"[169]

(One day I left my house and was going up the road. I was passing the house of a lady who lived close to the road when I saw a mango tree with one ripe mango. My mouth really watered.
Since the lady was not home that day, I decided to go and pick the mango.
There was a coconut tree close by the mango tree. I climbed up the coconut tree because it was closer to the mango than if I climbed the mango tree itself.
Now on the other side of the coconut tree was a locust. When I got close to the mango, I stretched out my hand to grasp it. My other hand touched the locust. I heard, „clak, clak, clak" and then it jumped to the front of the tree where I was. [...])

4. Das von Bébel-Gisler konzipierte Schriftsystem

„Adan tout sosiété, lang maché ansanm èvè problèm ékonomik, problèm édikasion, fòmasion moun (lékòl, légliz). Kréyòl épi fransé, sé kòmsidiré dé fòs ki ka goumé.
Fransé, sé yon fòs ki dominan, yon fòs ki chouké adan yon pouvoua ékonomik, yon pouvoua politik, yon fòs ki an ro.
Kréyòl sé yon fòs pouvoua fransé tranglé dèpi lésklavaj, yon fòs yo chèché toufé an tout jan. Ka sa vlé di? Dabò pou yonn: kozé chanjman sosiété Gouadloup, kozé libérasion pèp Gouadloup, pa fouti maché san kozé lang kréyòl. [...]"[170]

(In jeder Gesellschaft kam die Sprache in Verbindung mit wirtschaftlichen Problemen, Problemen der Erziehung, der Bildung (Schule, Kirche). Kreol und Französisch sind wie zwei Kräfte, die sich bekämpfen.

---

[169] In: Pa Jenmen Ankò. A reading book in Patwa. (1985). Hrsg. vom Summer Institute of Linguistics. St.Lucia, S.4 f.; englische Übersetzung S.11.

[170] In: Bébel-Gisler (1975), S.5.

Französisch ist eine Kraft, die dominiert hat, eine Kraft, die verwurzelt ist in einer wirtschaftlichen Macht, einer politischen Macht, eine Kraft, die oben steht. Kreol ist eine Kraft, die von der französischen Macht seit der Sklaverei unterdrückt wurde, eine Kraft, die man auf jede Art zu ersticken versuchte. Was heißt das? Erstens, über die Veränderung der Gesellschaft Guadeloupes zu sprechen, über die Befreiung des Volkes von Guadeloupe zu sprechen ist unmöglich, ohne Kreol zu sprechen. [...])

II.3.2.5. Die Praxis des Gebrauchs und die Verbreitung der Schriftsysteme

Die vorgestellten Schriftsysteme phonologischer Ausrichtung sind die heute am meisten verbreiteten in allen drei untersuchten kreolophonen Gebieten. In der Praxis ihres Gebrauchs finden sich jedoch häufig Abweichungen von den aufgezeigten Prinzipien. Dies betrifft weniger die Wahl der Grapheme; auch <w> und <en>, die lange Zeit auf heftigen Widerstand stießen, werden inzwischen in den meisten Texten verwendet. Die verschiedensten Schreibweisen finden sich jedoch im Bereich der Wortsegmentierung, der morphonologischen Alternanzen und der Interpunktion. Instabile graphische Wortformen liegen schließlich auch innerhalb der Regeln der Schriftsysteme insofern, als sie die Schreibung verschiedener Varianten tolerieren.

Daß diese Schriftsysteme inzwischen in der Mehrheit der kreolischen Texte Verwendung finden, verdanken sie der Tatsache, daß sie von den meisten prokreolischen Gruppen propagiert werden. In Martinique geht die Initiative in erster Linie von der „Groupe d'Etudes et de Recherches en Espace Créolophone" (GEREC) aus, die die beiden kreolischen Zeitschriften „Antilla Kréyòl" und „Kabouya" herausgibt und verantwortlich ist für eine große Anzahl von Veröffentlichungen kreolischer Texte; auch werden vom GEREC viele Texte vor der Veröffentlichung in der Graphie normalisiert. In St.Lucia ist es das „Mouvman Kwéyòl Sent Lisi" (Mokwéyòl), zentraler Motor für die Aufwertung des Kreolischen, das die vorgestellte Graphie verwendet und sich für ihre Verbreitung einsetzt.

Trotz dieser Bemühungen und einer wachsenden Anzahl werden kreolische Texte jedoch wenig gelesen. Vor allem in Martinique, das bereits über eine Vielzahl von Texten verfügt, besteht ein eklatantes Mißverhältnis zwischen der Produktion und der Rezeption kreolsprachiger Literatur. Bei den potentiellen Lesern, die bereits mit der französischen oder englischen Orthographie vertraut sind, besteht die verbreitete Meinung, kreolische Texte zu lesen sei zu schwierig und mühsam, sie erforderten lautes Lesen und viele Sätze würden erst beim zweiten Anlauf verstanden. Es wäre sicherlich ein Fehler, dafür allein die Natur der Graphie verantwortlich zu machen. Der Umgang mit Geschriebenem in einem Idiom, das bisher nur in gesprochener Form vertraut ist, erfordert Umdenken. Die Lektüre mancher Texte wird auch erschwert durch die ausgeprägte basilektale Ausrichtung des GEREC. In den Romanen Raphaël Confiants beispielsweise finden sich neben einer basilektalen Syntax dialektale Wörter, Entlehnungen aus anderen Kreolsprachen und Neuschöpfungen, die dem durchschnittlichen Sprachbenutzer meist nicht vertraut sind. So finden gerade in den Bereichen, in denen sich das geschriebene Kreol einer zunehmenden Lebendigkeit und Beliebtheit erfreut, inkohärente, franzisierende Schreibungen Verwendung, die sich auf franzisierte Variatäten stützen und sich vor allem dadurch auszeichnen, daß sie leicht lesbar sind. Texte dieser Art wurden bereits vorgestellt. Die Graphie des GEREC wird dagegen häufig als „créole universitaire" oder „créole dragon" bezeichnet. Nach Prudent bestehen somit zwei Praktiken der kreolischen Schriftlichkeit in Martinique:

> La première, savante et calculée, prônée par les militants culturels et certains universitaires, se déploie dans un univers clos: c'est le créole en circuit fermé. La seconde, irrégulière et spontanée, élaborée par des scénaristes et des dessinateurs humoristiques, des chanteurs populaires et des créatifs publicitaires s'offre au plus large public et devient modèle courant.[171]

Auch in St.Lucia wird immer wieder auf franzisierende bzw. an die englische Orthographie angelehnte Schreibweisen zurückgegriffen. Die Situation ist jedoch eine andere als in Martinique, da die kreolische Schriftlichkeit weit weniger verbreitet ist; auch stellt sich die Frage der Graphie in ganz anderer Weise, wenn es um die Alphabetisierung Einsprachiger geht.

II.3.3. Die Modifizierung der phonologischen Graphie unter dem Aspekt der Lesbarkeit

Die jüngsten Überlegungen, die in die karibische Orthographie-Diskussion eingebracht werden, bemühen sich um eine Modifizierung der phonologischen Graphie mit dem Ziel der Verbesserung ihrer Lesbarkeit.

Am weitesten geht in dieser Richtung der Vorschlag von M.-C. Hazaël-Massieux. Ausgehend von der Kreolsprache Guadeloupes konzipiert sie ein Schriftsystem für den Bereich der Kleinen Antillen.[172] Dabei läßt sie sich von folgenden Überlegungen leiten:

---

[171] Prudent (1989 a), S.67 f.; vgl. auch Prudent (1989 b).

[172] Zum Graphievorschlag von Hazaël-Massieux vgl. insbes.: Hazaël-Massieux, Marie-Christine (1987): Chansons des Antilles, Comptines, Formulettes. Paris, darin: L'écriture du créole, S.213-252; dies. (1989): La littérature créole: entre l'oral et l'écrit? In: Ludwig, Ralph (Hrsg.): Les créoles français entre l'oral et l'écrit. Tübingen. S.277-305; dies. (1984 a): L'écriture des créoles français: Problèmes et perspectives dans les Petites Antilles. Communication présentée à The Fifth Biennial Conference, Kingston, Jamaïca; dies. (1984 b): Une application de l'étude des structures intonatives des créoles français: l'établissement de règles de ponctuation pour le passage à l'écriture.

1. Der phonologischen Graphie wird zum Vorwurf gemacht, sich um eine möglichst exakte Wiedergabe der gesprochenen Sprache zu bemühen und dabei die Spezifika des schriftlichen Mediums zu vernachlässigen. Eine Verbesserung der Lesbarkeit macht stabile Wortformen und Redundanzen erforderlich. Hazaël-Massieux plädiert daher für eine „orthographe à dominante ‚morphologique' "[173] und die Einführung eines graphischen <e> als redundantem Zeichen.
2. Ein Schriftsystem wird in erster Linie für Muttersprachler konzipiert, Hinweise zur Aussprache sind damit überflüssig.

   Les créolophones savent parler le créole, donc le prononcer. Ils ont en revanche besoin d'apprendre à le lire et à l'écrire, c'est-à-dire à reconnaître dans des formes graphiques, les unités qu'ils connaissent.[174]

3. Die potentiellen Leser des Kreolischen sind bereits Leser des Französischen; ihre Erwartungen und graphischen Gewohnheiten sollen nicht gestört werden, sofern dies nicht zu Lasten der Kohärenz des Systems geht.

Dies sind die zentralen Argumente, die M.-C. Hazaël-Massieux für eine Veränderung der phonologischen Graphie anführt. Nachteile einer solchen Graphie sieht sie darüberhinaus darin, daß sie die Schreibung ihrer historischen Dimension beraubt und etwa Wortspiele nicht ermöglicht.

   Le créole est une langue comme toutes les langues: il a une histoire; ne le privons pas de la manifestation de cette histoire, de cette culture, par des choix orthographiques à courte vue et inconsidérés. [...]
   Pourquoi le créole serait-il écarté, par une orthographe trop phonétique, de tous les jeux de mots, de toutes les possibilités „poétiques" qu'évoque Jakobson et qui, très souvent, sont le résultat d'une distance entre le „signifié" et le „signifiant".[175]

Übereinstimmungen mit der französischen Orthographie sollen schließlich auch das gleichzeitige Erlernen beider Schriftsysteme erleichtern.

Die konkreten Änderungen im Vergleich zur Graphie des GEREC betreffen im wesentlichen die folgenden Punkte:

1. Phonem-Graphem-Korrespondenzen

– Hazaël-Massieux wählt die Schreibung <in> für den Nasalvokal /ɛ̃/, da <en> ihren Umfragen zufolge von den Benutzern abgelehnt wird.[176]

In: Etudes Créoles Vol.VII, No.1-2. Numéro spécial: Créole et Education. S.164-186; Le Créole et la Vie. (1984). Conseil local des parents d'élèves du lycée polyvalent de Baimbridge. Compte rendu du Séminaire sur la Langue Créole tenu à Pointe-à-Pitre – Fouillole du 30 juillet au 3 août 1984. Pointe-à-Pitre, Guadeloupe.

[173] Hazaël-Massieux (1987), S.220.

[174] Hazaël-Massieux (1987), S.216; vgl. auch Le Créole et la Vie (1984), S.6.

[175] Hazaël-Massieux (1987), S.228 f.

[176] Die Folge [jɛ̃] wird jedoch <ien> geschrieben (statt <yin>), zum Beispiel <chien>, <bien>.

Mit der Graphie <an>, <on> für die weiteren Nasalvokale stimmt sie mit dem Schriftsystem des GEREC überein. Das Problem der Darstellung der Vokale mit nachfolgendem /n/ wird durch die Einführung eines graphischen <e> gelöst, das prinzipiell die Aussprache des vorhergehenden Nasalkonsonanten anzeigt. Es dient daher in vielen Fällen als redundantes Zeichen, das aus folgenden Erwägungen gewählt wird: „e muet" „facilite la lecture, donne une allure plus familière au mot, et ne heurte pas inutilement les habitudes graphiques de francophones"[177]; darüberhinaus wird ihm ästhetische Funktion zugesprochen. Als Zeichen für Nicht-Nasalierung dient im Fall von <a> und <o> der Accent circonflexe, im Fall von <e> der Accent grave. Die Sequenz Oralvokal und nachfolgendes /n/ erhält damit die folgende Schreibung: <è>, <ô>, <â> + <n> + Vokalbuchstabe oder „e muet". Das graphische <e> ist in diesen Fällen redundant. Die Vokale [e], [o], [a] werden kontextbedingt vor Nasalkonsonanten ([n], [m], [ɲ]) nasaliert. Da der Sprecher die Aussprache kennt, wird Nasalierung nur dargestellt, wenn sie nicht Phänomen des Kontextes ist; Schreibungen wie <nn> und <nm> werden damit vermieden. Hazaël-Massieux schreibt daher <maman> statt <manman> in der Graphie des GEREC, <banane> statt <bannann>, <montagne> statt <montangn>. Nicht-Nasalierung eines Vokals muß dementsprechend vor allen Nasalkonsonanten angezeigt werden. Einige Beispiele mögen dies illustrieren:

<fèmé> [fɛme) vs. <pégné> [pẽɲe]
<dômi> [dɔmi] vs. <nome> [nõm]
<châme> [ʃam] vs. <fame> [fãm]

Im Fall von <n> ist das graphische <e> zur Unterscheidung in vielen Fällen unerläßlich, zum Beispiel <chabin> vs. <chabine>, <kan> vs. <kane>. Die Regel wird jedoch ausgeweitet auf alle Nasalkonsonanten, die damit folgendermaßen geschrieben werden: <n> + Vokalbuchstabe oder „e muet", <m> + Vokalbuchstabe oder „e muet", <ny> + Vokalbuchstabe oder <gne>.
Das Bestreben, die Zugehörigkeit zu derselben Wortfamilie anzuzeigen, führt zu Ausnahmen in der Schreibung der Nasalkonsonanten: <gn> kommt auch im Wortinneren vor, wenn es sich um eine Ableitung eines Wortes mit der Endung <gne> handelt, zum Beispiel <pégne>, <pégné> (statt <pényé>). [ʒãm], [tãn], [repõn] zum Beispiel werden <janbe>, <tande>, <réponde> geschrieben, da in Derivationen [b] oder [d] realisiert wird, beispielsweise [ʒãbe], [tãde], [repõdɛ] (<janbé>, <tandé>, <repondè>). Dies führt zu der zusätzlichen Regel: „En finale, les sons [m] ou [n] sont graphiés „b" ou „d" quand ils apparaissent après voyelles nasales". Darüberhinaus wird folgende generelle Regel formuliert: „tout groupe de deux consonnes en position fi-

---

[177] Hazaël-Massieux (1987), S.237.

nale de mot est suivi d'un „e" [...]", zum Beispiel <réponde>, <vache>, <montagne>.¹⁷⁸

- Eine weitere zentrale Veränderung betrifft die Darstellung des Halbvokals /w/. Hazaël-Massieux plädiert für die Schreibung <ou>, zum Beispiel <vouè> (voir), <boua> (bois) und <o>, wenn <ou> und <in> zusammentreffen, zum Beispiel <moin>. Im Fall des /R/ im französischen Etymon wird <r> geschrieben. Sie wendet sich gegen die Verwendung des <w> in diesen Fällen; „le „w" est le symbole même de ce que les usagers rejettent en matière de créole [...]" schreibt sie, und „il n'y a aucune raison décisive à représenter /w/ plutôt par „w" que par „r" dans tous les cas où ils sont interchangeables [...]".¹⁷⁹ <r> erleichtert ihres Erachtens das Worterkennen und entspricht der akrolektalen Aussprache. <r> steht daher am Silbenanfang, zum Beispiel <rou>, <diri>, wo es in labialem Kontext als [w] realisiert wird, und zwischen Konsonanten- und Vokalbuchstaben, zum Beispiel <pri>, <frè>, <trou>, die meistens [pwi], [fwɛ], [twu] ausgesprochen werden.

2. Die morphologisch-syntaktische Ebene

- Morphonologische Alternanzen treten in den Kreolsprachen in erster Linie an Wortgrenzen auf; so kommt ein morphologisch ausgerichtetes Schriftsystem vor allem hier zum Tragen. Die wesentlichen Fälle (die Varianten des nachgestellten Determinanten, Voll- und kontrahierte Formen des Personalpronomens, Kontraktions- und Assimilationserscheinungen bei Tempus- und Aspektpartikeln) wurden bereits erläutert. Während etwa die Graphie des GEREC die jeweils phonetisch realisierten Varianten festhält, werden dem von Hazaël-Massieux konzipierten Schriftsystem zufolge unabhängig von der kontextbedingten Realisation immer die Langformen geschrieben. <moin vini isidan> zum Beispiel kann [mwẽvinisidã] oder [ãvinisidã] ausgesprochen werden, <vou pa savé sa> [upasavsa], <li di-yo> [idijo].¹⁸⁰

- Besondere Aufmerksamkeit widmet M.-C. Hazaël-Massieux der Interpunktion. Schwierigkeiten beim Lesen kreolischer Texte führt sie mit auf eine unvollständige Zeichensetzung zurück. Was in der gesprochenen Sprache die Intonation unter anderem leistet, das Erkennen funktioneller Gruppen und syntaktischer Relationen, muß im Schriftlichen wiedergegeben werden. Von besonderer Wichtigkeit ist dies bei einer phonologisch ausgerichteten Graphie, da es für das Erkennen von zusammengehörenden Gruppen keine morphologischen Indizien gibt; wichtig sind Interpunktionszeichen aber auch bei einer stark der Oralität verpflichteten

---

[178] Hazaël-Massieux (1987), S.238.
[179] Hazaël-Massieux (1987), S.229.
[180] Vgl. Hazaël-Massieux (1987), S.242.

Sprache, da diese noch nicht über schriftsprachliche Register verfügt, die die Intonation durch lexikalische Elemente ersetzen.[181]

3. Die Varietätenfrage

M.-C. Hazaël-Massieux wendet sich mit ihrem Graphievorschlag entschieden gegen graphischen Liberalismus und dialektale Zersplitterung:

> Il n'est pas acceptable de „séparer" par des façons de noter différentes, des gens qui se comprennent parfaitement oralement, même s'ils prononcent un peu différemment.[182]

Sie plädiert – im Sinne des Strebens nach einer stabilen Wortform – für die Wahl einer Leitvarietät; Verschriftung wird unmittelbar in Verbindung mit Standardisierung gesehen. Diese soll jedoch nicht vom Basilekt ausgehen, sondern von einer allgemein akzeptierten Varietät:

> Toute standardisation suppose que l'on examine le parler du groupe social auquel l'ensemble de la population peut accepter de s'identifier sans avoir pour autant un sentiment de „déclassement".[183]

Mithin sollen Texte von allen Sprechern der Kreolsprachen der Kleinen Antillen ohne Schwierigkeiten gelesen werden können, wenn auch die Aussprache variiert. Als Instanz, die entscheidet, welche Schreibungen im Zweifelsfall gewählt werden, fordert sie die Gründung einer „Académie Créole".

Das folgende Textbeispiel ist ein Abschnitt aus Raphaël Confiants Roman „Kòd Yanm"; die Graphie des GEREC wurde von M.-C. Hazaël-Massieux in das von ihr vorgeschlagene Schriftsystem übertragen. Zum Vergleich der beiden Schriftsysteme wird im folgenden der Originaltext vorangestellt:

„Jéra bésé tèt li. I gadé dé lanmen'y, bouch li bat pou i di kéchòy men pyès pawòl pa tijé déwô. I pa té boug ka trafaldjé. Mannyè koutja'y moli tjè Wozalyen titak. Jéra té ni menm laj épi dézyenm gason-an i té ni épi madanm mayé'y'la, Fransis, men sé té dé tibolonm ki té fondalnatalman diféwan. Fransis té kout, débouya kon an manglous èk brigandajri'y té ka

---

[181] Für eine ausführliche Darstellung der Interpunktionsregeln sei verwiesen auf Hazaël-Massieux (1984 b), S.171 ff.; zur Interpunktion vgl. auch Hazaël-Massieux, Marie-Christine (1985): Peut-on appliquer directement les règles de ponctuation des langues romanes à l'écriture des langues néo-romanes? Problèmes de la notation des créoles et français régionaux en relation avec le français standard. In: Actes du XVIIe Congrès de Linguistique et Philologie romanes. Aix-en-Provence. S.271-281; und dies. (1986): Structure de l'unité de discours: l'organisation de l'information à l'oral et à l'écrit. Application à l'analyse de corpus en créole et français des Antilles. 20 p. polycopié. Aix-en-Provence.

[182] Hazaël-Massieux (1987), S.247.

[183] ebda. S.230.

fè papa'y plézi. Li, i té konpwann lè Wozalyen té èspitjé'y ki adan krèy moun ki pa ka pijé, ou ka jwenn dé kalté konpanyi tou: ni sa ki érisi pa rapôt a vakabonnajri ék ni sa ki érisi pa rapôt a lékôl. [...] Fransis té an djab adan lékôl-la, dépi métrès-la té mandé an kèsyon, sé'y primyé douvan ki té ka lévé dwèt li. [...] Ek mi Jéra sé tibann i lé fè!"[184]

„Gérard bésé tèt-li. I gadé dé lamin-li, bouche-li bat pou i di kéchoz, mé pyès parol pa tijé déwô. I pa té boug ka trafalgé. Manyè koukya li, moli kè Rosalien titak. Gérard té ni mèm laj épi dézyèm gason-la i té ni épi madame mayé-li la, Francis, mé sé té dé tibolome ki té fondalnatalman diféran. Francis té kout, débouya kon on manglous, èk brigandajri-li té ka fè papa-li plézi. Li, i té konprande lè Rosalien té èspliké-li ki adan krèy moun ki pa ka pijé, ou ka joinde dé kalté konpagni tou: ni sa ki érisi pa rapot à vakabonajri, èk ni sa ki èrisi pa rapot a lékol. [...] Francis té an djab adan lékol-la, dépi métrès-la té mandé on kèsion, sé li, primyé douvan, ki té ka lévé douèt-li. [...] Ek mi Gérard sé ti-band i lé fè!"[185]

(Gérard baissa la tête. Il regarda ses deux mains, ouvrit la bouche pour dire quelque chose, mais rien de sortit. Il n'était pas homme à esclandre. Ses manières de petit plouc attendrirent un peu le coeur de Rosalien. Gérard avait le même âge que le deuxième fils qu'il avait eu de sa femme légitime, Francis, bien que ces deux jeunes gens fussent fondamentalement différents. Francis était petit, astucieux comme une mangouste et son espièglerie réjouissait son père. Lui, il avait compris quand Rosalien lui avait expliqué que, parmi tous ceux qui peinent, on rencontre deux catégories d'individus aussi: ceux qui réussissent à cause de malversations, ceux qui réussissent à cause de l'école. [...] Francis était un prodige à l'école; sitôt que la maîtresse posait une question, il était le premier à lever le doigt. [...] Et voilà que Gérard voulait se joindre à une bande!)[186]

Die Veränderung der Graphie des GEREC zugunsten einer verbesserten Lesbarkeit ist auch das Anliegen Prudents.[187] In seinem Ansatz stehen pragmatische Gesichtspunkte im Vordergrund: Nahziel ist seines Erachtens, daß in Martinique überhaupt vermehrt kreolische Texte gelesen und geschrieben werden. Um dieses Ziel zu erreichen, muß der spezifischen Situation Martiniques und den Erwartungen der potentiellen Leser Rechnung getragen werden. Dies bedeutet in erster Linie ein Entgegenkommen an französische Lesegewohnheiten. „Il faudra [...] que la graphie retenue soit accessible et réutilisable par le plus grand nombre. L'enjeu d'une orthographe savante et militante nous apparaît

---

[184] Confiant, Raphaël (1986): Kòd Yanm. Fort-de-France, Martinique, S.22.

[185] Hazaël-Massieux (1989), S.293.

[186] Französische Übersetzung aus Hazaël-Massieux (1989), S.293 f.

[187] Prudent, Lambert Félix (1989 c): Une orthographe pour le créole martiniquais. Unveröffentlichtes Manuskript. 6 p.; Jérome, Yona et Lambert Félix Prudent (1990): Les enjeux d'un dictionnaire dans une société créole. In: Nouvelle Revue des Antilles 3. S.65-84; Prudent, persönliche Mitteilung, April 1989.

moindre."[188] Prudent plädiert in diesem Sinn für die Einführung eines
„e muet", zum Beispiel in <téléfone, machine, an pane>.[189] Darüberhinaus unterscheidet sich die Position Prudents von derjenigen des
GEREC insbesondere bezüglich der Frage der zu verschriftenden Varietät. Er wendet sich gegen die Schreibung eines Basilektes, der in der
sprachlichen Realität kaum anzutreffen ist, und bevorzugt die Verschriftung tatsächlich gesprochener Varianten. Das Projekt einer pankreolischen Graphie wird von Prudent aufgegeben; es erscheint angesichts der
Vielfalt unterschiedlichster Ausgangsbedingungen für die Verschriftung
als nicht realisierbar. Im Gegensatz zu Hazaël-Massieux lehnt Prudent
die Standardisierung zum jetzigen Zeitpunkt jedoch ab, die Schreibung
verschiedener Varianten soll zugelassen werden.

Ansätze in Richtung einer Verbesserung der Lesbarkeit gibt es in
Guadeloupe und Martinique, nicht jedoch in St.Lucia. Die vorgestellten
Überlegungen sind noch jung und werden bislang noch wenig rezipiert.
Angesichts immer wieder geäußerter Leseschwierigkeiten der verbreiteten phonologischen Graphie stellen sie jedoch wichtige Impulse für die
karibische Orthographie-Debatte dar.

II.4. Die Frage nach der Rolle kreolischer Schriftlichkeit in von Diglossie geprägten Gesellschaften

Die Frage, welcher der vorgestellten Lösungen man den Vorzug geben
möchte, ist äußerst heikel und nur schwer zu beantworten. Als absolute
Frage wäre sie auch falsch gestellt, hängt ihre Beantwortung doch davon
ab, warum, für wen und mit welchem Ziel geschrieben werden soll. Mithin kann eine Graphie zur möglichst raschen Alphabetisierung Einsprachiger anders aussehen als eine, die für bereits mit der französischen Orthographie Vertraute konzipiert ist; wird ein umfassender schriftsprachlicher Gebrauch des Kreolischen angestrebt, so kann ein Schriftsystem
wiederum anders beschaffen sein, als wenn nur begrenzte Ziele verfolgt
werden. Auf die Notwendigkeit der Einbeziehung der Zielfrage macht
Chaudenson mit Nachdruck aufmerksam:

> La question fondamentale (jamais formulée ni explicitée) n'est pas „comment"
> écrire les créoles mais „pourquoi" (c'est-à-dire en vue de quelles fins et dans

---

[188] Jérome/Prudent (1990), S.80.

[189] Weitere Modifikationen der GEREC-Graphie betreffen folgende Punkte: <tch>
statt <tj>, <ô> statt <ò>.

quelles perspectives économiques, sociales, culturelles ...) Dès lors le „comment" est évidemment déterminé par le „pourquoi?".[190]

Die Problematik reicht damit weit über eine linguistische hinaus; es stellt sich die Frage, welche Rolle dem Kreolischen als Schriftsprache in einer bislang von Diglossie geprägten Gesellschaft zuerkannt werden soll, und damit geht es letztlich um die angestrebte kulturelle, soziale und politische Entwicklung der betreffenden Länder. Die Frage nach den Zielen der Schreibung des Kreolischen steht in der Orthographie-Diskussion zumeist im Hintergrund, kommt jedoch implizit immer zum Tragen. Weit brisanter als in St.Lucia stellt sich das Problem in Martinique, was auf die Koexistenz der Kreolsprache mit ihrer Ausgangssprache Französisch, den Département-Status und die weit intensiveren und fortgeschritteneren Aktivitäten zur Erstellung schriftlicher Texte zurückzuführen ist. So steht die Auseinandersetzung um eine franzisierende oder autonome Schreibung der Kreolsprache in einem prekären Spannungsfeld soziokultureller und politischer Stellungnahmen: Eine etymologisierende Graphie stellt die Zugehörigkeit des Kreols zum Französischen heraus, und diese Position ist nicht selten verbunden mit der Befürwortung einer ideologischen und politischen Assimilation an Frankreich. Die phonologische Graphie dagegen betont die Autonomie des Kreolischen und geht einher mit dem Bestreben, seinen Status zu verändern; von da ist es häufig auch nicht mehr weit zum Wunsch nach sozialen und politischen Veränderungen. Die Frage nach der angestrebten Rolle kreolischer Schriftlichkeit muß daher bei einer Beurteilung der verschiedenen Schreibungen im Auge behalten werden.

Eine etymologisierende Graphie entspricht der spontanen Schreibweise der mit der französischen Orthographie Vertrauten und ist für Frankophone gut lesbar. Ihre Nachteile sind evident: Bleibt sie einerseits immer unsystematisch und inkohärent und macht somit einen hohen Lernaufwand erforderlich, so erschwert sie andererseits die Abgrenzung der Kreolsprache vom Französischen. Für einen umfassenden Gebrauch des Kreolischen als Schriftsprache erweist sie sich damit als wenig brauchbar, vor allem für den Fall Haitis und St.Lucias. Dieses Ziel wird in aller Regel von ihren Vertretern auch nicht intendiert; die Funktion des Französischen im Rahmen der Diglossie in Martinique und Haiti bleibt weitgehend unberührt, bezeichnend ist das immer wieder vorgetragene Argument des leichteren Übergangs zum Französischen. Die Schreibung dient meist nur begrenzten Zielen und wird diesen Anforderungen – für Frankophone – durchaus gerecht.

Eine phonologische Graphie unterstreicht die Eigenständigkeit der Kreolsprache. Dies ist ein wichtiger Faktor hinsichtlich ihrer Aufwer-

---

[190] Chaudenson, Robert (1987): Pour un aménagement linguistique intégré: le cas de la graphie des créoles français. In: Etudes Créoles Vol.X, No.2. S.143-158, hier S.143; vgl. hierzu auch Valdman (1989 b).

tung, insbesondere im Fall der Koexistenz mit dem Französischen und in Auseinandersetzung mit etymologisch ausgerichteten Schreibungen. In erster Linie besticht sie aber durch ihre leichte Erlernbarkeit. Geht es um die Alphabetisierung Einsprachiger oder die Schreibung der Kreolsprache in der Schule vor dem Übergang zu einer europäischen Standardsprache, so handelt es sich um einen gewichtigen Vorteil, in besonderem Maß in einem Land wie Haiti, das sich einen großen Lernaufwand kaum leisten kann. Die Nachteile einer phonologischen Graphie der vorgestellten Art bestehen in instabilen Wortformen und dialektaler Zersplitterung. Wird ein über die Alphabetisierung hinausgehender Gebrauch des Kreolischen als Schriftsprache anvisiert, so müssen die bereits erwähnten Leseschwierigkeiten durchaus ernst genommen werden. Es stellt sich die Frage, inwiefern die Natur der Graphie hierfür verantwortlich zu machen ist. Gerade in Martinique, wo sich ein enormes Mißverhältnis zwischen der Produktion und der Rezeption kreolischer Texte beobachten läßt und es nicht um die Alphabetisierung Einsprachiger geht, die leichte Erlernbarkeit mithin gar nicht als oberstes Ziel erachtet werden muß, ist dieses Problem besonders akut.

Die vorgestellten Überlegungen von M.-C. Hazaël-Massieux setzen hier an. Die von ihr vorgeschlagenen Modifikationen betreffen in erster Linie die folgenden Punkte:

1. Das Prinzip der Morphemkonstanz führt zu stabilen graphischen Wortformen; die Entfernung von der jeweiligen phonetischen Realisierung erlaubt die Überdachung verschiedener Varianten.
2. Die Entscheidung für eine Leitvarietät, die der Schreibung zugrunde gelegt wird, trägt ebenso zur graphischen Stabilität des Wortes bei. Die Wahl einer mesolektalen Variante kommt der tatsächlich gesprochenen für die meisten Kreolophonen in Martinique und Guadeloupe näher, als wenn eine basilektale Ausrichtung verfolgt wird.
3. Konzessionen an die Erwartungen der Französisch-Leser, so zum Beispiel das „e muet" und die Schreibung von <r>, auch wenn im Kreolischen [w] realisiert wird, verleihen vielen Wörtern ein mit der französischen Orthographie ähnliches oder identisches Aussehen.
4. Der Ausbau und die Systematisierung der Interpunktion erleichtert das Erfassen syntaktischer Zusammenhänge.

Sind M.-C. Hazaël-Massieux wichtige Anregungen hinsichtlich der Verbesserung der Lesbarkeit zu verdanken, so erheben sich doch bezüglich einer Anwendung des von ihr konzipierten Schriftsystems in der karibischen Situation Einwände verschiedenster Art:

1. Die Modifikationen der phonologischen Graphie unter dem Aspekt der Lesbarkeit führen mit ihren Konzessionen an die französische Orthographie zu einer Re-Etymologisierung. Valdman stellt in einer vergleichenden Studie das Schriftsystem von Hazaël-Massieux der

Graphie des 1885 erschienenen Romans „Atipa" von Alfred Parépou sowie der aus dem Jahr 1869 stammenden Grammatik von John Jacob Thomas gegenüber und zeigt auf, daß viele Schreibungen bei Hazaël-Massieux mit denjenigen dieser frühen kreolischen Texte übereinstimmen.[191] Eine Wiederannäherung an franzisierende Schreibweisen ist im soziokulturellen Spannungsfeld der karibischen Orthographie-Debatte jedoch nicht unproblematisch und auch nicht unparteiisch. Schließlich finden sich bei Hazaël-Massieux Argumente wieder, die zur Verteidigung etymologisierender Schreibungen ins Feld geführt werden: die historische Dimension der Schrift sowie die Erleichterung des Übergangs zur französischen Orthographie. Auch wird von M.- C. Hazaël-Massieux ein nur begrenzter Gebrauch des Kreolischen als Schriftsprache neben dem Französischen angestrebt.

2. Der höhere Abstraktionsgrad der Graphie auf der einen Seite, ihre Refranzisierung auf der anderen, bringen einen – im Vergleich zu einer Graphie strikt phonologischer Ausrichtung – größeren Lernaufwand mit sich. Das Schriftsystem eignet sich damit ausschließlich für die französischen Überseedépartements; das Ziel einer pankreolischen Graphie wird aufgegeben. Mit den aufgezeigten phonologischen Schriftsystemen wurde bereits eine bemerkenswerte Einheitlichkeit innerhalb der franko-kreolischen Gebiete der Karibik erreicht, die die interkreolische Kommunikation und den Austausch von Texten entscheidend erleichtern kann. Stellt sich freilich die Frage, ob angesichts der Verschiedenheit der Situationen eine in weiten Teilen einheitliche Graphie möglich ist, so erfordert es doch eine sorgfältige Abwägung, um welchen Preis eine solche aufgegeben wird.

3. Die Graphie des GEREC erfreut sich in Martinique und Guadeloupe bereits einer beachtlichen Verbreitung. Damit drängt sich die Überlegung rein praktischer Natur auf, ob beim jetzigen Stand der Verschriftung die Einführung eines neuen Systems nicht unnötige Verwirrung stiften würde.

Mit der vorgestellten phonologischen Graphie liegt ein durchaus praktikables Schriftsystem vor. Auch in Martinique werden manche Texte, die dieser Graphie folgen, mit Begeisterung aufgenommen; genannt sei hier zum Beispiel eine Gedichtsammlung von Térèz Léotin oder ein Kinderbuch von Robert Nazaire.[192] Es stellt sich damit die Frage, inwieweit die phonologische Graphie – auch ohne durchgreifende Veränderungen und ohne Wiederannäherung an die französische Orthographie – weiterentwickelt werden könnte, damit sie dem Lesen zuträglicher wird.

---

[191] S. hierzu Valdman (1989 b).
[192] Léotin, Térèz (1986): An ti zyédou kozé. Martinique; Nazaire, Robert (1988): Ti-Kako et la fiole magique. Ti-Kako pli malen ki djab-la. Paris.

Dafür scheinen Modifikationen auf zwei Ebenen in Betracht zu kommen:

1. Ausbau und Systematisierung der morphologisch-syntaktischen Ebene:

- Morphonologische Alternanzen treten in den Kreolsprachen in erster Linie an Wortgrenzen auf; betroffen sind vor allem – wie bereits aufgezeigt – der nachgestellte Determinant, die Personalpronomen, die Negationspartikel sowie die Tempus- und Aspektpartikel. In diesem Bereich wäre die Einführung des Morphemkonstanzprinzips zu überdenken. Die Schreibung einer Grundform unabhängig von der jeweiligen phonetischen Realisierung garantierte eine stabile graphische Wortform und erlaubte die Überdachung verschiedener Varianten. Ob diese Lösung im Fall der kontextbedingten, obligatorischen Variation angestrebt werden sollte, bedürfte einer genaueren Untersuchung. Zumindest sollten im Fall fakultativer Varianten die der langsamen Aussprache entsprechenden Vollformen geschrieben werden. Eigenen Untersuchungen in St.Lucia zufolge bevorzugen Kreolophone beim Vorlegen alternativer Schreibungen diese letztere Lösung gegenüber der Darstellung kontrahierter Formen. Für die Schreibung der Vollformen in diesen Fällen plädiert auch Vernet in seinen Arbeiten zur Orthographie Haitis.[193]
- Ein dringendes Desiderat stellt der Ausbau der Interpunktion dar. Die Arbeiten von Hazaël-Massieux dürfen hier als wegweisend betrachtet werden.

Veränderungen in Richtung eines Ausbaus der morphologischen und syntaktischen Dimension der Schrift kommen für alle drei untersuchten Kreolsprachen in Betracht. Wäre insbesondere die Einheitlichkeit gedruckter Texte wünschenswert, so könnte in der ersten Phase der Alphabetisierung dem Lernenden die Freiheit alternativer Schreibungen gelassen werden.

2. Die graphische Stabilität des Wortkörpers erleichtert das direkte Worterkennen beim Lesen. Insofern käme die Wahl einer Leitvarietät den Interessen des Lesers entgegen.[194] Während in St.Lucia die Varietätenfrage aufgrund der klaren Abgrenzung des Kreols von der koexistierenden Standardsprache weniger virulent ist, in Haiti sich Valdman zufolge eine informelle Standardisierung beobachten läßt, erweist sich die-

---

[193] Vgl. hierzu Kap. II.3.2.3.2.; vgl. auch Dejean (1980), S.214 ff.

[194] Für die Wahl einer Leitvarietät als Garant einer stabilen Wortform plädiert aus Gründen der Lesbarkeit Clairis-Gauthier; vgl. Clairis-Gauthier, Marie-Cécile (1986): L'enfant créolophone à la découverte de sa langue maternelle. Mise en évidence du rôle de la langue créole pour les acquisitions cognitives. Thèse pour le doctorat de linguistique, Université Paris V, S.226 ff.

ses Problem in Martinique mit den fortschreitenden Refranzisierungserscheinungen, denen die Kreolsprache unterliegt, als besonders brisant. Die ausgeprägt basilektale Orientierung des GEREC ist angesichts dieser Situation zwar verständlich, erschwert jedoch die Aufgabe des Lesers zumal dann, wenn Konstruktionen und lexikalische Neubildungen oder Entlehnungen verwendet werden, die dem durchschnittlichen Sprachbenutzer unbekannt sind. Möchte man den Interessen des Lesers entgegenkommen, so sollten, auch wenn keine Leitvarietät gewählt wird, doch – im Sinne Prudents – Varianten verschriftet werden, die der potentielle Leser auch in seiner sprachlichen Umgebung wiederfindet.

Für die Entwicklung der kreolischen Schriftlichkeit ist es wichtig, wie Prudent betont, daß überhaupt in verstärktem Maß kreolische Texte geschrieben und gelesen werden. Dies gilt besonders für St.Lucia, in Martinique vor allem für das Lesen. Schreibkonventionen werden sich auch mit zunehmendem schriftlichem Gebrauch der Kreolsprache herausbilden.

Ob sich das Kreolische als Schriftsprache schließlich durchsetzt, ist sicherlich nicht primär eine Frage der Graphie. Entscheidend ist die Aufwertung der Kreolsprache und die Änderung ihres Status. Trägt die Verschriftung zwar hierzu bei, so ist eine Entwicklung in dieser Richtung doch letztlich abhängig von sozialen und politischen Faktoren. Bébel-Gisler wirft in diesem Sinn den Linguisten – wohl nicht ganz zu Unrecht – vor, die Probleme auf linguistische und technische reduzieren zu wollen; eine Aufwertung des Kreolischen kann ihres Erachtens nur über eine Veränderung der sozialen und politischen Situation erfolgen.

> Prendre conscience du problème linguistique c'est comprendre que c'est un faux problème: ce n'est pas de parler créole tout en restant exclu du Pouvoir, marginalisé et exploité qu'il s'agit. Mais de renverser le rapport dépendant au français, au Pouvoir entamer un procès de désaliénation à la fois pour retrouver la réalité antillaise [...] détruire l'éxploitation [...] que cache la domination symbolique du français: tel est le fond du problème.[195]

Eine Relativierung erfährt die Orthographie-Problematik aber auch in anderer Hinsicht: Die Erarbeitung einer Graphie stellt nur den ersten Schritt der Verschriftlichung dar. Mit der Erweiterung der Anwendungsbereiche des Kreolischen werden neue Anforderungen an das Sprachsystem gestellt, die die Entwicklung schriftsprachlicher Register und die Erweiterung des Lexikons notwendig machen.

---

[195] Bébel-Gisler (1981), S.212.

Phonologische Graphie

linguistische Theorie	- Ideal des phonologischen Prinzips
	- Eine etymologische Graphie ist unsystematisch und willkürlich
	- Universalität des Schriftsystems, stellt Zeichen für alle Phoneme und häufigen phonetischen Varianten der Kreolsprachen bereit, jeder schreibt entsprechend seiner Aussprache, basilektale Orientierung des GEREC
Lesen und Schreiben	- leichte Erlernbarkeit
	- extrem hoher Lernaufwand etymologisierender Schreibungen für alle, die nicht mit der frz. Orthographie vertraut sind
"außersprachliche" Argumente	- Autonomie der Kreolsprache im Verhältnis zum Französischen, Eigenständigkeit der Sprache, Kultur, Identität etc.
	- Etymologisierende Schreibungen stellen die Kreolsprache in Abhängigkeit vom Französischen dar und stehen damit ihrer Aufwertung entgegen
	- Der Koexistenz mit dem Französischen bzw. Englischen und dem gleichzeitigen Erlernen beider Schriftsysteme wird mit der Wahl der Zeichen Rechnung getragen
	- Annahme, daß eine franzisierende Graphie den Übergang zum Französischen erleichtert, wird in Frage gestellt

Modifizierung der phonologischen Graphie unter dem Aspekt der Lesbarkeit (Hazaël-Massieux)	**Etymologisierende Schreibungen**

- Spezifität der Schreibung:
  Morphemkonstanz
  Redundanzen
  Interpunktion

- *Eine phonologische Graphie vernachlässigt die Spezifika des schriftlichen Mediums, Hinweise zur Aussprache sind für Muttersprachler überflüssig*

- Wahl einer allgemein akzeptierten Leitvarietät, garantiert stabile Wortformen - *gegen graphische Differenzierung von Varianten, deren Sprecher sich mündlich ohne Probleme verstehen*	(- Überdachung dialektaler Varianten)
- Verbesserung der Lesbarkeit	- erleichtert das Lesen
- historische Dimension der Schreibung	- Anzeige der Herkunft der Kreolsprache aus dem Französischen, ihrer Verbindung zum Französischen und ihrer Zugehörigkeit zu den romanischen Sprachen - Anlehnung an das frz. Vorbild wertet die Schreibung der Kreolsprache auf und verleiht ihr Prestige - *Phonologische Graphie wird mit Vereinfachung und Unterentwicklung assoziiert*
	- Koexistenz der Kreolsprache mit dem Frz. als offizieller Sprache muß Rechnung getragen werden
- Übereinstimmungen mit der frz. Orthographie sollen das gleichzeitige Erlernen erleichtern	- Graphie soll den Übergang zur Erlernung des Französischen erleichtern ("passage au français")
- Erwartungen der Französisch-Leser muß Rechnung getragen werden	
(- Ästhetische Funktion des "e muet")	

II.5. Die Argumente in der Diskussion: Versuch einer Systematisierung

Die Übersicht auf den Seiten 94 und 95 stellt die Argumente der karibischen Orthographie-Diskussion nochmals zusammen. Die schematische Darstellung ist notwendigerweise verkürzend, möchte jedoch einen Überblick über die wesentlichen Argumente geben. Aufgenommen werden die Argumente, die explizit in die Debatte eingebracht werden. Die Übersicht berücksichtigt alle drei behandelten kreolophonen Gebiete; entsprechend trifft für die einzelnen Kreolsprachen, insbesondere für St. Lucia, nur ein Teilausschnitt zu.

Die Argumente werden den in Kapitel I erläuterten Fragestellungen zugeordnet. Nicht ganz eindeutig ist die Einteilung im Fall der Argumente, die sich auf die Anzeige der Herkunft der Sprache in der Schreibung berufen. Sie werden im folgenden den außersprachlichen Faktoren zugeordnet, könnten zum Teil aber auch im Rahmen der linguistischen Theorie einen Platz finden.

Die Punkte, die im Verlauf der Argumentation eine untergeordnete Rolle spielen, sind in Klammern gesetzt. Argumente, die im großen und ganzen lediglich dazu dienen, Aussagen der Gegenseite zu widerlegen, sind *kursiv* gedruckt.

III. Die Orthographie-Diskussion in Frankreich

III.1.1. Einleitung

Die französische Orthographie gilt als kompliziert. In ihrer Anfangsphase phonologisch ausgerichtet, entfernt sie sich im Lauf ihrer Entwicklung ganz beträchtlich von dieser Orientierung. Sie weist historische und etymologische Züge auf und charakterisiert sich insbesondere durch die Vereinheitlichung der Schreibung grammatischer und lexikalischer Paradigmen und die Differenzierung von Homonymen.

Kritik an der französischen Orthographie findet sich bereits im 16. Jahrhundert. Forderungen nach ihrer Reform werden seit dieser Zeit in mehr oder weniger regelmäßigen Abständen wieder aufgenommen, und immer wieder wird die Orthographie zum kulturpolitischen Zankapfel von Reformern und Bewahrern verschiedenster Lager. Den Reformprojekten ist zumeist kein oder wenig Erfolg beschieden; eine grundlegende Veränderung der französischen Orthographie haben sie nicht bewirkt. Auch die jüngste, obwohl in ihrem Umfang sehr zurückhaltende Reform von 1990 ist nach wie vor heftig umstritten.

Im folgenden wird zunächst ein kurzer Überblick über die Geschichte der französischen Orthographie gegeben. Auf eine Beschreibung der Orthographie wird bewußt verzichtet, da die Wahl eines Beschreibungsansatzes im Grunde auch eine Stellungnahme zur Frage der Reform beinhaltet. Verschiedene Ansätze werden im Zusammenhang der Reformdebatte vorgestellt. Die Untersuchung der Diskussion um die französische Orthographie greift zwei Epochen heraus:

- die Renaissance-Zeit, in der es vor dem Hintergrund der Emanzipation des Französischen vom Latein, den Bemühungen um eine Normierung der Sprache und der zunehmenden Verbreitung des Buchdrucks zu einer ersten theoretischen Auseinandersetzung um die Orthographie und zu einer regen Debatte kommt,
- die Diskussion seit den 60er Jahren unseres Jahrhunderts, die ganz besonders in jüngster Zeit verstärkt an Aktualität gewinnt.

III.1.2. Kurzer Überblick zur Geschichte der französischen Orthographie

Die ersten Verschriftungen der Volkssprache übernehmen das lateinische Alphabet und die lateinische Graphietradition. Das enge Verwandtschaftsverhältnis zwischen der romanischen Volkssprache und dem Lateinischen, die dominierende Stellung des Lateinischen als Schrift- und Kultursprache, die Zweisprachigkeit der Schreiber und ihre Vertrautheit mit der lateinischen Schrifttradition stellen Gründe dafür dar, daß ein anderes Schriftsystem nicht gewählt und das lateinische Alphabet auch nicht durch zusätzliche Zeichen ergänzt wird. Die frühesten galloromanischen Texte, zum Beispiel die Straßburger Eide aus dem Jahr 842, orientieren sich in der Schreibung stark an den lateinischen Etyma. Obwohl das Lateinische bis mindestens Mitte des 13. Jahrhunderts vorrangige Schriftsprache bleibt, entwickelt sich mit dem 11. und 12. Jahrhundert eine beachtliche volkssprachige Literatur. Damit bilden sich im Gebiet der langue d'oïl Graphietraditionen heraus, die – trotz dialektaler und individueller Unterschiede sowie zahlreicher Varianten – innerhalb einer Region eine relative Einheitlichkeit aufweisen.[1] Die Schreiber der altfranzösischen Literatur orientieren sich an der Aussprache, die Graphie ist phonographisch ausgerichtet.[2] Von Anfang an stellen sich jedoch Probleme bei den Phonem-Graphem-Zuordnungen. Dies ist bedingt dadurch, daß das ausgeprägte Phoneminventar der altfranzösischen Dialekte – vor allem im Vokalbereich – einem sehr viel kleineren Zeicheninventar des lateinischen Alphabets gegenübersteht. Die Phonem-Graphem-Beziehungen sind damit mehrdeutig; so steht zum Beispiel <c> für [k], [ts], <u> für [v], [y], <i> für [i], [j], [dʒ], <e> für [e], [ɛ], [ə].[3]

Eine grundlegende Umgestaltung und Entfernung von der primär phonographischen Ausrichtung erfährt die französische Graphie zwischen dem 13. und 15. Jahrhundert. Nach Brunot lassen sich drei wesentliche Entwicklungstendenzen beobachten:[4]

- Die Graphie wird historisch: Die Schreibung paßt sich nicht der rapiden Lautentwicklung an und spiegelt damit einen älteren Sprachstand wider. So werden zum Beispiel Endkonsonanten oder Diphthonge weiterhin geschrieben, obwohl sie verstummt bzw. monophthongiert sind.
- Die Graphie wird analogisch: Lexikalische und grammatische Morpheme erfahren in der Schreibung eine Vereinheitlichung. Eine un-

---

[1] Vgl. Catach, Nina (1988 a): L'orthographe. Paris. S.11.

[2] Es handelt sich jedoch nicht um eine Wiedergabe der altfranzösischen Dialekte. Zwar enthalten die Texte dialektale Züge der Gegend, der sie aufgrund ihrer Herkunft zugeordnet werden können, in der Mehrzahl ihrer Merkmale stimmen sie aber überein. Ihre gemeinsame Grundlage bildet der Dialekt des Zentrums, die spätere Hochsprache. Vgl. hierzu Berschin, H.; J. Felixberger u. H. Goebl (1978): Französische Sprachgeschichte. München. S.205 f.

[3] Vgl. Beinke, Christiane u. Waltraud Rogge (1990): Französisch: Geschichte der Verschriftung. In: Holtus, Günter; Michael Metzeltin u. Christian Schmitt (Hrsg.): Lexikon der romanistischen Linguistik. Band V, 1. Tübingen. S.471-493, hier S.474.

[4] Vgl. Brunot, Ferdinand (1966-1968): Histoire de la langue française des origines à nos jours. 13 vol. Paris. (1. Aufl. 1905-1953), hier Bd. I, S.532 ff.

abhängig von der phonetischen Realisierung konstante Graphie erhalten zum Beispiel Verbstämme: <tu romps> entsprechend <nous rompons>, <tu vendz> entsprechend <nous vendons>, <tu bats> entsprechend <nous battons>. Im Nominalbereich zum Beispiel erscheint die Singularform auch im Plural: Während <vis> im Altfranzösischen den Plural von <vil> und <vif> darstellt, finden sich im Mittelfranzösischen die Schreibungen <vils> und <vifs>. Die Homogenisierung grammatischer Morpheme zeigt sich etwa im Bereich der Verbalflexion: Den Präsensformen der 1. Person Singular wird bei den Verben mit der Endung -er <e>, bei den Verben mit der Endung -ir, -re <s> hinzugefügt, zum Beispiel wird <ie chant> zu <ie chante>, <iaim> zu <iaime>, <iescri> zu <iescris> und <ie fay> zu <ie fais>.

- Die Graphie wird etymologisch: Diese Tendenz betrifft in erster Linie die Einführung „stummer" etymologischer Konsonantenbuchstaben. Einige Beispiele mögen dies illustrieren: <b> in <doubter, debuoir>, <c> in <dictes, faictes>, <d> in <aduancement, aduis>, <p> in <sepmaine>; Wiederaufnahme des <l>, obwohl dieses im 12. Jahrhundert vokalisiert wurde, zum Beispiel in <eulz, ceulz, vouldra>; Konsonantenverdopplung etwa in <souffrir, attendre, appeller>.

Die Umgestaltung der Graphie in mittelfranzösischer Zeit findet in der wissenschaftlichen Literatur ganz unterschiedliche Erklärungsansätze. Beaulieux, dem die erste umfassende Darstellung der Entwicklung der französischen Orthographie zu verdanken ist, macht für die Veränderung das materielle Gewinnstreben der zum großen Teil wenig gebildeten Schreiber in den Rechtsinstitutionen verantwortlich. Da diese nach dem Umfang ihrer Schriften bezahlt wurden, so seine These, bemühten sie sich um eine Längung der Wörter:

> Sous prétexte de distinguer les homonymes et de suivre le latin, ils introduisirent dans les mots des quantités de consonnes superflues destinées à les étoffer, tout en satisfaisant à l'ordonnance qui fixait pour chaque ligne un nombre minimum de lettres.[5]

Die These von Beaulieux gilt inzwischen als widerlegt.[6] Standen den Schreibern einerseits andere Mittel zur Verfügung, um zu ihrem Ziel zu gelangen, so spricht auch der häufige Gebrauch von Abkürzungen und die ähnliche Ausrichtung der Graphie in anderen Texten gegen diese Erklärung. Dies sind nur einige der möglichen Einwände, die die These von Beaulieux als nicht plausibel erscheinen lassen. Für die Umstrukturierung der Graphie sind mit Sicherheit verschiedene Faktoren verant-

---

[5] Beaulieux, Charles (1927): Histoire de l'orthographe française. 2 vol. Paris, S.140.

[6] Vgl. hierzu insbes. Catach, Nina (1968): L'Orthographe française à l'époque de la Renaissance. (Auteurs – Imprimeurs – Ateliers d'imprimerie). Genève, S.XII ff.

wörtlich zu machen, von denen einige zentrale im folgenden erläutert seien:

- Das Französische erfährt während der betrachteten Zeit einen rapiden Lautwandel; zu nennen sind hier vor allem das Verstummen von Auslautkonsonanten, die Vereinfachung von Konsonantengruppen und die Monophthongierung. Konsequenzen dieser Entwicklung bestehen in der Verkürzung der Wortkörper, der Entstehung von zahlreichen Einsilbern und Homophonen. Darüberhinaus lockert sich die Verbindung zwischen dem Französischen und den lateinischen Etyma, aber auch zwischen Stamm und Derivationen, da erstere der phonetischen Abnutzung unterliegen, letztere aber häufig auf der Grundlage des lateinischen Ursprungswortes gebildet werden.[7] Die Graphie wirkt diesen Tendenzen gewissermaßen entgegen. Die Lautentwicklung, der die Schreibung nur bedingt folgt, führt zu einer beträchtlichen Erweiterung der Zuordnungen zwischen Lauten und Schriftzeichen. Die damit entstehende Vieldeutigkeit der Phonem-Graphem-Korrespondenzen, so macht T. Meisenburg deutlich, wird zur Strukturierung der Graphie genutzt und erlaubt es, nicht lautbezogene Informationen einzubringen. Das Verstummen zahlreicher Auslautkonsonanten, die in der Graphie beibehalten werden, macht das Einfügen weiterer Konsonantenbuchstaben möglich. So wird zum Beispiel das altfranzösische <cors> [kɔrs] zu <corps> [kɔr], zeigt damit die Verbindung zum lateinischen Etymon <corpus> und verdeutlicht gleichzeitig die semantische Zugehörigkeit zu den gelehrten Ableitungen <corporel, incorporer>. Darüberhinaus unterscheidet es sich graphisch von dem homophonen <cor> (Horn). Ebenso wird <tans> [tãns] zu <temps> [tã] entsprechend dem lateinischen <tempus>, verdeutlicht damit die Zugehörigkeit zu <temporel, temporaire> und unterscheidet sich von <tant>. Die Monophthongierung von [ai] zu [ɛ] ermöglicht beispielsweise die Schreibung <clair> an der Stelle von <cler> im Altfranzösischen, schafft damit die optische Verbindung zu <clarum> sowie zu den Derivationen <clarté, clarifier> und unterscheidet sich von dem homophonen <clerc>.[8]
- C. Blanche-Benveniste und A. Chervel sehen die Hauptursache für die Umgestaltung der Schreibung des Französischen in der Tatsache, daß das lateinische Alphabet für die Darstellung des ausgeprägten französischen Phonemsystems zu wenige Zeichen bereitstellt. Werden die daraus resultierenden Schwierigkeiten zunächst durch

---

[7] Vgl. Catach (1988 a), S.14 ff.

[8] Vgl., auch für Beispiele aus dem Bereich der Flexionsmorphologie, Meisenburg, Trudel (1989): Romanische Schriftsysteme im Vergleich: Französisch und Spanisch. In: Eisenberg, Peter und Hartmut Günther (Hrsg.): Schriftsystem und Orthographie. Tübingen. S.251-265, hier S.255 ff.

mehrdeutige Zuordnungen von Lauten und Schriftzeichen gelöst, so stellen sich mit der Änderung der Funktion der Schrift ab dem 13. Jahrhundert neue Anforderungen an eine präzise und eindeutige Darstellung. Das Rekurrieren auf das lateinische Etymon und die Bedeutungsebene verfolgt nach Ansicht von Blanche-Benveniste und Chervel zunächst das Ziel, Graphem-Phonem-Zuordnungen eindeutig zu machen und Ambiguitäten zu vermeiden. Zum Beispiel steht <pie> zunächst sowohl für [piə] (Elster) als auch für [pye] (Fuß); das Hinzufügen von <d> aus dem lateinischen Etymon <pedem> führt zur Schreibung <pied> und verweist damit auf dem Umweg über die Bedeutung auf die Aussprache [pye]. <pais> steht für [pais] (Land) und [pɛ] (Frieden); die Schreibung <paix> verdeutlicht über die Bedeutung des lateinischen Etymons <pax> die Lautung [pɛ].[9]

- Mit dem 13. Jahrhundert ändern sich die Hauptträgerschicht und die Funktion der Graphie. Die Zentralisierungspolitik unter Philippe Auguste (1180-1223) und Saint Louis (1226-1278) führt zu einer enormen Ausweitung des Verwaltungsapparates und Rechtswesens. Französisch wird erstmals als Sprache der Jurisprudenz neben dem Lateinischen zugelassen. Eine große Zahl von Schreibern in den Kanzleien wird zur wesentlichen Trägergruppe der Textproduktion. Gerade Rechtstexte aber erfordern in einem Höchstmaß Präzision und Vermeidung von Ambiguitäten. In die gleiche Zeit läßt sich auch ein Übergang vom lauten zum leisen Lesen situieren. Während die Aufzeichnungen der mittelalterlichen „Jongleurs" als Gedächtnisstütze für den Vortrag dienten, entsteht im 13. Jahrhundert erstmals ein Lesepublikum für französische Texte.
- Die Ersetzung der karolingischen Minuskel durch die gotische Schrift setzt seit Ende des 12. Jahrhunderts von Norden her ein. Diese ist weniger gut lesbar, was sich durch die zunehmende Verbreitung der Kursivschrift noch verstärkt. „Cela rend nécessaire lettres et combinaisons diacritiques donnant aux mots un caractère idéogrammatique".[10]

Forderungen nach einer Reform der französischen Graphie gibt es seit dem 16. Jahrhundert. Im Zusammenhang mit der Emanzipation des Französischen und der Verbreitung des Buchdrucks erlebt die Auseinandersetzung um die ideale Schreibung einen ersten Höhepunkt. Es werden zahlreiche Reformvorschläge gemacht; sie reichen von gemäßigten Änderungen – hier spielen insbesondere die Drucker eine wichtige Rolle – bis zur radikalen Forderung der Angleichung der Schreibung an

---

[9] Vgl. Blanche-Benveniste, Claire u. André Chervel (1978): l'orthographe. nouvelle édition augmentée d'une postface. Paris. (1. Aufl. 1969) S.71 ff.

[10] Picoche, J. et C. Marchello-Nizia (1989): Histoire de la langue française. Paris, S.199; vgl. auch Beinke/Rogge (1990), S.475.

die Lautung – so der Grammatiker Meigret. In der Schreibpraxis finden sich neben der traditionellen Graphie in bedeutendem Umfang vereinfachte, „modernisierte" Schreibungen, die von vielen Druckern und Autoren befürwortet werden. N. Catach, die der Graphie in den gedruckten Büchern der Renaissance-Zeit eine umfangreiche Studie widmet, kommt zu folgendem Ergebnis:

> Sur les 255 auteurs que nous avons pu effectivement classer, nous en trouvons plus de 41 % qui ont été publiés en orthographe de Ronsard ou réformée, 43 à 44 % en orthographe moyenne, plus ou moins modernisée, simplifiée ou réformée, soit 84 à 85 % contre 14 à 15 % seulement en orthographe ancienne.[11]

Die von Ronsard – allerdings nicht konsequent – verwendete Graphie zum Beispiel zeichnet sich im wesentlichen durch folgende Züge aus:

– Akzentsetzung
– Eliminierung zahlreicher etymologischer Buchstaben, Reduktion von Doppelkonsonanten, Vereinfachung griechischer Buchstaben, Vereinfachung von Diphthongen
– Ersetzung von <y> durch <i>, von <x> und <z> am Wortende durch <s>, von <en> für [ã] durch <an>[12]

Um 1600 jedoch gerät diese Art der Schreibung fast völlig in Vergessenheit. Der bedeutende Einfluß des „Dictionaire francoislatin" von Robert Estienne (1549), das die traditionelle Schreibung festhält, mag hierfür eine entscheidende Rolle spielen. Zu dieser Entwicklung tragen aber sicherlich auch die Religionskriege bei, die zahlreiche Drucker veranlassen, das Land zu verlassen, sowie die Krise des Druckereiwesens, die erhebliche Qualitätseinbußen der gedruckten Bücher mit sich bringt.

Auch während des 17. Jahrhunderts werden Reformforderungen gestellt, die Frage der Orthographie spielt jedoch im sprachnormativen Diskurs dieser Zeit eine untergeordnete Rolle. In der Schreibpraxis konkurrieren traditionelle und modernisierende Schreibungen. Auf dem Umweg über niederländische Drucker, die sich von den reformierten Schreibungen der Renaissance-Zeit inspirieren lassen, gelangen auch diese wieder nach Frankreich.

Einen entscheidenden Schritt für die weitere Entwicklung der französischen Orthographie stellt die Gründung der Académie française im Jahr 1635 dar. 1673, im Zusammenhang mit der Vorbereitung des „Dictionnaire", beschließt die Académie, sich auf eine Schreibweise zu einigen. Die im selben Jahr fertiggestellten „Observations svr l'orthographe de la langve francoise", die auf einer von Mézeray ausgearbeiteten Vorlage beruhen, halten folgenden Grundsatz fest:

> Parlant generalement de l'orthographe la Compagnie est d'aduis qu'il faut suiure l'ancienne maniere d'escrire qui distingue les gents de lettres et qui ont estudié la

---

[11] Catach (1968), S.250.

langue d'auec les jgnorants et qu'elle la doit conseruer par tout. horsmis dans les mots ou vn long et constant vsage en an jntroduit vne differente.[13]

Trotz dieser Entscheidung für die traditionelle Graphie fließen in die 1. Auflage des Académie-Wörterbuchs von 1694 im Vergleich zur Schreibung bei Robert Estienne einige Neuerungen ein, zum Beispiel die Unterscheidung von <u> und <v> sowie <i> und <j>, die partielle Angleichung der Graphie an die veränderte Aussprache, die Tilgung einzelner etymologischer Konsonanten und die Ersetzung von <en> durch <an>.[14]

Die Entscheidung der Académie ist – selbst unter ihren Mitgliedern – alles andere als unumstritten; in den Texten des ausgehenden 17. Jahrhunderts werden neben der traditionellen Graphie häufig vereinfachte Schreibungen verwendet. So schreibt Brunot:

> Au dehors, l'ancienne et la nouvelle orthographe, comme on continuera à dire pendant cinquante ans, restèrent en lutte. Le Dictionnaire de l'Académie contribua à maintenir la première, cela est hors de doute, mais son action fut moindre qu'on ne pourrait croire. Il fut accepté sans enthousiasme et sans colère. L'ouvrage, trop incommode, n'eût pu influencer le public qu'indirectement, par les imprimeurs, mais ils ne paraissent pas l'avoir suivi, ou bien par les faiseurs de traités et de manuels, mais ils l'ont complètement dédaigné.[15]

Zu Beginn des 18. Jahrhunderts folgen zwei Drittel der gedruckten Bücher der „nouvelle orthographe".[16]

Mit der Zunahme des Lese- und Schreibunterrichts in Französisch und der Ausbreitung des Schulwesens entsteht angesichts der Vielfalt verschiedener Schreibweisen zunehmend das Bedürfnis nach einer einheitlichen Graphie. Das Académie-Wörterbuch wird für Fragen der Orthographie immer mehr zum Referenzwerk,[17] bis es während der ersten Hälfte des 19. Jahrhunderts verbindlichen Charakter erhält. Als entscheidendes Datum in dieser Entwicklung wird zumeist das Jahr 1832 hervorgehoben; dies beruht auf der Annahme, daß zu diesem Zeitpunkt die Kenntnis der Orthographie zur Voraussetzung für die Einstellung in

---

[12] Zur Graphie von Ronsard vgl. Catach (1968), S.110 ff.

[13] In: Beaulieux, Charles (1951): Observations svr l'orthographe de la langve francoise. Transcriptions, commentaire et fac-similé du manuscrit de Mézeray, 1673, et des critiques des commissaires de l'Académie. Paris, S.233.
Vgl. auch das Vorwort zur 1. Auflage des Dictionnaire; die Vorworte der Académie-Wörterbücher sind abgedruckt in: Baum, Richard (Hrsg.) (1989): Sprachkultur in Frankreich. Texte aus dem Wirkungsbereich der Académie française. Bonn; vgl. hier S.44 ff.

[14] Vgl. Catach (1988 a), S.33 f. u. Beinke/Rogge (1990), S.486.

[15] Brunot (1966-1968), Bd. IV, S.147.

[16] Vgl. Catach (1988 a), S.35.

[17] Vgl. Brunot (1966-1968), Bd. VI, S.925 ff.

öffentliche Ämter wird.[18] Nach einer Untersuchung von Porquet gibt es keinen Erlaß, der in diese Richtung weist.[19] Unbestritten bleibt jedoch, daß der Beherrschung der Orthographie seit dieser Zeit – noch vor Einführung der allgemeinen Schulpflicht 1881-1884 – eine außerordentlich große Rolle zugewiesen wird.

Die Geschichte der französischen Orthographie läßt sich damit als diejenige ihrer Veränderungen in den verschiedenen Auflagen des „Dictionnaire de l'Académie" beschreiben, die im Abstand von etwa einer Generation erscheinen. Während die 2. Auflage von 1718 in ihrer Ausrichtung der ersten folgt, fließen in die 1740 erscheinende 3. Auflage wesentliche Veränderungen ein. Unter Federführung des Abbé d'Olivet werden zahlreiche Konzessionen an die „nouvelle orthographe" gemacht und damit auch viele Züge der Graphie von Ronsard aufgenommen. So steht im Vorwort zur 3. Auflage:

> L'Académie s'est donc vûe contrainte à faire dans cette nouvelle Edition, à son orthographe, plusieurs changemens qu'elle n'avoit point jugé à propos d'adopter, lorsqu'elle donna l'Edition précédente. Il n'y a guère moins d'inconvéniens dans la pratique, à retenir obstinément l'ancienne orthographe, qu'à l'abandonner légèrement pour suivre de nouvelles manières d'écrire, qui ne font que commencer à s'introduire. [...] L'on ne doit point en matière de Langue, prévenir le Public, mais il convient de le suivre, en se soûmettant, non pas à l'usage qui commence, mais à l'usage généralement reçû.[20]

Die Modifikationen betreffen vor allem folgende Punkte:

- Vereinfachung von Doppelkonsonanten
- Tilgung zahlreicher etymologischer Konsonanten, zum Beispiel <avocat> statt <advocat>, <lait> statt <laict>, <neuvaine> statt <neufvaine>, <bienfaiteur> statt <bienfaicteur>, <savoir> statt <sçavoir>, <sujet> statt <subjet>, <recevoir> statt <recepvoir>
- Ersetzung des diakritischen <s> durch Accent circonflexe, zum Beispiel <maître> statt <maistre>, <même> statt <mesme>, <tête> statt <teste>, <goûter> statt <gouster>, <toûjours> statt <tousjours>
- Ersetzung von <y> durch <i>, zum Beispiel <roi> statt <roy>, <moi> statt <moy>, <ici> statt <icy>, <aider> statt <ayder>
- Tilgung des <t> vor dem <s> des Plurals der Wörter mit der Endung <-ant, -ent>, zum Beispiel <les enfans, les changemens>[21]

---

[18] Vgl. zum Beispiel Cohen, Marcel (1973): Histoire d'une langue: le français. Paris, S.250 f.

[19] S. Porquet, André (1976): Le pouvoir politique et l'orthographe de l'Académie au XIXe siècle. In: Le Français moderne 44. S.6-27.

[20] Zitiert nach Baum (Hrsg.) (1989), S.70 f.

[21] Vgl. Grevisse, M. (1970): Code de l'orthographe française. Amiens, Brüssel, S.17.

Die von d'Olivet eingeführten Veränderungen betreffen etwa ein Viertel der Einträge des Académie-Wörterbuchs; die Graphie der 3. Auflage bildet die Grundlage der heutigen Schreibung des Französischen: „La troisième édition de l'Académie instaure en France l'orthographe moderne qui est devenue la nôtre, avec ses défauts et ses qualités."[22]

Die Veränderungen der weiteren Auflagen des Académie-Wörterbuchs stellen im wesentlichen eine Fortführung und Systematisierung von bereits angelegten Tendenzen dar und reichen im Umfang bei weitem nicht an die Ausgabe von 1740 heran. Es handelt sich insbesondere um folgende Punkte:

- Konsolidierung des Akzentsystems (Accent grave, Accent circonflexe)
- Vereinfachung von Doppelkonsonanten
- Vereinfachung griechischer Schreibungen
- Vereinheitlichung der Pluralmarkierung: Ersetzung von <z> durch <s>, zum Beispiel <amitiés, bontés, aimés> statt <amitiez, bontez, aimez>
- Homonymendifferenzierung und analogischer Ausgleich
- Schreibung zusammengesetzter Wörter

Zu erwähnen sind darüberhinaus folgende Änderungen in der 6. Auflage von 1835:

- Ersetzung der Schreibung <oi> für [ɛ] durch <ai>, zum Beispiel <français> statt <françois>, <avait> statt <avoit>, <monnaie> statt <monnoie>
- Analogischer Ausgleich in der Schreibung von Singular und Plural der Substantive, Adjektive und Partizipien mit der Endung <-ant, -ent>, zum Beispiel <enfants, présents, aimants> statt <enfans, présens, aimans>; die von d'Olivet 1740 eingeführte Modifikation wird damit rückgängig gemacht.[23]

Die 7. Auflage von 1878 und die 8. Auflage von 1935 führen kaum graphische Veränderungen ein. Eine bedeutende Reformbewegung in der zweiten Hälfte des 19. Jahrhunderts kann sich nicht durchsetzen und verzeichnet lediglich den bescheidenen Erfolg des „Tolérances"-Erlasses von 1901, der gewisse Abweichungen von der Norm in Prüfungen zuläßt.[24] Die Académie arbeitet inzwischen an der 9. Auflage ihres Wörter-

---

[22] Catach (1988 a), S.37.

[23] Zu den graphischen Veränderungen in den verschiedenen Auflagen der Académie-Wörterbücher vgl. Catach (1988 a), S.32 ff; Grevisse (1970), S.14 ff; Beinke/Rogge (1990), S.486 ff.

[24] Zur Reformdiskussion um 1900 s. Catach, Nina (1985 b): La bataille de l'orthographe aux alentours de 1900. In: Histoire de la langue française 1880-1914. Sous la direction de Gérald Antoine et Robert Martin. Paris. S.237-251.

buchs; der erste Band wurde 1986 fertiggestellt.[25] Ihre Monopolstellung als Entscheidungsinstanz in der Frage der Orthographie mußte sie zum Teil jedoch aufgeben, dies in zweierlei Hinsicht: Mit der Entstehung einer verbindlichen graphischen Norm und der Einführung der allgemeinen Schulpflicht im 19. Jahrhundert wird die Orthographie zu einer staatlichen Angelegenheit. So wenden sich die Reformer Ende des 19. Jahrhunderts nicht nur an die Académie, sondern auch an den Staat. 1896 wird die erste ministerielle Komission ins Leben gerufen, die mit der Bearbeitung der Reformfrage betraut wird. „Dorénavant," – so schreibt N. Catach –

> les responsabilités orthographiques seront ouvertement partagées entre deux Pouvoirs: l'Etat et l'Académie, ce qui leur permettra d'ailleurs par la suite avec habilité de se renvoyer la balle pour ne prendre aucune décision.[26]

Andererseits ist der Wortschatz der bisher immer noch aktuellsten Gesamtausgabe von 1935 zum Teil veraltet. In seiner Funktion als Nachschlagewerk wurde das Wörterbuch der Académie inzwischen von anderen Lexika, etwa Petit Larousse und Petit Robert abgelöst, die permanent Neologismen, Fremdwörter und Fachvokabular aufnehmen und denen damit auch die graphische Integration in diesem Bereich obliegt.

III.2. Die Reformdiskussion im 16. Jahrhundert

III.2.1. Einleitung

Das 16. Jahrhundert stellt in der Auseinandersetzung um die „ideale" Schreibung des Französischen zweifellos einen Höhepunkt dar. Fragen der Graphie werden erstmals allgemein diskutiert; sowohl Drucker und Grammatiker als auch Autoren nehmen Stellung zum Thema. Dies ist vor dem Hintergrund folgender Entwicklung zu sehen: In dem langwierigen Prozeß der Emanzipation des Französischen vom Lateinischen bildet die Renaissance-Zeit eine entscheidende Etappe. Die französische Sprache dringt zunehmend in Bereiche vor, die bisher weitgehend dem Lateinischen vorbehalten waren. Gleichzeitig setzt sich die Sprache des Zentrums in steigendem Maß gegen andere Dialekte durch. Findet im Bereich der Jurisprudenz das Französische bereits im 13. und 14. Jahrhundert Verwendung, so wird mit dem Erlaß von Villers-Cotterêts aus dem Jahr 1539 Latein als Sprache der Gerichtsbarkeit abgeschafft. Ei-

---

[25] Zur Frage der Orthographie s. Kap. III.3.3.2. der vorliegenden Arbeit.
[26] Catach (1985 b), S.244.

nen bedeutenden Vorschub für das Französische bringt die Reformation mit sich, da sich die Reformer der französischen Sprache bedienen. In den 20er Jahren des 16. Jahrhunderts entsteht die erste Bibelübersetzung. Die Rückbesinnung auf die klassische Norm des Lateinischen beschneidet seine Möglichkeiten, den Bedingungen des 16. Jahrhunderts gerecht zu werden, und ebnet damit den Weg für die Verwendung des Französischen. Im Lauf des 16. Jahrhunderts entsteht eine rege Übersetzertätigkeit, viele antike Autoren werden ins Französische übertragen. Als Literatursprache findet sich Französisch Mitte des Jahrhunderts in allen Gattungen vertreten. Parallel zur Erweiterung ihrer Anwendungsbereiche wird die französische Sprache zum Gegenstand metasprachlicher Reflexion. Neben Bestrebungen, das Französische lexikalisch zu bereichern, zu vervollkommnen und zu einer dem Lateinischen ebenbürtigen Sprache zu machen, stehen Bemühungen der Normierung. Es entstehen die ersten Grammatiken und Wörterbücher. Die Frage der Schreibung spielt in diesem Rahmen eine zentrale Rolle. Ein entscheidender Faktor, der die Frage der Graphie aktuell werden läßt, stellt darüberhinaus die zunehmende Verbreitung des Buchdrucks dar. Der Übergang von handgeschriebenen Manuskripten zum gedruckten Text verlangt angesichts der Vielfalt unterschiedlicher Schreibweisen nach einer gewissen Vereinheitlichung. Die Graphie wird damit zu einer technischen und sozialen Einrichtung.

So sind es zunächst auch die Drucker, die sich mit der Graphie auseinandersetzen und die Notwendigkeit ihrer Verbesserung und Vereinheitlichung zum Ausdruck bringen. Zu nennen ist hier insbesondere die Abhandlung von Geofroy Tory „Champ fleury ou l'art et science de la proportion des lettres" aus dem Jahr 1529, die als Auslöser der Debatte gilt. 1533 erscheint die „Briefve doctrine pour devement escripre selon la proprieté du langaige françoys", ein anonymes Werk, das N. Catach Tory und Clément Marot zuschreibt. Im Jahr 1540 veröffentlicht Estienne Dolet die Abhandlungen „Les accents de la langue françoyse" und „La ponctuation de la langue françoyse". Diese Arbeiten, die N. Catach als dem Bereich der „Orthotypographie" zugehörig bezeichnet, bemühen sich einerseits um rein typographische Konventionen, ihr Verdienst liegt darüberhinaus aber vor allem im Bereich der Worttrennung, der Verwendung diakritischer Zeichen (Akzente, Cédille, Trema) und der Interpunktion.[27] Die im Rahmen dieser Abhandlungen vorgeschlagenen Veränderungen erfolgen auf der Basis der überlieferten Graphie, die in ihren Prinzipien im wesentlichen nicht in Frage gestellt wird.

Die theoretische Auseinandersetzung über die Grundlagen des graphischen Systems beginnt 1542 mit dem „Traité touchant le commun usage de l'escriture françoise" von Louis Meigret, der den grundlegenden Text

---

[27] Vgl. hierzu insbesondere Catach (1968), S.31 ff.

der Orthographie-Debatte darstellt.[28] Meigret fordert eine radikale Reform im Sinne der Anpassung der Schreibung an die Lautung. Es gelingt ihm zu dieser Zeit noch nicht, einen Drucker zu finden, der das von ihm konzipierte Schriftsystem verwendet; die Abhandlung erscheint in traditioneller Graphie, lediglich die Beispiele folgen der Schreibung Meigrets. 1548 jedoch druckt Chrestien Wechel Meigrets Übersetzung des „Menteur" von Lukian von Samosata in reformierter Schreibung. In dem langen Vorwort zu dieser Übersetzung wiederholt Meigret nochmals – hier provokativer formuliert – seine bereits im „Traité" geäußerten Überlegungen.[29] Im Anschluß daran entwickelt sich eine rege Diskussion; Meigret erhält den Status des Begründers der Reformbewegung und steht im Zentrum der Auseinandersetzung. Dabei stößt er auf zwei Hauptgegner:

Jacques Peletier du Mans tritt zwar ebenfalls für eine Reform der französischen Schreibung ein, lehnt jedoch die Radikalität der Forderung Meigrets ab. Seinem 1550 veröffentlichten „Dialogue de l'Ortografe e Prononciacion Françoese", in dessen Zentrum ein Reformer und ein Verteidiger der traditionellen Schreibung steht und der eine Summe der Argumente und Prinzipien der Orthographie-Debatte der Epoche darstellt, fügt er die „Apologie a Louis Meigret Lionnoes" bei.[30] Meigret entgegnet Peletier im selben Jahr und verteidigt seine Position.[31]

Der zweite Kontrahent Meigrets ist Guillaume des Autelz, der unter dem Pseudonym Glaumalis du Vezelet veröffentlicht. Des Autelz ist ein vehementer Gegner jeder Veränderung der traditionellen Schreibung. Der erste Text ist nicht überliefert, sein Inhalt läßt sich jedoch aus der Replik Meigrets von 1550 erschließen, die ihm die Gelegenheit gibt, seine Theorie nochmals darzulegen.[32] Ein zweiter Schriftwechsel schließt sich im Jahr 1551 an, endet jedoch in einem polemischen Austausch von Anschuldigungen und Beleidigungen und weist daher kaum noch theoretisches Interesse auf.

---

[28] Wiederherausgegeben: Genève (Slatkine Reprints) 1972.

[29] Meigret, Louis (1548): „Aux lecteurs", en tête de Le menteur ou l'incrédule de Lucien traduit de grec en français par Louis Meigret, Lyonnais, avec une écriture cadrant à la prolation française: et les raisons. Paris. Réédité en orthographe moderne par Franz Josef Hausmann. Tübingen 1980.

[30] Peletier du Mans, Jacques (1550 a): Dialogue de l'Ortografe et Prononciacion Françoese. Reprint de la seconde édition (1555) publié par Lambert C. Porter. Genève 1966; ders. (1550 b): Apologie a Louis Meigret Lionnoes. Abgedruckt in der Ausgabe des „Dialogue" von Porter. Genève 1966.

[31] Meigret, Louis (1550 a): La réponse a l'apologie de Jaqes Pelletier. Abgedruckt in: Porter, Lambert C. (Hrsg.): Peletier du Mans, Jacques: Dialogue de l'Ortografe e Prononciacion Françoese. Genève 1966.

[32] Meigret, Louis (1550 b): Defenses de Louis Meigret touchant son Orthographie Françoeze, contre les censures e calomnies de Glaumalis du Vezelet, et de ses adherans. Genève (Slatkine reprints) 1972.

Dieser in der Periodisierung von Citton und Wyss ersten Phase der Orthographie-Debatte 1542 bis 1551, aus der hier nur die zentralen Teilnehmer genannt wurden, folgt eine weitere in der zweiten Hälfte des Jahrhunderts.[33] Vor allem mit der Schaffung neuer Schriftzeichen geht sie über die Reformer der ersten Generation hinaus; zu einer eigentlichen Auseinandersetzung zwischen den verschiedenen Positionen kommt es während dieser zweiten Phase jedoch nicht. Erwähnt seien hier zwei wichtige Namen: Pierre de la Ramée (Ramus) behandelt im Rahmen seiner „Gramere" von 1562 Probleme der Graphie. Seine Theorie lehnt sich im wesentlichen an diejenige Meigrets an, er entwirft jedoch ein weit kohärenteres Schriftsystem und ergänzt das lateinische Alphabet durch neue Zeichen. Sehr viel radikaler ist der Lehrer Honorat Rambaud aus Marseille, der in einer 1578 veröffentlichten Arbeit ein phonologisch orientiertes Schriftsystem vorstellt, in dem er ganz neue Schriftzeichen verwendet.

Das vorliegende Kapitel verfolgt keinesfalls das Ziel, einen umfassenden Überblick über die französische Orthographie-Diskussion des 16. Jahrhunderts zu geben; für eine ausführliche Behandlung des Themas kann hier auf die – bereits erwähnte – 1989 publizierte Arbeit von Yves Citton und André Wyss verwiesen werden.[34] Die folgende Darstellung konzentriert sich auf die Debatte um Meigret und die in diesem Zusammenhang genannten Texte und möchte die zentralen Argumente der Reformer und ihrer Gegner herausarbeiten.

III.2.2. Die Positionen in der Diskussion

III.2.2.1. Die Forderung Meigrets nach einer radikalen Reform

Das Anliegen und die Ziele Meigrets sowie gleichzeitig die Reichweite seiner Argumentation finden sich bereits in dem dem „Traité" vorangestellten „Proesme de Lautheur" exemplarisch abgesteckt. Er verdient es daher in vorliegendem Zusammenhang, in kurzen Zügen paraphrasierend wiedergegeben zu werden:[35]

---

[33] Vgl. Citton, Yves et André Wyss (1989): Les doctrines orthographiques du XVIe siècle en France. Genève, S.29 ff.

[34] Zur Orthographie-Debatte im 16. Jahrhundert s. auch insbes.: Hausmann, Franz Josef (1980): Louis Meigret. Humaniste et linguiste. Tübingen, S.77-129; Brunot (1966-1968), Bd.II (1967), S.93-123.

[35] Die Seitenzählung des „Traité" erfolgt hier ab dem „Proesme de Lautheur".
Zitate werden in der Graphie der Originaltexte wiedergegeben, soweit drucktechnisch möglich; langes s wird durch <s> ersetzt. Zitate aus dem Vorwort zum „Menteur"

Gleich zu Beginn seiner Ausführungen nennt Meigret als Beurteilungsmaßstab „l'ordre, & la rayson", vor deren Hintergrund sich die traditionelle Schreibung seines Erachtens nicht rechtfertigen läßt. Er erläutert dies folgendermaßen:

> Aussi à la verité est elle trop estrange, & diuerse de la prononciaciõ, tant par vne curieuse superfluité de letres, que par vne vicieuse confusion de puissance entre elles.

Verantwortlich für diese Art der Schreibung macht er die „supersticion, ou bien nonchallance de noz ancestres, & et de nous", die das korrekte Schreiben nicht nur verhindere, sondern sogar als falsch und unnütz betrachte. Als Gründe dafür, daß die Schrift bisher keiner Veränderung unterzogen wurde, sieht Meigret „la longue & commune façon de faire" sowie die Befürchtung „de forger nouueaux troubles à vng peuple en ses coustumes tãt vsitées, & de si longue main receues", die, ohne hinterfragt zu werden, für richtig gehalten würden. Eine Veränderung sollte unterstützt werden, sofern sie folgendes Ziel verfolgt:

> [...] trouuer les moiens pour amender les manieres de viure corrompues, & pour dauantage y donner l'ordre si suffisant qu'on s'en puisse ayder, & les ramener à quelque bonne fin.

An dieser Stelle führt Meigret einen weiteren Nachteil der traditionellen Schreibung an: Es gibt seines Erachtens keinen Franzosen,

> [...] tant soit il de petit iugement, & de grande affection en nostre vsage d'escrire, qui ne se treuue souuent perplex, & empesché en la lecture.

Diesem Mißstand möchte Meigret Abhilfe schaffen in der Hoffnung „que la rayson aura plus de pouuoir enuers vous qu'vne obstination en vng vicieux, & confus vsage". Er vergleicht sich dabei mit einem Arzt, der sich nach der Diagnose einer Krankheit um Heilung bemüht, und möchte eine Schreibung bereitstellen „ayans tant seulement egard à la prononciation françoise, & à la nayue puissance des letres".[36]

Das vorliegende Kapitel möchte folgende Aspekte näher beleuchten:

1. Meigrets Theorie der Schreibung
2. Die Argumente für eine Veränderung der Graphie
3. Die Auseinandersetzung mit Gegenargumenten

zu 1)
Meigret unterscheidet zwischen der Gesamtheit aller Laute („sons") und den sprachlichen Lauten, die er als „voix" bezeichnet und folgendermaßen charakterisiert: „les voix sont les elemens de la prononciacion", „elles composent les vocables". Den Buchstaben definiert er als „la note

---

(1548) folgen der von Hausmann in modernisierter Orthographie herausgegebenen Ausgabe.

[36] Vgl. Meigret (1542), S.1 f.

de l'element, & comme quasi vne façon d'image d'une voix formée". Dies erlaubt ihm folgende Parallelisierung: „tout ainsi que les voix composent en la prononciatiõ vng vocable, [...] les letres qui sont leurs notes feront le semblable en l'escriture". Aus dieser Definition von Laut, Buchstabe und ihrer Relation leitet Meigret die Beschaffenheit der „richtigen" Schreibung ab:

> Parquoy il fault confesser que puis que les letres ne sont qu'images de voix, que l'escriture deura estre d'autãt de letres que la pronõciation requiert de voix: Et que si elle se treuue autre, elle est faulse, abusiue, & damnable.[37]

Eine Scheidung zwischen einem Laut und einer Klasse von Lauten nimmt Meigret im Rahmen seiner theoretischen Ausführungen nicht vor; „voix" kann daher in moderner Terminologie sowohl auf den Laut als auch das Phonem referieren. Die Trennung zwischen „voix" und „letre" wird bei Meigret – im Gegensatz zu anderen Theoretikern der Epoche – in aller Regel durchgehalten.[38]

In der traditionellen Schreibung sieht Meigret drei Fehler, die seinem Prinzip entgegenstehen:

- „diminution": Die Schreibung enthält nicht alle Buchstaben, die zur Wiedergabe der Aussprache notwendig wären; so müßte etwa <Chef> durch <Chief> ersetzt werden.
- „superfluité": Während die „diminution" in der französischen Graphie eine untergeordnete Rolle spielt, betrachtet Meigret die „superfluité" als Hauptübel. Gemeint sind Buchstaben, die in der Graphie erscheinen und nicht gesprochen werden; als Beispiele nennt er vor allem interne und Endkonsonanten, etwa <b> in <debuoir>, <c> in <faict>, <g> in <vng>, <t> in <et>.
- „vsurpation d'une letre pour autre": Ein oder mehrere Buchstaben übernehmen den Lautwert eines anderen, zum Beispiel <c>, das für /k/ steht, aber auch den Wert von <s> übernimmt.[39]

Auf der Grundlage seiner Theorie sowie der Aufdeckung der Hauptübel der französischen Graphie setzt sich Meigret zum Ziel, die Schreibung zu reformieren:

> [...] inventer les moyens de la réformer par le rétablissement d'une chacune lettre en sa propre puissance, avec un allègement de toutes ses superfluités.[40]

Die von Meigret propagierten Veränderungen weisen einige Inkohärenzen auf und bleiben nicht selten hinter seiner Theorie zurück. Er nimmt im wesentlichen drei Arten von Eingriffen vor, die hier jedoch nur kurz erwähnt werden sollen:

---

[37] Vgl. Meigret (1542), S.3 f.
[38] Vgl. hierzu Citton/Wyss (1989), S.39 ff.
[39] Vgl. Meigret (1542), S.5 ff.
[40] Meigret (1548), S.143.

- Tilgung nicht ausgesprochener Konsonantenbuchstaben, zum Beispiel <b> in <doibt>, <g> in <chacung>, <l> in <aultre>, <s> in <estre>, <c> in <faict>
- Bemühung um größere Eindeutigkeit in den Laut-Buchstaben-Beziehungen: Meigret ersetzt beispielsweise <g> durch <j>, wenn dieses /ʒ/ ausgesprochen wird (<manjer> statt <manger>), <g> steht damit immer für /g/ und erlaubt die Schreibung <gerre> statt <guerre>; intervokalisches <s> wird entsprechend der Aussprache durch <z> ersetzt (<dizons> statt <disons>).
- Schaffung neuer Unterscheidungen: Meigret unterscheidet zum Beispiel zwischen offenem und geschlossenem *e*, markiert lange Vokale durch einen Akzent, schreibt <c> mit Cédille, wenn dieses nicht /k/, sondern /s/ entspricht.[41]

Die Frage nach der Varietät, die der Schreibung zugrunde gelegt werden soll, spielt in den Ausführungen Meigrets eine untergeordnete Rolle. Dies hängt sicherlich damit zusammen, daß es eine festgesetzte graphische Norm im heutigen Sinn nicht gibt und dem Schreiber ein erheblicher Spielraum bleibt. So hat Meigret zwar durchaus eine Leitvarietät im Auge, wenn er schreibt:

> [...] mon intention est de n'avoir autre égard en mon écriture qu'à la seule prononciation française, telle que le commun usage la garde entre les plus savants du peuple [...]

Gleichzeitig wendet er jedoch ein:

> [...] si par fortune vous trouvez quelque mot maintenant écrit d'une façon, puis autre part, d'une autre, je le fais tout de gré pour montrer que, puisque l'usage reçoit diverses prononciations d'un mot, qu'on ne doit point appauvrir la langue.

Auch soll sich seines Erachtens die Graphie der Sprachentwicklung anpassen:

> [...] pensez aussi qu'ainsi que la langue changera, qu'il faut aussi que l'écriture change et ne la faut tenir non plus tout une que vous faites la prononciation.[42]

Auf diesen letzten Punkt weist Meigret immer wieder hin.[43]

zu 2)
Meigret führt zur Stützung seiner Theorie und Reformforderung verschiedene Argumente an, die im folgenden erläutert werden:

1. Bereits am Anfang seiner Darstellung – sowohl im „Traité" als auch im Vorwort zum „Menteur" – nennt Meigret als Maßstab der Beurteilung „la rayson"; dieser zieht sich wie ein Leitfaden durch seine Schrif-

---

[41] Vgl. Meigret (1542), S.20 ff.
[42] Meigret (1548), S.157.
[43] Vgl. zum Beispiel Meigret (1542), S.19 u. 48 f.

ten. So hängt die Befürwortung oder Ablehnung einer Schreibweise davon ab, inwieweit sie dem Prinzip der „rayson" folgt. Dies beruht auf folgender Überlegung: Im Gegensatz zur gesprochenen Sprache stellt die Schrift eine menschliche Erfindung dar; damit ist sie für Meigret durch einen bewußten Eingriff veränderbar. Der Mensch aber zeichnet sich vor allem durch die „rayson" aus: „Mais pourquoy attribue l'õ à l'home la rayson par sus les autres animaux: Sinon d'autant qu'il doit mener ses euures par la cognoissance d'elle?"[44] Damit ist auch die Schrift der „rayson" zu unterwerfen, und dies bedeutet nach Auffassung Meigrets ihre Anpassung an die Lautung: „forcer l'escriture vicieuse, & la reduire à l'obeissance de la prononciation, cõme qui est par rayson sa dame, & princesse".[45]

Das Bemühen Meigrets, dem Prinzip der „rayson" nachzukommen, übersteigt in seiner Argumentation bei weitem die Frage der Graphie; es handelt sich um ein generelles Lebensprinzip, das es zu verwirklichen gilt. Die Befreiung der Menschheit von den „faulses doctrines", „amender les manieres de vivre corrompues" ist das umfassende Anliegen Meigrets, „car la vertu & la rayson doyuent tout dompter".[46] So erfordert und rechtfertigt die „rayson tant diuine qu'humaine" eine Veränderung auf jedem Gebiet.[47] Die Schreibung erweist sich damit als ein Bereich, der einem grundlegenden Prinzip unterworfen werden soll und dem sich die traditionelle Graphie ganz eklatant widersetzt.[48]

2. Wesentliches und immer wieder erwähntes Ziel, das Meigret mit seiner Reform verfolgt, ist die Verbesserung der Lesbarkeit. In den von ihm kritisierten Zügen der traditionellen Schreibung sieht er in erster Linie eine Behinderung für das Lesen. So schreibt Meigret bezüglich der stummen Buchstaben: „telle escriture donne occasion de faire faulse lecture, & de prononcer voix qui n'est point au vocable" und zur Tatsache, daß ein Buchstabe mehrere Laute darstellen kann:

> [...] l'usage qui donne diuerses puissances à vne letre rend la lecture incertaine, & confuse", „c'est occasion de faire lecture d'une voix pour autre, & par consequence mauuaise, & faulse prononciation.[49]

Befürchtet Meigret einerseits eine falsche oder schlechte Aussprache („Ie vous laisse à penser de quelle mauuaise grace sera la prononciation"), so muß seines Erachtens der Leser andererseits auf sein Ge-

---

[44] Meigret (1542), S.10.
[45] Meigret (1542), S.7.
[46] Meigret (1542), S.37, 2 u. 9.
[47] Meigret (1542), S.10; vgl. hierzu ebda. S.42 u. 53.
[48] Zur Rolle der „rayson" bei den Theoretikern der Schreibung im 16. Jahrhundert vgl. auch Citton/Wyss (1989), S.48 ff. u. 100 ff.
[49] Meigret (1542), S.5, 10 u. 6.

dächtnis zurückgreifen, um die korrekte Aussprache zu rekonstruieren: „il fault que le lecteur recoure à sa memoyre, la ou la prononciation telle qu'elle s'y treuue est bien plus perfectement escrite".[50] Die von Meigret propagierte Reform soll somit vor allem eine Verbesserung des Lesens gewährleisten:

> [...] en rendant à chacune lettre la sienne propre [la puissance], sans lui souffrir usurpation aucune d'autre, l'écriture est rendue plus certaine et plus lisable.[51]

Zwei bemerkenswerte Züge in der Argumentation Meigrets sind hier festzuhalten:

a) Lesen bedeutet nach Auffassung Meigrets ein Rekonstruieren der Lautung. Dies geht aus den obigen Zitaten hervor, die sich durch viele weitere vermehren ließen. Überlegungen, die in Richtung der Möglichkeit eines direkten Bedeutungszugangs beim Lesen weisen, finden sich bei Meigret nicht.

b) Meigret betrachtet die Frage der Graphie – in Übereinstimmung mit fast allen Theoretikern seiner Zeit – aus der Perspektive des Lesens.[52] Die Hauptfunktion der Schrift stellt aus seiner Sicht das Lesen dar: „ce à quoi l'écriture a été inventée, donner moyen au lecteur de faire une aisée lecture de la langue française".[53] Das Schreiben spielt im Rahmen seiner Überlegungen eine völlig untergeordnete Rolle. Bezeichnend ist hierfür, daß Meigret zwar eine eindeutige Zuordnung von Buchstaben zu Lauten fordert, umgekehrt aber mehrdeutige Zuordnungen in der Richtung Laut – Buchstabe durchaus toleriert:

> [...] je ne trouve point d'abus qu'une lettre ne puisse faire plusieurs offices, pourvu que son propre devoir de rapporter la voix, y soit gardé.[54]

So findet sich zum Beispiel in der von Meigret vorgeschlagenen Graphie /f/ durch <f> und <ph> dargestellt und /s/ sowohl durch <s> als auch durch <ç>.

3. Als Adressaten einer Reform nennt Meigret neben den Franzosen immer wieder die Ausländer. Die Lesbarkeit der Schreibung soll auch in Anbetracht der Ausländer verbessert werden.[55] Im Vordergrund der Überlegungen Meigrets steht jedoch weniger das philanthropische Anliegen, diesen den Umgang mit der französischen Graphie zu erleichtern, als vielmehr das Ansehen des Französischen und sein Status und

---

[50] Meigret (1542), S.30 u. 11.

[51] Meigret (1548), S.154.

[52] Vgl. hierzu Citton/Wyss (1989), S.52 ff.

[53] Meigret (1548), S.158; vgl. auch Meigret (1542), S.49.

[54] Meigret (1548), S.151; vgl. auch Meigret (1542), S.38.

[55] Vgl. Meigret (1542), S.49 u. Meigret (1548), S.152.

sein Prestige als internationale Sprache. So beklagt Meigret bezüglich der traditionellen Schreibung, daß diese auch von ausländischer Seite kritisiert wird:

> [...] le regret du blâme et reproches que plusieurs tant de nôtres que des étrangers font justement pour le trop évident désordre de notre écriture française.[56]

Eine Reform soll dem Französischen Vorbildfunktion verleihen:

> Ayons doncques par sus toutes nations ce bon renom que nous somes les premiers qui estans blasmez par sus tous autres peuples d'user de la plus confuse, & et vicieuse escriture, l'auons de sorte amendée qu'elle leur seruira de mirouer pour donner ordre aux leurs.[57]

4. Meigret ist ein entschiedener Gegner der Anzeige der Etymologie in der Schrift und Verteidiger des phonographischen Prinzips. Dabei beruft er sich gerade auf die lateinische und griechische Graphie, in denen er sein Ideal vorbildhaft verwirklicht sieht. So bezeichnet er die „Grecz" und „Latins" als diejenigen,

> [...] qui ont mis tant de peine à rendre leur escriture la plus perfecte, & plus approchant de leur prononciation qu'il leur à esté possible.[58]

5. Zur Stützung seiner Theorie beruft sich Meigret nicht nur auf die Natur der lateinischen und griechischen Schreibung, sondern auch auf antike Autoren: „j'ai [...] avisé, pour la révérence que nous portons à l'ancienneté, de me fortifier de son autorité".[59] Als Vertreter des phonographischen Prinzips nennt er vor allem Quintilian.

6. In einer Reform der Graphie, vor allem in Anbetracht der Tilgung stummer Buchstaben, sieht Meigret einen weiteren Vorteil: „espargne de papier, de plume, & de temps".[60] Im Rahmen der Argumentation Meigrets spielt dieser Faktor eine völlig untergeordnete Rolle, er wird hier jedoch der Vollständigkeit halber angeführt.

Im Vordergrund der Ausführungen Meigrets stehen mit großem Abstand die unter Ziffer 1 und 2 genannten Argumente: die Anpassung der Graphie an die Gesetze der „rayson" und die Verbesserung des Lesens. Während sich diese immer wieder erwähnt finden, wird anderen Argumenten ein untergeordneter Platz eingeräumt.

Hausmann kann daher kaum zugestimmt werden, wenn er eine Motivation Meigrets für die Reformierung der Graphie in dessen Bestreben sieht, die Bildung zu demokratisieren:

---

[56] Meigret (1548), S.143, vgl. auch Meigret (1542), S.12.

[57] Meigret (1542), S.42.

[58] Meigret (1542), S.17 f., vgl. auch S.32.

[59] Meigret (1548), S.143.

[60] Meigret (1542), S.49.

> Il y a chez Meigret comme l'idée d'une instruction publique, le désir très net de faire accéder au savoir une grande partie de la population toujours séparée des lumières par un outil orthographique trop compliqué.[61]

Es lassen sich in den Schriften Meigrets Stellen finden, die in diese Richtung interpretiert werden könnten, zum Beispiel:

> Voilà, en somme, ce qu'il faut à un Français [...] pour écrire non seulement sa langue, mais aussi toutes autres qui sont venues à notre connaissance: pourvu qu'il ait l'entendement de distinguer une voix de l'autre: et qu'il sache approprier chacune lettre à sa propre voix, qui est un travail dont l'enfance triomphe aisément: ni n'avons en cela besoin d'avoir égard à autre langue qu'à celle que nous voulons écrire [...][62]

Angesichts des Gesamtverlaufs der Argumentation Meigrets und der Massivität anderer Argumente würden derartige Äußerungen im Sinne einer Stützung der These Hausmanns jedoch überinterpretiert. Das Anliegen, die Schrift möglichst vielen zugänglich zu machen, spielt bei Meigret – wenn überhaupt – eine völlig marginale Rolle. Meigret teilt hier die Ansicht seiner Zeitgenossen – bis auf eine Ausnahme: Es ist der Lehrer Rambaud aus Marseille, der mit dem von ihm konzipierten Schriftsystem vor allem zur Verbreitung der Lesefähigkeit beitragen möchte.[63]

zu 3)
Meigret sieht im wesentlichen drei Einwände, die man seiner Reformforderung entgegenhalten kann; mit diesen setzt er sich auseinander und versucht, sie zu entkräften.[64]

1. „l'usage": Die Berufung auf den „usage" hält Meigret für den Haupteinwand gegen die von ihm propagierte Reform. Diesem ist seines Erachtens jedoch ausschließlich dann zu folgen, wenn er den Gesetzmäßigkeiten der „rayson" entspricht: „l'usage n'est en rien different de l'abus, sinon qu'il est fondé en rayson".[65] Die „rayson" aber erfordert die Anpassung der Schreibung an die gesprochene Sprache:

> Or, est-il ordonné que les lettres et l'écriture rapporteront aux lecteurs les voix et la prononciation: subséquemment donc l'usage de l'écriture devra suivre et s'asservir à l'usage de la parole.[66]

---

[61] Hausmann (1980), S.100, vgl. auch S.102 u. 104.

[62] Meigret (1548), S.157; vgl. auch Meigret (1542), S.26 u. 30.

[63] Vgl. hierzu Citton/Wyss (1989), S.105 ff.

[64] Vgl. Meigret (1542), S.7-20 u. Meigret (1548), S.145-147.

[65] Meigret (1542), S.8.

[66] Meigret (1548), S.145.

2. „marquer la difference des vocables": Das Gegenargument, die traditionelle Schreibung diene der Differenzierung von Homonymen, versucht Meigret folgendermaßen zu widerlegen:
- Die gesprochene Sprache macht diese Unterscheidungen auch nicht, obwohl sie nach Ansicht Meigrets in diesem Fall sogar notwendiger wären:

    [...] s'il était besoin d'en faire, elles seraient beaucoup plus nécessaires à la prolation qu'à l'écriture: attendu que la parole passe soudain et se perd là où l'écriture donne tant de loisirs qu'on veut pour ruminer la signification du vocable nécessaire pour le sens de la clause.[67]

- Die Bedeutung läßt sich aus dem Kontext erschließen:

    [...] il n'est point de vocable ayant tant de diverses significations qu'on voudra, de qui le bon sens ne découvre mieux les différences par le discours de la raison du propos que par toutes les marques qu'on saurait inventer.[68]

- Es gibt zahlreiche Wörter mit verschiedenen Bedeutungen, die weder in der gesprochenen Sprache noch in der Schrift unterschieden werden.
- In jeder Sprache findet sich eine „pluralité de significations en ung vocable".[69]

3. „monstrer la deriuaison, & source d'ung vocable tyré d'ung autre langue": Dieses Gegenargument ist im Sinne Meigrets so zu verstehen, daß die Herkunft eines Wortes angezeigt werden soll „par vne maniere de reuerence, & recognoissance du bien que nous auons receu en faisant tel emprunt".[70] Meigret jedoch sieht keine Verpflichtung, die Etymologie in der Graphie anzuzeigen, und nennt eine ganze Reihe von Argumenten, die diesen Einwand zu widerlegen suchen:

- Die Entlehnung bedeutet für die Herkunftssprache keinen Verlust, sondern ganz im Gegenteil „vng merueilleux gain de gloire, & honneur".[71]
- Alle Sprachen verfügen über Entlehnungen, ohne daß sie ihre Herkunft in der Schreibung anzeigen würden.
- Dankbarkeit und Anerkennung rechtfertigen in den Augen Meigrets nicht „à mal faire, ny faire chose sotte, & digne de reprehension".[72]

---

[67] Meigret (1548), S.147.
[68] Ebda.
[69] Meigret (1542), S.15.
[70] Meigret (1542), S.16.
[71] Ebda.
[72] Meigret (1542), S.18.

- Sollte eine solche Verpflichtung bestehen, so müßte es sich um eine generelle Regel handeln; in der Schreibung vieler Wörter wird jedoch die Etymologie nicht angezeigt.
- Das Herkunftswort ist aufgrund stummer Buchstaben allein nicht erkennbar.[73]

III.2.2.2. Die gemäßigte Position von Peletier du Mans

Jacques Peletier du Mans teilt zum Teil die Auffassung Meigrets, ist zum Teil jedoch konträrer Ansicht. Seine Vorstellungen von einer gemäßigten Reform der Schreibung des Französischen gehen aus der „Apologie a Louis Meigret Lionnoes" hervor, die eine Reaktion auf die Veröffentlichung des „Menteur" darstellt, sowie aus dem „Dialogue de l'Ortografe e Prononciacion Françoese", in dem er die Person Dauron explizit zum Vertreter seiner Position erklärt.

Peletier stimmt bezüglich der Kritik an der französischen Graphie, der Theorie der Schreibung sowie der Notwendigkeit einer Reform mit Meigret überein:

> [...] nous visons tous deus a un blanc, qui ęt dę raporter l'Ecriturę a la Prolacion: C'ęt notrę but, c'ęt notrę point, c'ęt notrę fin: sommę, c'ęt notrę uniuersęl acord.[74]

Im Rahmen der theoretischen Überlegungen der beiden Autoren finden sich auch Übereinstimmungen hinsichtlich der Varietätenfrage. Nach Peletier soll die Sprache des Hofes und diejenige der „lieus e personnęs les plus celebręs" der Schreibung zugrunde gelegt werden.[75] An anderer Stelle betont er jedoch auch die Möglichkeit, regionale Ausspracheunterschiede in der Graphie anzuzeigen.[76] Wie Meigret plädiert Peletier für eine fortdauernde Angleichung der Schreibung an die Aussprache, sofern diese sich ändert.[77]

Die Argumente, die Peletier zur Stützung seiner Reformforderung anführt, sind teilweise dieselben wie bei Meigret, erfahren jedoch eine andere Akzentuierung. Im Vordergrund stehen bei Peletier folgende Überlegungen:

1. Die zentrale Motivation für eine Veränderung der Schreibung liegt in den Augen Peletiers nicht in erster Linie in der Gegenwart, sondern richtet sich in die Zukunft. Die Graphie soll möglichst genau die Aussprache wiedergeben, damit die nachkommenden Generationen diese

---

[73] S. hierzu Meigret (1548), S.146.

[74] Peletier (1550 b), S.9; zur Kritik an der Schreibung des Französischen vgl. Peletier (1550 b), S.6, zur Theorie der Schreibung vgl. Peletier (1550 a), S.77 u. 81.

[75] Peletier (1550 b), S.23 u. 26.

[76] Vgl. Peletier (1550 a), S.90.

[77] Vgl. Peletier (1550 a), S.86 f. u. 128.

rekonstruieren können, wenn das Französische nicht mehr als Muttersprache gesprochen wird oder sich stark verändert hat.

> [...] ceus qui viendront apręs, pour léquelz principalǝmant j'ȩ ecrit: afin quǝ quand notrǝ Langue ne sǝra plus natiuǝ, ou qu'ęlǝ aura pris un changǝmant notablǝ (car les parolǝs n'ont vie quǝ par l'Ecriturǝ) iz puisset voęr commǝ an un miroer, le protręt du Françoęs dǝ cǝlui notrǝ sieclǝ, au plus pręs du naturęl.[78]

Dieses für den neuzeitlichen Leser auf den ersten Blick befremdlich anmutende Argument erklärt sich aus der Unsicherheit Peletiers und seiner Zeitgenossen hinsichtlich der korrekten Aussprache des Lateinischen und Griechischen und entspringt gleichzeitig dem Anliegen, dem Französischen eine Form und einen Status zu verleihen, der die Zeiten überdauert. So sagt Dauron im „Dialogue":

> Si donq nous pansons quǝ notrǝ Languǝ doęuǝ durer apręs quǝ la prolacion matęrnęlǝ an sǝra abolięǝ: otons la posterite dǝ la peinǝ ou nous sommǝs dǝ presant pour les Languǝs aquisitiuǝs.
>
> [...] pourquoę nǝ balhons nous la formǝ, le caracterǝ et l'etat a notrǝ Françoęs, qu'il doęt tǝnir perpetuęlǝmant.[79]

2. Neben den nachfolgenden Generationen sieht Peletier als Begünstigte einer reformierten Schreibung vor allem die Ausländer. Die mangelnde Übereinstimmung zwischen Schreibung und Lautung ist nach Ansicht Peletiers für diese besonders irritierend, da sie die Ableitung der Aussprache aus der Schrift und damit – so die Folgerung Peletiers – das Lesen behindere.

> [...] lǝ plus qu'an puisse sęruir lǝ reglǝmant pour lǝ tans presant, c'ęt pour les etrangers: auquez il faut aprandrǝ a la pronocer.[80]

3. Peletier führt verschiedene Vorbilder an, um seine Auffassung von der idealen Schreibung zu bekräftigen. Er nennt die vorausgehenden Generationen, bei denen Schreibung und Aussprache übereinstimmen; daneben verweist er auf die Schreibung des Lateinischen sowie die spanische Graphie.[81]

Im Mittelpunkt der Argumentation Peletiers stehen die zukünftigen Generationen und die Ausländer. Die „rayson", der Meigret im Rahmen seiner Überlegungen einen zentralen Stellenwert einräumt, findet sich bei Peletier zwar ebenfalls erwähnt,[82] spielt jedoch in seinen Ausführungen eine untergeordnete Rolle. Dasselbe gilt für das Lesen: Auch Peletier betrachtet die Frage der Schreibung aus der Leser-Perspektive. Er

---

[78] Peletier (1550 a), Widmung, S.3 f.; vgl. auch Peletier (1550 a), S.78 f., 87 u. 133 f.

[79] Peletier (1550 a), S.79 u. S.133 f.

[80] Peletier (1550 a), S.80; vgl. auch S.127 u. 129.

[81] Vgl. Peletier (1550 a), S.84, 87 u. 112.

[82] Vgl. etwa Peletier (1550 a), S. 82 f. u. 135.

stimmt mit Meigret in der Auffassung überein, daß der Zugang zur Bedeutung beim Lesen über die Lautung erfolgt; so legt er Dauron die folgenden Äußerungen in den Mund:

> [...] quant a l'eulh qui nous eidę a lirę, il nę fęt autrę chosę quę randrę a l'oreilhę cę qu'il à autręfoęs pris d'ęlę.

> [...] l'eulh [...] nous fęt fęrę jugęmant dę la prolacion seulę, e nompas ancoręs dę la sinificacion du mot [...][83]

Die Verbesserung der Lesbarkeit stellt für Peletier jedoch kein wesentliches Anliegen dar; als Problem wird das Lesen lediglich bezüglich der Ausländer thematisiert.

Neben den genannten Übereinstimmungen bestehen zwischen Meigret und Peletier Divergenzen, die zu einer heftigen Auseinandersetzung zwischen beiden Autoren führen. Betreffen die Einwände Peletiers gegenüber dem von Meigret vorgeschlagenen Schriftsystem einerseits Detailpunkte, so ist seine Kritik andererseits prinzipieller Natur, wenn er die folgende Forderung Meigrets für nicht erfüllt hält: „reduirę les letręs an leur pręmierę e naiuę puissancę". Da das lateinische Alphabet für viele Laute des Französischen keine Zeichen bereitstelle, müßten nach Ansicht Peletiers neue Buchstaben eingeführt werden, um dieses Ziel zu erreichen.[84] Die Divergenzen, die im Mittelpunkt der Auseinandersetzung zwischen Meigret und Peletier stehen, drehen sich um zwei Fragenkreise:

1. Der zentrale Einwand, den Peletier an Meigret richtet, betrifft den Umfang der angestrebten Reform. Peletier ist mit seiner Reformforderung weit zurückhaltender als Meigret, wobei er sich von der Frage der Anwendbarkeit einer reformierten Schreibung leiten läßt. Aus diesem Grund plädiert er für die sukzessive Einführung von Neuerungen und bevorzugt „quelquę resolucion, sinon toutę parfętę, atout lę moins ręceuablę".[85] Die folgende an Meigret gerichtete Aufforderung macht seine Auffassung deutlich:

> Ię tę pri nę nous montrons point si vehemans nę si rigoureus d'antreęs: Nę fesons point dirę dę nous, quę nous voulons passer dę forcę e par sus les muralhęs, quand les portęs sont ouuęrtęs: n'antrons point si a la foulę, auant quę les logis soęt preparęz: gagnons pręmieręmant les keurs des hommęs, an leur proposant les condicions moins soupçonneusęs, e qui honnętęmant nę sę peuuęt ręfuser. Puis nous leur metrons les autręs an auant, quand iz sęront un peu mieus pratiquęz, e assuręz. Croę moę, quę si nous pouuons corriger les abus les plus manifestęs, nous aurons bien bęsognè. Fésons l'un après l'autrę: e nous voęrrons, quę quasi sans nous an ętrę notablęmant aperçùz, noz ręsons auront trouuè lieu anuers tout un

---

[83] Peletier (1550 a), S.81 f.
[84] Peletier (1550 b), S.9 f.
[85] Peletier (1550 b), S.27.

peuplɇ. Puis il an viendra d'autrɇs aprȩs nous, qui achɇuɇront cɇ quɇ nous aurons, nompas oubliè, mȩs seulɇmant dißimulè.[86]

Peletier unterscheidet zwei Arten von „abus": In den „abus prɇmiers" sieht er einen Verstoß gegen die „puissancɇ des lɇtrɇs", so wenn zum Beispiel <c> für [s] steht, <g> für [ʒ] und <s> für [z]. Diese können nach Ansicht Peletiers beibehalten werden. Eine Reform sollte bei den „secons abus" ansetzen, in denen sich „l'inconstancɇ, l'incɇrtitudɇ, e irregularite dɇ l'Ecriturɇ" manifestieren. In diesem Sinn schlägt Dauron zum Beispiel die folgenden Änderungen vor: die Unterscheidung dreier Öffnungsgrade beim <e> (<e, ȩ, ɇ>); die Anzeige der Quantitätsunterschiede bei Vokalen durch Accent aigu auf langen Vokalen und Accent grave auf kurzen, sofern nicht Doppelkonsonanten die Kürze des vorausgehenden Vokals markieren; die Differenzierung von <ll> für [l] und <lh> für [j]. Im Mittelpunkt steht die Tilgung stummer Buchstaben, etwa <t> in <et>, <d> in <aduɇnir>, <s> in <blasmɇ>, entsprechend der Regel „dɇ n'ecrirɇ point cɇ qui nɇ sɇ proferɇ point".[87]

In seiner Erwiderung auf die „Apologie" von Peletier verteidigt Meigret seine Position; er wendet sich mit Vehemenz gegen das Konzept einer gemäßigten Reform und läßt Überlegungen bezüglich der Akzeptanz einer reformierten Graphie nicht gelten:

> [...] quant a ton moyen pour gañer petit a petit, ȩ finablemȩnt fȩre le sot tout de gre, si tu le trouue'bon, fȩ'le: car qant a moȩ je ne pretȩn' par mon ecritture qe pourtrȩre le plus exactemȩnt q'il me sera possible la prononçiaçíon Françoȩze, ȩn ballant a çhacune voȩs son propre charactȩre pour ȩn vzer ȩ ȩn bátir vn ecritture suyuant le bâtimȩnt de la parolle: sans ao demourant fȩr etat si je serey suyui, ou non.[88]

2. Als unüberbrückbar erweist sich ferner die unterschiedliche Auffassung der beiden Reformer bezüglich der Varietät, die als Grundlage einer lautorientierten Schreibung dienen soll. Sind sich beide Autoren in theoretischer Hinsicht zwar einig, daß als Leitvarietät eine Prestigevariante gewählt werden soll, so sind die Ansichten darüber, wie diese konkret aussieht, in vielen Punkten konträr. Die Frage der „korrekten" Aussprache nimmt daher in der Auseinandersetzung zwischen Meigret und Peletier eine bedeutende Stellung ein. Peletier kritisiert zahlreiche Detailpunkte und wirft dem aus Lyon stammenden Meigret vor: „Jɇ tɇ prì, Meigrȩt, n'epousons point si afectueusɇmant la prolacion dɇ notrɇ païs."[89] In seiner Replik verteidigt Meigret seine Auffassung Punkt für

---

[86] Peletier (1550 b), S.18.
[87] Peletier (1550 a), S.105-116.
[88] Meigret (1550 a), S.4 recto.
[89] Peletier (1550 b), S.23; zur Kritik Peletiers an der Aussprache Meigrets vgl. insbes. ebda. S.16 ff.

Punkt und entgegnet: „tu as ton Mançeao, ę la prolaçíon Mormand' ęn singuliere recomandaçíon [...]".[90]

Peletier ist mit seiner Reformforderung sehr viel zurückhaltender als Meigret. Man tut ihm jedoch Unrecht, wenn man ihn wie Brunot lediglich als „révolutionnaire honteux et timoré"[91] bezeichnet, denn ihm gebührt zweifellos das Verdienst, Überlegungen zur Akzeptanz einer Reform in die Debatte einzubringen. Peletiers Konzept einer begrenzten Reform wirft gleichzeitig ein Problem auf, das im Zentrum aller gemäßigten Reformvorschläge steht: Es stellt sich die Frage, welche Punkte zu reformieren sind und welche beibehalten werden können, wo – in der Terminologie Peletiers – die Grenze verläuft zwischen „abus prémiers" und „secons abus". Die Abgrenzung erweist sich beim Reformvorschlag Peletiers als besonders heikel, da er dem Ideal der lautgetreuen Schreibung keine andere Theorie entgegenzusetzen vermag und die Einschränkung einer Reform lediglich durch Einwände hinsichtlich ihrer Anwendbarkeit gerechtfertigt wird.

III.2.2.3. Die Argumente der Reformgegner

Eine ausführliche Darstellung der Argumente, die zur Verteidigung der traditionellen Schreibung angeführt werden, findet sich im „Dialogue de l'Ortografe e Prononciacion Françoese" von Peletier du Mans, der als Kondensat der Orthographiediskussion der Epoche betrachtet werden darf. Die Person de Bèze bemüht sich um eine detaillierte und umfassende Widerlegung der Argumente der Reformer. Die folgende Darstellung lehnt sich daher in erster Linie an die Argumentation von de Bèze an. Als Ergänzung werden die Überlegungen von Guillaume des Autelz hinzugezogen, die jedoch sowohl in ihrer Logik als auch in der Vielseitigkeit der Argumentation weit hinter denjenigen zurückbleiben, die Peletier de Bèze in den Mund legt. Die Einwände, die gegen eine Reform vorgebracht werden, sind im wesentlichen die folgenden:

1. Das erste Argument, das de Bèze gegen eine Veränderung der Schreibung ins Feld führt, ist die Gewohnheit: Mit einer Reform tut man den Franzosen keinen Gefallen, sie sind an die bestehende Schreibweise gewöhnt und stellen sie nicht in Frage. Eine neue Graphie erforderte die Aufgabe einer Sache, die für gut geheißen wird, und mühevolles Umlernen.

> Car les Françoęs, pour étré dé si long tans acoutumèz, assurèz e confirmèz an la modé d'ecriré qu'iz tienét dé presant, sans jamęs auoęr ouï parler dé compleinté ni

---

[90] Meigret (1550 a), S.7 verso.
[91] Brunot (1966-1968), Bd.II (1967), S.110.

reformacion aucuné: sé trouuéront tous ebahiz, e panséront qu'on se veulhé moquer d'eus, dé la leur vouloèr óter einsi acoup.

[...] vous les metrèz an peiné dé desaprandré uné chosé qu'iz trouuét bonné e ęseé, pour an aprandré uné fascheusé, longué e dificilé, e qui né leur pourra aporter qué confusion, ęrreur e obscurite.[92]

De Bèze wendet sich generell gegen die Einführung von Neuerungen, so sagt er bezüglich der Reformer:

Męs s'iz vouloęt croęré cõseilh, iz déuroęt un peu mieus e plus a loęsir panser, quel perilh c'ęt d'introduiré nouueautéz: léquelés an téz cas plus qu'an autré androęt, sont deprisablés e odieusés.[93]

Auch ist es nach Ansicht von de Bèze für eine Reform der Graphie bereits zu spät.[94]

In der Berufung auf die Gewohnheit sieht Meigret ein zentrales Argument gegen eine Reform. Dem „usage" ist seines Erachtens jedoch nur dann zu folgen, wenn er der „rayson" entspricht, diese wird bei Meigret zum konstitutiven Element des „usage". De Bèze setzt dieser Auffassung ein anderes Verständnis von „usage" entgegen:

Car qu'apęlérons nous plus ręsonnablémant Vsagé, sinon cé qui ęt aprouuè par hommés qui sont les prémiers antré les leurs an toutés sortés dé Disciplinés, [...] lequez toutéfoęs nous lęssét et soufrét notré Ortografé an l'etat qu'ęlé ęt.[95]

2. Eine Reihe von Einwänden gegen die Veränderung der Graphie bezieht sich auf Schwächen in der Konzeption der Reformer und einer reformierten Schreibung:

– Die Graphie kann die gesprochene Sprache nicht vollständig wiedergeben. So wendet de Bèze ein:

[...] il n'i à Ecrituré au mondé si propré né si curieusémant chęrcheé, qui puissé au vrei e au naïf represanter la parolé.[96]

De Bèze weist sowohl auf die Vielfalt der Laute als auch auf prosodische Elemente hin.[97] Dieser Einwand zielt auf das Postulat der Vertreter einer Reform, die Schreibung solle so genau als möglich die Aussprache abbilden; bezeichnend hierfür ist der von Meigret des öfteren erwähnte Vergleich der Schreibung mit der Malerei.[98] Die von de Bèze geäußerte Überlegung deutet damit einen wesentlichen Schwachpunkt in der Theorie der Reformer an, der darin besteht, daß eine Unterscheidung zwi-

---

[92] Peletier (1550 a), S.45 f.
[93] Peletier (1550 a), S.63.
[94] Vgl. Peletier (1550 a), S.62.
[95] Peletier (1550 a), S.63 f.
[96] Peletier (1550 a), S.48.
[97] Vgl. ebda., S.48 f.
[98] Vgl. etwa Meigret (1542), S.31.

schen einem Laut und einer Klasse von Lauten nicht vorgenommen wird.

– Ein weiterer Kritikpunkt, der insbesondere von Guillaume des Autelz geäußert wird, betrifft die phonetische Instabilität des Wortes. Die Tatsache etwa, daß Endkonsonanten in Abhängigkeit von der phonetischen Umgebung realisiert werden oder nicht, führt im Fall einer konsequenten lautgetreuen Schreibung zu verschiedenen graphischen Wortformen. Des Autelz formuliert dies folgendermaßen:

> [...] si [...] l'escripture obeissoit a la prononciation, il nous fauldroit tumber au plus grand desordre du monde: & aduiendroit que nous n'entendriõs pas le plus souuent, ce que seroit escript quand il seroit besoing escripre vn mot aultremē̄t auāt vne voyelle, & aultrement auant vne consonante. [...] Quel abus seroit ce, si on ne les escriuoit encores qu'on ne les prononce pas? [...] quel abus seroit si on ne les escriuoit? vous mesmes qui estes hardiz oultre mesure ne l'osez faire.[99]

– Einen Nachteil sehen die Reformgegner darin, daß eine lautabbildende Schrift, will sie ihren Prinzipien treu bleiben, eine fortwährende Anpassung an die sich verändernde Aussprache erforderlich macht. So gibt de Bèze zu bedenken:

> [...] la prolacion changeͤ deͤ tans an tans. Partant si nous voulions tousjours donner nouuelleͤ Ecritureͤ a la nouuelleͤ Prononciacion, ceͤ seͤroèt a tous cous a reͤcommancer [...][100]

Die laufende Angleichung der Graphie an die Aussprache wird von den Reformern selbst gefordert. Nach Ansicht der Gegner einer Reform steht dies jedoch den Bemühungen der Zeit um eine Normierung von Sprache und Schreibung entgegen.

– Die schwierige Frage der Norm wird von des Autelz angesprochen, wenn er Meigret entgegenhält:

> [...] ie loue l'inuention [...] de ceulx qui nous veulent faire escripre comme nous pronõcons, poureuu que la prononciation fust bõne & non vicieuse. Et voyla en quoy je seroy biẽ d'accord auec'eulx.[101]

Damit zielt er ins Zentrum der Varietätenfrage, die als Kernproblem in der Auseinandersetzung zwischen den Reformern bereits erwähnt wurde. Sind diese sich in theoretischer Hinsicht zwar einig über die Wahl einer Prestigevariante, so verfügt das 16. Jahrhundert noch nicht über eine Standardaussprache oder weitgehend akzeptierte Prestigevarietät des Französischen.[102] Der praktischen Durchführung einer Reform im Sinne

---

[99] Zitiert nach Meigret (1550 b), S.16 ff.; vgl. auch de Bèze in Peletier (1550 a), S.58 f.
[100] Peletier (1550 a), S.61.
[101] zitiert nach Meigret (1550 b), S.5.
[102] Vgl. hierzu: Hermans, Huguette u. Willy van Hoecke (1989): Le problème de la réforme de l'orthographe: les conceptions de Peletier (1550, 1555) et de Rambaud (1578).

der Vorstellungen ihrer Befürworter ist damit freilich eine wesentliche Grundlage entzogen.

Des Autelz plädiert für die Umkehrung der Forderung Meigrets: die Anpassung der Aussprache an die Schreibung.

> [...] ils veulēt reigler l'escripture selon la prononciation, & il sembleroit plus conuenant reigler la prononciation selō l'escripture: pource que la prononciation vzurpée de tout le peuple auquel le plus grand nombre est des idiots, & indoctes, est plus facile a corrompre que l'escripture propre aux gens scauants.[103]

Daß dieser Forderung ein grundsätzliches Mißverständnis sprachlicher Zusammenhänge zugrundeliegt, macht bereits Meigret eingehend deutlich. Die Überlegungen von des Autelz dürfen jedoch als symptomatisch erachtet werden für die Unsicherheit seiner Zeit hinsichtlich der „korrekten" Aussprache des Französischen und das Bestreben einer Normierung und Fixierung der Sprache.

3. Eine Infragestellung der theoretischen Prämissen der Reformer findet sich in den Überlegungen von de Bèze:

> [L'écriture] nę doęt point ętre tant sugętę a la prolacion qu'a l'antandęmant: vù que lę plus quę nous rętirons dę l'Ecriturę, cęt l'inteligancę du sans. Ię puis lirę un Liurę tout antier, sans an prononcer un seul mot: d'autant quę ję mę contantę du fruit quę j'an raportę an l'Esprit l'eyant antandù.[104]

De Bèze rüttelt damit an den Grundfesten der Rechtfertigung einer Reform durch Meigret und seine Anhänger: Dem Prinzip der Unterordnung der Schreibung unter die gesprochene Sprache hält er entgegen, daß die Schreibung nicht nur auf die Lautebene, sondern auch auf die Bedeutungsebene rekurriert. Im Gegensatz zu der Auffassung, daß beim Lesen die gesprochene Sprache rekonstruiert wird, sieht de Bèze die Möglichkeit eines direkten Bedeutungszugangs. Diese Überlegungen von de Bèze dürfen jedoch nicht als repräsentativ für die Argumentation der Reformgegner im 16. Jahrhundert gesehen werden; auch darf man sie nicht im Licht heutiger Theorien überinterpretieren. In der Theorie stimmen auch die Verteidiger der traditionellen Schreibung häufig mit den Reformern überein, so zum Beispiel des Autelz, der das Ideal des phonologischen Prinzips mitnichten in Frage stellt.[105]

4. De Bèze plädiert für die Anzeige der Etymologie in der Schreibung. Dafür führt er verschiedene Gründe an:

In: Swiggers, Pierre u. Willy van Hoecke: La langue française au XVIe siècle: usage, enseignement et approches descriptives. Louvain. S.136-156, hier S.151.

[103] Zitiert nach Meigret (1550 b), S.7.

[104] Peletier (1550 a), S.50.

[105] Vgl. hierzu insbes. Citton/Wyss (1989), S.71 ff.

– Weist die Schreibung eines Wortes Ähnlichkeit mit derjenigen des Etymons auf, so erleichtert dies das Erkennen der Bedeutung. Vor allem für die Ausländer sieht de Bèze darin einen Vorteil:

> Car la ɽessamblancɇ des lɇtrɇs e silabɇs lui adrecɇra sa memoɇrɇ, e lui fɇra prontɇmant souuɇnir quɇ samblablɇ composicion e proporcion dɇura auoèr mɇmɇ ou samblablɇ sinificacion. Comme cɇ mot Temps, an i mɇtant un p, on antand tout soudein qu'il vient dɇ Tempus, e par cɇ moyen, on voèt cɇ qu'il sinifiɇ. [...][106]

Eine phonologische Graphie hingegen erschwert nach Ansicht von de Bèze den Bedeutungszugang und damit das Lesen.[107]

– Die Anzeige der Herkunft des Französischen aus dem Lateinischen verleiht der Schreibung Prestige und trägt damit zum Ansehen der Franzosen und ihrer Sprache bei. De Bèze hat hier wieder in erster Linie das Ausland im Blick:

> N'ęt il pas vrei quɇ les Fraçoęs sɇront tousjours reputèz plus politiquɇs, e plus amoureus des bõnɇs chosɇs, quad on cõnoętra a leur Languɇ qu'iz ont ù cõmunicacion dɇ toutɇ anciennɇte auęq tant dɇ sortɇs dɇ g'ans? nɇ jugɇra on pas a voèr leur Laguɇ si conjointɇ auęq la Latinɇ, qu'iz ont etè curieus des Liurɇs Latins, e qu'iz ont tousjours ù chez eus grãd'multitudɇ dɇ g'ans doctɇs qui leur ont fęt leur Languɇ?[108]

– Schließlich ist es auch die Anerkennung und Dankbarkeit gegenüber der Herkunftssprache, die in der Schreibung zum Ausdruck gebracht werden soll:

> Souuant außi on lęssɇ les lɇtrɇs, ancorɇs qu'ęlɇs nɇ sɇ prononcɇt point, pour la reuerancɇ dɇ la Languɇ dont les moz sont tirèz. Car s'il ęt einsi quɇ notrɇ Languɇ desçandɇ quasi toutɇ du Latin, pourquoę sɇrons nous si nonchalans, męs plus tót si ingraz, d'an vouloèr abolir la ɽessamblancɇ, l'analogiɇ e la composicion?[109]

5. In der Vereinheitlichung von lexikalischen und grammatischen Paradigmen sieht de Bèze einen Vorzug der traditionellen Graphie. Stumme Buchstaben, so de Bèze,

> [...] sɇ mętɇt pour raporter les Deriuatíz aus Primitíz: Commɇ an ces moz Descrirɇ, Descripcion: La ou combien quɇ la lɇtrɇ s nɇ sɇ prononcɇ point au prɇmier: si ęt ęlɇ necesserɇ an tous deus, pour montrer quɇ l'un e lautrɇ apartienɇt a mɇmɇ chosɇ, e sont dɇ mɇmɇ naturɇ, originɇ e sinificacion.[110]

Er nennt außerdem zum Beispiel <p> in <temps, temporel>, <c> in <contract, contracter>, <l> in der Singularform <cheual> und der Pluralform <cheuaulx>. Aus dem Bereich der Verbalflexion nennt de

---

[106] Peletier (1550 a), S.47, vgl. auch S.60.
[107] Vgl. Peletier (1550 a), S.46.
[108] Peletier (1550 a), S.59.
[109] Peletier (1550 a), S.51; vgl. auch ebda. S.57.
[110] Peletier (1550 a), S.50.

Bèze etwa die Futurformen, die in allen Personen des Singular ein <a> aufweisen.[111]

Die Schreibung verfügt damit über eine Systematik, die über die Abbildung der gesprochenen Sprache hinausgeht; de Bèze sieht keinen Grund, letzterer den Vorzug zu geben:

> [...] si ceus qui s∉ fond∉t si auant sus la prolacion, s∉ fond∉t außi sus la regularite, comm∉ iz doęu∉t fęr∉: iz trouu∉ront qu'il n'i à point d∉ reson aus uns plus qu'aus autr∉s.[112]

6. Als weiteren Vorteil der traditionellen Graphie verweist de Bèze auf die Homonymendifferenzierung: „[...] on mȩt aucun∉foęs des lȩtr∉s pour sinifier la diferanc∉ des moz". Seine Beispiele sind unter anderen <compte, conte> und <croix, croiz>.[113]

Die Argumente, mit denen Meigret diesen Einwand zu entkräften sucht, wurden bereits genannt.

7. Neben der Anzeige der Etymologie, der Vereinheitlichung lexikalischer und grammatischer Paradigmen und der Homonymendifferenzierung sieht de Bèze in den stummen Buchstaben einen Vorteil, dem er im Rahmen ihrer Verteidigung den ersten Platz einräumt: Es ist ihre Schönheit.

> [...] qui dout∉ qu'il n'i ȩt non seul∉mant an Françoęs, mȩs außi an tout∉s Langu∉s vulguer∉s, plusieurs lȩtr∉s qui n'i sont aplique∉s pour i sęruir, ni pour c∉ qu'ęl∉s i soęt necesser∉s: mȩs seul∉mant pour i donner grac∉?[114]

Die Verteidiger der überlieferten Graphie greifen hier ein wesentliches Kriterium der Beurteilung der Schönheit einer Sprache im 16. Jahrhundert auf, das in ihrer „abondance" besteht.[115] Das ästhetische Argument wird von Meigret durchaus ernst genommen, ohne daß er es widerlegen könnte. Die Schönheit der stummen Buchstaben wird von seiner Seite weniger in Frage gestellt als vielmehr der „rayson" und der Verbesserung der Lesbarkeit untergeordnet. So schreibt er bezüglich der Mängel der traditionellen Schreibung:

> Au demourant ie vouldroys bien sauoir quel bien, ou quel profit il en vient, ou bien quelle necessité nous y contraint? sinon que sans point de doubte le vocable en à tant plus belle apparance.[116]

---

[111] Vgl. Peletier (1550 a), S.51 u. 56.
[112] Peletier (1550 a), S.55.
[113] Peletier (1550 a), S.51.
[114] Peletier (1550 a), S.50.
[115] Vgl. hierzu Citton/Wyss (1989), S.74.
[116] Meigret (1542), S.11; vgl. auch ebda. S.49.

Meigret sieht darin nicht zuletzt einen wesentlichen Hinderungsgrund für die Durchsetzung einer Reform.[117]

8. Für den Erhalt der traditionellen Graphie spricht nach de Bèze noch ein weiterer Grund: die soziale Unterscheidung, die ein Schriftsystem mit sich bringt, dessen Beherrschung lange Vertrautheit mit der Schreibung und dem Lateinischen erforderlich macht.

> Il faut qu'il i ęt quelquɇ diferancɇ antrɇ la manierɇ d'ecrirɇ des g'ans doctɇs, e des g'ans mecaniquɇs: Car sɇroęt cɇ ręson d'imiter lɇ vulguerɇ, lɇquel sans jugemant metra außi tôt un g pour un i, e un c pour un s, commɇ un mot pour un autrɇ: brief, qui nɇ gardɇra ni reglɇ ni gracɇ an son Ecriturɇ, non plus qu'an son parler ni an ses fęz? ęt cɇ ręson qu'un Artisan qui nɇ saura quɇ lirɇ e ecrirɇ, ancorɇs assez mal adroęt, e qui n'an antant ni les ręsons ni la congruite, soęt estimè außi bien ecrirɇ, commɇ nous qui l'auons par etudɇ, par reglɇ, e par excɇrcicɇ?[118]

Daß diesem Einwand jedoch in aller Regel kein Demokratisierungsanspruch auf seiten der Reformer gegenübersteht, wurde bereits bezüglich der Argumentation Meigrets erwähnt. Sehr viel deutlicher wird dies bei Peletier, wenn Dauron die soziale Unterscheidung gerade als Motivation für eine Reform anführt. Der Reformer Dauron und der Konservative de Bèze sind sich hier hinsichtlich des zu erreichenden Ziels einig; Divergenzen bestehen nur darüber, wie dieses erlangt werden kann. So sagt Dauron:

> Otons lɇ gouuɇrnɇmant dɇ notrɇ Ecriturɇ, dɇ la mein des g'ans mecaniquɇs e barbarɇs: ôtons an lɇ manimāt a la multitudɇ: [...] Męs quant a nous, prɇnons anuiɇ d'ecrirɇ doctɇmant, proprɇmant, e sinificatiuɇmant, cɇ qui nous dɇsirons qui soęt vù, e qui demeurɇ.[119]

Die Argumente, die die Verteidiger der traditionellen Graphie einer Reform entgegenhalten, betreffen damit im wesentlichen die folgenden Bereiche:

- Die Gewohnheit spricht ihres Erachtens gegen eine Reform.
- Sie üben Kritik an einer lautgetreuen Schreibung. Diese bezieht sich jedoch weit mehr auf ihre Anwendbarkeit in linguistischer Hinsicht als auf die Infragestellung der theoretischen Grundlagen.
- Sie machen auf Vorteile der traditionellen Schreibung aufmerksam, die insbesondere die stummen Buchstaben betreffen: Anzeige der Herkunft, vereinheitlichende Schreibung lexikalischer und grammatischer Paradigmen, Homonymendifferenzierung, Schönheit.

Meigret nimmt zwar einige dieser Einwände vorweg und sucht sie zu entkräften. Die zentralen Gegenargumente, die die Problematik der An-

---

[117] Vgl. Meigret (1542), S.49.

[118] Peletier (1550 a), S.52.

[119] Peletier (1550 a), S.132 f.

wendbarkeit einer Reform und die linguistische Theorie betreffen, scheint er jedoch nicht zu sehen.

Über die aufgezeigten Divergenzen hinaus besteht zwischen Reformern und Konservativen ein Konsens über einige Prämissen. Da man, zumal aus heutiger Perspektive, unterschiedliche Auffassungen erwarten könnte, seien sie im folgenden kurz erläutert:

- Ein gewisser graphischer Liberalismus wird von keiner Seite in Frage gestellt; eine allgemein verbindliche Norm der Graphie steht im 16. Jahrhundert noch nicht zur Debatte. So schreibt etwa Meigret bezüglich der von ihm anvisierten reformierten Schreibung:

  Ce que j'entends principalement des écritures publiques et communes à toute nation: car, quant au privé, [...], chacun en fasse à sa fantaisie.[120]

  Peletier läßt de Bèze im „Dialogue" sagen:

  [...] les anseignęmans dę l'Ortografę nę sont pas commę d'unę Filosofię moralę: qui montrę qu'il n'i a qu'unę voęę qui soęt bonnę, qui ęt lę milieu antrę deus extremęs. Si un hommę ecrìt a sa modę, e un autrę a la siennę: il peùt ętrę quę tous deus ont leur ręsons, e quę tous deus nę falhet point.[121]

- Die Frage der Graphie wird von beiden Seiten aus der Perspektive des Lesens betrachtet; die Schreiberperspektive bleibt weitgehend ausgeblendet.
- Das Lateinische ist Vorbild und Bezugspunkt sowohl für die Reformer als auch für die Konservativen. Den Vertretern einer Reform geht es nicht etwa um eine Abgrenzung vom Lateinischen; sie berufen sich gerade auf die lateinische Graphie, in der sie ihr Ideal auf exemplarische Weise verwirklicht sehen. Die Konservativen wenden ein, daß auch die Schreibung des Lateinischen nicht strikt lautabbildend sei;[122] sie sehen in der Anzeige der Verbindung zum Lateinischen ein wesentliches Kriterium für den Erhalt der traditionellen Schreibung.
- Daß die Beherrschung der Schreibung das Privileg einer Elite ist und bleiben soll, findet sich in den hier untersuchten Texten von keiner Partei in Frage gestellt. Wird dies als Argument von de Bèze zwar explizit in die Debatte eingebracht, so scheint es vielmehr darum zu gehen, welche Art der Schreibung die gelehrte Elite auszeichnet.
- Sowohl die Befürworter als auch die Gegner einer Reform sind gleichermaßen um die Ausländer und das Ansehen und Prestige des Französischen als internationale Sprache bemüht. Bei beiden erhält dieses Anliegen im Rahmen ihrer Überlegungen einen zentralen

---

[120] Meigret (1548), S.157 f.
[121] Peletier (1550 a), S.67.
[122] Vgl. de Bèze in Peletier (1550 a), S.53.

Stellenwert. Die Divergenzen beziehen sich ausschließlich darauf, welche Art der Schreibung dem Ziel gerecht wird. Für Meigret und Peletier erleichtert eine Reform den Ausländern den Umgang mit der Graphie und trägt zum Ansehen des Französischen bei. De Bèze wendet ein, daß eine etymologische Schreibung den Bedeutungszugang vereinfache; dem Prestige des Französischen im Ausland ist eine Reform seines Erachtens abträglich.[123]

III.2.3. Die Auswirkungen der Reformdebatte

Den Forderungen der Reformer des 16. Jahrhunderts ist bekanntlich kein Erfolg beschieden; weder der Vorschlag Meigrets noch derjenige Peletiers können sich durchsetzen. Zur Erklärung ihres Mißerfolgs können Faktoren verschiedenster Art verantwortlich gemacht werden, die zum Teil immer wieder zum Scheitern graphischer Reformprojekte führen. Nur einige wesentliche, die mit der spezifischen Situation des französischen 16. Jahrhunderts zusammenhängen, seien im folgenden genannt:

1. Die Divergenzen zwischen den Reformprojekten bilden ein wesentliches Hindernis für die Durchsetzung einer Reform. Bestehen unterschiedliche Auffassungen bezüglich ihres Umfangs, so stehen der Verwirklichung einer Reform insbesondere auch die verschiedenen Varietäten im Weg, die die Reformer ihrem Schriftsystem zugrunde legen. Das Bemühen um eine Kompromißlösung ist ihnen fremd; gerade Meigret kümmert sich wenig um die praktische Anwendbarkeit der von ihm konzipierten Graphie.
2. Die Gründe für die Veränderung der Schreibung bestehen für ihre Verfechter vor allem in ihrer Anpassung an die Erfordernisse der „rayson", der Erleichterung des Lesens, dem Ansehen des Französischen im Ausland sowie der Berücksichtigung zukünftiger Generationen. Bei den Rezipienten einer Reform scheinen diese Gründe als Motivation dafür, graphische Gewohnheiten aufzugeben, nicht auszureichen. So sehen Citton und Wyss die zentrale Ursache für das Scheitern der Reformvorhaben in der „absence d'une pression sociale qui soit venue appuyer les projets de réforme".[124] Schließlich bereitet dem lateinkundigen Frankophonen der Umgang mit der traditionellen etymologisierenden Graphie keine Schwierigkeiten, und Probleme des Schreibens stellen sich deshalb nicht, da der Einzelne durch das Fehlen einer verbindlichen Norm über einen gewissen Spielraum verfügt.

---

[123] Vgl. Peletier (1550 a), S.62.
[124] Citton/Wyss (1989), S.144.

3. Es fehlt eine Autorität oder Instanz, die sich der Reform annimmt und über genügend Einfluß und Kompetenz verfügt, um ihr zum Durchbruch zu verhelfen. De Bèze weist im „Dialogue" hierauf hin: „[...] si faut il auoęr quelquę autorite e puissancę, pour laquelę on ęt ocasion dę sę montrer plus hardi quę les autręs."[125]

Wenn sich die Reformprojekte Meigrets und Peletiers auch nicht konkret in die Tat umsetzen lassen, so sind ihre Bemühungen doch nicht ohne Folgen, dies in zweierlei Hinsicht:

Vereinfachte Schreibungen erfreuen sich während der Renaissance-Zeit einer beachtlichen Verbreitung und Beliebtheit.[126] Man kann annehmen, daß die Überlegungen der Verfechter einer radikalen Veränderung der Graphie dabei eine Rolle spielen, wenn auch der Anteil des einzelnen Reformers schwer abzuschätzen ist. Mit Sicherheit besteht ein Einfluß von Meigret und Peletier auf Ronsard.[127] Modernisierte Schreibungen wie diejenige Ronsards verschwinden zwar zum Ende des Jahrhunderts weitgehend; niederländische Drucker nehmen jedoch Züge dieser Schreibweise auf, die auf diesem Umweg im 17. Jahrhundert wieder nach Frankreich gelangen und schließlich zum Teil in die 3. Auflage des Académie-Wörterbuchs von 1740 einfließen.

Von Bedeutung sind die Reformprojekte andererseits insofern, als spätere Verfechter einer Reform sich immer wieder auf die Theoretiker des 16. Jahrhunderts, insbesondere auf Meigret, berufen. So schreibt noch Brunot, selbst vehementer Verfechter einer radikalen Reform der französischen Orthographie, in seiner Anfang unseres Jahrhunderts erstmals erscheinenden Sprachgeschichte: „nul depuis n'a trouvé grand' chose à ajouter à l'argumentation de Meigret."[128]

III.2.4. Überblick über die zentralen Argumente

Im nachfolgenden Schema werden – analog zur Vorgehensweise im Fall der karibischen Debatte – die wesentlichen Argumente der französischen Orthographie-Diskussion des 16. Jahrhunderts nochmals zusammengestellt.

---

[125] Peletier (1550 a), S.63.
[126] Vgl. hierzu Kap. III.1.2.
[127] Vgl. Catach (1968), S.87 ff.
[128] Brunot (1966-1968), Bd.II (1967), S.101.

	Radikale Reform **(Meigret)**
linguistische **Theorie**	- Schreibung als Abbildung der gesprochenen Sprache

	- *Homonymendifferenzierung gibt es in*
	  der gesprochenen Sprache auch nicht,
	  Bedeutung läßt sich aus dem Kontext
	  erschließen, etc.

Lesen **und** **Schreiben**	- Verbesserung der Lesbarkeit
"außer- **sprachliche"** **Argumente**	- "la rayson"

	- Reform zugunsten der Ausländer und
	  des Ansehens des Französischen als
	  internationale Sprache

	- *keine Verpflichtung, aus Dankbarkeit die* *Etymologie in der Schreibung anzuzeigen*
	- Vorbild der lateinischen und griechischen Graphie
	- Vorbild antiker Autoren
	(-"espargne de papier, de plume, & de temps")

Gemäßigte Reform (Peletier)	**Reformgegner**
- Schreibung als Abbildung der gesprochenen Sprache	- Einwände bezüglich der Realisierbarkeit einer lautgetreuen Schreibung in linguistischer Hinsicht
	- de Bèze: Bezug der Graphie zur Bedeutung, Vereinheitlichung lexikalischer und grammatischer Paradigmen, Homonymendifferenzierung
	- des Autelz: Schreibung als Abbildung der gesprochenen Sprache
(- Verbesserung der Lesbarkeit für Ausländer)	- Eine etymologische Graphie erleichtert das Erkennen der Bedeutung, insbes. für Ausländer (de Bèze)
(- "la rayson")	- Gewohnheit (de Bèze)
- Reform im Hinblick auf zukünftige Generationen	
- Reform zugunsten der Ausländer	- *Reform stellt keinen Vorteil für Ausländer dar, schadet dem Ansehen des Französischen*
	- Anzeige der Herkunft: - verleiht der Graphie Prestige, trägt zum Ansehen des Frz. als internationale Sprache bei - Dankbarkeit (de Bèze)
- Vorbild anderer Schriftsysteme	- *Schreibung des Lateinischen ist auch nicht strikt lautabbildend*
	- Schönheit der stummen Buchstaben (de Bèze)
- gemäßigte Reform aufgrund von Akzeptanz-Überlegungen	
- *soziale Unterscheidung durch reformierte Graphie*	- soziale Unterscheidung (de Bèze)

III.3. Die neuere und aktuelle Reformdiskussion

III.3.1. Einleitung

Zahlreiche Argumente der Debatte des 16. Jahrhunderts finden sich auch in der neueren und aktuellen Reform-Diskussion wieder. Es haben sich jedoch zwei wesentliche Faktoren geändert, die zu einer Verlagerung von Ausrichtung und Bedeutung der Orthographie-Diskussion führen.

1. Die soziokulturellen Gegebenheiten sind nicht mehr dieselben. Lesen und Schreiben stellt im 16. Jahrhundert das Privileg einer kleinen Elite dar; sie umfaßt kaum mehr als 15-20 % der Bevölkerung. Wer Lesen und Schreiben kann, ist in aller Regel auch des Lateinischen kundig. Dies gilt für die Reformer als auch für die Adressaten einer Reform. Latein ist der Bezugspunkt aller Debatten um die Orthographie. Etymologische Schreibweisen haben damit einen anderen Stellenwert als heute. Wichtig ist insbesondere auch, daß es keine Norm der Orthographie im heutigen Sinn gibt; dem Schreibenden ist mithin ein erheblicher Spielraum gelassen.

Mit Massenalphabetisierung und Einführung der allgemeinen Schulpflicht im 19. Jahrhundert entsteht eine Norm der Orthographie, deren Abweichungen als Fehler sanktioniert werden. Gleichzeitig ist das Lateinische für die Mehrheit der Bevölkerung immer weniger präsent. Das orthographische Problem verschiebt sich damit: Während das Lesen in aller Regel keine Schwierigkeiten macht, rückt in den Vordergrund das Problem des Schreibens und insbesondere des Schreiben-Lernens. Mit viel Mühe und unter großem Zeitaufwand müssen sich die französischen Schüler eine Fülle von Regeln und orthographischen Formen einprägen, die für sie häufig uneinsichtig sind. Besondere Bedeutung erhält die Orthographie dadurch, daß sie in der Schule nach wie vor ein wesentliches Selektionsinstrument darstellt.[129] Auch für das berufliche Fortkommen ist sie in vielen Bereichen entscheidend. Die soziale Dimension hat sich damit verlagert: Geht es im 16. Jahrhundert in erster Linie darum, überhaupt Lesen und Schreiben zu können, so stellt sich heute die Frage der Beherrschung der Orthographie. Die Problematik von Orthographie und Schule wurde in den letzten Jahren immer wieder unter dem Stichwort „crise de l'orthographe" diskutiert. Allgemein wurde ein Rückgang des orthographischen Niveaus bei den heutigen Schülern angenommen. Daß

---

[129] Guion spricht von der „fonction d'enculturation et de séléction" des Orthographieunterrichts, vgl. Guion, Jean (1974): L'institution orthographe. A quoi sert l'orthographe? A quoi sert son enseignement? Paris, hier S.45 ff.

diese beim Schreiben mehr Fehler machen als vorangehende Generationen, gilt inzwischen als weitgehend widerlegt.[130] Dennoch darf die Diskussion wohl als Indikator für das Orthographie-Problem gelten. Um sich die Relevanz des Orthographie-Themas vor Augen zu führen, genügt auch ein Blick in eine beliebige französische Buchhandlung: Es gibt eine Fülle von Literatur, die sich in den Dienst der Verbesserung und Vervollkommnung orthographischer Fähigkeiten stellt. Auch die Begeisterung Tausender Frankophoner für die Diktate Bernard Pivots im Rahmen der „Championnats de l'orthographe" spricht für sich.

Zur Lösung des Orthographie-Problems werden immer wieder Konsequenzen in zweierlei Hinsicht gezogen, die sich zum Teil als komplementär verstehen, zum Teil sich aber in heftigem Widerstreit befinden: die Verbesserung der Pädagogik auf der einen Seite und die Änderung der Orthographie auf der anderen.

2. Die Weiterentwicklung der Theorie der Schreibung verleiht der Frage der Reform eine neue Grundlage. Das Ideal einer phonologischen Schreibweise in Reinform wird zunehmend in Frage gestellt. Auch Alphabetschriften sind Mischsysteme; sie rekurrieren in aller Regel nicht ausschließlich auf die Lautebene, sondern auch auf andere sprachliche Ebenen, vermitteln morphologische und semantische Information und stellen damit einen direkten Bedeutungsbezug her. Arbeiten zur Struktur der französischen Orthographie seit Mitte der 60er Jahre zeigen auf, daß diese nicht so inkohärent ist wie lange Zeit angenommen, sondern systematischen Charakter hat.[131] Untersuchungen zum Leseprozeß machen deutlich, daß der geübte Leser die Bedeutung nicht auf dem Umweg über die Lautebene, sondern direkt erfaßt.

Den Ausgangspunkt der neueren Orthographie-Diskussion sieht man gemeinhin in dem sogenannten „Rapport Beslais" von 1965.[132] Besonders intensiv diskutiert wird die Möglichkeit einer Reform in der zweiten Hälfte der 60er Jahre; 1988/89 wird die Debatte wieder aufgenommen. Es geht im folgenden jedoch weniger um eine Chronologie der Arbeiten zur Reform; Ziel ist vielmehr eine kritische Synthese der verschiedenen theoretischen Positionen anhand repräsentativer Arbeiten sowie eine

---

[130] S. dazu insbesondere die Untersuchung von Chervel, André et Danièle Manesse (1989): La Dictée. Les Français et l'orthographe. 1873-1987. Paris. Vgl. auch Guion, Jean (1973): A propos de la crise de l'orthographe. In: Langue Française 20. S.111-118 u. ders. (1974) sowie Ters, François (1973 a): Orthographe et vérités. Paris.

[131] Zu nennen sind hier insbesondere die Arbeiten von Gak, Thimonnier, Blanche-Benveniste/Chervel und Catach.

[132] Rapport général sur les modalités d'une simplification éventuelle de l'orthographe française. Elaboré par la Commission ministérielle d'études orthographiques sous la présidence de M.A.Beslais. (1965). Paris.

Darstellung der Änderungen von offizieller Seite.[133] Im Anschluß daran sollen mittels einer Analyse von Pressebeiträgen auch die Argumente in der öffentlichen Diskussion betrachtet werden.

III.3.2. Die Positionen in der Diskussion

Untersucht man die Reformvorschläge und wissenschaftlichen Arbeiten, die sich dem Thema widmen, so lassen sich auch hier – wie immer bei Veränderungen im sozialen Bereich – drei Gruppierungen unterscheiden: Revolutionäre, Konservative und Reformer. Die Extreme bilden die Forderung einer phonologischen Schreibung für das Französische auf der einen Seite und die Verteidigung der Orthographie in ihrer traditionellen Form auf der anderen. Die meisten Stellungnahmen liegen in der Mitte, unterscheiden sich jedoch in Auswahl und Umfang der zu reformierenden Punkte.

III.3.2.1. Reformvorschläge mit dem Ziel einer phonologischen
         Schreibung für das Französische

Ausgehend von der Priorität der gesprochenen Sprache wird auch in jüngerer Zeit die alte Forderung einer möglichst genauen Abbildung der Lautseite der Sprache durch die Schreibung wieder aufgenommen. Hauptvertreter dieser Tendenz sind Martinet sowie die Koautoren Blanche-Benveniste und Chervel. Da sich sowohl ihr Ansatz als auch die erstrebte Schreibweise unterscheiden, seien ihre Überlegungen hier getrennt dargestellt.

In seinem Aufsatz „La réforme de l'orthographe française d'un point de vue fonctionnel" von 1969 widmet sich Martinet dem Problem der französischen Orthographie und ihrer Reform.[134] Seine Beurteilung der Orthographie erfolgt auf der Basis der funktionalen Betrachtung der Sprache:

> Faire intervenir en la matière un point de vue fonctionnel, c'est essayer de dégager en quoi les conventions orthographiques actuelles sont contraires aux intérêts des usagers, et dans quelle mesure elles pourraient être remplacées par d'autres con-

---

[133] Eine chronologische Darstellung der Reformbemühungen findet sich in der Dissertation von M. Keller, die mir erst nach Abschluß des Manuskripts zugänglich wurde; s. Keller, Monika (1991): Ein Jahrhundert Reformen der französischen Orthographie. Geschichte eines Scheiterns (1886-1991). Tübingen.

[134] Martinet, André (1969): La réforme de l'orthographe française d'un point de vue fonctionnel. In: Ders.: Le français sans fard. Paris. S.62-90.

ventions permettant un fonctionnement plus satisfaisant de la communication écrite [...][135]

Kriterien ästhetischer, logischer oder etymologischer Art werden dabei nicht in Betracht gezogen; Martinet berücksichtigt jedoch pragmatische Überlegungen, die die Frage der Durchsetzbarkeit einer Reform betreffen. Das Ziel jeder Veränderung der Orthographie aus funktionaler Perspektive besteht darin, ihre Erlernbarkeit zu erleichtern. Des Interessenkonflikts zwischen Leser und Schreiber sowie Anfänger und geübtem Leser/Schreiber ist sich Martinet bewußt. Während für den geübten Leser die Homonymendifferenzierung zum Beispiel einen Vorteil darstellt, ist für das Lesen-Lernen eine phonologische Graphie ideal, „une lettre, un phonème, toujours le même".[136] Ebenso ist das Erlernen des Schreibens einfacher, wenn man sich an der Aussprache orientieren kann. Im Interesse derjenigen, die die Orthographie erlernen müssen, plädiert Martinet daher für eine phonologische Graphie des Französischen.

Jede phonologische Schreibung sieht sich vor das Problem gestellt, eine Entscheidung bezüglich der verschiedenen Sprachvarietäten zu treffen. Nach Martinet gibt es drei Möglichkeiten:

1. Eine Lösung besteht in der autoritären Auswahl einer Leitvarietät und bringt eine Vereinheitlichung der Aussprache mit sich.
2. Es können andererseits ausschließlich die Distinktionen geschrieben werden, die sich bei allen Sprechern finden, was jedoch zu einem Anwachsen der Zahl der Homographen führt.
3. Schließlich besteht die Möglichkeit, daß jeder entsprechend seiner Aussprache schreibt; diese Lösung geht aber auf Kosten der Lesbarkeit.

Martinet entscheidet sich für die erste Möglichkeit; sie hat seines Erachtens den Vorteil, für das Lesen leichter zu sein und die Aussprache zu vereinheitlichen, was auch zu einer Vereinfachung der mündlichen Kommunikation führt. Als Grundlage wählt er „la phonologie qui tend à s'établir dans les jeunes générations de locuteurs parisiens".[137]

Was die Auswahl der Zeichen angeht, so stellt Martinet zwei Möglichkeiten einer phonologischen Graphie für das Französische vor. Beide benutzen so weit als möglich die in der französischen Orthographie gebräuchlichen lateinischen Buchstaben mit ihren traditionellen Werten. Im ersten Vorschlag steht für jedes Phonem ein Zeichen; die Graphie ist für denjenigen, der sich die Regeln nicht angeeignet hat, schwer lesbar. Die zweite Lösung lehnt sich stärker an die traditionelle Orthographie an, indem sie zwar an dem Prinzip festhält, daß jedes Phonem nur eine Darstellung bekommt, aber auch Digraphe übernimmt, zum Beispiel

---

[135] Ebda. S.62.
[136] Ebda. S.72.
[137] Ebda. S.76.

<ou> für /u/ und /w/, <an, on, in> für die Nasale. Diese Schreibweise ist für den mit der traditionellen Orthographie Vertrauten wesentlich leichter lesbar, hat aber zum Nachteil, daß sie den Eindruck einer fehlerhaften Orthographie erweckt. Folgender Textabschnitt stammt von Jean-Paul Sartre und wurde von Martinet in seine beiden Graphievorschläge umgesetzt:

„nw n sõjõ pa a ẽstore ẽ rlativism literer. nwz avõ pœ d gw pwr l istorik pur. e daiœr egzist t il ẽn istorik pur sinõ dã le manuel d msiœ seniobos ? cak epok dekwvr ẽn aspè d la kõdisiõ umen, a cak epok l om s cwazi ã fas d otrui, d l amwr, d la mor, du mõd; e lorsk le parti s afrõt a propo du dezarmmã de efefi w d l ed a fwrnir o republikẽz espaniol, s è s cwa metafizik, s projè sẽgulie e absolu ki et ã jœ."

„nou ne sonjon pa a instoré in relativisme litérèr. nous avon peu de gou pour l istoric pur. é d ayeur existe t il in istoric pur sinon dan lé manuel de M. séniobos ? chac épóc découvre in aspè de la condission umène, a chac époc l ome se choisi an fasse d ôtrui, de l amour, de la mor, du monde; é lorsque lé parti s afronte a propo du désarmeman dé F.F.I. ou de l'èd à fournir ô républiquins espaniol, s è se choi métafisic, se projè singulié é absolu qui èt an jeu."[138]

Würde man eine phonologische Graphie als zu revolutionär ausscheiden, so müßte nach Ansicht Martinets eine funktionale Orthographiereform solche Züge der traditionellen Orthographie eliminieren, die ihr Erlernen wirklich erschweren. Martinet betont in diesem Zusammenhang die Vorteile einer Abschaffung der „orthographe grammaticale", die seines Erachtens „un terrible handicap" darstellt.

> Pour les Français, les variations qui ne correspondent à aucune différence dans la prononciation réclament ce que nous avons appelé un dressage, dressage qui doit absorber près du tiers de l'énergie des instituteurs et de leurs élèves.[139]

Martinet sieht das Problem einer Reform der „orthographe grammaticale" insbesondere darin, daß der schulische Grammatikunterricht damit in Frage gestellt würde.

Forderungen einer gemäßigten Reform der französischen Orthographie, die die Tilgung von Inkohärenzen der „orthographe d'usage" zum Ziel haben, steht Martinet sehr skeptisch gegenüber. Während Schwierigkeiten dabei zum Teil zwar eliminiert werden, bringen die Veränderungen andererseits wieder neue Probleme und Ausnahmen mit sich. Martinet erwähnt zum Beispiel die Vereinfachung der Doppelkonsonanten. Doppelkonsonanten können zwar einem Phonem entsprechen, die-

---

[138] Ebda. S.77 u. S.78 f.
[139] Ebda. S.81.

nen aber zum Teil der Kennzeichnung einer vom einfachen Konsonanten abweichenden Aussprache, zum Beispiel /s/ vs. /z/ in <coussin> und <cousin>, Anzeige der Öffnung des e in <je jette>, mouilliertes *l* in <fille, faillir>.

> Quant à une réforme partielle [...] on peut sincèrement se demander s'il vaut bien la peine de heurter les habitudes de millions d'usagers sans aboutir à renouveler les conditions générales de l'enseignement des pays francophones.[140]

Was die Durchsetzung einer Reform anbelangt, so hat Martinet keine Illusionen:

> [...] il faut reconnaître qu'une réforme vraiment fondamentale, celle qui éliminerait le problème de l'orthographe en supprimant la dictée quotidienne en repoussant l'étude de la grammaire à un moment où elle a un sens, c'est-à-dire dans l'enseignement des facultés, n'a aucune chance d'être jamais adoptée.[141]

Eine mögliche Lösung dieses Dilemmas sieht Martinet darin, eine phonologische Graphie zum Gebrauch neben der traditionellen Orthographie anzubieten, „une tachygraphie notant les phonèmes au moyen de signes dont la simplicité et la facilité de production seraient fonction de leur fréquence respective dans la langue".[142] Diese Schreibung würde sich vielleicht nach und nach durchsetzen und die traditionelle Orthographie verdrängen.

Für das Erlernen des Lesens und Schreibens in der Schule hat Martinet eine phonologische Graphie des Französischen erstellt, die unter dem Namen „Alfonic" bekannt wurde.[143] Unter weitgehender Berücksichtigung der üblichen Phonem-Graphem-Entsprechungen des Französischen und der gängigen drucktechnischen Möglichkeiten folgt sie dem Prinzip „un seul signe, non ambigu, et toujours le même, pour chaque phonème".[144] Sie entspricht damit im wesentlichen dem ersten oben zitierten Beispiel, unterscheidet sich jedoch darin, daß keine Leitvarietät als Grundlage festgesetzt wird, sondern jedes Kind seiner Aussprache folgend schreibt. Erst nach dem Erlernen von „Alfonic" sollen die Kinder mit der traditionellen Orthographie vertraut gemacht werden. „Alfonic" wird seit 1970 im Schulunterricht mit gutem Erfolg eingesetzt.

---

[140] Ebda. S.89.

[141] Ebda. S.89.

[142] Ebda. S.90.

[143] S. insbes. Martinet, André (1971): Un problème de linguistique appliquée: une graphie phonologique pour le français. In: Journal of the International Phonetic Association 1. S.11-16. u. Ders. (1976): L'accès à la lecture et à l'écriture par l'Alfonic. In: Bentolila, Alain (Hrsg.): Recherches actuelles sur l'enseignement de la lecture. Paris. S.134-146.

[144] Martinet (1976), S.136.

Ebenfalls 1969 erscheint eine Arbeit von Claire Blanche-Benveniste und André Chervel; sie setzt sich zum Ziel, der Forderung einer phonologischen Schreibung des Französischen, in Frage gestellt durch neuere Arbeiten zum System der französischen Orthographie, eine neue wissenschaftliche Basis zu verleihen.[145] Nach Ansicht der Autoren gewinnt dieses Anliegen in heutiger Zeit an Aktualität: Die traditionelle Orthographie wird den Anforderungen einer modernen Gesellschaft nicht gerecht, der wissenschaftliche Fortschritt verlangt nach einer Vereinfachung der Orthographie, die Rolle der klassischen Kultur und Bildung geht zurück, und der „crise de l'orthographe" gilt es Abhilfe zu schaffen.

Für die Autoren unbestritten ist die Priorität der gesprochenen Sprache, Maßstab für die Beurteilung eines Schriftsystems ist daher deren möglichst exakte Wiedergabe.

> Si la graphie vient après la phonie, et n'en constitue qu'une doublure visuelle et donc artificielle, la seule prétention qu'on puisse lui reconnaître est de remplir aussi exactement que possible son rôle.[146]

Blanche-Benveniste und Chervel unterscheiden sich von ihren Vorgängern grundlegend darin, daß sie die Abweichungen der traditionellen Orthographie vom phonologischen Prinzip nicht als Inkohärenz sehen, sondern im Gegenteil den systematischen Charakter der französischen Orthographie aufzeigen.

Die Kohärenz des Systems wird gestiftet durch das Zusammenwirken von phonographischem und ideographischem Prinzip. Das Rekurrieren auf ideographische Verfahren erklärt sich durch die Entstehung der französischen Orthographie. Die Übernahme des lateinischen Alphabets zur Schreibung des Französischen hat zur Folge, daß die Zahl der Zeichen geringer ist als die der Phoneme, bedingt insbesondere durch das ausgeprägte Vokalsystem des Französischen. Dieser Mangel wird zu kompensieren versucht durch die Einführung von diakritischen Zeichen sowie Digraphen, als Folge ergeben sich Polyvalenz der Einzelgrapheme und Positionsabhängigkeit. Zu weiteren Veränderungen führt die Entwicklung des phonologischen Systems. Die Hypothese der Verfasser wurde bereits im Überblick über die Geschichte der französischen Orthographie angesprochen;[147] sie nehmen an, daß die Aufnahme ideographischer Verfahren am Anfang im Dienst einer genaueren phonologischen Beschreibung steht:

---

[145] Blanche-Benveniste, Claire u. André Chervel (1978): l'orthographe. nouvelle édition augmentée d'une postface. Paris. (1.Aufl. 1969)
[146] Ebda. S.40.
[147] Vgl. Kap. III.1.2.

[...] aussi paradoxal que cela soit, il semble qu'on fasse appel, à l'origine du moins, à l'idéographie non pas pour évoquer des signifiés, mais pour parachever la description phonologique du signe, par l'intermédiaire du signifié.[148]

So bewirken stumme, dem Etymon entsprechende Buchstaben ein Rekurrieren auf den signifié zur Verdeutlichung der Lautung. Ein bereits erwähntes Beispiel sei hier nochmals in Erinnerung gerufen: Das graphische Wort <pie> steht zunächst sowohl für [piə] als auch für [pye]. Zur Unterscheidung erhält letzteres das <d> des lateinischen Etymons <pedem>, evoziert damit die Bedeutung *pied* und in der Folge das Lautbild [pye].[149] Dieses Vorgehen freilich führt zu einer extremen Diversifizierung der Lösungen: „De par son principe même, l'idéographie ne traite que des cas particuliers."[150] Folge dieser Entwicklung ist eine Neuorganisation des graphischen Systems, die zu der Ausdifferenzierung der paradigmatischen Beziehungen und Entfernung vom phonographischen Prinzip führt. Dem Funktionieren des Systems in synchroner Perspektive widmen Blanche-Benveniste und Chervel eine eingehende Analyse, die hier nur in ihren wesentlichen Zügen kurz dargestellt werden soll.

Die Untersuchung der phonographischen Beziehungen geht von den Zeichen des Alphabets aus und setzt diese in Bezug zu den Phonemen.[151] Dabei werden fünf Typen phonographischer Entsprechungen unterschieden:

1. „valeur de base" (Hierbei handelt es sich um den Lautwert, den ein Buchstabe in den meisten Umgebungen erhält, z.B. für <c> ist dies /k/, während /s/ nur zutrifft, wenn die Grapheme <e> oder <i> folgen.)
2. „valeur de position" (<s> z.B. steht zwischen Vokalen für /z/, „valeur de base" hingegen ist /s/.)
3. „valeur auxiliaire" (z.B. <u> in <guérir>, das den Wert des benachbarten Graphems beeinflußt, ohne selbst ausgesprochen zu werden)
4. „digrammes" (Zusammenschluß zweier Grapheme zur Darstellung eines Phonems, z.B. <eu> in <feu>)
5. „valeur zéro"

Buchstaben mit letzterem Wert können im Rahmen der phonographischen Beziehungen nicht erklärt werden.

> C'est ici que l'idéographie prend le relais en attribuant aux graphèmes muets un rôle tout à fait spécial: celui d'établir la liaison entre mot simple et mot dérivé,

---

[148] Ebda. S.75.

[149] Vgl. ebda. S.74 f.

[150] Ebda. S.76.

[151] Der Terminus „Graphem" bezieht sich bei Blanche-Benveniste und Chervel auf die Buchstaben des Alphabets!

(doigt – digital) et, de façon plus générale, de marquer le rattachement du mot à un paradigme.[152]

[pɛ̃] zum Beispiel kann dem phonographischen Code entsprechend <pain, pin, peint> etc. geschrieben werden. <a> in <pain> hat Nullwert, erklärt sich aber durch die Relation zur Wortfamilie, die die Grapheme <pa-n-> gemeinsam hat, zum Beispiel <panier, panade>. „Il existe une correspondance entre la constante graphique pa-n- et une signification constante, l'idée de „pain". On peut donc parler d'une correspondance idéo-graphique."[153] <pain> entspricht damit gleichzeitig den Regeln des phonographischen Codes und ist mit der Wortfamilie verbunden.

> Les procédés idéographiques [...] reposent tous sur le même principe: ils consistent à utiliser des moules graphiques communs à une même série de mots dérivés, ou communs à un même paradigme morphologique, et à insérer dans le mot isolé les marques qui le rattachent à ces paradigmes, lexicaux et grammaticaux.[154]

Die meisten stummen Konsonanten rechtfertigen sich durch ihre Rolle in Ableitungen, zum Beispiel <petit, petite, petitesse>; <pend, pendons, pendaison>; <doigt, digital>. Das ideographische Funktionieren führt zu einer Vereinheitlichung sowohl der verschiedenen Wörter einer lexikalischen Familie als auch der Elemente eines grammatischen Paradigmas. Die Differenzierung von Homonymen in der Schreibung ist eine Konsequenz dieser Paradigmenhomogenisierung. Auf lexikalisch-semantischer und grammatischer Ebene bestehen damit Entsprechungen und Unterscheidungen, die in der gesprochenen Sprache nicht vorkommen.

Diese unterschiedliche sprachliche Organisation von Gesprochenem und Geschriebenem führt die Verfasser zu der Folgerung, daß es sich um zwei verschiedene Sprachen handelt. Unterschiede bestehen auf beiden Ebenen der „double articulation": Während die geschriebene Sprache über 26 Buchstaben verfügt, gibt es in der gesprochenen 32 Phoneme. In der geschriebenen Sprache findet sich eine Numerusopposition bei fast allen Nomina, Genusopposition bei fast allen Adjektiven, Opposition der Person in allen Verbparadigmen; im Gesprochenen hingegen gibt es keine Morphologie des Nomens, Genusopposition nur bei einer Gruppe von Adjektiven, beim Verb werden nie mehr als fünf Personen unterschieden, häufig nur drei. Auf lexikalischer Ebene besteht in der geschriebenen Sprache eine „intégration profonde du mot à une famille, qui semble constituer de ce point de vue la réalité linguistique de base." Eine ganz andere lexikalische Morphologie findet sich im Gesprochenen: „Elle repose sur le jeu des formes alternantes d'un même radical", zum Beispiel durch konsonantische Erweiterung wie in /dor-dorm/,

---

[152] Blanche-Benveniste/Chervel (1978), S.151.
[153] Ebda. S.161.
[154] Ebda. S.185.

/grã-grãd/ oder durch Alternieren von Vokalen in <aimer-amant>, <gras-graisse>.[155]

Die traditionelle Orthographie erlaubt nach Meinung der Autoren nicht die Darstellung der gesprochenen Sprache; auch ist eine partielle Reform der Orthographie nicht mehr möglich. Jede Veränderung stört das Gleichgewicht des Systems und zieht in Form von Kettenreaktionen weitere Veränderungen nach sich.

> L'orthographe française est un mécanisme complexe où deux principes contradictoires mélangent leurs effets, et qui n'offre aucune prise aux manipulations.[156]

Ein Beispiel mag dies illustrieren: Vereinheitlicht man die Schreibung von /ã/ und ersetzt <en> durch <an>, so würden <cant> (cent) und <gans> (gens) /kã/ bzw. /gã/ ausgesprochen. Um dies zu vermeiden, könnte man <c> und <g> für /s/ und /ʒ/ am Wortanfang durch <s> und <j> ersetzen, <sant> würde damit jedoch homonym mit der Verbform <il sant> (sent), daneben widerspricht die Veränderung dem Etymon <centum>. Schließlich stellt sich die Frage, warum initiales <c> nicht auch in anderen Wörtern verändert werden sollte, zum Beispiel <sidre>, <simetière>. Nachdem /ã/ graphisch vereinheitlicht wurde, verlangt nun auch /s/ nach einer einheitlichen Schreibung.[157]

Die Konsequenz, die die Verfasser aus dieser Situation ziehen, ist folgende:

> On se résignera à l'idée que l'orthographe ne peut pas être „améliorée": puisque c'est un mal profond, elle ne peut être que supprimée.[158]

Ziel ist die Erstellung eines Schriftsystems, das der Organisation der gesprochenen Sprache entspricht. Einen konkreten Vorschlag machen Blanche-Benveniste und Chervel nicht. Gedacht ist jedoch an eine phonologische Graphie und die Schaffung eines neuen Alphabets auf der Basis des lateinischen, das für jedes Phonem ein Graphem bereitstellt. Als Voraussetzung betrachten sie die Festsetzung einer Norm der gesprochenen Sprache. Die Aufhebung der bestehenden Orthographie und die Schaffung eines neuen Schriftsystems soll einhergehen mit der Aufwertung der gesprochenen Sprache. Die Verfasser sind sich des utopischen Charakters ihres Projektes bewußt. So scheint ihnen eine Verwirklichung nur in Zusammenhang mit tiefgreifenden sozialen und kulturellen Veränderungen möglich.

---

[155] Ebda. S.199.
[156] Ebda. S.112, vgl. S.208: „l'orthographe est un tout dont l'altération ne pourrait être contenue dans des limites „raisonnables"."
[157] Vgl. ebda. S.106.
[158] Ebda. S.108.

Neben den genannten Autoren gibt es einige Gruppierungen in Frankreich, die sich in den Dienst einer radikalen Reform mit dem Ziel einer phonologischen Schreibung des Französischen stellen.

Ein Beispiel ist die Zeitschrift „Néos", „Revu antièreman rédijé an Ortografe Rasionèle Populère".[159] Folgender Textausschnitt möchte einen Eindruck der erstrebten Schreibweise vermitteln, inhaltlich zeigt er zugleich die Gründe auf, die für eine radikale Reform vorgebracht werden. Die Kritik bezieht sich auf die traditionelle Orthographie:

„Ele è le reflé de notre sosiété, bankale an dépi du progré modèrne: Ele èt inutileman konpliké, jusk'à la nuizanse; èle èt antisiantifike; èle è dogmatike é antidémokratike; èle è tré souvan ilojike; èle konstitu une pèrte de tan tré sérieuze; léz étranjé on du mal à l'asimilé; léz anfan aktuèl, avide de konprandre la rézon dé choze é léz adolésan non ankore kondisioné ô konformisme ne peuve plu la prandre rèèleman ô sérieu é an sènpati. No konsitoiyèn adulte ki se done la pène de réfléchir ne peuve vréman pa ètre fièr de l'utilizé dan son kao akumulé depui dé sièkle. Avèk l'ékonomi sosiale èle èt une tèknike an stagnasion. Se n'è plu une réforme ki s'ènpoze mè une refonte totale."[160]

Die aus der französischen Orthographie übernommenen Digraphe sollen als längerfristiges Ziel durch einfache Zeichen ersetzt werden. Ausgegangen wird von einer Norm der gesprochenen Sprache, wobei die Aussprache gewählt wird, die in den Lexikoneinträgen des „Petit Robert" verzeichnet ist. Die Reform der Orthographie soll auch zu einer Vereinheitlichung der Aussprache führen. Die neue Schreibung versteht sich als Konkurrenz zur traditionellen Orthographie mit der Hoffnung, daß sie sich durch ihren Gebrauch allmählich durchsetzen wird.

Zu erwähnen ist in diesem Zusammenhang auch die 1986 gegründete „Association Le droi d eqrir", „Association pour le Droit d'utiliser un système d'Ecriture Commode" (A.D.E.C.).[161] Auch ihr Anliegen ist es, das traditionelle Schriftsystem durch ein neues zu ersetzen; dieses soll keinerlei unnötige Schwierigkeiten enthalten und in Konkurrenz zur französischen Orthographie benutzt werden. Grundlage ist das Prinzip „une lettre par son distinctif et réciproquement"[162], zusätzlich soll jedoch die Möglichkeit gegeben werden, verschiedene Realisierungen eines Phonems darzustellen. Die traditionellen Buchstaben mit ihren ge-

---

[159] Néos. Langez é Grafi. Spésial: Justifikasion. Ivèr 1977-1978.

[160] Ebda. S.1.

[161] S. Le droi d eqrir, Association pour le Droit d'utiliser un système d'Ecriture Commode (A.D.E.C.): Pour prendre le train en marche. Sélection de textes parus dans les bulletins No.1 (juin 1986) à 9 (juin 1988). u. Bulletin de l'Association Le droi d eqrir. No.15. Décembre 1989 u. No.16. Mars 1990.

[162] Pour prendre le train en marche, S.4.

bräuchlichen Lautwerten werden so weit als möglich übernommen und die Einführung neuer Zeichen vermieden. A.D.E.C. möchte lediglich provisorische Lösungen vorschlagen. Verschiedene gleichberechtigte Möglichkeiten stehen nebeneinander, die Entscheidung wird der Praxis des Gebrauchs überlassen. Auch bezüglich der Varietätenfrage wird eine liberale Lösung gewählt: Jeder Schreiber richtet sich nach seiner Aussprache.

> [...] pour écrire commodément, il faut que chacun puisse se référer à sa propre oreille, sans avoir à se soumettre à l'autorité d'une orthographe.[163]

Eine phonologische Schreibung des Französischen hat keine realistische Chance, sich durchzusetzen. In der aktuellen Reformdiskussion erhält sie kein großes Gewicht. Zum einen würde sie eine zu große Veränderung der Gewohnheiten erfordern und damit nur schwer die Akzeptanz auf seiten der Benutzer gewinnen, zum anderen wird das Ideal der phonologischen Graphie durch neuere Erkenntnisse der Graphematik und der Leseforschung in Frage gestellt. Daneben gibt es wichtige Einwände, die sich auf Schwierigkeiten einer phonologischen Schreibung beziehen. Diese sind zum Teil allgemeiner Art und hängen zum Teil mit strukturellen Besonderheiten des Französischen zusammen.

1. Im Fall einer phonologischen Graphie muß eine Entscheidung bezüglich der Varietätenfrage getroffen werden. Ins Gewicht fallen dabei insbesondere diatopische Unterschiede. Die Vorschläge ziehen meist zwei Möglichkeiten in Betracht: die Wahl einer Leitvarietät oder graphischen Liberalismus. Die Lösung in Form einer Leitvarietät hat den Nachteil, daß die Einfachheit des Schreibens nicht für alle Sprachbenutzer in gleicher Weise zutrifft. Auch ist das Ziel einer Vereinheitlichung der Aussprache, das etwa von Martinet angestrebt wird, nicht unumstritten. Die Möglichkeit des graphischen Liberalismus baut im Schriftlichen eventuell Verständnisschwierigkeiten auf, die bisher nicht gegeben sind, und geht aufgrund der wechselnden graphischen Form eines Wortes auf Kosten der Lesbarkeit. Eine dritte Möglichkeit, die darin besteht, nur die Distinktionen zu schreiben, die sich bei allen Sprechern finden, wird kaum in Erwägung gezogen und müßte genauer geprüft werden.
2. Das Problem der Variabilität der Sprache stellt sich nicht nur bezüglich der Dia-Faktoren, eine phonologische Graphie sieht sich auch mit der phonetischen Instabilität des Wortes im Französischen konfrontiert. Es handelt sich um die Phänomene der Liaison, Elision und des „e muet". Eine konsequente Anwendung der phonologischen Schreibung notiert jeweils die Variante, die im entsprechenden Kontext lautlich realisiert wird. Dies führt zum Nachteil ver-

---

[163] Ebda. S.14.

schiedener graphischer Formen eines Wortes. Folgende Beispiele für den Fall der Liaison stammen aus dem ersten von Martinet zitierten Text: <nw, nwz>, <ẽ, ẽn>, <è, et>. Die traditionelle Orthographie löst dieses Problem insofern, als sie im Fall von Liaison und „e muet" unabhängig vom phonetischen Kontext immer die längste Form festhält. Der vorliegende Zusammenhang berührt sich mit dem Problem der Wortgrenzen. Die chaîne parlée gliedert sich im Französischen in „mots phonétiques"; mit der Worttrennung rekurriert die Orthographie auf das morphologische Prinzip. In den vorgestellten Konzepten einer phonologischen Schreibung wird dieses Verfahren unhinterfragt beibehalten.

3. Das Französische verfügt durch seine große Zahl einsilbiger Wörter über viele Homophone, die bei einer phonologischen Graphie Ambiguitäten verursachen können. Die Orthographie in ihrer aktuellen Form differenziert eine Vielzahl von Homophonen, stumme Endkonsonanten vor allem führen zu einer graphischen Längung der Wörter, zum Beispiel <vin, vint, vingt, vain, vainc>, <tan, tant, taon, tend, temps>, <air, aire, ère, erre, hère>.

Neben den genannten Einwänden gilt es zudem zu bedenken, daß eine phonologische Graphie, möchte sie ihren Prinzipien treu bleiben, immer wieder der Sprachentwicklung angepaßt werden müßte.

III.3.2.2. Erhalt der traditionellen Orthographie

Die Verteidigung der französischen Orthographie in ihrer aktuellen Form erfährt eine wissenschaftliche Begründung aus zwei Richtungen. Gemeinsam ist beiden die Annahme einer mehr oder weniger großen Autonomie der Schreibung, beide gehen auch davon aus, daß die Schwierigkeiten des Erlernens nicht die Orthographie, sondern ihre Pädagogik betreffen. Thimonnier zufolge stellt die französische Orthographie ein System dar, eine Reform wird damit bis auf wenige Punkte hinfällig. Ein zweiter Ansatz stützt sich auf Erkenntnisse zum Leseprozeß und lehnt eine Veränderung der Orthographie in phonologischer Richtung aus dieser Perspektive ab.

III.3.2.2.1. Der Ansatz Thimonniers: Die Orthographie als System[164]

Thimonnier bestreitet das Ideal einer möglichst lautgetreuen Wiedergabe der gesprochenen Sprache durch die Schreibung. „L'écriture et la parole apparaissent comme deux réalités plus ou moins indépendantes".[165] Bedeutung kommt in der Schreibung direkt zum Ausdruck, das geschriebene Wort ist im wesentlichen nicht Phonogramm, sondern Ideogramm; das Schriftsystem, so folgert Thimonnier, stellt einen wesentlichen Teil der Sprache dar.

> Si pendant longtemps l'écriture n'a été que le „vêtement du langage", elle est aujourd'hui partie intégrante de la langue, au même titre que la parole. Il s'ensuit que le mot se présente désormais sous trois aspects essentiels et irréductibles: le son, le sens, la forme graphique.[166]

Mit seinen Arbeiten möchte Thimonnier – wie auch Claire Blanche-Benveniste und André Chervel – aufzeigen, daß die französische Orthographie nicht so inkohärent ist wie allgemein angenommen, sondern ein System darstellt.

> [...] notre orthographe forme en effet un système, certes complexe, mais assez cohérent pour se prêter à une étude raisonnée.[167]

Das System konstituiert sich durch zwei grundlegende Züge: „constantes phonético-graphiques" und „séries analogiques". Die französische Orthographie hat zum Teil zwar phonetische Züge, ist im wesentlichen jedoch morphologisch ausgerichtet.

Im Kontext der Diskussion um „crise de l'orthographe" und Orthographiereform möchte Thimonnier mit seiner Arbeit zweierlei bewirken:

1. Durch die Aufdeckung der internen Struktur der französischen Orthographie und ihrer systematischen Züge wird diese erklärbar und damit auch besser lehr- und lernbar. Aus seiner Theorie leitet er „un enseignement raisonné de l'orthographe" ab.[168]
2. Da die französische Orthographie ein – bis auf wenige Ausnahmen – regelmäßiges System darstellt, wird eine Reform hinfällig. Thi-

---

[164] S. Thimonnier, René (1976, 1. Auflage 1967): Le système graphique du français. Introduction à une pédagogie rationnelle de l'orthographe. Paris u. Ders. (1970): Code orthographique et grammatical. Paris. Vgl. auch Thimonnier, René et Jean Desmeuzes (1979): Les 30 problèmes de l'orthographe. Méthode Thimonnier. Cours complet. Paris.

[165] Thimonnier (1976), S.285.

[166] Thimonnier (1976), S.358.

[167] Thimonnier (1970), S.9; vgl. auch Thimonnier (1976), S.23.

[168] Vgl. Thimonnier (1976), S.176: „l'étude de l'orthographe peut être et doit être raisonnée" u. Ders. (1970), S.12: „un enseignement raisonné de l'orthographe fait moins appel à la mémoire qu'au jugement et à l'esprit d'analyse."

monnier schlägt die Korrektur einiger Anomalien vor („un simple émondage"[169]) und hält das Problem der Reform damit für erledigt.

> On prouvera du même coup que notre système graphique est suffisamment cohérent pour justifier une pédagogie scientifique de l'orthographe et que, s'il est permis d'envisager une amélioration du système, les tentatives de réforme profonde sont désormais sans objet.[170]

Die Grundzüge des von Thimonnier aufgedeckten Systems seien im folgenden an einigen Beispielen erläutert. Grundlage seiner Analyse der französischen Orthographie ist der Wortschatz des Dictionnaire de l'Académie.

Mit den „constantes phonético-graphiques" ermittelt Thimonnier allgemeine Regeln, die die Beziehungen zwischen Laut- und Buchstabenebene betreffen.

> Le phonétisme du français se limite à des phénomènes linguistiques très généraux (accents, finales, consonnes géminées, lettres polyvalentes, etc.). Mais le domaine où il s'exerce est précisément celui où l'usage semble de prime abord le plus incohérent. C'est dire l'importance des constantes phonético-graphiques.[171]

Voraussetzung dafür stellt eine kohärente Theorie der geschriebenen Silbe dar, die sich sowohl von der gesprochenen Silbenzählung als auch von der morphologischen Dekomposition unterscheidet. Ihre wesentlichen Regeln sind folgende:[172]

1. Das geschriebene Wort enthält so viele Silben wie Vokale oder Diphthonge (ou-bli, ha-ri-cot, i-nouï, bien-tôt). E muet wird als Vokal behandelt im Wortinnern zwischen zwei Konsonanten (bra-ce-let, aber a-boie-ment) und am Wortende nach Konsonant oder Konsonantengruppe (por-te, aber par-tie).
2. Konsonanten innerhalb eines Wortes werden so getrennt, daß vor jedem Vokal oder Diphthong nur ein Konsonant steht (af-fai-re, per-te). Konsonantengruppen, deren zweiter Konsonant <l> oder <r> ist, werden wie einfache Konsonanten behandelt (ou-bli, pa-trie). <h> wird nicht berücksichtigt (dé-sha-bi-tuer).

Die Akzentuierung des <e> zum Beispiel scheint unregelmäßig. Die Theorie der graphischen Silbenzählung ermöglicht jedoch die Formulierung einer generellen Regel, die besagt, daß <e> innerhalb eines Wortes nur dann einen Akzent erhält, wenn es am Silbenende steht (cè-dre vs. ser-pe, pied vs. pié-des-tal, j'ac-quiers vs. j'ac-quiè-re).[173] Ein weiteres Beispiel betrifft das Problem der Doppelkonsonanten: Nur Konsonanten

---

[169] Thimonnier (1976), S.36.
[170] Thimonnier (1976), S.177; vgl. auch Ders. (1970), S.8 f.
[171] Thimonnier (1976), S.204.
[172] S. Thimonnier (1976), S.187 ff. u. Thimonnier (1970), S.23.
[173] Vgl. Thimonnier (1970), S.23 f.

zwischen zwei Vokalen können verdoppelt werden, wobei der zweite Konsonant als Konsonantengruppe von <l> oder <r> gefolgt sein kann (appeler, appliquer, apprendre). Diese Regel enthält nur eine Ausnahme, die das Präfix <trans-> betrifft, und zeigt daher nach Thimonnier „une véritable constante phonético-graphique". Die Regel ist zwar nicht umkehrbar, dient jedoch als Grundlage für die Formulierung weiterer Regeln und bewahrt vor einem übermäßigen Gebrauch von Doppelkonsonanten.[174]

Wesentliches Konstituens der französischen Orthographie stellen nach Thimonnier aber die „séries analogiques" dar, die zusammen mit den „constantes phonético-graphiques" die Architektur des Systems bilden. 95 % der etwa 35000 Wörter des „Dictionnaire de l'Académie" lassen sich in mehr oder weniger umfangreiche „séries analogiques" einordnen. Diese, auch morphologische Serien genannt, werden definiert als „groupes caractérisés par un élément morphologique (radical, préfixe ou suffixe) possédant à la fois le même sens, la même valeur phonique et la même forme graphique."[175] Es gibt 4484 Serien, davon 267 „séries préfixales", 346 „séries suffixales", 163 „séries verbales" und 3708 „familles de mots régulières".[176] Ihre Regelmäßigkeit bewirkt die einfache Erlernbarkeit.

> Ainsi l'r est constamment doublé dans les 40 mots de la famille de terre (terrain, enterrer, territoire ...); la consonne qui suit l'a privatif reste toujours simple (série préfixale formée de amoral, anormal, apatride, asymétrique ...), et la série suffixale terminée par un e sourd s'écrit toujours par -eux (cf. les quelque 400 mots du type ferreux, herbeux, terreux).[177]

In 5 % der Fälle finden sich morphologische Elemente mit demselben Lautwert in zwei verschiedenen Schreibweisen, zum Beispiel <honneur> vs. <honorable>, <imminent> vs. <imaginaire>, <alliance> vs. <adhérence>, <torsion> vs. <insertion>. Thimonnier bezeichnet diese als homonyme Serien. Das Problem der Homonymie stellt seines Erachtens das Hauptproblem der französischen Orthographie dar und ihre einzige wirkliche Schwierigkeit. Dabei unterscheidet er zwischen Homophonen, die er als „homonymies apparentes" bezeichnet, und sog. „homonymies réelles". Erstere machen keine Probleme, es besteht nur lautliche Identität und keine Bedeutungsverwandtschaft. Da Wörter nicht isoliert vorkommen und man sie sich ihrer Bedeutung folgend merkt, besteht keine Gefahr der Verwechslung, „le sens opère automatiquement le filtrage des formes".[178] Anders stellt sich die Frage bei den

---

[174] Vgl. Thimonnier (1976), S.198 ff.
[175] Thimonnier (1970), S.24.
[176] Vgl. Thimonnier (1976), S.167.
[177] Thimonnier (1970), S.24.
[178] Thimonnier (1976), S.156.

wirklichen Homonymen, bei denen auch Bedeutungsähnlichkeit besteht. Während totale Homonymie selten ist (zum Beispiel <martyr> vs. <martyre>, <cuissot> vs. <cuisseau>, <détonner> vs. <détoner>, <ce> vs. <se>), kommen Fälle partieller Homonymie, die nur einen Teil des Wortes betreffen, häufig vor.

Den homonymen Serien widmet Thimonnier eine eingehende Analyse. Dabei geht es darum, sie soweit als möglich in regelmäßige morphologische Serien zu untergliedern.

> Il s'agit, en définitive, de ramener des séries réellement ou apparemment homonymes à des séries analogiques, c'est-à-dire de réduire le complexe au simple, l'hétérogène à l'homogène, et au normal l'apparemment anormal. [...] même dans ses parties les plus complexes, notre système d'écriture est justiciable d'une explication scientifique.[179]

Einige Beispiele mögen dieses Vorgehen demonstrieren: Die unregelmäßigen Wortfamilien stellen eine nur geringe Anzahl, 3 % von etwa 3800 Familien. „L'identité graphique du radical est une des constantes essentielles de notre système d'écriture."[180] Dabei betont Thimonnier:

> Beaucoup d'irrégularités ne sont qu'apparentes: elles s'expliquent par des phénomènes normaux d'ordre historique, phonique, morphologique.[181]

Ein Beispiel ist die Familie <honneur>, 10 Wörter schreiben sich mit einfachem <n>, 11 mit doppeltem. Diese läßt sich jedoch in zwei „séries analogiques" untergliedern, eine mit dem volkstümlichen Stamm <honn->, die andere mit dem gelehrten <honor->. Nur die ersteren werden mit doppeltem <n> geschrieben: <honneur>, <honnête> etc. vs. <honorer>, <honorable> etc.[182] Nur scheinbar unregelmäßig ist zum Beispiel auch die Familie <trappe>, da der Doppelkonsonant des Stammes nur in Wörtern mit Präfixen vereinfacht wird, etwa <trappeur>, <trappiste> vs. <attraper>, <rattrapage>. In der Familie <sûr> bleibt der Accent circonflexe des Stammes nur in den Ableitungen, zum Beispiel <sûr, sûre, sûrement, sûreté> vs. <assurer, assurément, assurance, assureur, rassurer>.[183] Die Zahl der nicht erklärbaren Anomalien ist gering, Thimonnier nennt etwa <charrette> vs. <chariot>, <jeûner> vs. <déjeuner>, <allègre> vs. <allégrement>.[184]

Ein Beispiel für eine „homonymie préfixale" ist die Opposition <inusité> vs. <innocent>. Eine morphologische Analyse zeigt ihre Regelmäßigkeit: Doppeltes <n> findet sich nur dann, wenn der französische oder lateinische Stamm mit <n> beginnt, also <innocent> (lat. noce-

---

[179] Thimonnier (1976), S.174.
[180] Thimonnier (1976), S.265.
[181] Thimonnier (1970), S.250.
[182] Vgl. Thimonnier (1970), S.25 u. Ders. (1976), S.267 f.
[183] S. Thimonnier/Desmeuzes (1979), S.83.
[184] Vgl. Thimonnier (1976), S.266.

re), <inné> vs. <inusité>, <inavoué>, <inoffensif>. „Il prouvera ainsi que l'homonymie de in- et de inn- est tout apparente et qu'elle s'exprime par une fausse perception de forme."[185] Es handelt sich nach Thimonnier somit um zwei „séries analogiques".

Ein Beispiel für eine „homonymie suffixale" sind die Adjektive <sagace, vivace> vs. <cocasse, filasse> etc. Der Unterschied läßt sich durch folgende Regel erklären: Nur die 10 Adjektive, die einem Substantiv auf <-acité> entsprechen, werden mit der Endung <-ace> geschrieben (z.Bsp. <efficace, efficacité>).[186] Ein weiteres Beispiel stellen die partiellen Homonyme <chevreau, levraut, bicot> dar. Die Regel zu ihrer Unterscheidung ist folgende: „Les mots en „o" désignant un petit d'animal s'écrivent tous par -eau à l'exception de bicot et levraut".[187]

Auch ein Beispiel für die „homonymies verbales" sei hier angeführt: <cueillir> vs. <confire>. Folgende Regel unterscheidet sie: „Seuls ont la finale -ire les verbes du troisième groupe qui se terminent par -is à la première personne du singulier de l'indicatif présent." (lire, maudire, confire, frire..., je lis, maudis, confis, fris)[188]

Ausgehend von diesen Überlegungen schlägt Thimonnier eine sehr geringfügige Reform der französischen Orthographie vor.[189] Er kritisiert an vorhergehenden Reformvorschlägen die Diversität und Widersprüchlichkeit der zugrundegelegten Kriterien. Eine objektive Grundlage bildet seines Erachtens hingegen die Aufdeckung des Systems und seiner internen Struktur:

> On propose de simplifier un système dont on a préalablement défini les principes, reconstitué l'architecture et démontré la suffisante cohérence.
>
> Chacune de ces séries et de ces constantes est définie par une norme. Ce n'est donc pas parce qu'elle est conforme à l'usage, à la prononciation ou à l'étymologie que telle graphie peut être dite normale, mais tout simplement parce qu'elle respecte la norme de la série ou de la constante à laquelle elle appartient.
>
> [...] qui se réfère à une étude objective du système est en droit de prétendre que la généralité d'une forme graphique est le seul critère valable de sa normalité.[190]

Aus dieser Perspektive bleiben eine nur noch sehr geringe Anzahl von Ausnahmen, die als wirkliche Anomalien betrachtet werden können. Vom System her berechtigte Formen sind zum Beispiel <inouï> vs.

---

[185] Thimonnier (1976), S.173; vgl. auch Thimonnier/Desmeuzes (1979), S.68.
[186] Vgl. Thimonnier (1970), S.243.
[187] Thimonnier (1976), S.242.
[188] Thimonnier (1976), S.256.
[189] Vgl. Thimonnier (1976), S.339 ff.: Pour une véritable réforme du système; ders. (1970), S.299: Projet „d'émondage orthographique"; ders. (1968): Principes d'une réforme rationelle de l'orthographe. Rapport ronéotypé.
[190] Thimonnier (1976), S.341 u. 342.

<innombrable>, <honneur> vs. <honorable>, <remontoir> vs. <promontoire>, <trappe> vs. <attraper>, <nommément> vs. <nominalement>. Es geht lediglich um die Beseitigung einiger innerer Widersprüche, eine umfassendere Reform wird hinfällig, der „querelle de l'orthographe" soll damit ein Ende gesetzt werden. Thimonnier spricht von etwa 300 Änderungen,[191] zur Veranschaulichung seien einige Beispiele zitiert:
<allégrement> wird zu <allègrement>, <rocouyer> zu <rocouiller>, <bonbonne> zu <bombonne>, <douceâtre> zu <douçâtre>, <araser> zu <arraser>, <atermoyer> zu <attermoyer>, <châtiment> zu <châtiement>, <frisotter> zu <frisoter>, <confessionnal> zu <confessional>, <je harcelle> zu <je harcèle>, <nous faisons> zu <nous fesons>, <chariot> zu <charriot>, <combatif> zu <combattif>, <déjeuner> zu <déjeûner>.[192]

Die Arbeiten Thimonniers erfahren eine ganz unterschiedliche Rezeption. Auf der einen Seite finden sie außerordentliche Anerkennung und Resonanz. Von der Académie française wird Thimonnier 1971 für die Gesamtheit seiner Arbeiten preisgekrönt, seine Überlegungen finden Eingang in die „Recommandations de l'Académie". Positive Aufnahme findet er auch beim Ministère de l'Education Nationale und beeinflußt die „Tolérances".[193] Ebenso angetan ist der Conseil International de la Langue Française.[194]

Auf der anderen Seite stößt Thimonnier auf zum Teil heftige Kritik. Diese kommt insbesondere von den Vertretern umfassenderer Reformen. Nicht nur sind die von Thimonnier vorgeschlagenen Änderungen sehr geringfügig (Imbs spricht von einer „caricature de réforme"[195]), auch hält Thimonnier mit seinem „projet d'émondage" alle weiteren Reformüberlegungen für erledigt. Einwände kommen von pädagogischer Seite, denn der Lernaufwand ist nach wie vor enorm, wenn Schüler sich die Regeln von 4500 Serien aneignen sollen. Die Kritik betrifft haupt-

---

[191] Die Angaben Thimonniers zur Zahl der Veränderungen sind schwankend: 1976 spricht er von etwa 300 (S.346), 1970 nennt er die Zahl 228 (S.9), in seiner Arbeit „Principes d'une réforme rationnelle de l'orthographe" von 1968 führt er 181 Wörter auf, die einer Normalisierung unterzogen werden sollen, wovon Thimonniers eigenen Angaben zufolge nur 24 dem geläufigen Wortschatz angehören (S.85).

[192] Vgl. Thimonnier (1970), S.299.

[193] Zu den „Recommandations de l'Académie" und den „Tolérances" s. Kap. III.3.3. der vorliegenden Arbeit.

[194] S. Hanse, J. (1976): Pour une rationalisation de l'orthographe. In: La Banque des mots 12. S.123-144.

[195] Imbs, Paul (1971): Principe d'une réforme de l'orthographe. In: Le Français Moderne 39. S.307-335, hier S.335.

sächlich jedoch die linguistischen Grundlagen; die wesentlichen Punkte sind folgende:[196]

1. Die Kohärenz des von Thimonnier postulierten Systems ist in Frage zu stellen. Die Kriterien, nach denen die Serien geordnet werden, sind ganz unterschiedlich. Die Rechtfertigung der Schreibweise einer Serie erfolgt nebeneinander durch Phonetik, Morphologie, Semantik, andererseits auch durch diachrone Kriterien, wie zum Beispiel das Rekurrieren auf die lateinische Herkunft oder den Unterschied zwischen gelehrtem und volkstümlichem Wort. Diese Vielfalt und Heterogenität der Kriterien widerspricht dem Begriff des Systems. Die Tatsache, daß die meisten Schreibweisen irgendwie erklärt werden können, ist kein Beweis für die Systemhaftigkeit der französischen Orthographie. Thimonnier liefert vielmehr eine Fülle empirischer Regeln. Das Prinzip, das beispielsweise das Alternieren von Einfach- und Doppelkonsonanz rechtfertigt, ist jedesmal ein anderes. Auch gibt es keine Architektur, die Relationen zwischen den Serien herstellen und diese ordnen und strukturieren würde.[197]
2. Ein weiterer wesentlicher Einwand betrifft die Auswahl der zu normalisierenden Wörter. Es stellt sich einerseits die Frage, in welchem Fall von einer neuen Serie ausgegangen wird und wann es sich um eine Ausnahme handelt. Die Grenze erscheint willkürlich. Thimonnier nennt das Argument der Häufigkeit einer Schreibweise, was als linguistisches Kriterium aber anzuzweifeln ist. Es stellt sich die Frage, ob nicht von einer Hierarchie der Kriterien ausgegangen werden sollte. Aber auch dem Kriterium der Häufigkeit folgt Thimonnier nicht immer. Andererseits werden nicht alle als Ausnahmen deklarierten Fälle dann auch wirklich einer Normalisierung unterzogen. Würde Thimonnier alle diese ändern, so wäre sein Reformprojekt weit umfassender. Die Auswahl erscheint damit willkürlich, das Problem der Reform alles andere als gelöst. <levraut> zum Beispiel wird verändert, nicht aber <bicot>. Der Accent circonflexe soll eingeführt werden auf <encablure> (nach <câble>), <craniologie> (nach <crâne>), <déjeuner> (nach <jeûne>), bestehen bleiben hingegen <bâtard> vs. <batardeau>, <grâce> vs. <gracieux>, <infâme> vs. <infamie> usw.[198]

Zu hinterfragen ist auch das Corpus, das Thimonnier als Grundlage seiner Untersuchung wählt, denn der Wortschatz des „Dictionnaire de

---

[196] Vgl. zur Kritik von linguistischer Seite insbes. Klinkenberg, J.-M. (1971): L'orthographe française constitue-t-elle un système? In: Le Français Moderne 39. S.236-256; Catach, Nina (1970): La réforme de l'orthographe, quelques observations. In: Cahiers pédagogiques 89. S.74-77.
[197] Vgl. Klinkenberg (1971), S.249 ff.
[198] Vgl. Klinkenberg (1971), S.253 f.; Catach (1970), S.76 f.

l'Académie" ist begrenzt und zum Teil veraltet, neue Wörter werden damit nicht berücksichtigt.

Thimonnier kommt zweifellos das Verdienst zu, den Systemgedanken auf die französische Orthographie übertragen zu haben. Sein Erklärungsversuch birgt eine gewisse Faszination, die den Grund für die positive Aufnahme darstellen mag. Einer linguistischen Analyse hält das System, wie Thimonnier es sich denkt, jedoch nicht Stand. Gedoppelt sind Thimonniers Überlegungen immer von der Annahme, die Orthographie stelle einen wesentlichen Bestandteil der französischen Sprache dar. Dies impliziert bereits die Ablehnung einer grundlegenderen Änderung, der orthographische Fixismus ist bei Thimonnier von vorne herein angelegt. Der Erfolg seines Ansatzes liegt mit Sicherheit auch darin begründet, daß er Traditionalisten ein wissenschaftliches Argument für den Erhalt des status quo in die Hand gibt. Sein Normalisierungsvorschlag wurde auf offizieller Ebene diskutiert, konnte sich letztlich jedoch nicht durchsetzen. Die Frage der Reform der französischen Orthographie bleibt bestehen, auch nach dem Plädoyer von Thimonnier.

III.3.2.2.2. Die Beurteilung der Orthographie ausgehend vom Leseprozeß

Ein weiterer Ansatz zur Verteidigung der traditionellen Orthographie stützt sich auf neuere Erkenntnisse zum Leseprozeß. Es handelt sich um eine Richtung, die in Frankreich unter dem Stichwort „Ideographie" diskutiert wird und sich mit den Namen Richaudeau, Foucambert und insbesondere Charmeux verbindet.[199]

Richaudeau widmet sich in seiner Arbeit „La lisibilité" von 1976 dem Leseprozeß und zieht ausgehend davon Folgerungen zur Beschaffenheit einer idealen Orthographie. Er geht von der Beobachtung aus, daß das Lesen keinen kontinuierlichen Prozeß darstellt; das Auge springt vielmehr von einem Punkt zum anderen. Die Zeit, die benötigt wird, um visuelle Zeichen in mentale Bilder umzuwandeln, ist bei jedem Leser etwa gleich, die Lesegeschwindigkeit hängt von der Zahl der Zeichen ab, die pro Einheit erfaßt werden.[200] Dabei werden Wörter oder Gruppen von Wörtern global durch ihre Umrisse erkannt. Richaudeau nimmt an, daß

---

[199] Zu nennen ist in diesem Zusammenhang auch Lentin, Laurence et coll. (1978): Du parler au lire. Paris.
Vgl. Honvault, R. et J.-P. Jaffré (1979): Orthographe et idéographie. In: Pratiques 25: Orthographe. Dirigé par N. Catach. S.100-110. u. Jaffré, Jean-Pierre (Hrsg.) (1980 c): Orthographe et idéographie. = Liaisons-HESO 3.

[200] Richaudeau verweist auf Javal, der bereits 1905 diese Beobachtung gemacht hat und die inzwischen durch weitere Arbeiten bestätigt wurde. Vgl. Richaudeau, François (1976): La lisibilité. Paris. S.19 ff.

der geübte Leser eine nur partielle Lektüre vornimmt aufgrund der Ausschaltung redundanter Elemente sowohl auf visueller Ebene als auch auf der Ebene der linguistischen Struktur durch Antizipation des Textinhaltes. Vor diesem Hintergrund findet sich die phonologische Alphabetschrift in Frage gestellt; Redundanzen könnten erheblich verringert werden. Ideal wären nach Richaudeau eine große Zahl von Zeichen und kürzere graphische Wörter.[201] In einem Fixierungspunkt könnte damit eine größere Zahl von Informationen aufgenommen werden. Theoretisch wäre dieses Ziel sowohl durch die Zusammenfassung phonetischer Gruppen als auch durch die Symbolisierung von Wörtern bzw. eine Kombination beider Verfahren erreichbar. Den Vorzug gibt der Verfasser einer ideographischen Darstellung. Diese erlaubt nicht nur ein schnelleres visuelles Erfassen, sondern erscheint auch den mentalen Strukturen besser angepaßt und im Kurzzeitgedächtnis besser zu behalten. Einen Beleg dafür sieht Richaudeau in den beachtlichen Fortschritten der Wissenschaften, die sich ideographischer Zeichen bedienen, zum Beispiel der Mathematik. Der Alphabetschrift wird zwar der Vorteil der schnelleren Erlernbarkeit zugesprochen, die effiziente Informationsaufnahme erhält jedoch – zumal für entwickelte Gesellschaften des 20. Jahrhunderts – mehr Gewicht. Eine Reform der traditionellen Orthographie in Richtung Ideographie hält Richaudeau jedoch für unrealistisch und utopisch, man sollte sich seines Erachtens aber einer progressiven Entwicklung der Orthographie nicht entgegenstellen.

Die folgenden Autoren sind in erster Linie Pädagogen und beziehen sich auf Richaudeau. Gemeinsam ist ihnen der Versuch, ausgehend vom Leseprozeß des geübten Lesers ein Modell zum Erlernen des Lesens zu entwickeln. In diesem Zusammenhang findet sich auch eine Stellungnahme zur französischen Orthographie, implizit bei Foucambert, explizit bei Charmeux.

Foucambert[202] stellt traditionelle Leselernmethoden, die auf die Kenntnis von Entsprechungen zwischen Graphemen und Phonemen zielen, in Frage.[203] Diese nämlich beruhen auf der Annahme, daß die Schreibung die Transkription der gesprochenen Sprache darstellt, das Lesen-Lernen mithin dem Erlernen der Entsprechungen zum Gesprochenen gleichkommt. Es ist dies eine Auffassung, die – so Foucambert – der Natur des Leseprozesses entgegensteht. Beim Lesen nämlich er-

---

[201] Richaudeau spricht von mindestens einigen hundert Zeichen, vgl. Richaudeau (1976), S.70.

[202] S. Foucambert, Jean (1976 a): La manière d'être lecteur. Apprentissage et enseignement de la lecture de la maternelle au CM 2. Paris; ders. (1976 b): Apprentissage et enseignement de la lecture. In: Bentolila, Alain (Hrsg.): Recherches actuelles sur l'enseignement de la lecture. Paris. S.83-96; ders. (1989): Question de lecture. Paris.

[203] Er bezieht hier auch die sog. globale Methode ein, da auch bei dieser die Rolle von Phonem-Graphem-Korrespondenzen letztlich unbestritten bleibt. Vgl. Foucambert (1976 a), S.10 u. ders. (1989), S.62.

folgt der Bedeutungszugang direkt, es ist ideovisueller Art: „lire consiste à prélever des informations dans la langue écrite pour construire directement une signification."[204] Geschriebene und gesprochene Sprache sind jeweils autonom in Anbetracht ihres verschiedenen Funktionierens und der verschiedenen Kommunikationssituationen, in denen sie benutzt werden. Bezüge zwischen der „chaîne écrite" und der „chaîne parlée" sind auf der Ebene der langue anzusiedeln; sie berühren nicht den Leseprozeß, denn nicht das System ist wichtig, sondern die Art, wie man es gebraucht.[205] Auf der Basis des Leseprozesses des geübten Lesers entwickelt Foucambert eine Pädagogik des Lesens. Dieser zufolge erlernen Kinder jedes geschriebene Wort einzeln als Symbol, wichtig ist das Einprägen in das visuelle Gedächtnis. Dies gilt nicht nur für das Lesen, sondern ebenso für das Schreiben.[206] Foucambert sieht im Erlernen der Orthographie eine Analogie zum Sprechen-Lernen. Korrespondenzen zum Gesprochenen sollen erst nach dem Erlernen des Lesens und unabhängig davon betrachtet werden, denn diese erlauben weder zu lesen noch zu schreiben, sondern lediglich Bezüge herzustellen.[207]

Wie Foucambert geht auch Charmeux[208] vom Leseprozeß und der Autonomie der Schreibung aus. Aus dieser Perspektive nimmt sie Stellung zur Frage der Orthographiereform und Pädagogik und entwickelt ein Modell zum Erlernen des Lesens und Schreibens. Lesen ist rein ideovisueller Natur, die geschriebene Sprache spricht direkt zu den Augen. „Lire, en fait, c'est „prendre connaissance" du contenu d'un message. Ce n'est à aucun degré le transformer en message oral."[209] Der Leser betrachtet dabei nicht jedes Detail; Sinnhypothesen und die Suche nach visuellen Indizien wirken zusammen:

> [...] ces indices pertinents se situent essentiellement dans l'organisation orthographique, soit au niveau des marques grammaticales, soit au niveau des oppositions graphématiques où s'actualise le sens des mots.[210]

---

[204] Foucambert (1976 a), S.53; vgl. auch ders. (1989), S.13: „Lire, c'est traiter avec les yeux un langage fait pour les yeux."

[205] Vgl. Foucambert (1989), S.91 f.

[206] „[...] il faut admettre la mise en mémoire des milliers de formes écrites [...] L'idée d'une économie possible est une absurdité fonctionelle." „Rien ne dispense d'apprendre les mots un par un pour savoir les écrire; c'est du sens qu'on écrit et non des sons." Foucambert (1976 a), S.50 u. S.77.

[207] Für sehr seltene Fälle wird diesen eine Nützlichkeit zugesprochen, wenn nämlich ein im Schriftlichen unbekanntes Wort in seiner mündlichen Form bekannt ist.

[208] Vgl. insbes. Charmeux, E. (1973): Et si l'on réformait l'enseignement de l'orthographe? In: Le français aujourd'hui 20. S.67-71; dies. (1975): La lecture à l'école. Paris; dies. (1979): L'orthographe à l'école. Paris; dies. (1985): Savoir lire au collège. Paris.

[209] Charmeux (1975), S.24.

[210] Charmeux (1985), S.48.

Entsprechungen zwischen Graphemen und Phonemen können lediglich bei der Verifikation von Hypothesen eine Rolle spielen. Geschriebene und gesprochene Form der Sprache stellen zwei voneinander unabhängige Kommunikationsmittel dar. Charmeux sieht in der Orthographie ein arbiträres System und definiert sie folgendermaßen:

> [...] l'ensemble des principes d'organisation des lettres et autres signes de la langue écrite française grâce auxquels il devient possible de reconnaître les mots et leurs significations – et par suite, de se faire comprendre en les écrivant.[211]

Phonographische Beziehungen stehen, auch wenn sie historisch primär sind, völlig im Hintergrund, sie werden überdeckt von der lexikalischen und grammatischen Rolle der Buchstaben. Die französische Orthographie funktioniert auf ideographische Weise und begünstigt somit das Lesen. Lesen ist für Charmeux immer primär, auch das Schreiben geschieht im Hinblick auf das Lesen. Vor dem Hintergrund dieser Überlegungen ergreift Charmeux entschieden Position gegen eine Reform der französischen Orthographie; aus folgender Kapitelüberschrift geht dies unmißverständlich hervor: „Régler son compte à un faux problème: Celui de la réforme de l'orthographe".[212] Ihre Argumente sind folgende:

- Der arbiträre Charakter macht eine Reform sinnlos; die französische Orthographie wird gesehen als

    > [...] système arbitraire comme tout ce qui est „langue" et donc qu'il n'y a point à juger comme convenable ou non, mais qu'il y a impérativement à maîtriser.[213]

- Da die geschriebene Sprache direkt zu den Augen spricht, ist eine Orthographie von Vorteil, die dies erleichtert. Die ideographische Rolle der Buchstaben ist von Nutzen, nicht der phonologische Charakter der Schreibung.[214] Eine Orthographie, die sich möglichst eng an die gesprochene Sprache anlehnt, trägt auch nicht den Spezifika des Schriftlichen Rechnung. Eine „einfache" Orthographie ist diejenige, die leicht zu lesen ist.
- Der einzige Grund, den Charmeux für eine Reform sprechen lassen würde, ist die Schwierigkeit des Erlernens der Orthographie. Diese liegt ihres Erachtens jedoch nicht in der Beschaffenheit der Orthographie begründet, sondern in ihrer Pädagogik.

    > [...] l'orthographe actuelle, en effet, n'est compliquée que parce qu'on pose en postulat qu'elle devrait correspondre à la prononciation.[215]

---

[211] Charmeux (1979), S.22.

[212] Charmeux (1979), S.71.

[213] Charmeux (1985), S.98.

[214] „Ce caractère non phonétique de l'orthographe dans son fonctionnement actuel offre de nombreux avantages qui rendent vraiment indésirable toute réforme dans le sens phonétique." Vgl. Charmeux (1975), S.65.

[215] Charmeux (1975), S.70.

Das Erlernen der Orthographie bereitet keine Schwierigkeiten, wenn sie als visuell gelernt wird. Daher stellt sich die Frage der Reform nicht für die Orthographie, sondern für ihre Pädagogik!

Der Orthographie-Unterricht muß völlig neu überdacht werden. Das Erlernen der Orthographie wird mit dem Erlernen einer Fremdsprache gleichgesetzt. Es beginnt mit dem Lesen-Lernen, Schreiben stellt nicht das erste Ziel dar. Wichtig ist das Vertrautwerden mit der spezifischen Kommunikationssituation des Lesens, das Ausgehen von der Globalität der Lesesituation und der rein visuelle Zugang zum Text entsprechend dem Leseprozeß des geübten Lesers. Die Orthographie wird durch das Lesen erlernt und besteht im Erkennen ihres Aufbaus, d.h. des semantischen und grammatischen Funktionierens. In einem zweiten Schritt soll die verschiedene sprachliche Organisation von geschriebener und gesprochener Sprache erfaßt werden. Ein Vergleich zwischen geschriebener und gesprochener Sprache machen ihre jeweilige Spezifität deutlich. In diesem Zusammenhang werden auch Entsprechungen zwischen Phonemen und Graphemen untersucht, die zur Kenntnis bestimmter Auftretenswahrscheinlichkeiten von Graphemen für Phoneme und umgekehrt führen sollen. Deutlich wird dabei der arbiträre Charakter und nichtphonologische Wesenszug der französischen Orthographie, mithin die Wichtigkeit der semantischen und grammatischen Rolle der Buchstaben. Phonem-Graphem-Entsprechungen stehen jedoch erst am Schluß des Erlernens und dürfen auf keinen Fall eine Voraussetzung für das Lesen darstellen.

Die sehr verkürzte Darstellung kann dem Verdienst der Autoren nicht gerecht werden, was zum Beispiel die Untersuchung des Leseprozesses angeht, seine Nutzbarmachung für pädagogische Zwecke, die Wichtigkeit des Lesen-Lernens im situationellen Kontext und der Kenntnis der unterschiedlichen sprachlichen Organisation gesprochener und geschriebener Sprache. Die Folgerungen zur Orthographie sind jedoch einigen kritischen Überlegungen zu unterziehen:

1. Die Beurteilung der Orthographie erfolgt auf der Basis der einseitigen Ausrichtung auf das Lesen, das Problem des Schreibens wird ausgeklammert oder sehr schnell abgehandelt.
2. Ausgehend von der Beobachtung, daß das Lesen des geübten Lesers ideovisueller Natur ist, wird gefolgert, daß ein möglichst ideographisches Schriftsystem von Vorteil ist. Von der Perzeption wird auf die linguistische Struktur der Orthographie geschlossen, was eine – theoretisch unhaltbare – Vermengung zweier Ebenen darstellt.[216] Die Struktur der Orthographie aber erfährt eine sehr oberflächliche Betrachtung; so ist sie für Richaudeau phonologisch, für Charmeux dagegen in erster Linie ideographisch. Probleme entstehen dann,

---

[216] Vgl. Honvault/Jaffré (1979).

wenn die Autoren die phonographischen Beziehungen gänzlich ausschließen wollen; diese kommen durch die Hintertür, spätestens wenn es um das Schreiben geht, doch wieder herein.[217] Linguistische Untersuchungen zur Struktur der französischen Orthographie zeigen, daß diese sowohl auf phonographische als auch auf ideographische Verfahren rekurriert.[218] Ohne Analyse der linguistischen Struktur führt die vorgestellte Position zur Festschreibung der Orthographie in ihrem jetzigen Zustand. Dabei wäre die Frage zu stellen, ob zumindest eine gemäßigte Reform überhaupt Einfluß auf den Perzeptionsmechanismus hätte.

3. Ein weiterer Fragenkomplex betrifft die Pädagogik. Es ist fraglich, ob vom dargestellten Leseprozeß des geübten Lesers ein Lernmodell abgeleitet werden kann. Lesen erfordert vermutlich nicht nur visuelle Kompetenzen, sondern eine Vielfalt von Kenntnissen, insbesondere diejenige sprachlicher Mechanismen.[219] Charmeux entschärft diese Kritik insofern, als sie in ihrer neueren Arbeit von 1985 die Wichtigkeit der Kenntnis des Funktionierens der geschriebenen Sprache betont. In den Vordergrund aber drängt sich vor allem die Frage, wie ein Kind schreiben lernen soll, ohne die Analysekriterien des graphischen Codes zu erlernen. Das Kind ist bezüglich der Komplexität des graphischen Codes alleingelassen; der Ansatz läuft schließlich auf Auswendiglernen hinaus und schließt die Möglichkeit kritischer Analyse aus.

III.3.2.3. Vorschläge zu einer gemäßigten Reform der französischen Orthographie

In diese Gruppe gehört die Mehrheit aller neueren Reformvorschläge. Es besteht Einigkeit über die Notwendigkeit einer Reform, die Projekte unterscheiden sich jedoch hinsichtlich ihres theoretischen Ansatzes sowie Auswahl und Umfang der zu reformierenden Punkte.

---

[217] Lentin (1978) integriert in ihr Modell die phonographischen Beziehungen.

[218] Vgl. Jaffré, Jean-Pierre (1980 b): Les linguistes et l'idéographie. In: Ders. (Hrsg.): Orthographe et idéographie. = Liaisons-HESO 3. S.13-22; Questions à Nina Catach et Eveline Charmeux ou Rencontre du troisième type: Dialogue-duel entre chercheurs évoluant sur des planètes différentes. In: Pratiques 46. Juin 1985. S.7-23 und Catach, Nina (1988): Fonctionnement linguistique et apprentissage de la lecture. In: Langue Française 80. S.6-19.

[219] Vgl. Honvault/Jaffré (1979).

III.3.2.3.1. Der Reformvorschlag der „Commission Beslais"[220]

Auf Initiative der Académie des Sciences[221] wird 1961 vom Ministre de l'Education Nationale eine offizielle Kommission ins Leben gerufen und mit der Aufgabe betraut, einen Vorschlag für eine gemäßigte Reform der französischen Orthographie zu erarbeiten. Unter dem Vorsitz von A. Beslais (Directeur Général honoraire de l'Enseignement du 1er degré)[222] arbeitet diese Kommission von 1961 bis 1964 und legt 1965 ihre Ergebnisse vor.

Die Notwendigkeit einer Reform wird von der Kommission folgendermaßen begründet: Die französische Orthographie weist zahlreiche Inkohärenzen auf, „les bizarreries, les contradictions, les erreurs, les survivances de fausses subtilités ou d'évidents contre-sens dont elle est encombrée".[223] Der Orthographie-Unterricht wird dadurch erschwert und nimmt zu viel Zeit in Anspruch. Die Position des Französischen als Weltsprache wird geschwächt im Vergleich zu Sprachen mit einfacherer Orthographie. Auch führt die traditionelle Orthographie zu einer unnötigen Längung der Texte und damit Erhöhung der Druckkosten. Allgemein wird ein Rückgang des orthographischen Niveaus festgestellt, eine „crise de l'orthographe". Schließlich soll die Tilgung ihrer Inkohärenzen der Rettung der Orthographie dienen: „C'est la sauver que la débarrasser de ce qui la surcharge fâcheusement, au profit de ce qui fait d'elle un instrument de culture."[224]

„Préparer une réforme modérée et prudente de l'orthographe française"[225] ist die Aufgabe, vor die sich die Kommission gestellt sieht. Die Reform möchte unnötige Schwierigkeiten beseitigen, die Orthographie soll klarer und rationeller werden. Den Veränderungen sind jedoch Grenzen gesetzt durch den Grundsatz „jamais perdre de vue la nécessité de respecter la physionomie générale de la langue."[226] Eine vorgegebene

---

[220] Rapport général sur les modalités d'une simplification éventuelle de l'orthographe française. Elaboré par la Commission ministérielle d'études orthographiques sous la présidence de M.A.Beslais. (1965). Paris. Künftig zitiert als Rapport Beslais.

[221] Der Text findet sich im Anhang des Rapport Beslais, S.109.

[222] A. Beslais war bereits in den 50er Jahren Vorsitzender einer Reformkommission. Das Projekt scheiterte jedoch 1952 schon vor seiner Veröffentlichung durch eine von einem Mitglied der Kommission (Edmond Faral) initiierte negative Pressekampagne: „Je ne veux pas écrire comme ma cuisinière". In der Presse viel zitierte Beispiele für die reformierte Orthographie waren: „Un homme de petit pois, Paris la grande vile, les fames retrouveront un home." Das zweite Projekt zieht die Konsequenzen aus diesem Mißerfolg, basiert auf umfangreichen Meinungsumfragen und ist im Umfang bescheidener. Vgl. dazu Catach, Nina (1989 a): Les délires de l'orthographe. Paris. S.293 ff.

[223] Rapport Beslais (1965), S.5.

[224] Ebda. S.7.

[225] Ebda. S.9.

[226] Ebda. S.9.

Theorie als Grundlage der Entscheidungen wird prinzipiell abgelehnt, jeder Fall soll für sich und umfassend analysiert werden.[227] Einbezogen in die Entscheidungen werden Art und Frequenz von Orthographiefehlern.

Der Kommissionsvorschlag widmet sich zunächst der Überarbeitung und Aktualisierung der „Tolérances" von 1901. Die Reformpunkte des Projektes sind die folgenden:

1. Vereinheitlichung der Schreibung zusammengesetzter Wörter

Getrennt-, Zusammenschreibung oder Bindestrich sollen nicht von der Gesamtbedeutung des zusammengesetzten Wortes bestimmt werden, sondern von der Art der Einzelelemente. Es geht dabei um eine Generalisierung von in der aktuellen Orthographie festgestellten Tendenzen. Ein weiteres Ziel stellt die Vereinheitlichung der Pluralbildung dar. Folgende Regeln werden aufgestellt:

- Zusammenschreibung von zusammengesetzten Wörtern, deren erstes Element ein unveränderliches Präfix ist, z.Bsp. <impensable, antédiluvien>; eine Ausnahme betrifft die Präfixe <après, arrière, avant, chez, demi, sans, sous, trop, vice>, die mit Bindestrich geschrieben werden, z.Bsp. <après-dîner, demi-mesure, sans-façon, chez-soi>. Das <s> des Plurals steht am Wortende.
- Zusammenschreibung von zusammengesetzten Wörtern, deren erstes Element ein Verb ist, z.Bsp. <porteplume, gardechasse>. Eine Ausnahme wird dann gemacht, wenn das erste Element mit „e muet" endet und das zweite mit Vokal beginnt, z.Bsp. <porte-étendard, perce-oreille>. Die Pluralanzeige steht ebenso am Wortende.
- Vereinheitlichung des Bindestrichs bei zusammengesetzten Wörtern mit veränderlichen Elementen, z.Bsp. <cerf-volant, compte-rendu, bien-fondé>. Die Pluralmarkierung erfolgt in Abhängigkeit von der Bedeutung, z.Bsp. <des coffres-forts, des double-crèmes>.

2. Vereinfachung der griechischen Buchstaben in gebräuchlichen Wörtern: Franzisierung von <th, ph, rh, y>, z.Bsp. <téâtre, farmacie, rétorique, sistème>. In den Fällen, in denen <ch> als /k/ realisiert wird, erfolgt vor <a, o, u> und Konsonanten die Tilgung des <h>, z.Bsp. <coléra, caos, tecnique>, nicht jedoch vor <e, i>, da sie hier zu einer Ausspracheänderung führte. Die Ausnahmen betreffen <choeur> und Ableitungen, z.Bsp. <choral>, weil eine Homographie mit <coeur> entstünde, sowie <Christ, chrétien, christianisme>.

---

[227] S. ebda. S.9: „se refuser aux facilités qu'offrirait une théorie préconçue" u. S.1: „Chaque cas est examiné [...] sous son propre éclairage, dans son histoire particulière et dans sa réalité d'aujourd'hui.", vgl. auch S.16.

3. Das stumme <x> am Wortende wird durch <s> ersetzt.[228] Beispiele: <nois, épous, pais, heureus, jalous, faus, mieus, je peus, je veus, eus, deus (deusième), sis (sisième)>. Diese Regelung betrifft insbesondere auch die Pluralformen, z.Bsp. <des caillous, des travaus, des dieus, beaus>.

4. Vereinfachung der Doppelkonsonanten bis auf wenige Ausnahmen, z. Bsp. <afaire, aparence, ocasion, énemi, doner, nomer, rationel, la chate, sifler, aler, come, la tère, cète, èle>[229]. Ebenso werden die Konsonantengruppen <cqu, ck> vereinfacht, z.Bsp. <aquérir, grèque, stok>. Doppelkonsonanten bleiben in folgenden Fällen erhalten:

- <ss>, das der Darstellung des stimmlosen /s/ dient, z.Bsp. <moisson, passion, tasse>
- <ll> als mouilliertes /l/, z.Bsp. <famille, fille>
- <cc> und <gg> als /ks/ und /gj/, z.Bsp. <occident, suggestion>
- in Präfixen, die vor <n> oder <m> des Stammes nasaliert werden, z.Bsp. <ennuyer, emmener>
- Fälle, in denen <rr> zwischen Präfix und Stamm als Doppelkonsonant ausgesprochen wird, z.Bsp. <interrègne, surréalisme>
- Erhalten bleiben Doppelkonsonanten, die durch das Aufeinandertreffen des Präfixes <in> mit dem Anfangskonsonanten des Stammes entstehen, auch im Fall der Assimilation des /n/, da <in> nach wie vor als lebendiges Präfix funktioniert, z.Bsp. <innocent, illisible, irrésistible, immobile>. Bewahrt wird auch <ll> des griechischen Präfixes <allo>, z.Bsp. <allégorie, allergie>.
- <rr> wird weiterhin geschrieben im Futur und Konditional bei einigen unregelmäßigen Verben, z.Bsp. <courrai, verrai, pourrais>.
- Nicht verändert werden Doppelkonsonanten, die der Differenzierung von Homonymen dienen, dasselbe gilt für die entsprechenden Ableitungen, z.Bsp. <arête, il arrête>.

5. Generalisierung der Endungen <-ant, -ance> bei Adjektiven und Nomina, die von einem französischen oder lateinischen Partizip Präsens abgeleitet sind, z.Bsp. <résidant, résidance; excellant, excellance; décadant, décadance; prudant, prudance>.

Vereinheitlichung der Schreibung <-ent, -ence> bei Adjektiven und Nomina, die von einem französischen Partizip Präsens mit der Endung <-geant> abgeleitet sind (bzw. einem lateinischen Partizip Präsens mit der Endung <-gentem>), z.Bsp. <obligent, obligence; exigent, exigence; indigent, indigence>.

---

[228] <x> ist lediglich ein Relikt aus mittelalterlichen Manuskripten, in denen es als Schnellform für <us> oder <ls> benutzt wurde.

[229] Offenes *e* wird in diesen Fällen durch Accent grave angezeigt.

Die Schreibung der Adverbien soll entsprechend der Aussprache vereinfacht werden: <-ament> statt <-amment, -emment>, z.Bsp. <abondament, prudament>.

6. „e muet" innerhalb eines Wortes wird in folgenden Fällen getilgt:
- vor Vokal in den Verben <assoir, sursoir>
- nach Vokal in Nomina und Adverbien wie <dénoument, atermoiment, gaiment>

7. Systematisierung der Akzentsetzung entsprechend der Ausspache:
- Accent aigu auf geschlossenem *e* außer vor den Endkonsonanten <d, r, f, t, z>, z.Bsp. <référendum, asséner, recéler>
- Accent grave auf offenem *e* außer vor Endkonsonanten; der Accent grave dient daneben auch der Homonymendifferenzierung, z.Bsp. <à, là, çà, où, dès, lès> und entsprechend auch <deçà, delà, holà, voilà, celà>.
- Accent circonflexe auf langen Vokalen; er soll wegfallen in den Fällen, in denen er bisher lediglich der Anzeige des Ausfalls eines Konsonanten oder als diakritisches Zeichen dient, z.Bsp. <diner, assidument, du>.
- Das Trema wird auf <i> gesetzt im Fall von <ai, oi>, z.Bsp. <laïcité, stoïque>, auf <u>, wenn dieses nach <g, q> ausgesprochen wird, z.Bsp. <ambigüité, lingüiste, éqüidistant>.

8. Etymologische Konsonanten werden eliminiert, z.Bsp. <sculteur, donteur, prontitude, relai, leg>. Ausnahmen werden im Fall von spellingpronunciation gemacht, z.Bsp. <présomption, indemnité> sowie bei Endkonsonanten, die der Anzeige von Derivationsverhältnissen dienen, z.Bsp. <respect, respecter; corps, corporel, corsage>.

9. Endungen von Nomina und Adjektiven
Vereinheitlichung der Schreibung von Nomina und Adjektiven mit den Endungen <-cable/-quable, -cage/-quage, -cant/-quant, -ciaire/-tiaire, -ciel/-tiel> im Sinne der einfacheren Schreibung mit <c>, z.Bsp. <attacable, démarcage, délincant, pénitenciaire, confidenciel>. Beibehalten hingegen werden die unterschiedlichen Endungen <-cieux/-tieux, -tion/-sion/-xion, -cie/-tie>, da sie eine Verbindung zu den entsprechenden Wortfamilien herstellen, z.Bsp. <ambitieux, ambition; prophétie, prophète>. Bei maskulinen Nomina mit der Endung <-oir/-oire> soll die Schreibung <-oir> generalisiert werden, z.Bsp. <un réfectoir, un auditoir, un territoir>.

Die Homonymendifferenzierung wird prinzipiell nicht angetastet; Homonyme werden nur dann der Reform unterzogen, wenn eine Unterscheidung erhalten bleibt, zum Beispiel <cellier, sellier>, die zu <célier, sélier> verändert werden.

Der Rapport Beslais löst nach seinem Erscheinen zunächst heftige Kontroversen aus und wird dann bald von Schweigen umhüllt.[230] Es stellt sich die Frage, ob der angestrebte Kompromiß zwischen den so widersprüchlichen Anforderungen möglich ist, einerseits die Orthographie einfacher und kohärenter zu machen, ihr Aussehen andererseits so wenig als möglich zu verändern. Der Vorschlag möchte den Reformern gerecht werden und gleichzeitig die Konservativen nicht verschrecken. Vor allem aber leidet das Reformprojekt am Fehlen einer zugrundeliegenden Theorie. Wenn von Vereinfachung gesprochen wird, bleibt unklar, nach welchen Kriterien diese zu beurteilen ist. Die Begründung für die Änderung eines Punktes wechselt von Fall zu Fall; nebeneinander stehen das Kriterium der Aussprache, die morphologische Regelmäßigkeit sowie die Angleichung an besonders häufige Schreibweisen. Mit dem Ausgehen von Orthographiefehlern scheinen jedoch intuitiv Schwachpunkte des Schriftsystems beseitigt zu werden. So greifen spätere Reformvorschläge immer wieder auf im Rapport Beslais genannte Punkte zurück, die im Nachhinein eine theoretische Untermauerung erhalten.

III.3.2.3.2. Das Kolloquium „Structure de l'orthographe française"[231]

Im Rahmen des 1973 stattfindenden Kolloquiums „Structure de l'orthographe française" geht es nicht um einen konkreten Reformvorschlag. Dennoch gilt es als wichtiger Meilenstein in der jüngeren Reformgeschichte, da es eine Vielzahl namhafter Wissenschaftler zusammenbringt und zu einem Konsens über eine Reihe grundlegender Reformprinzipien führt.[232] Die wichtigsten dieser Prinzipien sind folgende: Zum einen stellt die Voraussetzung für jede Veränderung der Orthographie eine umfassende Untersuchung des graphischen Systems in seinem Verhältnis zum Sprachsystem dar; zum anderen muß eine Reform gemäßigter Natur sein, um Chancen auf Verwirklichung zu haben.

---

[230] Zur Diskussion in der Presse s. Tschernoster, M. (1973): Probleme der französischen Orthographie und ihrer Reform. In: Fremdsprachen 1. S.22-27 u. 2. S.98-105.

[231] Structure de l'orthographe française. (1974). Actes du colloque international. Paris – Janvier 1973. Organisé par l'équipe de recherche C.N.R.S.-H.E.S.O. Paris.

[232] S. Catach, Nina (1974 c): Principes d'une réforme de l'orthographe. In: Structure de l'orthographe française. Actes du colloque international [...]. S.195-205.

III.3.2.3.3. N. Catach und die CNRS-Forschungsgruppe HESO (Histoire et structure des orthographes et systèmes d'écriture)[233]

Nina Catach widmet sich seit Beginn der 70er Jahre der Untersuchung der Struktur der französischen Orthographie. Diese Analyse bildet die Grundlage für Überlegungen zur Frage der Reform; ihre wesentlichen Ergebnisse seien daher im folgenden dargestellt:
Die zweifache Gliederung der Sprache im Sinne Martinets findet sich auch in der Orthographie wieder:

> [...] l'orthographe présente, comme le langage lui-même, deux articulations, mais ici toutes deux significatives: à un premier stade, elle signifie les unités minimales des sons, ou phonèmes, qu'elle est chargée de transcrire [...]. A un second stade, elle transmettra des informations supplémentaires, en général en unités plus grandes, et d'ailleurs de valeur inégale: rappels étymologiques, distinctions d'homonymes, analogies morphologiques ou lexicales.[234]

Das Graphem als kleinste Einheit der Orthographie kann in Relation zu beiden Ebenen stehen; es ist polyvalent und wird folgendermaßen definiert:

> [...] la plus petite unité distinctive et/ou significative de la chaîne écrite, composée d'une lettre, d'un groupe de lettres (digramme, trigramme), d'une lettre accentuée ou pourvue d'un signe auxiliaire, ayant une référence phonique et/ou sémique dans la chaîne parlée.[235]

In jüngeren Aufsätzen spricht N. Catach in diesem Zusammenhang im Anschluß an Hjelmslev auch von Kenemen und Pleremen:

> [...] le rôle du graphème est double: il est un signifiant (forme écrite) renvoyant à un signifiant forme orale, (c'est un signifiant de signifiant, un cénème), ce qui est son rôle de base dans une écriture alphabétique. Il peut être en même temps ou séparément un signifiant de signifié, un plérème.[236]

---

[233] S. insbes. Catach, Nina (1973 d): La structure de l'orthographe française. In: La Recherche 39. S.949-956; dies. (1973 c): Que faut-il entendre par système graphique du français? In: Langue Française 20. S.30-44; dies. (1974 b): Graphèmes et archigraphèmes du français. In: Structure de l'orthographe française. Actes du colloque international [...]. Paris. S.97-120; dies. (1979): Le graphème. In: Pratiques 25. S.21-32; dies. (1988 a): L'orthographe. Paris; Catach, Nina; Claude Gruaz et Daniel Duprez (1986): L'orthographe française. Traité théorique et pratique. Avec des travaux d'application et leurs corrigés. Paris.

[234] Catach (1973 d), S.950.

[235] Catach (1988 a), S.119; vgl. auch Catach/Gruaz/Duprez (1986), S.16.

[236] Catach (1979), S.26; vgl. auch Catach, Nina (1984 a): Réflexions sur la nature du graphème et son degré d'indépendance. In: Liaisons-HESO 11. Janvier 84. S.1-15, hier S.15: „[...] sont considérés comme cénémiques les unités de l'écrit fondées sur la 2e articulation du langage, comme plérémiques celles qui sont fondées sur la 1ère articulation du langage."

Ausgehend von dieser Definition lassen sich drei verschiedene Arten von Graphemen unterscheiden: „phonogrammes", „morphogrammes" und „logogrammes". Die französische Orthographie stellt – definiert im Bezug zum aktuellen Sprachsystem – ein strukturiertes Ganzes dar; die Beziehungen, die durch die verschiedenen Graphemarten hergestellt werden, und ihre Funktion sind jedoch so unterschiedlich, daß N. Catach dem Begriff des Systems denjenigen des „plurisystème" vorzieht:

> Il s'agit plutôt d'un plurisystème ou de plusieurs sous-systèmes, l'un central, et relativement stable, le second, couvrant d'assez larges zones de la chaîne écrite, le troisième enfin, partiel et marginal.[237]

Das System wird mit einer Reihe von Kreisen visualisiert:[238]

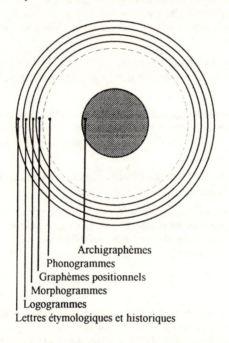

Archigraphèmes
Phonogrammes
Graphèmes positionnels
Morphogrammes
Logogrammes
Lettres étymologiques et historiques

Grundlage des Systems bilden die Grapheme, die in Relation zu den Phonemen stehen, die „phonogrammes". 80-85 % der Grapheme eines Textes beziehen sich auf die Lautebene der Sprache, die französische Orthographie ist daher nach Catach im wesentlichen phonologischer Natur.[239] Der Tatsache, daß der Lautwert eines Graphems von seiner Position, insbesondere den nachfolgenden Graphemen abhängig sein kann, wird im Schema durch die „graphèmes positionnels" Rechnung getra-

---

[237] Catach (1973 c), S.31.

[238] Die Abbildung stammt aus Catach (1990), S.56.

[239] Vgl. dazu Catach (1979), S.27 u. Catach/Gruaz/Duprez (1986), S.22-27.

gen.²⁴⁰ In Relation zum phonologischen Standardsystem des Französischen mit 36 Phonemen ermittelt Catach 133 Phonogramme. Innerhalb dieser Gruppe ist eine Hierarchisierung möglich; es lassen sich 33 Grapheme herausfiltern, die als „archigraphèmes" bezeichnet werden:²⁴¹

A	E	I	O	U	EU	OU
AN		IN	ON	UN		
		ILL				
		Y				
			OI			
			OIN			

P.B.-T.D.-C.G.-F.V.-S.Z.-X-CH.J-L.R-M.N-GN

Das Archigraphem wird definiert als

> [...] graphème fondamental, représentant d'un ensemble de graphèmes, qui sont par rapport aux autres ensembles dans un rapport exclusif, correspondant au même phonème ou au même archiphonème.²⁴²

Das wesentliche Kriterium ihrer Bestimmung ist die Auftretenshäufigkeit; dazu treten ergänzend die Kriterien der direkten, positionsunabhängigen Beziehung zu einem Phonem, der Rentabilität (Auftreten in grammatischen Paradigmen), der sprachlichen Kreativität (Vorkommen in Neubildungen) sowie der Kohäsion und Stabilität im Fall zusammengesetzter Grapheme.²⁴³ Das Phonem /o/ zum Beispiel findet sich durch die Grapheme <o, au, ô, eau, um> dargestellt; <o> ist mit einer Auftretenshäufigkeit von 75 % Archigraphem.²⁴⁴ Für das Phonem /ã/ stehen mit etwa gleicher Frequenz die Grapheme <an> und <en>; als Archigraphem wird <an> gewählt, da <en> lautlich unterschiedlich realisiert werden kann (/ã/, /ɛ̃/, /ɛn/ und 0 z.Bsp. in <ils chantent>) und <an> immer im Partizip Präsens erscheint.²⁴⁵ Die durchschnittliche

---

²⁴⁰ <c> z.Bsp. steht für /k/ vor <a, o, u> und Konsonanten, z.Bsp. <calcul>, für /s/ vor <e, i, y>, z.Bsp. <cécité>.

²⁴¹ Catach (1988 a), S.62; Catach/Gruaz/Duprez (1986), S.38.

²⁴² Catach/Gruaz/Duprez (1986), S.17; an anderer Stelle spricht Catach auch von der „forme maximale stable du graphème", vgl. Catach (1974 b), S.100. Eine direkte Entsprechung zum Begriff des Archiphonems besteht nicht, da es sich nicht um eine Neutralisierung handelt; vgl. zum Begriff des Archigraphems Catach (1984 b): A propos de l'archigraphème. In: Liaisons-HESO 11. Janvier 84. S.17-27.

²⁴³ Vgl. zu den Kriterien der Auswahl der Archigrapheme Catach/Gruaz/Duprez (1986), S.30 u. Catach (1973 c), S.34.

²⁴⁴ Vgl. Catach (1973 c), S.39.

²⁴⁵ Vgl. Catach/Gruaz/Duprez (1986), S.39.

Auftretenshäufigkeit der Archigrapheme liegt nach Catach bei über 83 %.[246]

Die „morphogrammes" stehen in Relation zu den Einheiten der zweiten Gliederung der Sprache; sie erscheinen in der Graphie unabhängig davon, ob sie lautlich realisiert werden oder nicht.[247] Es lassen sich grammatische und lexikalische Morphogramme unterscheiden:

> [...] nos morphogrammes grammaticaux assurent ou renforcent une certaine cohérence ou différenciation syntaxique au plan du genre, du nombre, du nom et du verbe, du mode, du temps, de la personne etc.; nos morphogrammes lexicaux notent ou renforcent la prise de sens des préfixes, suffixes, infixes, liens dérivatifs, etc.[248]

Grammatische Morphogramme sind zum Beispiel <s> zur Anzeige des Plurals, <e> zur Anzeige des Femininums; das Suffix <-aie> in <cerisaie, châtaigneraie> gehört zu den lexikalischen Morphogrammen, ebenso wie Grapheme, die Derivationsverhältnisse anzeigen, etwa <p> in <temps, temporel>, <t> in <souriant, souriante>.

Während die „morphogrammes" unterhalb der Wortebene anzusiedeln sind, kann man die „logogrammes" nicht von der entsprechenden lexikalischen Einheit trennen; sie verleihen dem Wort eine spezifische Physiognomie – Catach nennt sie auch „figures de mots" – und dienen der Homonymendifferenzierung, zum Beispiel <sa, ça>, <mètre, maître>, <cygne, signe>, <faim, fin>.[249]

Je weiter man sich in dem Schema von der Mitte entfernt, desto mehr nimmt die Funktionalität der entsprechenden Grapheme ab. Während die „logogrammes" am Rande des Systems stehen, befinden sich historische und etymologische Buchstaben außerhalb, sie lassen sich innerhalb des Systems nicht rechtfertigen. Es handelt sich zum Beispiel um griechische Buchstaben, Doppelkonsonanten und den Accent circonflexe.

Das „plurisystème" stellt den theoretischen Rahmen für eventuelle Veränderungen der Orthographie dar. Diese sollten die nicht funktionellen und wenig funktionellen Elemente des Systems beseitigen. Auszugehen wäre von dem äußeren Kreis des Schemas, um dann sukzessive die weiteren Bereiche einzubeziehen:

- Entfernung etymologischer und historischer Buchstaben,
- Reduktion der „logogrammes", deren Nutzen in Frage gestellt wird, wenn die unterscheidenden Buchstaben nicht mehr als etymologische oder historische Information vermitteln. Differenzierungen

---

[246] Catach (1973 c), S.36.

[247] 5-6 % der Grapheme eines Textes sind „morphogrammes", vgl. Catach (1979), S.30.

[248] Catach, Nina (1985 a): L'écriture et le signe plérémique. In: Modèles Linguistiques 7/2. S.53-71, hier S.65 f.

[249] Bei 5-6 % der Wörter eines Textes handelt es sich um „logogrammes", vgl. Catach (1979), S.30.

könnten in den Fällen aufgegeben werden, in denen die Homonymen nicht in denselben Kontext gehören, zum Beispiel <un mythe, une mite>, <un cygne, un signe>.
- Verringerung der lexikalischen Morphogramme, da diese nur in kleinen Bereichen Geltung beanspruchen und im Französischen auch nicht immer systematisch gebraucht werden, so zum Beispiel in <tabac, tabatière>, <bras, bracelet>, <nourrice, nourisson>, <chapeau, chapeauter>.[250] Grammatische Morphogramme hingegen bleiben unangetastet.

In beiden zuletzt genannten Bereichen geht es um eine Verringerung der Redundanz:

> Même en faisant la part belle à la portion de redondance utile à la communication visuelle rapide, on ne peut que constater, pour les homonymes par exemple, qu'on obtiendrait largement le même résultat à moindres frais.[251]

> On pourrait imaginer une écriture où seuls les points d'ancrage visuels strictement utiles à la cohésion syntagmatique ou paradigmatique (soigneusement filtrés) seraient retenus. Ces points d'ancrage seraient en général largement suffisants pour pallier l'ambiguïté des homophones les plus fréquents. Un tel filtrage n'enlèverait rien à la faculté de lecture tout en rendant l'instrument plus commode à l'écriture.[252]

- Ersetzung von Phonogrammen durch die entsprechenden Archigrapheme, so könnte zum Beispiel die Schreibung <an> für den Nasal /ã/ ausgedehnt werden auf die Fälle, in denen in der aktuellen Orthographie <en> steht.

> Ramener progressivement les sous-graphèmes aux graphèmes, et les graphèmes aux archigraphèmes, telle nous semble être, pour une réforme idéale, la façon la plus rationnelle de procéder.[253]

Als Kriterium für Auswahl und Priorität der zu reformierenden Punkte sollen – wie im Rapport Beslais – häufige Orthographiefehler hinzugezogen werden, sie werden als Indizien für nicht und wenig funktionelle Teile des Systems betrachtet. Einen Katalog der konkreten Reformpunkte, die ausgehend von diesen Überlegungen gefordert werden müßten, stellen Nina Catach und ihre Mitarbeiter nicht auf; sie befürworten jedoch die sukzessive Elimination der vom Rapport Beslais genannten Punkte.

Mit den Arbeiten zum „plurisystème" der französischen Orthographie verfügt man über ein theoretisches Gerüst, das als Basis für eine Ortho-

---

[250] vgl. Catach (1979), S.30: „Une écriture alphabétique ne peut pas être vraiment une écriture de mots, ni de familles de mots."
[251] Catach (1973 d), S.956.
[252] Catach/Gruaz/Duprez (1986), S.25.
[253] Catach (1974 b), S.110.

graphiereform dienen kann. Es ermöglicht, die Funktionalität und Rentabilität der Elemente im System zu ermitteln. Eine Reform zielt in Richtung eindeutigerer phonographischer Beziehungen durch Beseitigung der nicht-funktionellen Teile des Systems und Verringerung von Homonymendifferenzierung und Paradigmenhomogenisierung. Mit der systematischen Analyse der französischen Orthographie wird dem Hauptvorwurf entgegnet, der an den Rapport Beslais herangetragen wurde. Was die Frage der Reform angeht, wird der Kritik die wesentliche Angriffsfläche dadurch genommen, daß die konkreten Veränderungen, die angesichts der aufgezeigten Theorie vorzuschlagen wären, nicht genannt werden.

III.3.2.3.4. Die Reformforderungen der AIROE
(Association pour l'information et la recherche sur les orthographes et les systèmes d'écriture)[254]

AIROE ist eine Vereinigung, die 1983 aus der CNRS-Forschungsgruppe HESO hervorgegangen ist und sich unter der Leitung von Nina Catach und dem Soziologen Philippe Cibois mit konkreten Forderungen für eine Reform einsetzt. Auf der theoretischen Grundlage der Arbeiten zum „plurisystème" stellt sie ein Minimalprogramm zusammen, langfristig wird eine Reform im Sinne des Rapport Beslais angestrebt.

Die Reform soll Inkohärenzen der französischen Orthographie sowie etymologische und historische Schreibweisen beseitigen. Durch den allgemeinen Rückgang der Lateinkenntnisse wird die Orthographie immer mehr zu einer „science sans conscience" und das Erlernen zu aufwendig. Ziel jeder Veränderung der Orthographie ist daher ihre Vereinfachung. Kurzfristig wird die Verwirklichung folgender Reformpunkte gefordert:

- Beseitigung einiger Anomalien, z.Bsp. <évènement, ognon>
- Vereinfachung der Schreibung zusammengesetzter Wörter
- Tilgung des Accent circonflexe, wenn dadurch keine Ambiguitäten entstehen, z.Bsp. <batiment, enquète, abime, dépot, coutant>
- Vereinfachung der Doppelkonsonanten im Fall der Verben mit der Endung <-eler, -eter> (z.Bsp. <je ficèle, j'étiquète>) sowie der Ableitungen von Nomina mit der Endung <-on, -an> (z.Bsp. <fonction, fonctionel, fonctionalisme; tradition, traditionel, traditionalisme; paysan, paysane>)
- Vereinfachung des Accord du participe passé bei reflexiven Verben (elle s'est complu(e) à ..., elle s'est laissé(e) rejoindre), eventuell auch im Fall der mit avoir konjugierten Verben (Les livres que j'ai lu(s))

---

[254] Vgl. Manifeste de l'AIROE. In: Leconte, Jacques et Philippe Cibois (1989): Que vive l'orthographe! Paris. S.156-159.

III.3.2.3.5. Le manifeste de dix linguistes[255]

In dieselbe Richtung weist der Aufruf zu einer Reform, den zehn Sprachwissenschaftler im Februar 1989 gemeinsam in „Le Monde" veröffentlicht haben.[256] Die Orthographie, so argumentieren sie, ist kohärenter als allgemein angenommen, bedarf aber einer Modernisierung. Sie verweisen auf die Veränderungen der französischen Orthographie im Lauf der Geschichte und das Beispiel von Orthographiereformen in anderen Ländern. Folgende Faktoren machen eine Modernisierung notwendig:

- technische: Die zunehmende Verarbeitung geschriebener Texte mit Hilfe von Computern verlangt die Beseitigung orthographischer Inkonsequenzen.
- pädagogische: Wenn 80 % der Schüler zum Abitur geführt werden sollen, muß die Orthographie in vertretbarer Zeit erlernbar sein.
- politische: Die Beherrschung des Lesens und Schreibens ist ein allgemeines Bürgerrecht; im orthographischen Immobilismus wird ein Handicap für die Entwicklung der Frankophonie gesehen.

Für einen ersten Schritt fordern die Linguisten die Elimination des Accent circonflexe, die Reduktion von Doppelkonsonanten, die Erleichterung der Regeln des Accord du participe passé sowie die Möglichkeit einer alternativen Verwendung von zwei Schreibweisen in Zweifelsfällen (z.Bsp. <événement u. évènement>, <oignon u. ognon>). Als notwendig wird eine „politique de tolérance" erachtet und die Schaffung einer geeigneten Kommission, die mit der Reformfrage betraut werden soll.

Die Schwierigkeiten einer gemäßigten Reform liegen in Auswahl und Umfang der zu reformierenden Punkte. Es stellt sich die Frage, welche Züge der Orthographie als zu verändernde Ausnahmen zu deklarieren sind und welche sich im Rahmen einer Theorie erklären und rechtfertigen lassen, mithin welcher Grad an Strukturiertheit und Systemhaftigkeit der französischen Orthographie zugesprochen wird. Die Untersuchungen zum „plurisystème" bilden eine wichtige theoretische Grundlage und den Hintergrund für die aktuellen Reformforderungen; sie lassen jedoch im Unklaren, wieviele Änderungen das System einerseits erfordern und wieviele es andererseits vertragen würde. Die Veränderungen zielen in Richtung eindeutigerer phonographischer Beziehungen; es wäre jedoch auch zu fragen, wieviel morphologische und semantische Information die Orthographie idealerweise vermitteln sollte.

---

[255] Le manifeste de dix linguistes. In: Le Monde 7/2/89. Wiederabgedruckt in: Le Monde de l'Education. Octobre 1989. S.44 u. in: Leconte/Cibois (1989), S.160-164.

[256] Die Unterzeichner der Reformforderung sind: Nina Catach, Bernard Cerquiglini, Jean-Claude Chevalier, Pierre Encrevé, Maurice Gross, Claude Hagège, Robert Martin, Michel Masson, Jean-Claude Milner, Bernard Quémada.

Jede gemäßigte Reform sieht sich daneben mit dem Problem von Kettenreaktionen konfrontiert: Die Modifikation eines Punktes zieht häufig andere nach sich und führt zu neuen Ausnahmen.[257]

Die Reformprojekte werden immer bescheidener, auch wird behutsam der Terminus „Reform" vermieden und etwa durch „simplification" oder „modernisation" ersetzt. Die Erfahrungen der Geschichte, Akzeptanzerwägungen und Erkenntnisse der Graphematik mahnen zur Vorsicht. Weitere Veränderungen werden zwar angekündigt, jedoch nicht näher spezifiziert und ins Ungewisse verlegt. Die Überlegung drängt sich auf, ob eine sehr geringe Anzahl an Veränderungen den hochgesteckten Zielen der Reformer, insbesondere der Erleichterung des Erlernens, wesentlich näher kommt.

Kritik ernten die moderaten Reformer sowohl bei den Vertretern durchgreifender Reformen als auch den Verteidigern der traditionellen Orthographie. Martinet etwa bezweifelt, daß es sich lohnt, für eine so geringe Anzahl an Reformpunkten die Gewohnheiten der Sprachbenutzer zu stören. Andere Vertreter einer phonologischen Schreibung unterstützen allerdings auch eine gemäßigte Reform, in der Hoffnung, daß der Immobilismus endlich gebrochen und ein Stein ins Rollen gebracht würde. Gerade darin aber besteht die Angst der Verteidiger des status quo; sie sehen hinter jeder noch so gemäßigten Reform häufig nur den ersten Schritt in Richtung des gefürchteten „phonétisme".

III.3.3. Die Änderungen von offizieller Seite

Das vorliegende Kapitel möchte einen Überblick über die orthographischen Veränderungen geben, die in jüngerer Zeit von offizieller Seite durchgeführt wurden.

III.3.3.1. Die „Tolérances grammaticales ou orthographiques"

Unter Bildungsminister René Haby verabschiedet das Ministère de l'Education Nationale am 28. Dezember 1976 einen Erlaß „relatif aux tolérances grammaticales ou orthographiques".[258] Es handelt sich hierbei

---

[257] Vgl. die Beispiele bei Martinet und Blanche-Benveniste/Chervel in Kap.III.3.2.1. der vorliegenden Arbeit.

[258] Arrêté du 28 décembre 1976 relatif aux tolérances grammaticales ou orthographiques. In: Journal officiel – N.C. du 9 février 1977. Wieder abgedruckt in: Grevisse, Maurice (1986): Le bon usage. Douzième édition refondue par André Goosse. Paris – Gembloux. S.1696-1708.
Für eine Auseinandersetzung vgl. insbes. Rattunde, Eckhard (1981): C'est de beaux résultats? – oder: Wie wichtig ist der neue Toleranzerlaß für den Französischunterricht. In: Die Neueren Sprachen 80.1. S.2-18; Hanse, Joseph (1977): Modifications orthogra-

um die Wiederaufnahme und Aktualisierung eines Erlasses von 1901 „relatif à la simplification de l'enseignement de la syntaxe française".[259] Dieser stellte damals das einzige offizielle Resultat der äußerst regen und mit Vehemenz geführten Reformdebatte der Jahrhundertwende dar, fand in der Praxis jedoch kaum Anwendung. Auch der Erlaß von 1976 darf als sehr bescheidene Konzession an die Reformbewegung betrachtet werden, wenn damit auch keineswegs eine Reform eingeleitet wird.

Unter „Tolérances" ist zu verstehen, daß in den Prüfungen, die vom Ministère de l'Education Nationale abhängen, die aufgenommenen Punkte nicht als Fehler berechnet werden dürfen. Diese betreffen insbesondere den Bereich der „orthographe grammaticale" sowie grammatische Fragen; lediglich einige wenige, zuletzt aufgeführte Punkte berühren rein orthographische Probleme.

Der Erlaß gliedert sich in folgende 10 Kapitel: Le verbe, le nom, l'article, l'adjectif numéral, l'adjectif qualificatif, les indéfinis, „même" et „tout", l'adverbe „ne" dit explétif, accents, trait d'union. Es werden drei Typen von Kommentaren unterschieden, was eine grundlegende Neuerung gegenüber dem Erlaß von 1901 darstellt. Bei einem ersten Typ handelt es sich um Fälle, in denen die Sprache über zwei gleichwertige Varianten verfügt: „l'usage admet deux possibilités sans distinguer entre elles des nuances appréciables de sens".[260] In eine zweite Kategorie gehören Varianten, zwischen denen – in Abhängigkeit von der Intention des Schreibers/Sprechers – geringfügige Bedeutungsunterschiede bestehen. Hierbei handelt es sich um Nuancen, deren Beherrschung von den Prüflingen nicht erfordert werden soll. Ein dritter Typ schließlich beinhaltet folgende Fälle:

> [...] des expressions auxquelles la grammaire, dans son état actuel, impose des formes ou des accords strictement définis, sans qu'on doive nécessairement considérer tout manquement à ces normes comme l'indice d'une défaillance du jugement; dans certains cas, ce sont les normes elles-mêmes qu'il serait difficile de justifier avec rigueur, tandis que les transgressions peuvent procéder d'un souci de cohérence analogique ou logique.[261]

Von 42 Paragraphen und Unterparagraphen gehören 6 dem ersten Typ an, 16 dem zweiten und 20 dem dritten. Die Punkte, die den Sprachgebrauch erläutern, sollen im Unterricht behandelt werden, wohingegen

---

phiques et tolérances grammaticales. In: Bulletin de l'Académie royale de langue et littérature françaises 55. S.42-72; Holtus, Günter (1979): 75 Jahre französische Sprachnormierung und französische Grammatik: zu den Spracherlassen von 1901 und 1976. In: Französisch heute 10.3. S.191-202 u. 10.4. S.239-248.

[259] Arrêté relatif à la simplification de l'enseignement de la syntaxe française. 26 février 1901. Abgedruckt in: Grevisse, Maurice (1975): Le bon usage. Gembloux. S.1240-1245.

[260] zitiert nach Grevisse (1986), S.1697.

[261] ebda. S.1697 f.

die anderen ausschließlich bei der Korrektur von Prüfungsarbeiten Berücksichtigung finden sollten. Folgende Beispiele mögen einen Eindruck von den im Erlaß behandelten Problempunkten geben:[262]

Typ I: J'ai laissé sur l'arbre plus de cerises que j'en ai cueilli.
J'ai laissé sur l'arbre plus de cerises que j'en ai cueillies.

Etant données les circonstances
Etant donné les circonstances

De la gelée de groseille
De la gelée de groseilles

Typ II: Le père comme le fils mangeaient de bon appétit.
Le père comme le fils mangeait de bon appétit.

Ils ont ôté leur chapeau.
Ils ont ôté leurs chapeaux.

Dans les fables, les bêtes mêmes parlent.
Dans les fables, les bêtes même parlent.

Typ III:[263] On est resté (restés) bons amis.

Les musiciens que j'ai entendus (entendu) jouer.
Les airs que j'ai entendu (entendus) jouer.

Quatre-vingt-dix (Quatre vingts dix) ans

Elle est toute (tout) à sa lecture.

Die Punkte, die ausschließlich die Orthographie betreffen, gehören alle der dritten Kategorie an:

- Akzente, die entsprechend der Aussprache gesetzt werden, gelten nicht als Fehler, z.Bsp. <référendum> statt <referendum>, <évènement> statt <événement>.
- Das Fehlen des Accent circonflexe wird nur dann als Fehler berechnet, wenn es der Unterscheidung von Homonymen dient; akzeptiert wird z.Bsp. <crane> statt <crâne>, <crument> statt <crûment>.
- Fehlende Bindestriche werden nicht als Fehler sanktioniert, wenn dadurch keine Ambiguitäten entstehen; eine Ausnahme bildet die obligatorische Setzung des Bindestrichs im Fall der 3. Person Singular vor und nach eingeschobenem <t>, z.Bsp. <viendra-t-il?>.

---

[262] Im folgenden nicht zitiert werden solche Fälle, die die Orthographie nur sekundär berühren, z.Bsp.: J'aimerais qu'il fût (qu'il soit) avec moi. Je crains qu'il ne pleuve./ Je crains qu'il pleuve.

[263] Die normverletzende, aber in Prüfungen tolerierte Form steht in Klammern.

Die Auswahl der in den Erlaß aufgenommenen Fälle sowie die Zuordnung zu den verschiedenen Regeltypen mögen sicherlich in manchen Fällen zu hinterfragen sein; bezüglich der Reformfrage sind zwei Aspekte jedoch durchaus bemerkenswert:

1. In den Regeln des Typs I und II werden zwei gleichwertige und damit gleich „richtige" Varianten genannt; dies bedeutet ein Zugeständnis an den Sprachgebrauch und implizit auch die Anerkennung einer Sprachentwicklung. Die genannten Fälle werden als Gegenstand des Unterrichts erachtet, mithin ist die Bezeichnung „tolérances" in diesem Fall eigentlich unangebracht.
2. Bemerkenswert ist weiterhin das explizit formulierte Eingeständnis, daß die französische Orthographie über Subtilitäten und unlogische Züge verfügt, die nicht als Bewertungsmaßstab in Prüfungen gelten dürfen.

Angesichts der vorgestellten Bestimmungen von einer „mini-réforme" zu sprechen, wie Barrera-Vidal dies tut, scheint jedoch unangebracht.[264] Bei den Regeln des Typs III findet sich die Norm nicht in Frage gestellt; die behandelten Problemfälle haben eher marginalen Status und berühren sich im großen und ganzen wenig mit den in den Reformvorschlägen geforderten Punkten.

Die Reaktionen auf die „Tolérances" sind ganz unterschiedlich: Sie werden einerseits durchaus positiv gesehen, die Aufweichung der Norm in Randbereichen wird begrüßt.[265] Andererseits wird – wohl zu Recht – auf die Problematik des „Tolérance"-Begriffes aufmerksam gemacht. Der Rapport Beslais kritisierte bereits bezüglich des Erlasses von 1901 „la notion de faute qui existe toujours plus ou moins quand on parle de tolérance".[266] Problematisch vor allem erscheint die Anwendung für Lehrer und Schüler im praktischen Unterrichtsalltag. Die Lehrer haben weiterhin zu unterrichten, was sie in Prüfungen nicht als Fehler bewerten sollen.[267] Mit einer Reform der nicht zu rechtfertigenden Züge der französischen Orthographie wäre sowohl Lehrern als auch Schülern freilich mehr gedient; dieser jedoch wird mit dem Erlaß im Grunde ausgewi-

---

[264] Barrera-Vidal, A. (1978): Vers une mini-réforme de l'orthographe? In: Praxis de neusprachlichen Unterrichts 25. S.187-191. Auch Barrera-Vidal sagt jedoch am Schluß dieses Aufsatzes: „on est bien loin d'un authentique projet de réforme de l'orthographe" (S.190).

[265] So zum Beispiel Catach, Nina (1977): Tolérances grammaticales et orthographiques: le nouvel arrêté. In: Nouvelle Revue Pédagogique 9. S.7-8.

[266] Rapport Beslais (1965), S.20.

[267] Vgl. dazu etwa Hanse (1977); Hanse versteht sich als vehementen Gegner der „Tolérances".

chen.[268] In der Praxis findet sich der „Tolérances"-Erlaß kaum berücksichtigt, nur wenige Lehrer sind mit seinem Inhalt vertraut.[269]

III.3.3.2. Die „Modifications orthographiques acceptées par l'Académie française"

1973-74 erarbeitet eine Orthographie-Kommission innerhalb der Académie einige Änderungen, die von Jean Mistler, dem „Secrétaire perpétuel" der Institution, 1976 der Öffentlichkeit bekannt gegeben werden.[270] Sie beruhen auf folgendem Grundsatz:

> L'Académie, estimant qu'une normalisation systématique de l'orthographe introduirait plus de désordre qu'elle n'en éliminerait, a choisi, en un premier temps, un petit nombre de modifications rectifiant aux moindres frais certaines anomalies particulièrement choquantes.[271]

Die Änderungen sollen in die neunte Ausgabe des „Dictionnaire de l'Académie" aufgenommen werden. Es handelt sich um vier Punkte:

1. Die Angleichung der Schreibung von Ableitungen und Zusammensetzungen an diejenige des entsprechenden Ausgangswortes. Diese Modifikation betrifft 18 Wörter, so wird zum Beispiel <bonhomie> zu <bonhommie>, <chausse-trape> zu <chausse-trappe>, <combatif> zu <combattif>, <chariot> zu <charriot>, <dessiller> zu <déciller>, <imbécillité> zu <imbécilité>, <sotie> zu <sottie> und <vantail> zu <ventail>. Unter Hinzuziehung ganz unterschiedlicher Kriterien finden sich einige weitere Wörter modifiziert; so wird zum Beispiel aus Analogiegründen <relais> zu <relai> (wie <délai>), <levraut> zu <levreau> (wie <lapereau>), die Pluralform <appas> wird aufgegeben zugunsten der häufigeren Schreibung <appâts>, <oignon> und <encoignure> schreiben sich künftig <ognon> und <encognure> zur Vermeidung einer falschen Aussprache.
2. Die graphische Vereinheitlichung der Verben mit der Endung <-eler,-eter>. Doppelkonsonanten zur Anzeige des offenen e sollen zugunsten der Schreibung <è> mit folgendem einfachen Konsonan-

---

[268] Lucci und Nazé sprechen daher von einer „position de repli"; vgl. Lucci, Vincent et Yves Nazé (1989): L'Orthographe des Français. Paris. S.108.

[269] Vgl. Le Monde de l'Education (1989). No.164. Octobre. Orthographe: Le dossier du débat. S.42; Pivot, Bernard (1989): Le livre de l'orthographe. Paris. S.30.

[270] Mistler, Jean (1976): Liste de modifications orthographiques acceptées par l'Académie française sur proposition du Conseil international de la Langue française et du Ministère de l'Education. In: La Banque des mots 12. S.145-148; vgl. auch Le Monde de l'éducation (1976). No.13. Janvier. Dossier sur l'orthographe. S.15.

[271] Mistler (1976), S.145.

ten aufgegeben werden, z.Bsp. <je harcèle, j'étiquète> (wie <je pèle, j'achète>).
3. Die Änderung der Akzentuierung des *e* der Aussprache folgend. Dies führt zum Beispiel zur Schreibung <évènement> statt <événement>, <règlementation> statt <réglementation>, <asséner> statt <assener>, <démiurge> statt <demiurge>.
4. Das Trema soll künftig immer auf dem Vokal stehen, der ausgesprochen wird; zum Beispiel wird <ambiguïté> zu <ambigüité>, <exiguë> zu <exigüe>, ein Trema sollen zum Beispiel auch <argüer> und <gageüre> zur Vermeidung einer fehlerhaften Aussprache erhalten.

Die Modifikationen von seiten der Académie entstehen im Gefolge der Diskussion um die Arbeiten von Thimonnier und sind unverkennbar von diesen geprägt. Obwohl die orthographischen Veränderungen sehr zurückhaltend sind, wird sich der Kritiker an einigen unter Ziffer 1 aufgeführten Punkten stoßen. Die Einführung von Doppelkonsonanten zur Angleichung an die entsprechende analoge Serie hat als Kehrseite eine Verkomplizierung unter dem Aspekt der Phonem-Graphem-Beziehungen. Es ist zu fragen, ob diese befürwortet werden kann, stellt doch die Vereinfachung von Doppelkonsonanten einen zentralen Punkt der meisten Reformprojekte dar.

Die aufgezeigten Änderungen der Orthographie werden 1987 von der Académie rückgängig gemacht, da sie – so die Begründung – vom „usage" nicht aufgenommen wurden.[272]

III.3.3.3. Die „Rectifications de l'orthographe"

1989 wird vom Premier ministre Michel Rocard der „Conseil supérieur de la langue française" ins Leben gerufen. Es handelt sich um ein Gremium, dem der Premier ministre selbst vorsteht und dem Persönlichkeiten aus verschiedensten Bereichen des öffentlichen Lebens, Wissenschaftler, Schriftsteller, Vertreter des frankophonen Auslandes sowie auch der Ministre de l'Education nationale und der Secrétaire perpétuel de l'Académie française angehören. Das Gremium wird damit betraut, eine Reihe von „aménagements" der Orthographie zu erarbeiten, die sich auf fünf vorgegebene Bereiche beziehen sollen: Gebrauch des Bindestrichs, Accent circonflexe, Plural zusammengesetzter Wörter, Accord des participe passé bei reflexiven Verben, ein fünfter Punkt faßt verschiedene Anomalien zusammen. Im Juni 1990 legt der Conseil seine Ergebnisse vor, der „Rapport du Conseil supérieur de la langue française sur les rectifications de l'orthographe" wird am 6. Dezember im „Journal

---

[272] Vgl. Baum (Hrsg.) (1989), S.183 f.

officiel de la République française" veröffentlicht. Die Veränderungen betreffen die folgenden Punkte:[273]

1. Akzente und Trema

- <e> wird entsprechend der Aussprache durch <é> ersetzt; betroffen sind eine Reihe französischer Wörter, z.Bsp. <asséner, démiurge> sowie einige lateinische und Fremdwörter, z.Bsp. <critérium, facsimilé, référendum, sénior, allégro, édelweiss, révolver>.
- Ebenso wird <é> der Aussprache entsprechend durch <è> ersetzt, wenn die nachfolgende Silbe ein „e muet" enthält. Dies gilt beispielsweise für <allègrement, évènement, règlementer, sècheresse> und für Verbformen, z.Bsp. <je cèderai, je délèguerai, puissè-je>.
- Bei den Verben mit der Endung <-eler, -eter> wird das <e> des Stammes <è> geschrieben, wenn die folgende Silbe ein „e muet" enthält, z.Bsp. <il amoncèle, il ruissèle, il étiquète>. Die Schreibung wird damit entsprechend der Konjugation von <mener> vereinheitlicht, die Gemination zur Anzeige der Vokalöffnung (z.Bsp. <il ruisselle>) wird aufgegeben. Ausgenommen von dieser Regel sind die besonders häufigen Formen <appeler, jeter>; in diesen Fällen wird die Konsonantendoppelung beibehalten, z.Bsp. <j'appelle, je jette>.
- Der Accent circonflexe auf <i, u> entfällt, z.Bsp. <voute, cout, abime, connaitre, il connait, il plait>. Ausnahmen von dieser Regel betreffen die 1. und 2. Person Plural des Passé simple (<nous vîmes, vous vîtes>), die 3. Person des Subjonctif imparfait (<il fallait qu'il partît>) sowie einige Fälle, in denen der Accent circonflexe der Homonymendifferenzierung dient, z.Bsp. <sûr, mûr, dû, jeûne>. Mit der Tilgung des Accent circonflexe soll eine Hauptfehlerquelle beseitigt werden. In den genannten Fällen besteht kein phonetischer Unterschied zwischen akzentuiertem und nicht-akzentuiertem Vokal, und es gibt keine historische oder etymologische Erklärung, die generell zutreffen würde.
- Das Trema wird auf <u> und damit auf den ausgesprochenen Buchstaben gesetzt beispielweise in <ambigüe, ambigüité>. Ein Trema wird neu hinzugefügt zum Beispiel in <argüer, gageüre>.

2. Zusammengesetzte Wörter

Die „Rectifications" beinhalten eine Auswahl zusammengesetzter Wörter, die künftig zusammengeschrieben werden sollen; einige Beispiele seien hier angeführt:

---

[273] Vgl. für eine ausführliche Darstellung und Begründung der einzelnen Änderungen Goosse, André (1991): La „nouvelle" orthographe. Exposé et commentaires. Paris. (Der offizielle Text ist im Anhang abgedruckt.); vgl. auch Catach, Nina (1991): L'orthographe en débat. Dossiers pour un changement. Paris.

- Zusammengesetzte Wörter, deren erstes Element ein Verb ist, z. Bsp. <chaussetrappe, croquemonsieur, piquenique>
- Aus Nomina oder Adjektiven zusammengesetzte Wörter, z.Bsp. <autostop, millepatte, sagefemme, téléfilm>
- Wörter onomatopoetischer oder expressiver Herkunft, z.Bsp. <blabla, traintrain>
- Lateinische Wörter und Fremdwörter, z.Bsp. <exlibris, statuquo, bluejean, fairplay, globetrotteur, weekend>
- Zusammengesetzte Wörter, die als zweites Element <tout> oder <partout> haben, z.Bsp. <fourretout, passepartout>
- Zusammengesetzte Wörter, deren erstes Element <porte-> ist, z. Bsp. <porteclé, portemonnaie>
- <tirebouchon, couvrepied>

Kriterium der Auswahl ist vor allem das folgende:

> [...] les éléments sont soudés, parce qu'ils ne sont pas ou plus analysables pour l'usager, soit que l'un d'eux ait cessé d'être en usage (port dans passeport), soit que leur association ne soit plus, du point de vue de la syntaxe ou du sens, compréhensible aujourd'hui.[274]

Dasselbe gilt für zusammengesetzte Fremdwörter, die als Ganzes ins Französische übernommen wurden. Ein anderes Kriterium besteht in der Analogie zu bereits zusammengeschriebenen Wörtern (z.Bsp. <tirebouchonner>).

Die Pluralbildung wird vereinheitlicht im Fall von mit Bindestrich geschriebenen zusammengesetzten Wörtern, deren erstes Element ein Verb oder eine Präposition ist und das zweite ein Nomen: Das zweite Element erhält die Pluralmarkierung, jedoch nur dann, wenn das zusammengesetzte Wort im Plural steht, z. Bsp. <un perce-neige, des perceneiges; un sans-abri, des sans-abris; un sèche-cheveu, des sèche-cheveux>. Mit dieser Neuregelung sollen zahlreiche Inkohärenzen vermieden werden, z.Bsp. <un cure-dent> vs. <un cure-ongles>, <des après-midi> vs. <des après-dîners>. Es handelt sich auch um einen Bereich, in dem zwischen den verschiedenen Lexika erhebliche Unterschiede bestehen.

Zusammengesetzte Zahlen werden mit Bindestrich geschrieben, z.Bsp. <trois-cent-mille-deux-cent-vingt-et-un>. Die bisherige Regelung verwendet den Bindestrich nur bei Zahlen unter hundert.

3. Der Accord des Participe passé
Das Participe passé <laissé> bleibt bei folgendem Infinitiv unverändert, z.Bsp. <Tes poissons rouges, tu les as laissé mourir de faim.>. Die Kommission trifft keine Entscheidung bezüglich der reflexiven Verben.

---

[274] Goosse (1991), S.57.

4. Pluralbildung bei Fremdwörtern
Die französische Regel der Pluralmarkierung wird auf Fremdwörter übertragen, z.Bsp. <des matchs, des jazzmans, des lands, des lieds, des médias, des maximums>.

5. Verschiedene Anomalien
Die Endung <-ier> wird ersetzt durch <-er>, z.Bsp. in <joailler, serpillère>; <-olle> wird ersetzt durch <-ole>, z.Bsp. in <barcarole, guibole>. Die Doppelkonsonanten werden vereinfacht in <dentelière, interpeler, prunelier, lunetier>. Ein letzter Punkt in der Auflistung von Goosse faßt die Veränderung der Schreibung einzelner Wörter zusammen, einige seien hier genannt:

- Die Angleichung an die Schreibung der Wortfamilien führt in einigen Fällen zur Gemination, z. Bsp. <bonhommie, prudhommie>, <boursouffler>, <embattre, combattif, combattivité>, <charriot>, <sottie>.
- Die Partizipien <absous, dissous> werden entsprechend der femininen Formen verändert zu <absout, dissout>.
- <e> wird getilgt in den Infinitiven <assoir, rassoir, sursoir> (statt <asseoir, rasseoir, surseoir>).
- Weitere Änderungen betreffen zum Beispiel <douçâtre> (statt <douceâtre>), <ognon> (statt <oignon>), <nénufar> (statt <nénuphar>), <levreau> (statt <levraut>), <cuisseau> (statt <cuissot>), <relai> (statt <relais>), <appâts> (statt <appas>).

Die „Rectifications" beinhalten darüberhinaus „Recommandations aux lexicographes et aux créateurs de néologismes", die sich auf die graphische Integration neuen Vokabulars beziehen.[275]

Die Neuerungen verstehen sich als Empfehlungen. Ihre Unterrichtung in den Schulen ist ab dem Schuljahr 1991/92 vorgesehen, wobei die alten Schreibungen weiterhin toleriert werden sollen. Ferner ist ihre Einführung in Lexika und ihre Verwendung im Rahmen offizieller Texte geplant.[276]

Die vorgestellten Veränderungen nehmen die von der Académie 1976 veröffentlichten und 1987 zurückgenommenen Empfehlungen im wesentlichen wieder auf und erweitern sie. Mit der Systematisierung der Akzentsetzung und der Verwendung des Tremas, der Elimination des Accent circonflexe, der Vereinheitlichung der Schreibung zusammengesetzter Wörter, der Degemination bei den Verben mit der Endung <-eler,-eter> und der Beseitigung von Anomalien, wie zum Beispiel die Tilgung des <i> in <oignon>, kommen die „Rectifications" Reform-

---

[275] S. hierzu Goosse (1991), S.84 ff. u. S.128 ff.
[276] Zur beabsichtigten Anwendung der „Rectifications" vgl. Goosse (1991), S.30 f.

forderungen nach, die in jüngerer Zeit seit dem Rapport Beslais immer wieder gestellt wurden.

Ihre Einführung steht zunächst unter guten Vorzeichen. Mit dem „Conseil supérieur de la langue française" verfügt Frankreich über ein Gremium, das die an der Orthographie-Frage interessierten Gruppen zusammenbringt. Dem lange Zeit bestehenden Problem der verantwortlichen Entscheidungsinstanz und der unklaren Verteilung der Kompetenzen zwischen Académie und Ministère de l'Education Nationale ist damit Abhilfe geschaffen. Auch ist die geplante Reform sehr gemäßigter Natur. Weniger als 800 Wörter werden durch die „Rectifications" verändert. Von den 1000 häufigsten Wörtern sind nur 6 betroffen; es handelt sich um <boite, couter, bruler, maitre, surement, aout>. Nach Goosse tangiert die Reform in einem Buch durchschnittlich ein Wort alle zwei Seiten.[277]

Trotz dieser günstigen Voraussetzungen für die Verwirklichung der Reform stoßen die „Rectifications" nach ihrer Veröffentlichung im „Journal officiel" im Dezember 1990 auf vehemente Opposition von verschiedensten Seiten und entfachen eine heftige Diskussion.[278] Eine Gegenbewegung bildet sich heraus, die Vereinigungen „Le français libre" und „Association pour la sauvegarde de la langue française" werden gegründet. Sie fordern eine erneute Abstimmung innerhalb der Académie. Die Académie, die im Mai 1990 die Änderungen einstimmig befürwortet hatte, nimmt daraufhin im Januar 1991 diese Entscheidung zwar nicht explizit zurück, betont jedoch noch einmal mit Nachdruck, daß es sich nicht um obligatorische Neuerungen, sondern Empfehlungen handelt, und möchte abwarten, ob diese vom „usage" aufgenommen werden. Die Verantwortlichen der großen Lexika Larousse, Hachette und Robert erklären Anfang 1991, daß sie die neuen Schreibungen nicht in Wörterbucheinträge aufnehmen, sondern die „Rectifications" lediglich im Anhang erwähnen werden. Nina Catach betont zwar in ihrem im Oktober 1991 - in reformierter Schreibung - erschienenen Buch: „Au moment où ce livre parait, rien n'est joué."[279] Ob die „Rectifications" jedoch tatsächlich zur Anwendung kommen werden, ist äußerst ungewiß, und sie laufen Gefahr, das gleiche Schicksal zu erfahren wie die „Tolérances" und die Empfehlungen der Académie aus dem Jahr 1976, nämlich in Vergessenheit zu geraten.

---

[277] Vgl. Goosse (1991), S.2 u. 24 ff.

[278] Zu den Reaktionen auf die Veröffentlichung der „Rectifications" im „Journal officiel" vgl. insbes. Catach (1991), S.20 ff. u. Keller (1991), S.245 ff.

[279] Catach (1991), S.157.

III.3.4. Die Meinung der Franzosen

Die in Kapitel III.3.2. aufgezeigten wissenschaftlichen Erklärungsansätze zur französischen Orthographie mit ihren Konsequenzen für eine Reform stellen eine Seite der Diskussion dar. Die Orthographie und ihre eventuelle Änderung ist jedoch ein Thema, das jeden ihrer Benutzer tangiert. Reformvorschläge lösen daher immer wieder heftige Diskussionen in weiten Teilen der Bevölkerung aus. Die Medien greifen das Thema auf und veröffentlichen Berichte, Stellungnahmen, Umfragen, Interviews usw. Das vorliegende Kapitel möchte sich der Diskussion in diesem Bereich widmen.

III.3.4.1. Meinungsumfragen zu einer Reform der Orthographie

Nach einer Umfrage der Zeitschrift „L'Ecole libératrice" vom Februar 1988, deren Ergebnisse im November desselben Jahres veröffentlicht werden, sind 90 % der Lehrer für eine gemäßigte Reform der französischen Orthographie.[280] Diese Umfrage ist nicht repräsentativ, rückt jedoch das Thema der Reform einmal mehr ins Licht der Öffentlichkeit und löst eine rege Debatte in der Presse aus. Auf Initiative der Zeitschrift „Lire" führt „IPSOS opinion" daraufhin eine nationale Umfrage durch; die Ergebnisse erscheinen im März 1989.[281] Die Untersuchung zeigt eine ambivalente Haltung der Franzosen zur Frage der Orthographie. Während 44 % der Befragten einer Reform positiv gegenüberstehen, sinkt dieser prozentuale Anteil erheblich, sobald sie sich mit konkreten Veränderungen konfrontiert sehen, zum Beispiel der Tilgung des Accent circonflexe, der Doppelkonsonanten und des Bindestrichs, der Ersetzung von <ph> durch <f> und <x> am Wortende durch <s>. 76 % halten es für möglich, einige Inkohärenzen der französischen Orthographie zu beseitigen; gleichzeitig bedeutet für 65 % der Befragten jede Veränderung auch eine Entstellung der französischen Sprache.

III.3.4.2. Die Argumente in der Debatte

Für eine Untersuchung der Argumente der Reformdiskussion erweist sich die Presse als am geeignetsten und leichtesten zugänglich. Jede Veröffentlichung eines Reformvorschlags zieht in der Regel auch zahlreiche Beiträge in den verschiedensten Zeitungen und Zeitschriften nach sich.

---

[280] S. Leconte, Jacques (1988 a): L'orthographe: à simplifier? In: L'Ecole libératrice. Organe hebdomadaire du S.N.I.-P.e.g.c. 19. 20 février. S.14-19 u. Ders. (1988 b): L'orthographe: à simplifier? Vos réponses. In: L'Ecole libératrice. Organe hebdomadaire du S.N.I.-P.e.g.c. 10. 26 novembre. S.14-19.

[281] S. Lire (1989). No.162. Mars.

Die vorliegender Analyse zugrundeliegenden Pressebeiträge entstammen dem Zeitraum von 1976 bis 1989. Der Schwerpunkt liegt Ende 1988 bis Ende 1989; dies ist eine Periode, in der in Frankreich die Orthographie-Problematik besonders intensiv diskutiert wird. Anlaß dafür sind vor allem die Veröffentlichung der erwähnten Umfrage in „L'Ecole libératrice" vom November 1988, der Reformforderung der Linguisten im Februar 1989 sowie eines Buches von Leconte und Cibois im September desselben Jahres, das im wesentlichen die Forderungen der AIROE vertritt.[282] Die Tatsache, daß in der Presse in erster Linie Persönlichkeiten des öffentlichen Lebens zu Wort kommen (befragt werden vor allem Schriftsteller, Journalisten, Mitglieder der Académie française, Politiker usw.), birgt die Gefahr der Entstehung eines einseitigen Bildes, das am durchschnittlichen Benutzer vorbeigeht. Dieser Gefahr läßt sich zum großen Teil entgegenwirken durch die Einbeziehung einer 1990 erschienenen Arbeit von Millet, Lucci und Billiez. Es ist die Veröffentlichung intensiver Interviews zum Thema bei Lehrern, Sekretärinnen, Angehörigen des „métier du livre" sowie Schülern und Auszubildenden.[283]

Obwohl im folgenden eine Anordnung der Argumente nach ihrer relativen Häufigkeit angestrebt wird, geht es nicht um eine quantitative Analyse, sondern vielmehr um ein Herausfiltern der wesentlichen, immer wiederkehrenden Argumente in der Diskussion.

Die Debatte dreht sich im großen und ganzen um eine gemäßigte Reform; eine Scheidung zwischen moderaten und radikaleren Reformern erweist sich in diesem Fall jedoch als unmöglich, die Grenzen sind fließend und meist nicht explizit. Die Verteidiger der traditionellen Orthographie sind in aller Regel gegen jede Reform, wenn auch in manchen Fällen Konzessionen hinsichtlich geringfügiger Veränderungen durchaus gemacht werden. Häufig ist jedoch zu beobachten, daß hinter jedem noch so kleinen Reformpunkt das Schreckgespenst des „phonétisme" gesehen wird, das zum Teil jedoch auch heraufbeschworen werden mag, um den Gegenargumenten mehr Nachdruck zu verleihen.

---

[282] Leconte, Jacques et Philippe Cibois (1989): Que vive l'orthographe! Paris. Das Aufsehen, das diese Publikation erregt, ist insbesondere der Tatsache zuzuschreiben, daß Jean-Claude Barbarant, Vorsitzender der Lehrergewerkschaft SNI-pegc, sich in einem Nachwort für eine Reform der französischen Orthographie ausspricht.
Eine Liste der verwendeten Zeitungen und Zeitschriften findet sich im Literaturverzeichnis. Einbezogen wird auch eine Publikation von Bernard Pivot, die verschiedene Beiträge zum Thema zusammenträgt. (Pivot, Bernard (1989): Le livre de l'orthographe. Paris.)

[283] Millet, Agnès; Vincent Lucci et Jacqueline Billiez (1990): Orthographe mon amour! Grenoble. Die Ergebnisse einer kleineren Umfrage finden sich auch in Lucci, Vincent et Yves Nazé (1989): L'orthographe des français. Paris. S.9 ff.

Die Argumente für eine Reform der französischen Orthographie:

1. Die französische Orthographie zeigt Inkohärenzen, unlogische Züge, die durch eine Reform beseitigt werden sollen.

> J'ai pratiqué pendant plus de dix ans la „rééducation de la lecture et de l'orthographe" et c'est là que j'ai découvert, plus encore que dans ma classe de perfectionnement, les incongruités de notre orthographe, ses illogismes ...[284]

> [...] je reconnais que notre langue comporte des bizarreries qui constituent, même pour ceux qui la manient journellement et sont censés, pour le commun des mortels, la connaître sur le bout des doigts, de redoutables écueils ...[285]

> Est-ce trop demander au pays de Descartes que d'offrir au monde une orthographe plus claire, plus cohérente, plus logique, plus accessible au plus grand nombre?[286]

2. Als wesentliche Motivation einer Reform wird immer wieder die Schwierigkeit des Erlernens der französischen Orthographie genannt.

> Il est décourageant pour quelqu'un qui aborde l'étude d'une langue de s'apercevoir que dès que l'on apprend une règle, elle s'assortit d'une série d'exceptions ...[287]

Ins Zentrum rückt damit die Problematik von Orthographie und Schule. Die Zeit und Energie, so wird argumentiert, die für die Aneignung der traditionellen Orthographie benötigt werden, könnten für Wichtigeres verwendet werden.

> Il nous semble nécessaire de dénoncer le gaspillage de temps et d'énergie qui est consacré au seul apprentissage de l'orthographe, au détriment des autres formations ...[288]

> [...] si l'on supprime quelques inconséquences absurdes de l'écriture, dont la disparition ne nuira en rien à la clarté et à la beauté de la langue, on aura plus de temps à consacrer à ce qui est vraiment le génie du français, et non sa représentation: le sens, la syntaxe, le style. Bien parler et bien écrire, cela n'a rien à voir avec les doubles n. Il est plus utile d'éviter de dire des âneries dans une langue de bois que de savoir où mettre l'accent circonflexe.[289]

Die Orthographie ist verantwortlich für den schulischen Mißerfolg vieler Kinder. Die Forderung nach einer Reform wendet sich gegen die Selektionsfunktion der Orthographie und verbindet sich mit derjenigen nach mehr Demokratisierung der Bildung.

---

[284] In: L'Ecole libératrice 26/11/88.

[285] Henri Smedts, triomphateur des championnats d'orthographe d'octobre 1987, in: L'Ecole libératrice 26/11/88.

[286] Jacques Leconte in: L'Ecole libératrice 26/11/88.

[287] In: L'Ecole libératrice 26/11/88.

[288] Les instituteurs Freinet in: Le Monde de l'Education 13. 1976.

[289] Pierre Enckell in: L'événement du jeudi 24-30/8/1989.

[...] la réussite en orthographe n'a aucune valeur significative et l'importance qu'on lui attribue relève du fétichisme plutôt que d'une évaluation rationnelle de la formation reçue.[290]

Toute simplification de l'orthographe réduira le pourcentage d'échecs dans tous les domaines et ce sont les enfants les plus défavorisés culturellement qui en profiteront.[291]

L'orthographe ne devrait pas fonctionner comme un instrument de ségrégation, constituant, pour celui qui n'a pu en maîtriser toutes les nuances, une impossibilité d'accéder à la culture, d'exercer des responsabilités professionnelles ou sociales que son niveau intellectuel lui permettrait de remplir...[292]

3. Die Schwierigkeit des Erlernens betrifft ebenso diejenigen, für die das Französische Zweit- oder Fremdsprache ist. Eine Vereinfachung der Orthographie begünstigt daher die Verbreitung des Französischen und dient der Frankophonie.

Je suis pour une simplification modérée et progressive de l'orthographe. Ce qui m'intéresse c'est la francophonie, en simplifiant l'orthographe, on peut imaginer que le nombre d'étrangers parlant notre langue augmentera.[293]

Offrons à nos enfants, aux étrangers, une orthographe plus claire, plus cohérente, plus facile à apprendre et à retenir. Ainsi, même si l'anglo-américain reste la langue internationale, cela permettra au français de demeurer plus facilement une langue de communication et de culture dans une grande partie du monde.[294]

4. Die Orthographie, häufig mit der Sprache gleichgesetzt, muß sich weiterentwickeln, modernisiert werden.

L'orthographe, c'est le costume de la langue et ce costume doit varier. On ne peut plus porter les costumes du XIXe siècle.[295]

La langue bouge et ce depuis toujours. Ce n'est qu'au XIXe siècle qu'elle s'est figée et il est bien évident que cela ne peut durer. Son évolution est dans sa nature même. Elle est le fait d'une histoire et d'une société, et ne peut être qu'historique, à moins de la mutiler et ainsi la rendre étrangère à la vie, alors qu'elle représente la vie même.[296]

[...] je suis pour une orthographe plus simple. Le français a toujours été une langue turbulente. Cet attachement au français des vingt dernières années me paraît aller à l'encontre de la modernité.[297]

---

[290] Les instituteurs Freinet in: Le Monde de l'Education 13. 1976.

[291] In: L'Ecole libératrice 26/11/88.

[292] Marie de Maistre, orthophoniste, in: Le Monde de l'Education 15. 1976.

[293] Jacques de Bourbon-Busset, membre de l'Académie française, in: Le Figaro 29/11/88.

[294] Jacques Leconte in: L'Ecole libératrice 20/2/1988.

[295] Francis Huster, comédien, in: Lire 162. 1989.

[296] Jean d'Ormesson, membre de l'Académie française, in: Libération 1/9/89.

[297] Maurice Rheims, membre de l'Académie française, in: Le Figaro 29/11/88.

5. Der zunehmende Gebrauch der geschriebenen Sprache im Dialog mit dem Computer verlangt nach einer einfacheren Orthographie.

> On évalue le surcoût entraîné par les accents, trémas et cédilles du français à 25 %. Les opérations de tri effectuées par l'ordinateur sont beaucoup plus longues et donc plus coûteuses en français qu'en anglais par exemple. Parce que l'anglais n'a pas d'accents. A une époque où le support informatique de l'écrit tend à occuper la première place, il y a de quoi faire réfléchir.[298]

6. Schließlich wird auch das Beispiel anderer Sprachen mit einfacherer Orthographie als Argument für eine Reform geltend gemacht.

> N'oublions pas qu'il y a 125 ans, le dictionnaire de l'Académie écrivait rhythme alors qu'Espagnols, Portugais et Italiens écrivaient déjà ritmo. Sont-ils moins cultivés, moins latins que nous?[299]

Die Argumente, die gegen eine Orthographiereform vorgebracht werden:

1. Ein immer wiederkehrendes Argument, das sich gegen jede Reform wendet, unterscheidet meist nicht zwischen Orthographie und Sprache: Man darf nicht willkürlich in die Orthographie/Sprache eingreifen, diese nicht per Gesetz verändern. Sprache soll sich auf natürliche Weise weiterentwickeln durch den Gebrauch, insbesondere bei Schriftstellern und Journalisten. Es ist nicht Aufgabe der Linguisten, Veränderungen vorzunehmen. „La langue ne vous appartient pas" schreibt Charles Fantin als Antwort auf die Reformforderung der Linguisten in Le Monde.[300]

> [...] c'est ne rien comprendre à une langue – à sa nature, à son mode d'évolution – que de la considérer comme taillable à merci.[301]

> Je suis pas contre le fait que l'orthographe évolue, se modifie, mais je pense que c'est pas un décret qui peut faire ça, je pense qu'il faut lui laisser vivre son histoire.[302]

> La langue est vivante, elle est la marque de l'imaginaire, et il faut se méfier de toute attitude volontariste à son égard. Sa nouveauté, son changement, ne peuvent venir que des stylos de l'imaginaire, du journalisme ou des bouches qui vivent avec elle, et non des laboratoires créés pour sa défense.[303]

---

[298] Maurice Gross, directeur du laboratoire d'automatique documentaire et linguistique de Paris-VII, in: Le Monde de l'Education 164. 1989.

[299] In: L'Ecole libératrice 26/11/88.

[300] In: Pivot (1989), S.74.

[301] Maurice Maschino in: Quinzaine littéraire 1-15/10/89.

[302] Une institutrice, in: Millet/Lucci/Billiez (1990), S.120.

[303] Yves Simon, chanteur et écrivain, in: Lire 162. 1989.

2. Eine Reform würde die Orthographie/Sprache zum Negativen hin verändern, sie wird mit Entstellung und Verarmung gleichgesetzt. Dies bezieht sich jedoch nicht nur auf Orthographie und Sprache, in Ausweitung wird auch eine intellektuelle Verarmung und Bedrohung der Kultur befürchtet.

> L'orthographe française est à la fois compliquée et parfaite. C'est peut-être du masochisme de ma part mais je suis résolument contre sa simplification. Il ne faut pas abâtadir cette langue.[304]

> Je pense que toute réforme de l'orthographe appelle à dévoyer la langue française.[305]

> L'orthographe actuelle, c'est la richesse d'une langue ... écrire le français de manière allégée, ça va dans le sens de cette modernité qui automatise tout ... simplifie tout. Moi, ça m'énerverait [...] Tu vas rétrécir la langue, tu vas l'appauvrir.[306]

> Une orthographe changée, ça ne serait peut-être plus la jolie langue qu'on entend parler encore quelquefois, c'est de plus en plus rare.[307]

> Je suis, par principe, hostile à ces conceptions d'allégement et de simplification. La notion de simplification me semble régressive: elle suppose une régression intellectuelle.[...][308]

> L'orthographe française est en voie de perdition, et c'est drôlement grave ... Ça veut dire que la culture est bien menacée.[309]

3. Die folgenden Argumente betonen Charakteristika der traditionellen Orthographie, die als Vorzüge im Vergleich zu einer reformierten Schreibweise gesehen werden:

Die Orthographie verkörpert Geschichte, ist Bestandteil der Tradition und des kulturellen Erbes. Zur Verteidigung des status quo gegen die Reformforderungen der Linguisten schlüpft Charles Fantin in die Rolle der Orthographie:

> Car je suis la mémoire vivante, et pas uniquement l'outil de sa transmission. [...] S'il faut voir un symptôme dans votre résolution, j'y soupçonnerais celui d'un asthme synchronique. [...] L'orthographe est la gardienne de toute une histoire qui m'est propre, le support matériel unique, graphique, la trace conservée de la mémoire des hommes. Elle est histoire.[310]

---

[304] Lucio Attinelli, in: Figaro Madame 24/3/89.

[305] Jean-Loup Dabadie, scénariste et parolier, in: Lire 162. 1989.

[306] Un professeur, in: Millet/Lucci/Billiez (1990), S.99.

[307] Une secrétaire, in: Millet/Lucci/Billiez (1990), S.105.

[308] Serge Koster, Professeur agrégé de grammaire au lycée Voltaire, Paris, in: Le Quotidien de Paris 1/9/89.

[309] Angehöriger des „métier du livre", in: Millet/Lucci/Billiez (1990), S.107.

[310] In: Pivot (1989), S.71 f.

> Pour moi, derrière l'orthographe d'un mot, il y a aussi tout son passé, toute son histoire.[311]

> J'ai l'impression que si on modifiait l'orthographe, le mot n'aura plus d'histoire, il n'aura plus d'origine, il va être comme ça, tout bête! Il va arriver comme un cheveu sur la soupe.[312]

> [...] l'orthographe fait vraiment partie de notre patrimoine[313]

Die Anzeige der Etymologie in der Orthographie dient dem Verständnis eines Wortes, auch schafft sie eine Verbindung zu verwandten Sprachen.

> Ce qui aide à la compréhension des mots qu'on connaît pas, c'est par exemple de repérer l'origine des mots ... et ça, on peut le faire par rapport à la graphie, par rapport à l'orthographe actuelle. A partir du moment où tout est aligné phonétiquement, on n'a plus ces possibilités là.[314]

> [...] l'orthographe a une grande importance puisque, pour bien connaître le sens des mots, il faut autant que possible savoir leur origine, c'est-à-dire leurs racines latines ou grecques. C'est l'orthographe qui la marque. Vouloir supprimer le „ph" pour le remplacer par le „f", c'est ne plus tenir compte de l'origine grecque d'un terme et être moins certain de sa signification.[315]

> [...] il me semble également peu souhaitable de couper les mots de leur étymologie. Le vocabulaire des pays occidentaux a un tronc principal commun: le latin. A trop vouloir réformer sans respecter cette racine, on creuse encore le fossé entre des langues originellement proches.[316]

4. Immer wieder aufgenommen findet sich das Argument der „physionomie des mots". Die Orthographie verleiht einem Wort ein charakteristisches Aussehen, das als solches bereits Träger von Bedeutung ist.

> Les mots ont une âme, certes, mais ils ont aussi un corps, et, comme pour une jolie femme rencontrée dans la rue, c'est par leur allure, leur distinction physique – ou leur médiocrité – qu'on les perçoit, qu'ils nous charment, nous obsèdent – ou nous déçoivent ...[317]

> „Comme" écrit „come" ça me gêne dans la mesure où je l'ai photographié autrement ... c'est comme si on allait couper un bout de l'image, quoi![318]

> Les mots, pour un écrivain, ne sont pas seulement des sons. Ils ont aussi une figure qui joue son rôle dans l'écriture puis dans la lecture. Une page est faite pour l'oeil

---

[311] Une institutrice, in: Millet/Lucci/Billiez (1990), S.109.

[312] Une secrétaire, in: Millet/Lucci/Billiez (1990), S.109.

[313] Louis Mermaz, président du groupe socialiste à l'Assemblée nationale, in: Le quotidien de Paris 2/8/89.

[314] Un professeur, in: Millet/Lucci/Billiez (1990), S.109.

[315] Maurice Druon, Secrétaire perpétuel de l'Académie française, in: France-Soir 30/11/88.

[316] Jacques Toublet, Secrétaire délégué du Syndicat des correcteurs, in: Le Figaro 25/8/89.

[317] Daniel Petit, principal de C.E.S., in: Le Monde de l'Education 15. 1976.

autant que pour l'oreille. Si j'écris „philosophie", ce n'est pas la même chose que „filosofie", quoi qu'en dise Voltaire. Philosophie avec ses deux ph a un aspect austère, majestueux, qui s'accorde secrètement avec les grands hommes qui ont pratiqué cette science.[319]

J'ai peur qu'une réforme trop brutale ne tue l'imaginaire des mots. Que deviendrait un typhon, avec un i et un f? Un tifon: une petite pluie, n'importe quoi ... Le typhon, avec le y et le h évoque un ouragan énorme, quelque chose de formidable. Un éléphant sans h? Ce ne serait plus le même animal, comme s'il avait perdu sa trompe et ses défenses.[320]

5. Ästhetische, subjektive, nicht rational faßbare Argumente werden als Hinderungsgrund für eine Reform genannt. Die traditionelle Orthographie wird häufig als schön empfunden:

J'ai trop peur de voir des simplifications de langue à l'américaine, c'est pas très joli ... Acrorher (au lieu de accrocher) je trouve que esthétiquement, c'est vilain, c'est très laid.[321]

Par exemple, „presbytère", je vois pas comment sans le défigurer, on pourrait l'orthographier autrement qu'avec un „y" ... sans quoi il perdrait de son charme, de sa qualité. Il perdrait de sa beauté ... C'est un parti pris esthétique de ma part.[322]

Arrêté: y a deux „r"; c'est pour la beauté du mot, parce qu'on les prononce pas [...] Dans le fond, phonétiquement, y'en a qu'une qui est prononcée (dans allumette), alors que la seconde est juste pour la beauté du mot; je me contredis peut-être pour certaines choses mais ...[323]

Pour moi, l'orthographe est comme un paysage, qui n'est pas forcément rectiligne. Les absurdités font partie de la saveur d'une langue. [...] Si on change le paysage de la langue, on va saper la beauté, et, en aucun cas, faciliter la communication.[324]

Daneben stehen Argumente, die eine besondere Verbundenheit mit der Orthographie zum Ausdruck bringen:

L'idée de réformer quelque chose d'aussi universel et intime me paraît un contresens.[325]

Il y a bien des choses bizarres mais remplacer les x par un s pour le pluriel des mot en „ou", non, c'est toute mon enfance! L'orthographe, c'est une intuition. Je fais partie de ces gens qui ne font pas de fautes.[326]

---

[318] Une institutrice, in: Millet/Lucci/Billiez (1990), S.90.

[319] Jean Dutourd, in: Le Monde de l'Education 13. 1976.

[320] Bernard Pivot, in: Libération 1/9/89.

[321] Angehöriger des „métier du livre", in: Millet/Lucci/Billiez (1990), S.95.

[322] Un professeur, in: Millet/Lucci/Billiez (1990), S.94.

[323] Le patron d'un petit café, in: Lucci/Nazé (1989), S.17.

[324] Serge Koster, Professeur agrégé de grammaire au lycée Voltaire, Paris, in: Le Quotidien de Paris 1/9/89.

[325] Frédéric Mitterand, animateur TV, in: Lire 162. 1989.

[326] Françoise Giroud, journaliste et écrivain, in: Lire 162. 1989.

> Quand on aime quelque chose, c'est en bloc! Si vous passez votre temps à détailler les défauts d'un visage, vous finissez toujours par le trouver hideux. Mais à mon avis, cette histoire d'orthographe est l'arbre qui cache la forêt. Le problème n'est pas là.[327]

6. Sehr viel seltener als die genannten historischen Gründe, die „physionomie des mots" und ästhetische Faktoren werden linguistische Argumente für den Erhalt der Orthographie in ihrer aktuellen Form ins Feld geführt. Erwähnt finden sich die Differenzierung von Homonymen und die Vorteile der traditionellen Orthographie für das Lesen.

> Si on supprimait le „c" de sceau, ca me gênerait dans la mesure où il y a des homonymes ... avec les homonymes, il doit y avoir un signe de distinction. C'est un peu dommage quant il n'y en a pas.[328]

> Faudra-t-il bientôt soupçonner de péché le pêcheur innocemment occupé à hisser ses filets? Si le mauvais goût détonne dans une belle assemblée, l'entondrons-nous détoner à la manière d'un explosif? Et la forêt giboyeuse deviendra-t-elle un jour perçante lorsque, perdant son accent, elle se confondra avec le foret aux mains de l'artisan?[329]

> Dans la lecture, le rôle de l'identification des mots est fondamental pour une compréhension immédiate. Par conséquent, une simplification trop grande aboutirait sans doute à une confusion des mots, et donc à un frein de la lecture, quand ça ne serait pas à un contresens.[330]

> C'est vrai qu'un texte qui serait écrit phonétiquement, à la limite, il faut le lire fort. Il n'est pas lisible silencieusement ... je crois que ça rendrait la compréhension difficile.[331]

7. Eine Vielzahl von Argumenten widmet sich der Widerlegung von Kriterien, die als Motivation für eine Reform gelten.

Schwierigkeiten beim Erlernen der Orthographie werden zwar anerkannt, es wird jedoch nicht die Orthographie dafür verantwortlich gemacht, sondern andere Faktoren. In erster Linie sind dies die Pädagogik und die Ausbildung der Lehrer, aber auch Unaufmerksamkeit und Rückgang der Allgemeinbildung auf seiten der Schüler.

> L'orthographe c'est pas une des choses les plus difficiles. Je crois que tout vient de la façon de la présenter.[332]

> Les instituteurs du S.N.I. reviennent sur cette vieille histoire de simplification de l'orthographe. Alors, de deux choses l'une, ou peut-être les deux choses à la fois: ils

---

[327] Bernard Billaud, Commissaire général de la langue française, in: Figaro Madame 25/3/89.
[328] Un professeur, in: Millet/Lucci/Billiez (1990), S.113.
[329] Jacques Toublet, Secrétaire délégué du Syndicat des correcteurs, in: Le Figaro 25/8/89.
[330] Un professeur, in: Millet/Lucci/Billiez (1990), S.111.
[331] Un professeur, in: Millet/Lucci/Billiez (1990), S.111.
[332] Une institutrice, in: Millet/Lucci/Billiez (1990), S.116.

ne savent pas eux-mêmes l'orthographe ou ils ne savent pas l'enseigner. Ce n'est donc pas l'orthographe qu'il faut réformer mais la formation des instituteurs.[333]

> Y'a pas une crise de l'orthographe, mais de l'attention [...] Il est important qu'on trouve les moyens de rééduquer la façon d'écouter [...] C'est la façon de vivre des gamins qui est assez superficielle ... et le mode de vie superficiel empêche de s'intéresser à l'orthographe.[334]

Paradoxerweise wird zum Teil eine Reform anderer sprachlicher Ebenen für wichtiger gehalten.

> C'est dramatique, le français, trop rigide, ne fait plus le poids dans les technologies modernes. Il est un objet trop beau, trop réglementé. [...] En fait, il faut plus réformer la syntaxe, faciliter les néologismes et le maniement de la langue que réformer l'orthographe.[335]

Schließlich stößt auch das Argument der Frankophonie auf Widerstand: Nicht die Komplexität der Orthographie ist Schuld am Rückgang der Bedeutung des Französischen als Weltsprache, sondern vielmehr politische und ökonomische Faktoren.

> La complexité orthographique du français n'est assurément pas à elle seule la responsable du déclin de la langue française dans le monde. Ce dernier est plutôt une conséquence de l'affaiblissement du rôle politique et économique du pays.[336]

8. Schwierigkeiten des Erlernens der Orthographie sind kein Grund für eine Reform: Die Orthographie wird als gewinnbringende intellektuelle Übung betrachtet.

> La difficulté de l'orthographe est un défi pour l'intelligence et c'est un exercice salutaire pour l'esprit.[337]

> Je pense que l'orthographe actuelle donne (aux enfants) des habitudes de réflexion et peut-être de concentration qui rejaillissent sur les maths après.[338]

> Partout, la beauté exige l'effort et le risque. Il faut apprendre aux enfants à se surpasser et à donner le meilleur d'eux-mêmes, au lieu de supprimer les difficultés.[339]

Die Erwachsenen haben die Orthographie schließlich auch gelernt.

> On dirait que les gosses d'aujourd'hui ne savent plus rien. [...] Il n'y a pas de raison que ce soit plus dur pour eux que pour nous.[340]

---

[333] Maurice Druon, Secrétaire perpétuel de l'Académie française, in: France-Soir 30/11/88.

[334] Une institutrice, in: Millet/Lucci/Billiez (1990), S.116.

[335] Hubert Reeves, astrophysicien, in: Lire 162. 1989.

[336] Jean-Pierre Colignon, chef du service des correcteurs du Monde, in: Le Monde de l'Education 164. 1989.

[337] Jean-Louis Curtis, membre de l'Académie française, in: Le Figaro 29/11/88.

[338] Un professeur, in: Millet/Lucci/Billiez (1990), S.107.

[339] Gabriel Matzneff, écrivain, in: Le Quotidien de Paris 7/8/89.

[340] Pierre Perret, compositeur-interprète, in: Le Figaro 29/11/88.

Mit der Argumentation der Reformer könnte man letztlich alle Disziplinen vereinfachen. Man wendet sich aber vehement gegen eine Verringerung des Niveaus und Anpassung an die weniger Begabten und Gebildeten.

> La réforme de l'orthographe, c'est le nivellement par le bas.[341]

> Ne touchez pas à la langue française. Depuis quand ceux qui maîtrisent l'orthographe doivent-ils se mettre au diapason de ceux qui ne la maîtrisent pas?[342]

> A qui profiterait une réforme simplificatrice de l'orthographe, tendant vers la reproduction phonétique? Evidemment aux ignorants. Mais qu'importe que les ignorants fassent des fautes? Ils en ont toujours fait, et cela ne les a jamais empêchés de dormir.[343]

> Il y a là un mépris total pour la langue française et pour les élèves. Si on continue, en mathématiques on considérera comme vrai ce que jusqu'alors on considérait comme faux en disant que c'est un instrument de discrimination sociale. [...] Il faut dénoncer le raisonnement qui veut simplifier à l'infini la langue et toutes les disciplines pour que tout le monde soit à égalité. La vraie philosophie de l'enseignement consiste à élever et non à abaisser les élèves.[344]

In diesem Zusammenhang wird immer wieder der Demokratisierungsanspruch der Reformer aufgegriffen. Daß die Orthographie ein Selektionsmittel darstellt und soziale Ungleichheiten verstärkt, wird zum Teil in Abrede gestellt, zum Teil betont und für gut geheißen. Auch findet sich die traditionelle Orthographie explizit mit Macht und sozialen Privilegien in Verbindung gebracht.

> Dire que la connaissance de l'orthographe est la dernière manifestation de l'inégalité sociale est une contre-vérité historique et politique: elle a été au contraire le moyen pour tous les petits Français qui ont eu accès au certificat d'études depuis Jules Ferry de s'égaler à ceux qui avaient reçu les dons de la fortune et de l'expression dès leur berceau. [...] Le savoir est un moyen et un effet de l'égalite, et il n'en est la négation que pour les cancres.[345]

> Un peuple qui perd son orthographe perd sa mémoire et son intelligence. Une seule lettre manque et tout est chamboulé. A partir de là, on s'engage dans le règne de Babel, de la non-séléction où chacun se débrouille avec ses mots.[346]

---

[341] Marcel Marceau, in: Figaro magazine 16/9/89.

[342] In: L'Ecole libératrice 26/11/88.

[343] Jean Dutourd, in: Le Monde de l'Education 13. 1976.

[344] Guy Bayet, Président de la Société des agrégés, in: Le Quotidien de Paris 2/8/89.

[345] Philippe de Saint-Robert, écrivain, commissaire général de la langue française de 1984-1987, membre du Haut Conseil de la francophonie, in: Le Quotidien de Paris 3/8/89.

[346] Philippe de Villiers, ancien ministre, in: Le Figaro 29/11/88.

> Tu as l'impression de détenir un certain pouvoir, de savoir que l'orthographe ça se met comme ça et pas autrement.[347]

> Les agrégés qui sont en poste, ou les gens qui sortent de l'ENA, si on leur disait „maintenant, ça n'a aucune espèce d'importance, l'orthographe ...", ils en seraient fous.[348]

9. Für problematisch erachten die Verteidiger des status quo auch die Tatsache, daß eine Reform zur Koexistenz von zwei verschiedenen Schriftsystemen führen würde. Ein Argument gegen eine Reform erwächst daraus in zweifacher Hinsicht: Die Literatur wird unzugänglich.

> L'idée de réformer le français pour le rendre plus facile me paraît une aberration d'êtres médiocres. [...] Il n'y a pas de difficultés gratuites. Ce sont des nuances très importantes. Je crois qu'il faut une seule orthographe. On va dérouter les gens qui ne vont plus comprendre ni Voltaire ni Proust. Peut-être cette idée de réformer l'orthographe est-elle une pulsion biologique de l'espèce pour tuer la littérature.[349]

Damit entstehen erst soziale Unterschiede; eine Reform schafft eine Zäsur zwischen denjenigen, die die alte Orthographie beherrschen, und allen anderen.

> [...] si l'on veut pour tous la même culture, il ne faut pas, surtout, que puissent exister deux catégories de Français, l'une pouvant lire Balzac ou Proust dans le texte, l'autre n'y ayant pas accès.[350]

> Cette réforme consiste à dire aux gens: vous n'êtes pas assez intelligents, il faut mettre les choses à votre portée. C'est prendre le public, les Français d'aujourd'hui pour des imbéciles. [...] Si on appliquait cette réforme, les chefs-d'oeuvre seraient inaccessibles au public moyen à long terme. Cela veut dire que la beauté, ce qui nous est le plus cher, serait réservée à une élite. Derrière tout cela, je vois une sorte de complot aristocratique. Cela revient à dire au public: on va vous faire un petit français de base qui vous permettra de vous comprendre entre vous, et vous laisserez aux autres, à nous autres, le commerce délicieux des chefs-d'oeuvre ...[351]

> Le français tel qu'il est aujourd'hui, il va rester, même si on introduit des réformes ... et je me demande si on risque pas de faire à la limite une langue à deux vitesses ... une langue d'élite ... ça me paraîtrait pire que tout.[352]

Bei der Betrachtung der Argumente fällt auf, daß die neueren wissenschaftlichen Erkenntnisse und Theorien kaum Eingang in die öffentliche Debatte finden. Die Argumente, die für die Reform geltend gemacht

---

[347] Une secrétaire, in: Millet/Lucci/Billiez (1990), S.123.

[348] Une secrétaire, in: Millet/Lucci/Billiez (1990), S.123.

[349] Hector Bianciotti, in: Figaro Madame 24/3/89.

[350] M. Gendreau-Massaloux, recteur de l'académie de Paris, in: Le Monde de L'Education 164. 1989.

[351] Angelo Rinaldi, Critique littéraire à l'Express, in: L'événement du jeudi 16-22/3/1989.

[352] Un professeur, in: Millet/Lucci/Billiez (1990), S.118.

werden, werden auch als Motivation einer Veränderung der Orthographie in linguistischen Reformvorschlägen genannt. An erster Stelle steht die Vereinfachung des Erlernens. Daneben bestehen mit Ausnahme der unter Ziffer 6 aufgeführten Gegenargumente keine Übereinstimmungen. Man gewinnt daher den Eindruck, daß es sich um parallele, weitgehend voneinander unabhängige Diskussionen handelt.[353]

Den linguistischen Argumenten mangelt es zu einem großen Teil an Sachkenntnissen. Auffallend ist die weit verbreitete Vermengung und Gleichsetzung von Orthographie und Sprache. Diese Ansicht mag in Frankreich durch die „orthographe grammaticale" besonders ausgeprägt sein. Insgesamt treten linguistische Kriterien zugunsten anderer Faktoren eher in den Hintergrund. Auch die Perspektive des Lesens wird expressis verbis wenig angesprochen; sie fließt jedoch durchaus in andere Argumente ein, so zum Beispiel die „physionomie des mots" und in ästhetische Argumente, und kommt damit auch indirekt zum Tragen. Eine zentrale Rolle spielt die Orthographie als Medium kultureller Identität, Verkörperung von Tradition und Geschichte; wichtig sind daneben ästhetische Kriterien. In den Vordergrund der Debatte tritt schließlich die schulische und damit verbunden die soziale Dimension der Orthographiefrage. Die Vereinfachung des Erlernens verbindet sich für die Reformer mit einer Minderung der Selektionsfunktion der Orthographie und mehr Demokratisierung. Zur Verteidigung gegen diesen Angriff führen die Vertreter des status quo die verschiedensten Argumente ins Feld. Die Rolle der Orthographie als Vehikel sozialen Aufstiegs und ihre Verbindung mit Macht und Privilegien in der Gesellschaft kommt in dieser Auseinandersetzung deutlich zum Ausdruck. Der Soziologe Philippe Cibois sieht darin den Hauptgrund des Widerstands gegen eine Reform. Der Kern der Orthographiedebatte ist seines Erachtens politischer Natur: Es geht um eine Veränderung des sozialen Gefüges und im Gegenzug die Verteidigung der aktuellen Gesellschaftsstruktur.[354] Daß soziale und politische Faktoren in der Orthographiefrage eine wichtige Rolle spielen, wird auch in der vorliegenden Untersuchung deutlich. Die Reduktion der gesamten Debatte auf diesen Aspekt erscheint mir jedoch einseitig und würde die anderen hier genannten Faktoren zu Unrecht unter den Tisch kehren.

---

[353] Zu diesem Ergebnis kommen auch Millet/Lucci/Billiez (1990), S.143.

[354] Vgl. Leconte/Cibois (1989), S.69 ff. Cibois stützt sich auf die Untersuchung der Reaktionen in 4 Zeitungen auf die Umfrage in L'Ecole libératrice (Le Figaro, Le Parisien, Le Quotidien de Paris jew. 29/11/88 u. France Soir 30/11/88).

III.3.5. Tendenzen der Entwicklung der französischen Orthographie und Perspektiven einer Reform

Obwohl die Schreibung des Französischen einer starken Normierung unterliegt, ist sie nicht durchgehend so fixiert, wie man annehmen könnte. So gibt es durchaus Randbereiche, die von der Norm nicht erfaßt werden und daher erhebliche Unterschiede in der Graphie aufweisen. Es handelt sich zum Beispiel um Neologismen, Fremdwörter oder Wörter aus der Umgangssprache. Erhebliche Unterschiede finden sich aber auch in Bereichen, die weniger stark dem Druck der Norm ausgesetzt sind, zum Beispiel der Werbung, den „Bandes dessinées" oder persönlichen Aufzeichnungen. Eine Untersuchung der Schreibgewohnheiten in diesen Gebieten erweist sich vor allem deshalb als aufschlußreich, weil sie – mit aller Vorsicht – als Indikator für Entwicklungstendenzen gedeutet werden können.

Die zuerst genannte Fragestellung behandeln in einer umfangreichen Studie N. Catach und ihre Mitarbeiter.[355] Sie untersuchen Bereiche graphischer Instabilität anhand eines Vergleichs von Einträgen in verschiedenen Lexika: „Littré" (1959), „Robert" (1968) sowie „Petit Larousse Illustré" (1962 und 1969). Von der Variation betroffen erweisen sich in erster Linie folgende Teile des Vokabulars:

- Wörter der Umgangssprache und des Argot, dialektale Wörter, Onomatopoetika, wenig geschriebene Wörter
- Neologismen, fachsprachliches Vokabular
- Lehnwörter aus den modernen Fremdsprachen sowie aus dem Lateinischen und Griechischen
- Zusammengesetzte Wörter

Catach/Golfand/Denux sprechen von 9000 – 10000 Wörtern; diese machen etwa ein Fünftel des – weit gefaßten – Gesamtvokabulars aus.[356] Einige Beispiele mögen einen Eindruck der graphischen Variation vermitteln:

- <dessouler, dessoûler>
- <gnole, gnôle, gniole, gniôle, gnaule, niôle, niaule>
- <ramponeau, ramponneau>
- <cire, cirre, cirrhe>
- <escarre, esquarre, eschare>
- <esche, aiche, èche>
- <gindre, geindre>

---

[355] Vgl. Catach, Nina; Jeanne Golfand et Roger Denux (1971): Orthographe et lexicographie. Tome I: Variantes graphiques – Mots latins et grecs – Mots étrangers. Paris; dies. (1981): Orthographe et lexicographie. Les mots composés. Paris.
[356] Vgl. Catach/Golfand/Denux (1971), S.163.

- <tutie, tuthie>
- <buggy, boggi, boghei, boguet>
- <cari, cary, carry, curry>
- <gougelhof, kougelhof, kouglof, kugelhopf>
- <yaourt, yogourt, yoghourt>

Es handelt sich hierbei um einen Teilbereich des Vokabulars, in dem außerordentliche Bewegung herrscht: Neue Varianten werden hinzugefügt, alte scheiden aus. Im „Petit Larousse Illustré" beispielsweise werden von 2451 Wörtern zwischen 1962 und 1969 380 einer Änderung unterzogen, das sind 15,54 %.[357] Vergleicht man die Einträge des älteren „Littré" mit denjenigen von „Robert" und „Larousse" oder die beiden Auflagen des „Petit Larousse Illustré", so läßt sich eine Entwicklung in Richtung Vereinheitlichung oder Vereinfachung der Graphie nicht beobachten; eine Gesamtkonzeption scheint den Änderungen nicht zugrunde zu liegen, die Auswahl eher planlos vor sich zu gehen. Interessant ist dabei, daß die Anzahl der Varianten tendenziell zunimmt und daß es häufig eine kompliziertere Variante ist, die hinzugefügt wird oder sich schließlich durchsetzt. Buchstaben und Akzente werden ergänzt, im Fall der Fremdwörter besteht der Hang zu ausgeprägter Etymologisierung, d.h. weitgehender Übernahme der Orthographie der Ausgangssprache. Von 192 neuen Varianten, die sich noch nicht bei „Littré", aber bei „Robert" und „Larousse" finden, sind 85 Formen komplizierter, mithin 44,27 %.[358] Bezüglich der Entwicklung der Orthographie läßt sich eine Tendenz zu größerer Komplexität beobachten.

Einer Analyse des Schreibgebrauchs in Textsorten, die der Sanktion durch die Norm weniger ausgeliefert sind, widmen sich jüngere Arbeiten von Lucci und Millet.[359]

Die Untersuchung von Werbetexten zeigt, daß Abweichungen von der orthographischen Norm nicht in Richtung eindeutigerer phonographischer Beziehungen zielen, sondern sich von diesen vielmehr distanzieren; die Werbung benutzt bevorzugt die ideovisuelle Seite der Orthographie.[360] Lucci beobachtet

---

[357] Catach/Golfand/Denux (1971), S.168 f.

[358] Catach/Golfand/Denux (1971), S.169.

[359] Vgl. Lucci, Vincent (Hrsg.) (1989 a): L'orthographe en liberté. = lidil No.1; vgl. auch Lucci, Vincent et Yves Nazé (1989): L'orthographe des Français. Paris.

[360] Vgl. Lucci, Vincent (1988): Dépendance ou autonomie de l'écrit par rapport à l'oral: L'exemple de la publicité contemporaine. In: Catach, Nina (Hrsg.): Pour une théorie de la langue écrite. Paris. S.123-132 u. Lucci, Vincent (1989 b): L'orthographe dans la publicité contemporaine. In: Ders. (Hrsg.) (1989 a), S.67-74.

[...] une tentative permanente d'établir des liens directs entre sens et graphie, et la recherche d'une sophistication utilisée au service de la manipulation ludique et du double sens.³⁶¹

Folgende Beispiele mögen dies illustrieren:
- „Ethonnez vos plats"
- „C'est un aspirateur Sup'air"
- „Vite fée, bien fée" (dépoussiérant „La fée du logis")³⁶²

Beliebt sind andererseits Abkürzungen und Siglen bei Produktnamen.

Agnès Millet analysiert Vorlesungsmitschriften unter dem Gesichtspunkt bewußter Abweichungen von der Norm in Form von Abkürzungen.³⁶³ Hier finden sich zu Lasten der phonographischen Korrespondenzen die ideographischen Züge der Orthographie respektiert; in Abkürzungen bleiben bevorzugt die Buchstaben erhalten, die ideographischen Wert haben, zum Beispiel <les lgues> (les langues), <tjs, tjrs> (toujours), <frs, fçs, frçs, fs> (français).³⁶⁴

Möchte man mit aller gebotenen Skepsis in diesen Abweichungen von der Norm Hinweise auf eine zukünftige Entwicklung sehen, so zeigt sich eine verstärkte Ausnutzung der ideographischen Komponente der Orthographie und Entfernung vom phonographischen Prinzip. Mithin weisen auch diese Untersuchungen auf eine zunehmende Komplexität der französischen Orthographie.

Ein Phänomen, das in die entgegengesetzte Richtung wirkt und im Französischen insbesondere seit dem 19. Jahrhundert sehr verbreitet ist, ist dasjenige der „spelling pronunciation", der Annäherung der Aussprache an die Orthographie.³⁶⁵ So verändert sich beispielsweise während des 19. Jahrhunderts die Aussprache [ɔɲ] in <poignard, poignée> (wie <oignon>) zu [waɲ], <citoyen> [sitɔjɛ̃] und <moyen> [mɔjɛ̃] werden zu [sitwajɛ̃] und [mwajɛ̃], [g] in <secret, secrétaire> (wie <second>) zu [k] und [j] in <avril, péril> zu [l]. Vor allem werden bisher stumme Endkonsonanten wieder ausgesprochen, zum Beispiel in <fils, os, sens, oeuf, neuf, sept>. Jüngere Entwicklungen betreffen etwa <tandisque> [tɑ̃diskə], <moeurs, but, août, exact, cinq>. Auf dem Weg einer Veränderung der gesprochenen Sprache führt diese Entwicklung zu eindeutigeren

---

³⁶¹ Lucci/Nazé (1989), S.73.

³⁶² Vgl. Lucci (1989 b), S.72.

³⁶³ Millet, Agnès (1989): Essai de typologie des variations graphiques. Application à la prise de notes. In: Lucci (Hrsg.) (1989 a), S.7-36.

³⁶⁴ Millet (1989), S.26 u. 30.

³⁶⁵ Vgl. dazu Levitt, Jesse (1968): Spelling-pronunciation in modern french: its origin and its functional significance. In: Linguistics 42. S.19-28 u. Ders. (1978): The influence of orthography on phonology: A comparative study (English, French, Spanish, Italian, German). In: Linguistics 208. S.43-67; vgl. auch Klein, Hans-Wilhelm (1963): Phonetik und Phonologie des heutigen Französisch. München, S.118 ff.

phonographischen Beziehungen. Obwohl das Phänomen im Französischen außerordentlich verbreitet ist, vermag es jedoch kaum ein entscheidendes Gegengewicht zur Komplexität der Orthographie zu bilden.

Die Betrachtung von Entwicklungstendenzen der französischen Orthographie führt auch zur Frage nach den Perspektiven einer Reform und damit zum Zentrum des Themas der vorliegenden Arbeit zurück. Berücksichtigt man sowohl die theoretischen Positionen als auch Akzeptanzerwägungen, ergibt sich folgendes Bild:

Eine radikale Reform hat keine Chance, verwirklicht zu werden. Einerseits wird einer strikt phonologischen Schreibung von wissenschaftlicher Seite durch neuere Erkenntnisse der Graphematik und der Leseforschung der Boden entzogen; andererseits würde sie nicht die Akzeptanz der Sprachbenutzer gewinnen.

Die wissenschaftlichen Positionen zur Verteidigung des status quo machen zwar zu Recht auf Vorteile der traditionellen Orthographie aufmerksam, vermögen es jedoch nicht, alle Züge zu rechtfertigen.

Mit den Untersuchungen zum „plurisystème" verfügt man über eine theoretische Grundlage für eine Reform. Sie erlauben es, nicht und wenig funktionelle Teile der Orthographie auszuscheiden. In Verbindung mit der Berücksichtigung häufiger Orthographiefehler stehen damit wesentliche Voraussetzungen für Überlegungen hinsichtlich einer moderaten Veränderung der Orthographie bereit. Dies ist auch der Ausgangspunkt der jüngeren gemäßigten Reformvorschläge. Die Widerstände auf seiten der Schrift-Benutzer gegen orthographische Veränderungen sind jedoch außerordentlich groß. Dies zeigen einmal mehr die Reaktionen auf die „Rectifications", die – obwohl ihre Verwirklichung zunächst vielversprechend aussah – auf heftigste Opposition von verschiedensten Seiten stoßen. Auch aus der Untersuchung der öffentlichen Diskussion im Rahmen der vorliegenden Arbeit geht hervor: Die Debatte ist gefühlsgeladen und politisiert, es gebricht ihr häufig an sachlicher Information. Sollten sich die „Rectifications" nicht durchsetzen können, die jüngste Entwicklung deutet darauf hin, sind die Chancen für eine Reform in naher Zukunft gering. Damit scheinen für die unmittelbare Zukunft nur zwei Konsequenzen möglich: Der Entwicklung der Orthographie zu zunehmender Komplexität könnten konzertierte Aktivitäten von lexikographischer Seite mit der graphischen Integration neuen Vokabulars und der Bevorzugung einfacherer Varianten entgegenwirken. Ein Teil der „Rectifications" widmet sich diesem Anliegen. Zum anderen könnte eine bessere Information der Adressaten einer Reform vielleicht zu einer Objektivierung der Diskussion führen und einer Veränderung der Orthographie fruchtbareren Boden bereiten.

III.3.6. Zusammenfassende Darstellung der Argumente

Die folgenden beiden schematischen Darstellungen geben einen Überblick über die Argumentation der theoretischen Positionen (I.) und die Argumente in der öffentlichen Diskussion (II.). Die Vorgehensweise ist dieselbe wie im Fall der karibischen Debatte und der französischen Diskussion des 16. Jahrhunderts.

Gewisse Schwierigkeiten der Zuordnung zu den in Kapitel I behandelten Fragestellungen ergeben sich bei der populärwissenschaftlichen, öffentlichen Auseinandersetzung. Die zum großen Teil mehr pseudolinguistischen als linguistischen Einwände, die von seiten der Reformgegner vorgebracht werden, ließen sich auch den „außersprachlichen" Argumenten zuteilen. Die Berufung auf die „physionomie des mots" tangiert alle drei Bereiche und wird daher wiederholt angeführt.

(I.)	**Radikale Reform**
linguistische Theorie	- Priorität der gesprochenen Sprache, Ideal der phonologischen Graphie
	- Blanche-Benveniste/Chervel: Die frz. Orthographie bildet ein System (Zusammenwirken von phonographischem und ideographischem Prinzip), entspricht nicht der sprachlichen Organisation der gesprochenen Sprache und erlaubt daher nicht deren Wiedergabe, Ersetzung der Orth. durch eine phonologische Graphie
	- *partielle Änderungen führen zu neuen Problemen und Ausnahmen*
Lesen und Schreiben	- Vereinfachung des Lesen- und Schreiben-Lernens (insbes. funktionaler Ansatz von Martinet)
"außersprachliche" Argumente	- Die traditionelle Orthographie wird den Anforderungen einer modernen Gesellschaft nicht gerecht (wissenschaftlicher Fortschritt, Rückgang der klass. Bildung, "crise de l'orthographe") (Blanche-Benveniste/Chervel)

Gemäßigte Reform	Verteidigung der traditionellen Orthographie
- relative Autonomie der Schreibung (Catach/CNRS-HESO)	- (relative) Autonomie der Schreibung
- Rapport Beslais: Beseitigung von Inkohärenzen und unnötigen Schwierigkeiten der Orthographie (Vorgegebene Theorie wird abgelehnt)	
- Catach/CNRS-HESO: Die französische Orthographie stellt ein "plurisystème" dar (phonogrammes, morphogrammes, logogrammes), Beseitigung nicht- und wenig funktioneller Elemente, Reform in Richtung eindeutigerer phonographischer Beziehungen	- Thimonnier: Die französische Orthographie bildet ein kohärentes System (constantes phonéticographiques und séries analogiques), das nur wenige Ausnahmen aufweist; eine Reform wird damit – abgesehen von der Korrektur einiger Anomalien – hinfällig.
- Vereinfachung des Erlernens/ Schreibens (Orthographiefehler als Kriterium für die Auswahl der zu reformierenden Punkte)	- *Schwierigkeiten des Erlernens stellen eine Frage der Pädagogik dar; die Pädagogik muß geändert werden, nicht die Orthographie*
	- Untersuchungen zum Leseprozeß: Lesen ist ideovisueller Natur, der Bedeutungszugang erfolgt direkt; ideographische Züge der frz.Orth. begünstigen das Lesen (Charmeux)
- Verarbeitung von Texten mit Hilfe von Computern verlangt die Ausscheidung orthograph. Inkonsequenzen	
- Rückgang der Lateinkenntnisse (Erlernen wird zu aufwendig)	
- Abnahme des orthograph. Niveaus ("crise de l'orthographe")	
- Beherrschung des Lesens und Schreibens als allgemeines Bürgerrecht	
- Reform dient der Frankophonie	
- Beispiel von Reformen in der Geschichte und in anderen Ländern	
- Unnötige Längung der Texte und Erhöhung der Druckkosten durch die trad. Orthographie (Rapport Beslais)	

(II.)   **pro Reform**

linguistische Argumente	-Inkohärenzen der frz. Orthographie sollen beseitigt werden -Orthographie/Sprache muß sich weiterentwickeln, bedarf einer Modernisierung
Lesen und Schreiben	-Schwierigkeiten des Erlernens (Verschwendung von Zeit und Energie)
"außersprachliche" Argumente	-schulischer Mißerfolg vieler Kinder aufgrund der Orthographie, gegen Selektion durch die Orthographie, Demokratisierung der Bildung -Vereinfachung der Orthographie begünstigt die Verbreitung des Frz. und dient der Frankophonie -zunehmender Gebrauch der geschriebenen Sprache im Dialog mit dem Computer verlangt nach einer einfacheren Orthographie -Beispiel von Sprachen mit einfacherer Orthographie

contra Reform

- *Man darf nicht willkürlich in die Orthographie/ Sprache eingreifen, soll sich durch den Gebrauch auf natürliche Weise weiterentwickeln*
- *Eine Reform der Orthographie/Sprache bedeutet ihre Entstellung und Verarmung*

- Homonymendifferenzierung

- semantische Motivierung der Schreibung, "physionomie des mots"

- *Reform anderer sprachlicher Ebenen ist wichtiger*

- *Grund liegt nicht bei der Orthographie, sondern anderen Faktoren, insbes. der Pädagogik*
- *Schwierigkeiten des Erlernens sind kein Grund für eine Reform (gewinnbringende intellektuelle Übung, Erwachsene haben die Orthographie auch gelernt, alle Disziplinen könnten vereinfacht werden)*

- Vorteile der traditionellen Orthographie für das Lesen, "physionomie des mots"

- Anzeige der Etymologie dient dem Verständnis eines Wortes

- *gegen Verringerung des Niveaus und Anpassung an weniger Begabte und Gebildete*
- *Orthographie ist kein Selektionsmittel*
- *Orthographie verbindet sich zu Recht mit Macht und sozialen Privilegien*
- *Reform schafft erst soziale Unterschiede (Literatur ist nur noch der Elite zugänglich)*

- *Für den Rückgang der Frankophonie sind politische und ökonomische Faktoren verantwortlich*

- Die Orthographie verkörpert Geschichte, Tradition; das kulturelle Erbe wird durch eine Reform bedroht

- Schönheit der Orthographie, "physionomie des mots"

- Verbundenheit mit der Orthographie

IV. Vergleichende Betrachtung

Das vorliegende Kapitel möchte Parallelen und Unterschiede der untersuchten Orthographie-Diskussionen herausarbeiten. Zur besseren Übersicht sei auf die schematische Darstellung der Argumente der einzelnen Diskussionen verwiesen.

IV.1. Die französische Reform-Diskussion der Renaissance-Zeit und die neuere und aktuelle Debatte

1. Linguistische Theorie

Meigrets Forderung nach einer radikalen Reform wird auch in der neueren Debatte wieder aufgenommen und stützt sich in beiden Fällen auf die Überzeugung, daß die ideale Schreibung einer Abbildung der gesprochenen Sprache gleichkommt. Alleiniger Maßstab für Meigret bildet die „obeissance de la prononciation";[1] die radikalen Reformer jüngerer Zeit berufen sich auf das phonologische Prinzip, womit der Unterscheidung zwischen Laut und Phonem Rechnung getragen wird, die Meigret in theoretischer Hinsicht nicht vornimmt. Die Forderung nach der Anpassung der Schreibung an die Sprachentwicklung stellt die logische Konsequenz dieser theoretischen Prämisse dar und wird sowohl im 16. Jahrhundert als auch in der jüngeren Diskussion immer wieder geäußert. Auch Meigrets Argumente zur Entkräftung des Einwandes, eine radikale Reform würde die Homonymendifferenzierung aufgeben, haben nach wie vor Gültigkeit.

Neu ist der Ansatz von Blanche-Benveniste und Chervel, der den Systemgedanken, der für die Diskussion seit Ende der 60er Jahre bestimmend ist, zur Untermauerung der Notwendigkeit einer radikalen Reform heranzieht: Die Abweichungen der traditionellen Orthographie vom phonologischen Prinzip können nicht als Inkohärenzen angesehen werden; die französische Orthographie bildet ein System, das jedoch nicht der Organisation der gesprochenen Sprache entspricht und daher nicht deren Wiedergabe ermöglicht. Meigret hingegen, so sei hier in Erinnerung gerufen, betrachtet die Entfernungen traditioneller Schreibweisen seiner Zeit von der Darstellung der Aussprache als „curieuse superfluité de letres" und „vicieuse confusion de puissance entre elles".[2] Neu ist auch das Argument, das radikale Reformer einer beschränkten Verände-

---

[1] Meigret (1542), S.7; vgl. Kap.III.2.2.1. der vorliegenden Arbeit.
[2] Meigret (1542), S.1.

rung entgegenhalten: die Gefahr, daß bereits geringfügige Änderungen in Form von Kettenreaktionen neue Probleme und Ausnahmen mit sich bringen können. Die Forderung nach einer durchgreifenden Reform tritt jedoch vor allem in der aktuellen Diskussion zugunsten gemäßigter Reformvorschläge in den Hintergrund.

Peletier, der moderate Reformer der Renaissance-Zeit, stimmt mit Meigret in der Theorie der Schreibung überein. Auch sein Reformvorschlag zielt allein in Richtung eindeutigerer Relationen zwischen Schriftzeichen und Lauten; die Aussprache soll aus der Schreibung möglichst genau rekonstruierbar sein. Für eine Einschränkung der Reform macht er lediglich Akzeptanz-Überlegungen geltend und rekurriert damit auf ein „außersprachliches" Argument.

Im Rapport Beslais wird eine vorgegebene Theorie abgelehnt; das Ziel einer gemäßigten Reform besteht in der Beseitigung von Inkohärenzen der Orthographie. Dieses Argument wird auch in der öffentlichen Diskussion immer wieder angeführt. Eine theoretische Fundierung erhält die Forderung nach einer eingeschränkten Reform vor allem durch die Arbeiten von N. Catach und der CNRS-Forschungsgruppe HESO: Grundlage bildet die Annahme einer relativen Autonomie der Schreibung gegenüber der gesprochenen Sprache. Die französische Orthographie stellt ein „plurisystème" dar; eine Reform zielt auf die Beseitigung nicht funktioneller und wenig funktioneller Elemente. Sie möchte eindeutigere phonographische Beziehungen herstellen, berücksichtigt aber auch die Integration weiterer sprachlicher Ebenen. Die Forderungen nach einer moderaten Reform werden damit sehr viel zurückhaltender als bei Peletier und stehen der Verteidigung der traditionellen Schreibung viel näher, als dies im 16. Jahrhundert der Fall ist.

Eine andere Akzentuierung erhalten auch die Argumente der Reformgegner. In der Diskussion des 16. Jahrhunderts spielt die Infragestellung der Theorie der Phonetiker eine untergeordnete Rolle. Des Autelz etwa teilt die Auffassung Meigrets und Peletiers hinsichtlich des Ideals einer lautgetreuen Abbildung der Sprache durch die Graphie. Die Einwände der Konservativen beziehen sich vor allem auf die Realisierbarkeit einer lautgetreuen Schreibung.[3] Diese büßen auch in jüngerer Zeit zum großen Teil nichts an ihrer Gültigkeit ein, haben jedoch insofern untergeordnete Bedeutung, als die Ersetzung der traditionellen Orthographie durch eine lautgetreue Graphie momentan nicht ernsthaft zur Debatte steht. In den Vordergrund treten Argumente, die sich bereits bei Peletier im „Dialogue" ankündigen: De Bèze sieht die Möglichkeit eines direkten Bezugs der Schreibung zur Bedeutung. Der traditionellen Schreibung wird das Verdienst zugesprochen, lexikalische und grammatische Paradigmen zu vereinheitlichen und Homonyme zu differenzieren. Daß Be-

---

[3] Vgl. hierzu Kap. III.2.2.3., Punkt 2.

deutung in der Schreibung direkt zum Ausdruck kommt, bildet die Voraussetzung der Arbeiten Thimonniers. Seiner Theorie zufolge fügen sich „séries analogiques" zusammen mit „constantes phonético-graphiques" zu einem kohärenten System, so daß eine Reform der französischen Orthographie mit Ausnahme der Beseitigung einiger Anomalien hinfällig wird.

Die mehr pseudo-linguistischen als linguistischen Gegenargumente der jüngeren öffentlichen Diskussion finden in den analysierten Texten des 16. Jahrhunderts kein Äquivalent.

2. Lesen und Schreiben

Eine grundlegende Veränderung betrifft die Argumente, die sich auf das Lesen und Schreiben beziehen. Von einer Graphie, die eine eindeutige Zuordnung von Schriftzeichen zu Lauten gewährleistet, verspricht sich Meigret die Verbesserung der Lesbarkeit. Diese stellt im Rahmen seiner Argumentation ein Hauptanliegen dar. Peletier teilt die Ansicht Meigrets, wenn er auch in erster Linie die Ausländer im Blick hat. Ganz anders sieht die Motivation der Reformer in der neueren Diskussion aus: Die Vereinfachung des Erlernens der Orthographie und des Schreibens stellt den zentralen Impetus für ihre Veränderung dar; das gilt sowohl für die radikalen als auch für die moderaten Reformer. Gemäßigte Reformvorschläge stimmen daher dahingehend überein, daß vor allem die Punkte reformiert werden sollen, die Quellen häufiger Rechtschreibfehler darstellen. Die Schwierigkeiten des Erlernens bilden den Angelpunkt der gesamten neueren Auseinandersetzung um die Orthographie, dies vor allem auch im Rahmen der öffentlichen Diskussion. Der Aspekt des Erlernens und des Schreibens bleibt hingegen in den untersuchten Texten des 16. Jahrhunderts völlig ausgeblendet.

Bei den Argumenten, die die traditionelle Schreibung verteidigen, finden sich wieder Berührungspunkte zwischen den beiden Debatten. Nach Ansicht von de Bèze erleichtert eine etymologische Graphie das Erkennen der Bedeutung. Das Argument, daß die Anzeige der Etymologie dem Verständnis eines Wortes zugute komme, findet sich auch in der neueren Debatte in der Öffentlichkeit immer wieder erwähnt. Die Vorteile der traditionellen Orthographie für das Lesen bilden ein zentrales Argument der aktuellen Diskussion gegen einen Eingriff in die Orthographie, dies vor allem in der wissenschaftlichen Auseinandersetzung, in der zum Beispiel E. Charmeux sich auf neuere Erkenntnisse zum Leseprozeß beruft. Geht es im 16. Jahrhundert allen beteiligten Parteien um das Lesen, so stehen sich in der jüngeren Debatte die Vereinfachung des Erlernens und Schreibens und die Aufrechterhaltung der Lesbarkeit gegenüber. Daß der Erwerb der Orthographie Schwierigkeiten bereitet, wird auch von den Konservativen nicht bestritten; sie werden entweder auf die Ebene der Pädagogik verschoben oder aber für gut befunden und zum Beispiel als gewinnbringende intellektuelle Übung betrachtet.

3. „Außersprachliche" Argumente

Unter den als „außersprachlich" klassifizierten Argumenten finden sich einige Überlegungen, die in beiden Diskussionen wiederkehren, aber auch andere, die jeder Debatte ihr eigenes Gepräge verleihen.

Spezifisch für das 16. Jahrhundert ist auf der Seite der Befürworter einer Reform das Argument der „rayson". Für Meigret stellt diese neben der Verbesserung der Lesbarkeit die Hauptmotivation für eine Veränderung der Graphie dar. Es entspricht dem umfassenden Anliegen Meigrets, den Gesetzmäßigkeiten der „rayson" Folge zu leisten, und dies bedeutet seines Erachtens im Fall der Graphie ihre Anpassung an die Lautung. Peletier stimmt mit Meigret in dieser Hinsicht überein, wenn er auch der „rayson" im Rahmen seiner Argumentation einen weniger bedeutenden Stellenwert einräumt.

Mit seiner Reformforderung denkt Peletier vor allem an zukünftige Generationen; diesen möchte er ermöglichen, die Aussprache des Französischen zu ermitteln, wenn es sich stark verändert hätte oder nicht mehr als Muttersprache gesprochen würde. Eine solche Überlegung ist der heutigen Diskussion völlig fremd. Der Blick in die Zukunft ist jedoch auch heute insofern von Bedeutung, als von einer Vereinfachung der Erlernbarkeit in erster Linie Kinder und nachfolgende Generationen profitieren würden.

Was in der Renaissance-Zeit im Namen der „rayson" gefordert wird, steht heute im Zeichen der Bedürfnisse einer modernen Gesellschaft. Diese werden immer wieder als Argument für eine Veränderung der Orthographie angeführt. Dabei wird vor allem auf die wachsende Bedeutung des Umgangs mit dem Computer verwiesen, aber auch auf den Rückgang der klassischen Bildung und die Abnahme des orthographischen Niveaus.

Spezifisch für die jüngere Diskussion sind ferner die Argumente, die sich mit der Vereinfachung des Orthographieerwerbs verbinden. Die Verteidiger einer Reform beklagen den schulischen Mißerfolg vieler Kinder aufgrund der Schwierigkeiten der Orthographie, wenden sich gegen ihre Selektionsfunktion im Bildungssystem und setzen sich für die Demokratisierung der Bildung ein. Der sozialen und politischen Dimension der Orthographiefrage kommt in der öffentlichen Auseinandersetzung vorrangige Bedeutung zu.

Gemeinsam sind den Reformern der beiden Epochen die folgenden Argumente, wenn sie zum Teil auch eine unterschiedliche Ausrichtung erhalten:

Meigret und Peletier sind sich darin einig, daß die Ausländer eine wichtige Zielgruppe ihrer Bemühungen bilden. Eine Reform soll, dies betont insbesondere Meigret, zum Ansehen des Französischen und zu seinem Status als internationale Sprache beitragen. Ähnlich argumentieren die Reformer in jüngster Zeit: Eine vereinfachte Orthographie diene der Verbreitung des Französischen und stehe damit im Zeichen der Frankophonie.

Um ihren Reformforderungen Nachdruck zu verleihen, berufen sich Meigret und Peletier immer wieder auf Vorbilder. In der lateinischen und griechischen Graphie sieht Meigret sein Ideal beispielhaft verwirklicht. Häufig bezieht er sich auf Quintilian. Peletier verweist auf die Schreibung älterer Sprachstufen des Französischen sowie auf die lateinische und die spanische Graphie. Auch in der neueren Diskussion beruft man sich auf das Vorbild von Sprachen mit einfacherer Orthographie sowie das Beispiel von Reformen in der Geschichte und in anderen Ländern.

Ein Argument, das sich die Reformer beider Epochen zunutze machen, das jedoch in beiden Diskussionen eine untergeordnete Rolle spielt, ist ökonomischer Natur: Meigret spricht von „espargne de papier, de plume, & de temps"[4], und der Rapport Beslais verspricht sich von einer Reform kürzere Texte und damit eine Senkung der Druckkosten.

Unterschiede und Gemeinsamkeiten weist auch der Argumentenvorrat der Reformgegner beider Epochen auf:

Zur Verteidigung traditioneller Schreibungen nennt de Bèze an erster Stelle die Gewohnheit. Für eine Veränderung besteht seines Erachtens kein Grund, da die Franzosen mit den bestehenden Schreibweisen vertraut seien und diese nicht in Frage stellten; eine neue Graphie hingegen erforderte mühevolles Umlernen. Dabei spricht sich de Bèze generell gegen die Einführung von Neuerungen aus. Meigret sieht in diesem Einwand einen zentralen Hinderungsgrund für die Durchsetzung einer Reform. Auch er negiert nicht die Bedeutung des „usage", ihm ist seines Erachtens jedoch nur dann zu folgen, wenn er der „rayson" entspricht. Die Meinungsverschiedenheiten bezüglich der Priorität, die dem „usage" oder der „rayson" zu erteilen ist, führen weit über das Orthographieproblem hinaus und erhalten den Status einer Prinzipienfrage. Eine Parallele findet die Berufung auf den „usage" in einem den linguistischen Argumenten zugeordneten Einwand der Reformgegner im Rahmen der jüngeren öffentlichen Diskussion: Dem Anspruch der Reformer wird entgegengehalten, daß man nicht willkürlich in die Orthographie bzw. Sprache eingreifen dürfe, diese solle sich vielmehr durch den Gebrauch auf natürliche Weise weiterentwickeln. Die Auseinandersetzung hat jedoch nicht den Stellenwert, den sie in der Diskussion zur Zeit der Renaissance einnimmt.

Ein spezifisches Gegenargument der Debatte des 16. Jahrhunderts betrifft das Beispiel der lateinischen Orthographie, auf das sich die Reformer immer wieder beziehen. Dabei wird keineswegs der Vorbildcharakter des Lateinischen in Frage gestellt; die Konservativen bestreiten viel-

---

[4] Meigret (1542), S.49.

mehr, daß die lateinische Schreibung wirklich lautabbildend sei und dem Ideal der Reformer entspreche.

In der wissenschaftlichen Auseinandersetzung jüngerer Zeit kommen „außersprachliche" Gegenargumente – zumindest in expliziter Form – nicht vor. Im Rahmen der öffentlichen Debatte ist für die Verteidiger des status quo insbesondere der Demokratisierungsanspruch der Reformer ein Stein des Anstoßes. Viele Gegenargumente fordern mehr oder weniger explizit die Aufrechterhaltung der sozialen Unterscheidung, die durch die Kenntnis der Orthographie gestützt wird. Das Argument der sozialen Unterscheidung wird auch im 16. Jahrhundert explizit in die Debatte eingebracht; es wendet sich jedoch nicht gegen einen Demokratisierungsanspruch auf der Seite der Reformer. So verbindet auch Peletier mit seiner reformierten Schreibung eine soziale Distinktion.

Eine Eigenheit der neueren Debatte bilden Einwände, die eine emotionale Verbundenheit mit der Orthographie zum Ausdruck bringen und aus diesem Grund jede Veränderung ablehnen.

Gemeinsam ist den Konservativen beider Debatten die Berufung auf die historische Dimension der Graphie. Für die Verteidiger etymologisierender Schreibungen im 16. Jahrhundert trägt die Anzeige der Herkunft in der Schreibung zu ihrem Prestige und damit auch zum Ansehen des Französischen als internationale Sprache bei. In jüngerer Zeit wird eingewendet, daß die Orthographie Geschichte, Tradition und kulturelles Erbe verkörpere; in einer reformierten Orthographie sieht man intellektuelle Verarmung und eine Bedrohung der Kultur. Spezifisch für das 16. Jahrhundert ist die Dankbarkeit, die durch die Anzeige der Etymologie gegenüber der Herkunftssprache zum Ausdruck gebracht werden soll. Dies ist eine Überlegung, die keine marginale Rolle spielt; man kann es daraus entnehmen, daß Meigret in ihr einen Haupteinwand gegen eine lautgetreue Schreibung sieht und sie mit verschiedenen Argumenten zu widerlegen sucht.

Gemeinsam ist beiden Diskussionen auch ein ästhetisches Argument: Für de Bèze spielt die Schönheit der stummen Buchstaben eine herausragende Rolle, darin stimmt selbst Meigret mit ihm überein, wenn er diese auch anderen Zielen opfert. Auf die Schönheit der Orthographie wird auch in der neueren Diskussion von seiten der Reformgegner häufig verwiesen.

In beiden Epochen bemühen sich die Gegner einer Reform darüberhinaus um die Widerlegung des Argumentes, daß eine Reform den Ausländern und damit dem internationalen Ansehen des Französischen zugute komme. Für de Bèze wäre eine lautgetreue Schreibung diesen Zielen abträglich. In der neueren Diskussion wird eingewendet, daß für den Rückgang der Frankophonie nicht die Orthographie, sondern politische und ökonomische Faktoren verantwortlich zu machen seien.

IV.2. Die Orthographie-Diskussion in der Karibik und die Auseinandersetzungen um eine Reform der französischen Orthographie

Bei einem Vergleich zwischen der karibischen und den französischen Orthographie-Diskussionen muß man sich vor allem zwei Unterschiede vor Augen halten:

Ganz verschieden sind die Ausgangspunkte der Diskussionen: Die ältesten Schreibungen des Kreolischen sind etymologischer Art; diese finden zwar nach wie vor Verwendung, am weitesten verbreitet ist heute jedoch eine phonologische Graphie. Ausgangspunkt der französischen Debatte stellt im 16. Jahrhundert eine Bandbreite etymologisierender Schreibungen dar, im 20. Jahrhundert ein sehr komplexes und normiertes Schriftsystem.

Ein zentraler Unterschied besteht ferner zwischen den etymologisierenden Schreibungen der Kreolsprachen und der traditionellen Graphie des Französischen. Beide teilen die Anbindung an die Herkunftssprache, im französischen 16. Jahrhundert ist dies in der Regel weit ausgeprägter als heute; die aktuelle Schreibung des Französischen weist jedoch eine Systematizität in ihrer Relation zum Sprachsystem auf, die sich in der kreolischen Graphie nicht findet.

Mit diesen Vorbehalten lassen sich die Positionen in den Diskussionen und die Argumente, die zu ihrer Stützung vorgebracht werden, jedoch durchaus parallelisieren und vergleichen.

1. Linguistische Theorie

Die Verteidiger der phonologischen Schreibung des Kreolischen berufen sich auf das Ideal des phonologischen Prinzips; die Ökonomie und Simplizität einer biunivoken Relation zwischen Lauten und Schriftzeichen wird Schreibungen etymologisierender Ausrichtung entgegengestellt, die als unsystematisch und willkürlich abgelehnt werden. Die Vorstellung, daß die ideale Schreibung sich allein an der Lautseite der Sprache orientieren sollte, findet in allen Diskussionen ihre Fürsprecher und nimmt vor allem in der karibischen Debatte und der französischen Reformdiskussion des 16. Jahrhunderts eine zentrale Stellung ein.

Die jüngsten Überlegungen, die in die karibische Debatte eingebracht werden, fordern Abweichungen vom phonologischen Prinzip. M.-C. Hazaël-Massieux wendet sich gegen eine möglichst exakte Wiedergabe der gesprochenen Sprache, Hinweise zur Aussprache sind für Muttersprachler ihres Erachtens überflüssig. Mit der Wahl der Graphie soll vielmehr dem spezifischen Charakter des schriftlichen Mediums Rechnung getragen werden. Sie plädiert aus diesem Grund für die Einführung des Morphemkonstanz-Prinzips, von Redundanzen und den Ausbau der Interpunktion. Es erfolgen daneben Annäherungen an die französische Orthographie insoweit, als sie nicht zu Lasten der Kohärenz des Systems gehen. Diese Argumentation findet eine klare Parallele in den gemäßigten Reformforderungen der neueren französischen Diskussion und ihrer theoretischen Fundierung durch die CNRS-Forschungsgruppe HESO. Der Position der relativen Autonomie zufolge weist die Schreibung sowohl Bezüge zur Lautseite der Sprache als auch zu weiteren sprachlichen Ebenen auf. Die theoretische Konzeption des „plurisystème" geht davon aus, daß die phonographischen Beziehungen die Grundlage der französischen Orthographie bilden und darüberhinaus dem morphologischen und lexikalischen Prinzip zentrale Bedeutung zukommt. Etymologische und historische Züge sind dann zu rechtfertigen, wenn sie innerhalb des Systems eine Funktion erfüllen. Eine andere Ausrichtung erfährt die gemäßigte Position in der Diskussion der Renaissance-Zeit; der moderate Reformer Peletier teilt die theoretische Auffassung Meigrets.

Etymologisierende Schreibungen des Kreolischen entsprechen dem spontanen, intuitiven Vorgehen der mit der französischen Orthographie Vertrauten; sie erhalten im Rahmen der Diskussion keine theoretische Rechtfertigung. Es ergeben sich damit keine Parallelen zur Verteidigung der traditionellen Schreibung in den beiden französischen Debatten.

Ein vorrangiges Problem innerhalb der karibischen Orthographie-Diskussion stellt die Varietätenfrage dar. Ein zentrales Argument, das zur Stützung der phonologischen Graphie vorgebracht wird, ist ihre Universalität: Sie stellt Grapheme für alle Phoneme und häufigen phonetischen Varianten der Kreolsprachen bereit, entsprechend der vorgegebenen Prinzipien folgt jeder Schreiber seiner Aussprache. Damit wird die Schreibung aller Kreolsprachen und ihrer Varianten ermöglicht. Das Prinzip des graphischen Liberalismus wird von den Verteidigern einer phonologischen Graphie in allen drei behandelten kreolophonen Gebieten vertreten; der GEREC in Martinique verfolgt gleichzeitig eine Orientierung in Richtung Basilekt. Eine ganz andere Konzeption liegt der Modifizierung der phonologischen Graphie zu Grunde: M.-C. Hazaël-Massieux wendet sich gegen die graphische Differenzierung von Varianten, deren Sprecher sich mündlich ohne Schwierigkeiten verstehen. Sie plädiert für die Wahl einer allgemein akzeptierten Leitvarietät, die stabile graphische Wortformen garantiert; darüberhinaus ermöglicht die Schreibung von Langformen gemäß dem Morphemkonstanz-Prinzip die Überdachung verschiedener Aussprachevarianten. Die Überdachung dialektaler Varianten ist ein Argument, das zugunsten etymologisierender Schreibweisen vorgebracht wird.

In der neueren französischen Diskussion spielt die Varietätenfrage eine gänzlich untergeordnete Rolle: Das Neufranzösische verfügt einerseits über eine Standardaussprache, andererseits ist die Frage der Ersetzung der traditionellen Orthographie durch eine phonologische Schreibung alles andere als akut.

Zur Debatte steht die Frage jedoch im 16. Jahrhundert, wobei sie eine ganz andere Ausprägung als in der karibischen Diskussion erhält. Meigret und Peletier sind sich in theoretischer Hinsicht völlig einig: Die Schreibung soll sich an der Prestigevariante orientieren, gleichzeitig ist für beide ein gewisser graphischer Liberalismus selbstverständlich. Die gleichwohl heftige Auseinandersetzung zwischen den beiden Kontrahenten stellt sich nicht als theoretisches Problem; die Divergenzen drehen sich um die „korrekte" Aussprache, die jeder der beiden zu kennen glaubt. Der Reformgegner des Autelz zielt damit ins Zentrum der Problematik, wenn er das lautabbildende Prinzip zwar befürwortet, gegen seine Durchsetzung jedoch das Fehlen einer Aussprachenorm geltend macht.

2. Lesen und Schreiben

Ihre leichte Erlernbarkeit wird in der kreolischen Debatte als ein entscheidendes Argument für eine phonologische Graphie ins Feld geführt. Sie wird dem extrem hohen Lernaufwand entgegengestellt, den eine etymologisierende Schreibung allen, die nicht mit der französischen Orthographie vertraut sind, abverlangt. Besondere Bedeutung kommt diesem Argument im Zusammenhang mit der Erwachsenenalphabetisierung in Haiti zu, ebenso in der sprachlichen Situation St.Lucias, in der das Französische so gut wie nicht präsent ist. Die Vereinfachung der Erlernbarkeit steht auch bei den Fürsprechern einer phonologischen Graphie für das moderne Französische, insbesondere im Rahmen des funktionalen Ansatzes von Martinet, im Vordergrund. Das Argument der kreolischen Debatte, daß eine franzisierende Schreibung aufgrund ihrer Schwierigkeiten für Nicht-Frankophone abzulehnen sei, findet eine Parallele in dem Argument, daß die französische Orthographie vereinfacht werden müsse, da die Lateinkenntnisse allgemein zurückgegangen seien.

Die jüngsten Vorschläge zur Modifizierung der phonologischen Schreibung des Kreolischen stehen im Zeichen einer verbesserten Lesbarkeit und greifen damit den weit verbreiteten Einwand auf, in phonologischer Graphie geschriebene Texte seien zu schwer lesbar. Die gemäßigte Position der neueren französischen Diskussion ist in erster Linie um eine Vereinfachung des Orthographieerwerbs und des Schreibens bemüht. Dieser Unterschied erklärt sich jedoch aufgrund der verschiedenen Ausgangssituationen: die phonologische Schreibung der Kreolsprachen im Gegensatz zu der sehr komplexen französischen Orthographie.

Die Verfechter etymologisierender Schreibungen der Kreolsprachen berufen sich immer wieder auf die damit verbundenen Vorteile für das Lesen. Auch diese Position findet in der Auseinandersetzung um die neufranzösische Orthographie ihr Äquivalent: Die Vorteile der traditionellen Orthographie für den Leser, zu deren Untermauerung auch neuere Erkenntnisse der kognitiven Psychologie zum Leseprozeß angeführt werden, bilden einen zentralen Einwand gegen ihre Veränderung.

Die Auffassung, daß eine etymologische Schreibung das Erkennen der Bedeutung erleichtere, wird auch im 16. Jahrhundert geäußert. Abgesehen von dieser Parallele unterscheidet sich die Diskussion der Renaissance-Zeit jedoch grundlegend von den beiden neueren Debatten. Überlegungen hinsichtlich des Schreibens und Erlernens sind in den untersuchten Texten völlig ausgeblendet. Die Reformer Meigret und Peletier stimmen in der Ansicht überein, daß eine lautgetreue Abbildung der Sprache dem Leser zugute komme; so stellt vor allem im Fall Meigrets die Verbesserung der Lesbarkeit eine zentrale Motivation für eine radikale Reform dar.

3. „Außersprachliche" Argumente

Die „außersprachlichen" Argumente der karibischen Diskussion drehen sich vor allem um zwei Fragenkreise:

Die phonologische Graphie verbindet sich mit dem Anliegen, die Autonomie der Kreolsprachen im Verhältnis zum Französischen herauszustellen und damit eine wesentliche Voraussetzung für ihre Aufwertung zu schaffen. Etymologisierenden Schreibungen wird demgegenüber vorgeworfen, die Kreolsprachen in Abhängigkeit vom Französischen darzustellen und folglich ihrer Aufwertung entgegenzustehen. Die Betonung ihrer Eigenständigkeit und die Aufwertung der Kreolsprache verbinden sich im Kontext der diglossischen Koexistenz mit einer europäischen Standardsprache in mehr oder weniger ausgeprägtem Maß mit kulturellen, sozialen und politischen Implikationen. Die Forderung geht einher mit derjenigen nach einer eigenständigen Kultur und Identität in Absetzung vom dominierenden europäischen Modell, der Infragestellung der mit der Diglossie verbundenen Verteilung von Macht und Privilegien in der Gesellschaft; im Fall Martiniques kann sie im Zusammenhang mit dem Bestreben nach mehr politischer Unabhängigkeit gegenüber dem Mutterland stehen. Gerade in Martinique erhält das Argument der Autonomie einen ganz zentralen Stellenwert in der Debatte. Soziale Bedeutung erhält die Verteidigung der phonologischen Graphie in Haiti und St. Lucia auch in Verbindung mit ihrer einfachen Erlernbarkeit, dies insofern, als sie an das Ziel gekoppelt ist, der einsprachigen kreolophonen Bevölkerung das Lesen und Schreiben zu vermitteln und ihr damit die Möglichkeit zur Wissensaneignung, zur Partizipation am politischen Leben und zur Verbesserung ihrer Lebensbedingungen zu verschaffen.

Die Verfechter von Schreibsystemen etymologischer Ausrichtung auf der Gegenseite wollen die Herkunft der Kreolsprachen aus dem Französischen, ihre Verbindung zum Französischen und ihre Zugehörigkeit zu den romanischen Sprachen in der Schreibung zum Ausdruck bringen. Die Anlehnung an das französische Vorbild, so wird von dieser Seite argumentiert, werte die Schreibung der Kreolsprache auf und verleihe ihr Prestige, während eine phonologische Graphie mit Vereinfachung und

Unterentwicklung assoziiert werde. Auch diese Argumente reichen zumeist weit über eine Stellungnahme zur Frage der Orthographie im eigentlichen Sinn hinaus, wenn dies in diesem Fall auch weniger explizit geäußert wird. Die Darstellung der Kreolsprache in Abhängigkeit vom Französischen spricht ihr den Status einer eigenständigen Sprache ab, mit der Schreibung des Kreolischen werden nur begrenzte Ziele verfolgt, die Diglossie bleibt mit ihren kulturellen, sozialen und politischen Implikationen weitgehend unangetastet. Auch im Vorschlag von M.-C. Hazaël-Massieux findet sich das Argument der historischen Dimension der Schreibung zur Rechtfertigung einer Annäherung an französische Schreibkonventionen.

Parallelen zu den beiden französischen Orthographie-Diskussionen ergeben sich in zweierlei Hinsicht: Sowohl im 16. Jahrhundert als auch in der neueren Diskussion stellt das Anliegen, dem Bezug zur Herkunftssprache in der Schreibung Ausdruck zu verleihen, einen zentralen Einwand gegen eine Veränderung der Graphie zugunsten eindeutigerer Beziehungen zwischen Schriftzeichen und Lauten dar. In der aktuellen öffentlichen Diskussion betonen die Reformgegner, daß die Orthographie Geschichte und Tradition verkörpere. Von seiten der Konservativen der Renaissance-Zeit wird eingewendet, daß der Schreibung durch die Anzeige der Herkunft Prestige verliehen werde, was zum Ansehen des Französischen beitrage. Die französischen Diskussionen unterscheiden sich von der karibischen jedoch insofern, als auf der Gegenseite kein Argument steht, das eine bewußte Absetzung von der Herkunftssprache fordern würde. Ganz im Gegenteil betonen im 16. Jahrhundert alle Parteien den Vorbildcharakter der lateinischen Orthographie.

Berührungspunkte mit den französischen Diskussionen ergeben sich auch bezüglich der sozialen Dimension der Auseinandersetzung um die Orthographie. Der Demokratisierungsaspekt einer Reform spielt im Rahmen der neueren französischen Diskussion eine sehr bedeutende Rolle; auf der Gegenseite stehen Argumente, die die Schwierigkeiten der Orthographie und ihre Selektionsfunktion für gut heißen. Auch in der Debatte des 16. Jahrhunderts findet die soziale Unterscheidung durch die traditionelle Schreibung ihren Platz. Im Unterschied zu den beiden aktuellen Diskussionen wird das Anliegen einer mit der Beherrschung der Schreibung gegebenen sozialen Distinktion jedoch von keiner Seite in Frage gestellt.

Einen zweiten Schwerpunkt der karibischen Auseinandersetzung um die „richtige" Graphie bilden Argumente, die sich auf die Koexistenz der Kreolsprache mit dem Französischen beziehen. Verteidiger einer etymologischen Ausrichtung der Graphie betonen, daß der Koexistenz mit dem Französischen als offizieller Sprache in der Wahl des Schriftsystems Rechnung getragen werden müsse. Einen besonderen Stellenwert erhält in diesem Zusammenhang das immer wieder vorgebrachte Argument, die Schreibung der Kreolsprache solle dergestalt sein, daß sie den Übergang zur Erlernung des Französischen erleichtere. Diese Überlegung wird nicht selten zum Angelpunkt der gesamten Diskussion erhoben. Vertreter einer phonologischen Schreibung berücksichtigen die Präsenz des Französischen bzw. Englischen, das gleichzeitige Erlernen beider Schriftsysteme sowie die durch die europäische Standardsprache vorgegebenen drucktechnischen Möglichkeiten mit der Wahl der Schriftzeichen. Die Annahme, daß sich der Übergang zum Französischen durch eine französierende Schreibung einfacher gestalte, wird jedoch bestritten. Der Vorschlag, die phonologische Graphie zugunsten besserer Lesbarkeit zu modifizieren, berührt sich in der Argumentation auch hier mit den Verfechtern etymologisierender Schreibungen: Übereinstimmungen mit der französischen Orthographie sollen das gleichzeitige Erlernen beider Schriftsysteme erleichtern. Dazu gesellt sich ein weiteres Argument, das M.-C. Hazaël-Massieux für eine Veränderung der phonologischen Schreibung geltend macht: Den Erwartungen und graphischen Gewohnheiten der an das Französische gewöhnten Leser müsse Rechnung getragen werden, sofern dies nicht zu Lasten der Kohärenz des Schriftsystems gehe. Akzeptanz-Überlegungen erhalten damit einen zentralen Stellenwert. Hier ergibt sich wieder eine Gemeinsamkeit mit den französischen Debatten. Man erinnert sich an den moderaten Reformer Peletier, bei dessen Überlegungen die Akzeptanz ein gewichtiges Entscheidungskriterium darstellt. Akzeptanz-Erwägungen spielen auch in den aktuellen Reformvorschlägen gemäßigter Natur eine nicht unbedeutende Rolle.

Ein weiteres Argument, das in die kreolische Diskussion einfließt, dem im Gesamtverlauf der Argumentation jedoch nur untergeordnete Bedeutung zukommt, ist ästhetischer Natur. So schreibt M.-C. Hazaël-Massieux dem „e muet" unter anderen Funktionen eine ästhetische zu. Bernabé hingegen scheidet in seiner Rechtfertigung der phonologischen Schreibung ästhetische Gesichtspunkte explizit aus. Im Rahmen der jüngeren französischen Debatte wird zur Rechtfertigung der traditionellen Orthographie auf ihre Schönheit verwiesen. De Bèze im „Dialogue" von Peletier räumt im Zuge der Verteidigung der stummen Buchstaben ihrer Schönheit den ersten Platz ein. Das ästhetische Argument wird von Meigret nicht widerlegt, sondern den in seinen Augen vorrangigen Zielen untergeordnet.

Einige Überlegungen, die in den französischen Diskussionen eine Rolle spielen, finden in der karibischen Debatte keine Entsprechung. Es handelt sich insbesondere um den Blick auf das Ausland und das Rekurrieren auf Vorbilder.

IV.3. Universalien der Orthographie-Diskussion?

Das vorliegende Kapitel möchte die eingangs gestellte Frage wieder aufgreifen, inwieweit die untersuchten Auseinandersetzungen um die „ideale" Schreibung gemeinsame Argumente aufweisen und sich Tendenzen in Richtung universaler Merkmale von Orthographie-Diskussionen im Bereich von Alphabetschriften lateinischer Ausprägung abzeichnen. Wie aus der vergleichenden Untersuchung hervorgeht, finden sich Parallelen in der Argumentation sowohl bezüglich der linguistischen Theorie, des Lesens und Schreibens als auch der „außersprachlichen" Faktoren; dabei können die einzelnen Argumente eine unterschiedliche Ausprägung und Gewichtung erfahren.

1. Linguistische Theorie

Das „principe phonétique" stellt nach Auffassung Bernabés den Maßstab für die Schreibung des Kreolischen dar;[5] „forcer l'escriture vicieuse, & la reduire à l'obeissance de la prononciation" ist das Ziel, das Meigret verfolgt,[6] und Martinet fordert für die Schreibung des Neufranzösischen die Verwirklichung des Prinzips „une lettre, un phonème, toujours le même".[7] Die Vorstellung, daß die ideale Schreibung die Lautseite der Sprache abbildet, stellt den gemeinsamen Nenner dieser unterschiedlichen Formulierungen dar und ist in allen drei Diskussionen von grundlegender Bedeutung. Sie dient der Verteidigung der phonologischen Graphie in der karibischen Debatte und stellt eine zentrale Motivation für Reformforderungen der Schreibung des Französischen dar.

Heterogener gestaltet sich die Argumentation auf der Gegenseite. Dies hat seinen Grund sowohl in unterschiedlichen theoretischen Konzeptionen als auch der verschiedenartigen Ausprägung der Schriftsysteme, die es zu verteidigen gilt. Gemeinsam ist den Gegnern einer strikt phonologischen Graphie die Überzeugung, daß sich die Schreibung nicht allein auf die Abbildung der Lautung reduzieren läßt, sondern auf weitere sprachliche Ebenen rekurriert und einen direkten Bezug zur Bedeutung herstellt. Diese Überlegung bildet die Grundlage der Modifizierung der kreolischen Graphie phonologischer Ausrichtung bei M.-C. Hazaël-Massieux, findet sich bei de Bèze im „Dialogue" von Peletier und stellt die Voraussetzung sowohl für gemäßigte Reformvorschläge der neufranzösischen Orthographie als auch für ihre Verteidigung dar.

---

[5] Bernabé (1977 a), S.15.
[6] Meigret (1542), S.7.
[7] Martinet (1969), S.72.

2. Lesen und Schreiben

Die Perspektive des Lesers ist in allen untersuchten Diskussionen präsent. In der karibischen Debatte bildet sie die vorrangige Motivation für eine Modifizierung der phonologischen Graphie; die Verfechter etymologisierender Schreibungen berufen sich auf ihre leichte Lesbarkeit. Die Vorzüge der traditionellen Orthographie für das Lesen werden in der neueren französischen Diskussion als zentrales Argument gegen eine Reform angeführt. Zur Zeit der Renaissance berufen sich Reformgegner auf den leichteren Bedeutungszugang, den eine etymologische Schreibung gewährleiste; in der Debatte des 16. Jahrhunderts stellt die Verbesserung der Lesbarkeit darüberhinaus für die Reformer ein im Vordergrund stehendes Anliegen dar.

Die Interessen der Lernenden und Schreibenden spielen im 16. Jahrhundert keine Rolle, sind hingegen in den beiden neueren Diskussionen von primärer Bedeutung. Ihre leichte Erlernbarkeit ist ein wichtiges Argument für eine phonologische Graphie der Kreolsprachen. In der Auseinandersetzung um die neufranzösische Orthographie geht es den Reformern in erster Linie um die Vereinfachung des Orthographieerwerbs und des Schreibens.

3. „Außersprachliche" Argumente

Die als „außersprachlich" bezeichneten Argumente nehmen in allen drei Debatten einen großen Raum ein. Auch in diesem Bereich findet sich eine Reihe immer wiederkehrender Überlegungen:

- Die Anzeige der Herkunft der Sprache in der Schreibung ist ein Anliegen, das in allen drei Diskussionen vorgebracht wird. Die Verfechter etymologisierender Schreibungen des Kreolischen wollen die Verbindung zur Herkunftssprache und die Zugehörigkeit zu den romanischen Sprachen in der Graphie sichtbar machen. Die Anlehnung an das französische Vorbild verbinden sie mit Aufwertung und Prestigegewinn für die Kreolsprache. De Bèze äußert im „Dialogue" von Peletier du Mans die Ansicht, daß die Anzeige der Herkunft der Schreibung Prestige verleihe und zum Ansehen des Französischen als internationale Sprache beitrage. Eine ähnliche Argumentation findet sich auch in der jüngeren öffentlichen Diskussion um eine Reform der französischen Orthographie: Die Orthographie, so wird von seiten der Reformgegner eingewendet, verkörpere Geschichte und Tradition; mit einem Eingriff in die Orthographie sehen sie das kulturelle Erbe bedroht.
- Gemeinsam sind den drei Debatten Argumente, die sich auf eine soziale Distinktion durch die Schreibung beziehen. Im Rahmen der karibischen Auseinandersetzung kommt die soziale Dimension in der Infragestellung bzw. Befürwortung der diglossischen Sprachenverteilung zum Tragen. Sie wird jedoch weniger explizit benannt, als dies

in den französischen Diskussionen der Fall ist. In den Texten des 16. Jahrhunderts fordert der Konservative de Bèze eine soziale Unterscheidung durch die Schreibung. In der aktuellen französischen Diskussion sieht sich der Demokratisierungsanspruch der Reformer Argumenten gegenübergestellt, die die Selektionsfunktion der Orthographie aufrecht erhalten wollen.

- Eine weitere Gemeinsamkeit der drei Debatten bilden Akzeptanz-Überlegungen. Die Erwartungen der an die französische Orthographie gewöhnten Leser stellen für M.-C. Hazaël-Massieux ein entscheidendes Kriterium für die Gestaltung eines kreolischen Schreibsystems dar. Bei Peletier du Mans stehen Akzeptanz-Überlegungen an erster Stelle, wenn er im Gegensatz zu Meigret für eine eingeschränkte Reform plädiert. Auch im Rahmen der jüngeren gemäßigten Reformvorschläge der französischen Orthographie spielen Akzeptanz-Erwägungen eine wichtige Rolle hinsichtlich des Umfangs einer Reform.
- Auch ästhetische Erwägungen finden ihren Niederschlag in allen drei Diskussionen. M.-C. Hazaël-Massieux schreibt dem „e muet" unter anderen Funktionen eine ästhetische zu. De Bèze betont die Schönheit der stummen Buchstaben in den traditionellen Schreibungen. Ebenso verweisen in der neueren französischen Diskussion die Gegner einer Veränderung der traditionellen Orthographie auf deren Schönheit.

Neben den aufgezeigten Konstanten in der Argumentation finden sich zwischen den einzelnen Debatten wesentliche Unterschiede, die sich in erster Linie im Bereich der außersprachlichen Argumente manifestieren und sich aufgrund der jeweiligen soziokulturellen Bedingungen erklären lassen. Jede Debatte erhält eine kultur- und gesellschaftsspezifische Ausprägung. Dabei entpuppen sich die Auseinandersetzungen um die „ideale" Schreibung in hohem Maß als „Stellvertreter"-Diskussionen, die weit über die Orthographie-Frage im eigentlichen Sinn hinausreichen. Trotz immer wiederkehrender Argumente ist es daher angebracht, vor zu raschen Gleichsetzungen auf der Hut zu sein.

Im Vordergrund der karibischen Debatte steht die Herausstellung der Eigenständigkeit der Kreolsprache auf der einen Seite gegenüber ihrer Anbindung an die Herkunftssprache auf der anderen Seite sowie die Frage, inwieweit ihrer Koexistenz mit einer europäischen Standardsprache in der Wahl der Graphie Rechnung getragen werden sollte. Besonders schwierig gestaltet sich die Problematik im Fall der Koexistenz der Kreolsprache mit ihrer Ausgangsspache Französisch. Die Auseinandersetzung um die Ausprägung der kreolischen Graphie kreist damit ganz wesentlich um die Frage nach Funktion und Status der Kreolsprache in einer von Diglossie geprägten Gesellschaft; diese Frage stellt mit ihrer kulturellen, sozialen und politischen Tragweite ein Kernproblem der antillanischen Gesellschaften dar.

Wenn Meigret seine Zeitgenossen zu überzeugen sucht, ihre Schreibgewohnheiten von Grund auf zu verändern, so tut er dies im Namen der „rayson"; seine Kontrahenten hingegen berufen sich auf den „usage". Peletier du Mans möchte mit seinem Reformvorschlag zukünftigen Generationen ermöglichen, die Aussprache des Französischen zu rekonstruieren. Die Orthographie-Diskussion in Frankreich zur Zeit der Renaissance steht unter ganz anderen Vorzeichen. Die Beherrschung der Schrift ist das Privileg einer Elite, und wer lesen und schreiben kann, ist in der Regel auch mit dem Lateinischen vertraut. Darüberhinaus bereitet das Schreiben angesichts der Abwesenheit einer festgefügten Norm keine Schwierigkeiten. Die Auseinandersetzung um die „richtige" Schreibung zeigt sich in erster Linie als Prinzipienfrage; es fehlt der soziale Druck, der die neuere Diskussion entscheidend prägt.

Die zentrale Motivation für Forderungen nach einer Reform der französischen Orthographie in jüngerer Zeit besteht in der Vereinfachung des Erlernens. Mit diesem Anliegen wenden sich die Reformer gegen die Selektionsfunktion der Orthographie in der Schule und setzen sich für die verstärkte Demokratisierung der Bildung ein. Dieser Aspekt der Debatte bestimmt vor allem die Auseinandersetzung in der Öffentlichkeit. Von seiten der Reformgegner werden Lernschwierigkeiten auf die Ebene der Pädagogik verlagert oder als gewinnbringende intellektuelle Übung begrüßt; sie wenden sich gegen eine Verringerung des Niveaus und befürworten eine mit den Schwierigkeiten der Orthographie einhergehende Selektion. Die aktuelle Debatte in Frankreich erhält damit eine ganz andere Ausrichtung, als dies im 16. Jahrhundert oder in der Karibik der Fall ist. Die allgemeine Schulpflicht, die Norm der Orthographie, deren Abweichungen als Fehler sanktioniert werden, und der gleichzeitige Rückgang der Lateinkenntnisse verleihen der Komplexität der Orthographie mit ihren etymologischen Zügen eine andere Relevanz als etwa zur Zeit der Renaissance. Die schulische und soziale Dimension der Orthographiefrage stellt den bestimmenden Faktor der aktuellen französischen Diskussion dar.

IV.4. Schlußbemerkungen

Alphabetschriften können die lautliche Oberfläche der Sprache abbilden, sie können sich aber auch mehr oder weniger von dieser Orientierung entfernen, historische und etymologische Informationen vermitteln und Bezüge zu über die Lautebene hinausgehenden sprachlichen Ebenen herstellen. Sehr viel mehr als die Wahl einzelner Schriftzeichen stellt die eine oder andere Ausrichtung der Graphie das Thema der untersuchten Orthographie-Diskussionen dar. Dies ist in der Diskussion des französischen 16. Jahrhunderts nicht anders als in der karibischen

Debatte und in der aktuellen Auseinandersetzung um die französische Orthographie, wenn auch durch die Weiterentwicklung der Theorie gerade die letztere Debatte eine neue Akzentuierung erhält.

Die jeweilige Ausrichtung der Graphie ist mit verschiedenen Vor- und Nachteilen verbunden. Dem Interesse des Schreibers und des Lernenden an einer möglichst eindeutigen Zuordnung zwischen Lauten und Schriftzeichen steht das Interesse des Lesers an einer Graphie gegenüber, die den raschen und sicheren Zugang zur Bedeutung ermöglicht. Die Debatte des 16. Jahrhunderts unterscheidet sich von den neueren Diskussionen insofern, als sie ausschließlich die Leserperspektive betrachtet.

In die Auseinandersetzungen um die „ideale" Schreibung fließen darüberhinaus eine ganze Reihe außersprachlicher Argumente ein. Einige von ihnen finden sich in allen Diskussionen wieder, so das Anliegen, die Herkunft der Sprache in der Graphie zum Ausdruck zu bringen, die soziale Distinktion durch die Schreibung, Akzeptanz-Überlegungen und ästhetische Argumente. In diesem Bereich werden aber auch kultur- und gesellschaftsspezifische Fragen thematisiert, die weit über die Frage der Graphie hinausreichen können und den einzelnen Debatten ihr jeweils eigenes Gepräge verleihen. Auch die außersprachlichen Faktoren müssen ernst genommen werden; sie erhalten in der Auseinandersetzung oft ein überragendes Gewicht und sind nicht selten verantwortlich für das Glücken oder Scheitern von Neuverschriftungen und Eingriffen in etablierte Schriftsysteme.

Die „ideale" Orthographie im absoluten Sinn gibt es sicherlich nicht. Sie hängt einerseits von der Struktur des Sprachsystems ab und kann andererseits nur einen Kompromiß darstellen zwischen den verschiedenen Anforderungen, die eine Sprachgemeinschaft an die Schreibung ihrer Sprache stellt. Patentlösungen lassen sich in diesem Bereich wohl kaum aufzeigen, aber vielleicht kann die Aufdeckung der Argumente und der Blick über eine einzelne Debatte hinaus etwas zur Entschärfung und Rationalisierung von Orthographie-Diskussionen beitragen.

Literaturverzeichnis

1. Zur Graphie allgemein

(Arbeiten, die sich überwiegend mit der französischen Orthographie befassen, finden sich in der Bibliographie zur Orthographie-Diskussion in Frankreich. Doppelte Anführungen werden damit weitgehend vermieden.)

Aaron, P.G. (1989): Dyslexia and Hyperlexia. Diagnosis and Management of Developmental Reading Disabilities. Dordrecht, Boston, London.

Alarcos Llorach, E. (1968): Les représentations graphiques du langage. In: Martinet, André (Hrsg.): Le Langage. (Encyclopédie de la Pléiade). Paris. S.513-568.

Althaus, Hans Peter (1980): Graphemik. In: Althaus, Hans Peter; Helmut Henne u. Herbert Ernst Wiegand (Hrsg.): Lexikon der Germanistischen Linguistik. Tübingen. Bd. I. S.142-151.

Anis, Jacques (1983): Pour une graphématique autonome. In: Langue Française 59. S.31-44.

- (1984): La construction du graphème et ses enjeux théoriques. In: Archives et Documents de la Société d'Histoire et d'Epistémologie des Sciences du Langage. 5. S.1-45.

- (1988 a): L'Ecriture: théorie et descriptions. Bruxelles.

- (1988 b): Une graphématique autonome? In: Catach, Nina (Hrsg.): Pour une théorie de la langue écrite. Paris. S.213-223.

Augst, Gerhard (1986): Descriptively and explanatorily adequate models of orthography. In: Ders. (Hrsg.): New Trends in Graphemics and Orthography. Berlin, New York. S.25-42.

- (Hrsg.) (1986): New Trends in Graphemics and Orthography. Berlin, New York.

Berry, Jack (1958): The Making of Alphabets. In: Actes du VIIIe Congrès International des Linguistes. Oslo. S.752-764.

- (1977): 'The Making of Alphabets' Revisited. In: Fishman, J. (Hrsg.): Advances in the creation and revision of writing systems. Den Haag. S.3-16.

Catach, Nina (1985): L'écriture et le signe plérémique. In: Modèles Linguistiques 7/2. S.53-71.

- (1986): The grapheme: its position and its degree of autonomy with respect to the system of the language. In: Augst, Gerhard (Hrsg.): New Trends in Graphemics and Orthography. Berlin, New York. S.1-10.

- (1987): New linguistic approaches to a theory of writing. In: Battestini, S. (Hrsg.): Georgetown University Round Table on Languages and Linguistics 1986. Washington, D.C. S.161-174.
- (1988): L'écriture en tant que plurisystème, ou théorie de L prime. In: Dies. (Hrsg.): Pour une théorie de la langue écrite. Paris. S.243-259.
- (Hrsg.) (1988): Pour une théorie de la langue écrite. Paris.
- (1990): Französisch: Graphetik und Graphemik. In: Holtus, Günther; Michael Metzeltin und Christian Schmitt (Hrsg.): Lexikon der Romanistischen Linguistik. Band V,1. Tübingen. S.46-58.

Coulmas, Florian (1981): Über Schrift. Frankfurt.

- (1989): The Writing Systems of the World. Oxford.

Coulmas, Florian und Konrad Ehlich (Hrsg.) (1983): Writing in Focus. Berlin, New York, Amsterdam.

Deutsche Orthographie. (1987). Von einem Autorenkollektiv unter Leitung von Dieter Nerius. Leipzig.

Eisenberg, Peter (1988): Über die Autonomie der graphematischen Analyse. In: Nerius, Dieter u. Gerhard Augst (Hrsg.): Probleme der geschriebenen Sprache. Beiträge zur Schriftlinguistik auf dem XIV. Internationalen Linguistenkongreß 1987 in Berlin. Berlin. S.25-35.

- (1989): Die Grammatikalisierung der Schrift: Zum Verhältnis von silbischer und morphematischer Struktur im Deutschen. In: Mitteilungen des Deutschen Germanistenverbandes 3. S.20-29.

Eisenberg, Peter und Hartmut Günther (Hrsg.) (1989): Schriftsystem und Orthographie. Tübingen.

Feldman, L.B. (1991): The contribution of morphology to word recognition. In: Psychological Research 53.1. S.33-41.

Fishman, Joshua A. (Hrsg.) (1977): Advances in the creation and revision of writing systems. Den Haag.

- (1988): The Development and Reform of Writing Systems. In: Sociolinguistics. An International Handbook. Berlin, New York. S.1643-1650.

Frith, Uta (1983): Psychologische Studien zur Rolle der Orthographie beim Lesen und Schreiben. In: Günther, Klaus B. u. Hartmut Günther (Hrsg.): Schrift, Schreiben, Schriftlichkeit. Arbeiten zur Struktur, Funktion und Entwicklung schriftlicher Sprache. Tübingen. S.119-131.

Glück, Helmut (1987): Schrift und Schriftlichkeit. Eine sprach- und kulturwissenschaftliche Studie. Stuttgart.

Günther, Hartmut (1983): Charakteristika von schriftlicher Sprache und Kommunikation. In: Günther, Klaus B. u. Hartmut Günther (Hrsg.): Schrift, Schreiben, Schriftlichkeit. Arbeiten zur Struktur, Funktion und Entwicklung schriftlicher Sprache. Tübingen. S.17-39.

- (1987): Phonological Recoding in the Reading Process. In: Luelsdorff, Philip A. (Hrsg.): Orthography and Phonology. Amsterdam. S.151-170.

- (1988): Schriftliche Sprache. Strukturen geschriebener Wörter und ihre Verarbeitung beim Lesen. Tübingen.

Günther, Klaus B. und Hartmut Günther (Hrsg.) (1983): Schrift, Schreiben, Schriftlichkeit. Arbeiten zur Struktur, Funktion und Entwicklung schriftlicher Sprache. Tübingen.

Harweg, Roland (1989): Schrift und sprachliche Identität. Zur konnotativen Funktion von Schriftzeichen und Orthographien. In: Eisenberg, Peter und Hartmut Günther (Hrsg.): Schriftsystem und Orthographie. Tübingen. S.137-162.

Heller, Klaus (1980): Zum Graphembegriff. In: Nerius, Dieter und Jürgen Scharnhorst (Hrsg.): Theoretische Probleme der deutschen Orthographie. Berlin. S.74-108.

Henderson, Leslie (1984): Writing Systems and Reading Processes. In: Ders. (Hrsg.): Orthographies and Reading. Perspectives from Cognitive Psychology, Neuropsychology, and Linguistics. London. S.11-24.

- (1986): From morph to morpheme: the psychologist gaily trips where the linguist has trodden. In: Augst, Gerhard (Hrsg.): New Trends in Graphemics and Orthography. Berlin, New York. S.197-217.

Humphreys, Glyn W. u. Lindsay J. Evett (1985): Are there independent lexical and non-lexical routes in word processing? An evaluation of the dual-route theory in reading. In: The Behavioral and Brain Sciences 8. S.689-740.

Katz, Leonard; Ram Frost u. Shlomo Bentin (1987): Strategies for visual word recognition and orthographical depth: a multilingual comparison. In: Journal of experimental psychology: human perception and performance 13.1. S.104-115.

Katz, L.; K. Rexer u. G. Lukatela (1991): The processing of inflected words. In: Psychological Research 53.1. S.25-32.

Kohrt, Manfred (1986): The term 'grapheme' in the history and theory of linguistics. In: Augst, Gerhard (Hrsg.): New Trends in Graphemics and Orthography. Berlin, New York. S.80-96.

Ludwig, Otto (1983): Einige Vorschläge zur Begrifflichkeit und Terminologie von Untersuchungen im Bereich der Schriftlichkeit. In: Günther, Klaus B. u. Hartmut Günther (Hrsg.): Schrift, Schreiben, Schriftlichkeit. Arbeiten zur Struktur, Funktion und Entwicklung schriftlicher Sprache. Tübingen. S.1-15.

Martinet, André (1976): L'accès à la lecture et à l'écriture par l'Alfonic. In: Bentolila, Alain (Hrsg.): Recherches actuelles sur l'enseignement de la lecture. Paris. S.134-146.

Meisenburg, Trudel (1989): Romanische Schriftsysteme im Vergleich: Französisch und Spanisch. In: Eisenberg, Peter und Hartmut Günther (Hrsg.): Schriftsystem und Orthographie. Tübingen. S.251-265.

- (1992 a): Inner- und außersprachliche Faktoren als Determinanten bei der Gestaltung von Schriftsystemen: Eine Analyse am Beispiel einiger neu verschrifteter romanischer Sprachen (Rumänisch, Katalanisch, Okzitanisch). Erscheint in: Werner, O. (Hrsg.): Probleme der Graphie. Tübingen.

- (1992 b): Quels sont les facteurs linguistiques et sociaux qui déterminent les systèmes d'écriture? – Une analyse des graphies de l'occitan en comparaison avec d'autres langues ayant reçu une nouvelle graphie depuis le 19ème siècle (catalan et roumain).

In: Contacts de langues, de civilisations et intertextualité. = Actes du IIIème congrès international de l'association internationale d'études occitanes. Montpellier, 20-26 septembre 1990. Montpellier. S.305-320.

Müller, Karin (1988): „Schreibe, wie du sprichst!" − Eine Maxime im Spannungsfeld von Mündlichkeit und Schriftlichkeit. Eine historisch-systematische Problemskizze. In: Nerius, Dieter u. Gerhard Augst (Hrsg.): Probleme der geschriebenen Sprache. Beiträge zur Schriftlinguistik auf dem XIV. Internationalen Linguistenkongreß 1987 in Berlin. Berlin. S.52-64.

Munske, Horst Haider (1984): Zu den 'Prinzipien' der deutschen Orthographie. In: Eroms, Hans-Werner; Bernhard Gajek u. Herbert Kolb (Hrsg.): Studia Linguistica et Philologica. Festschrift für Klaus Matzel. Heidelberg. S.235-253.

Nerius, Dieter (1986): Zur Bestimmung und Differenzierung der Prinzipien der Orthographie. In: Augst, Gerhard (Hrsg.): New Trends in Graphemics and Orthography. Berlin, New York. S.11-24.

Nerius, Dieter und Gerhard Augst (Hrsg.) (1988): Probleme der geschriebenen Sprache. Beiträge zur Schriftlinguistik auf dem XIV. Internationalen Linguistenkongreß 1987 in Berlin. Berlin.

Nida, Eugene A. (1963): Practical Limitations to a Phonemic Alphabet. In: Smalley, William A. et al.: Orthography Studies Articles on New Writing Systems. London. S.22-30.

Paap, K.R. u. R.W. Noel (1991): Dual-route models of print to sound: Still a good horse race. In: Psychological Research 53.1. S.13-24.

Pellat, Jean-Christophe (1988): Indépendance ou interaction de l'écrit et de l'oral? Recensement critique des définitions du graphème. In: Catach, Nina (Hrsg.): Pour une théorie de la langue écrite. Paris. S.133-146.

Piirainen, Ilpo Tapani (1986): Die Autonomie der Graphematik in historischer Sicht. In: Augst, Gerhard (Hrsg.): New Trends in Graphemics and Orthography. Berlin, New York. S.96-104.

Pike, Kenneth L. (1947): Phonemics: A Technique for Reducing Languages to Writing. Ann Arbor.

Rahnenführer, Ilse (1980): Zu den Prinzipien der Schreibung des Deutschen. In: Nerius, Dieter u. Jürgen Scharnhorst (Hrsg.): Theoretische Probleme der deutschen Orthographie. Berlin. S.231-259.

− (1989): Nochmals zum Status der Prinzipien der Orthographie. In: Eisenberg, Peter und Hartmut Günther (Hrsg.): Schriftsystem und Orthographie. Tübingen. S.283-296.

Raible, Wolfgang (1991 a): Zur Entwicklung von Alphabetschrift-Systemen. Is fecit cui prodest. Sitzungsberichte der Heidelberger Akademie der Wissenschaften. Philosophisch-historische Klasse. Jahrgang 1991. Bericht 1. Heidelberg.

− (1991 b): Die Semiotik der Textgestalt. Erscheinungsformen und Folgen eines kulturellen Evolutionsprozesses. Abhandlungen der Heidelberger Akademie der Wissenschaften. Philosophisch-historische Klasse. Jahrgang 1991. 1. Abhandlung. Heidelberg.

Rolffs, Elisabeth (1980): Die Orthographie als Gegenstand der modernen Sprachwissenschaft – mit besonderer Berücksichtigung der französischen Orthographie. Diss. Münster.

Sampson, Geoffrey (1985): Writing Systems. London.

Sartori, G. u. S. Masutto (1982): Visual access and phonological recoding in reading Italian. In: Psychological Research 44. S.243-256.

Scheerer, Eckart (1978): Probleme und Ergebnisse der experimentellen Leseforschung. In: Zeitschrift für Entwicklungspsychologie und Pädagogische Psychologie X,4. S.347-364. Wieder abgedruckt in: Günther, Klaus B. und Hartmut Günther (Hrsg.) (1983): Schrift, Schreiben, Schriftlichkeit. Arbeiten zur Struktur, Funktion und Entwicklung schriftlicher Sprache. Tübingen. S.89-103.

– (1983): Probleme und Ergebnisse der experimentellen Leseforschung – Fünf Jahre später. In: Günther, Klaus B. und Hartmut Günther (Hrsg.): Schrift, Schreiben, Schriftlichkeit. Arbeiten zur Struktur, Funktion und Entwicklung schriftlicher Sprache. Tübingen. S.105-118.

– (1986): Orthography and lexical access. In: Augst, Gerhard (Hrsg.): New Trends in Graphemics and Orthography. Berlin, New York. S.262-286.

Schroeder, Klaus-Henning (1981): Schrifttheorie und Konnotation der Schriftzeichen. In: Kotschi, Thomas (Hrsg.): Beiträge zur Linguistik des Französischen. Tübingen. S.123-140.

Smalley, William A. (1963 a): Writing Systems and Their Characteristics. In: Ders. et al.: Orthography Studies Articles on New Writing Systems. London. S.1-17.

– (1963 b): How Shall I Write This Language? In: Ders. et al.: Orthography Studies Articles on New Writing Systems. London. S.31-52.

Smalley, William A. et al. (1963): Orthography Studies Articles on New Writing Systems. London.

Tauli, Valter (1977): Speech and Spelling. In: Fishman, J. (Hrsg.): Advances in the creation and revision of writing systems. Den Haag. S.17-35.

Ternes, E. (1979): Das schwere Erbe der Lateinschrift. Ein Beitrag zum Verhältnis von Phonologie und Graphematik. In: Baum, R.; F.J. Hausmann u. J. Monreal-Wickert (Hrsg.): Sprache in Unterricht und Forschung. Schwerpunkt Romanistik. Tübingen. S.137-174.

Turvey, M.T.; L.B. Feldman u. G. Lukatela (1984): The Serbo-Croatian orthography constrains the reader to a phonologically analytic strategy. In: Henderson, L. (Hrsg.): Orthographies and Reading – Perspectives from Cognitive Psychology, Neuropsychology, and Linguistics. London. S.81-89.

Venezky, Richard L. (1970): Principles for the Design of Practical Writing Systems. In: Anthropological Linguistics 12, 7. S.256-270. Wieder abgedruckt in: Fishman, J. (Hrsg.) (1977): Advances in the creation and revision of writing systems. Den Haag. S.37-54.

Winter, Werner (1983): Tradition and innovation in alphabet making. In: Coulmas, Florian u. Konrad Ehlich (Hrsg.): Writing in Focus. Berlin, New York, Amsterdam. S.227-238

2. Zur Orthographie-Diskussion in der Karibik

(Kreolsprachige Texte sind nur in die Bibliographie aufgenommen, sofern sie im Rahmen der Arbeit zitiert werden.)

Alexis, Jude-Marie et Jean-Marc Collin (1987): Information et éducation en créole. Pour l'amélioration de la santé et le développement en milieu rural à Sainte-Lucie. Castries.

Alleyne, Mervin (1961): Language and society in St.Lucia. In: Caribbean Studies 1. S.1-10.

Alleyne, Mervyn C. u. Paul L. Garvin (1980): Les langues créoles à la lumière de la théorie des langues standard. In: Etudes Créoles III,1. S.54-68.

Anthony, Patrick A.B. and Pearlette Louisy (1985): A historical development of a creole orthography and a language policy in St.Lucia. = Culture and Society Series No.2. Castries, St.Lucia.

Antilla Kréyòl. No.1. Juillet 1984 - No.14. Janvier 1990.

Archer, Marie-Thérèse (1988): Créolologie haïtienne. Latinité du créole d'Haïti. Créole étudié dans son contexte ethnique, historique, linguistique, sociologique et pédagogique. Port-au-Prince.

Armet, Auguste (1982): Guadeloupe et Martinique: des sociétés „krazé"? In: Présence Africaine 121-122. S.11-19.

Auguste, Joyce (1984): St.Lucia sings. St.Lucia.

Balata. No.1. 13.8.1983 - No.11. Nov.1989. Hrsg. von Folk Research Centre and Mouvman Kwéyòl Sent Lisi. Castries, St.Lucia.

Bébèl-Jislè, Dani (1975): Kèk prinsip pou ékri kréyòl. Paris.

Bébel-Gisler, Dany (1981): La langue créole force jugulée. Etude sociolinguistique des rapports de force entre le créole et le français aux Antilles. Paris, Montréal.

Bentolila, Alain (1989): Le créole haïtien: la longue marche vers la modernité. In: Language Reform. History and Future. Hrsg. von István Fodor u. Claude Hagège. Vol. IV. Hamburg. S.51-62.

- (1990): Réflexions sur le problème de l'alphabétisation à Sainte-Lucie. In: Espace Créole 7. S.9-30.

Bentolila, Alain u. Léon Gani (1981): Langues et problèmes d'éducation en Haïti. In: Langages 61. S.117-127.

- (1983): Langues créoles et éducation. In: Espace Créole 5. S.43-57.

Bernabé, Jean (1976): Propositions pour un code orthographique intégré des créoles à base lexicale française. In: Espace Créole 1. S.25-57.

- (1977 a): Ecrire le créole - Première partie: écriture et phonétique. In: Mofwaz 1. S.11-29.

- (1977 b): Ecrire le créole – Deuxième partie: écriture et syntaxe. In: Mofwaz 2. S.11-20.
- (1978): Problèmes et perspectives de la description des créoles à base lexicale française. In: Etudes Créoles 1. S.91-108.
- (1979-1980): Créole et production romanesque. In: Espace Créole 4. S.109-115.
- (1980): Ecrire le créole – Troisième partie: présentation de la base syntaxique de l'écriture du créole suivie d'une tentative d'évaluation de la socialisation de ce système orthographique après quatre années d'existence. In: Mofwaz 3. S.9-15.
- (1983): Fondal-natal. Grammaire basilectale approchée des créoles guadeloupéen et martiniquais. Approche sociolittéraire, sociolinguistique et syntaxique. Vol. 1-3. Paris.
- (1984): Post-Scriptum ou ni santan douvan dépri dèyè pa lé sav. In: Mofwaz 4. S.65-72.

Bernabé, Jean et al. (1983): The Development of Antillean Kwéyòl. A Report of the second creole orthography workshop held in St.Lucia September 16-19, 1982. Castries, St.Lucia.

Bernabé, Jean; Patrick Chamoiseau et Raphaël Confiant (1989): Eloge de la Créolité. Paris.

Bickerton, Derek (1973): The nature of a creole continuum. In: Language 49,3. S.640-669.

Bollée, Annegret (1985): Die soziolinguistische Situation auf den Französischen Antillen. In: Binder, Wolfgang (Hrsg.): Entwicklungen im karibischen Raum 1960-1985. Erlangen. S.109-124.

Bollée, Annegret und Danielle d'Offay (1978): Apprenons la nouvelle orthographe. Proposition d'une orthographe rationnelle pour le créole des Seychelles, avec six contes créoles seychellois. Cologne et Mahé.

bon nouvèl. 19 èm Ane – 206. Sektanm 1985.

Bricault, M. (Hrsg.) (1976): Lectures bilingues graduées (créole – français). Paris.

Carrington, Lawrence D. (1976): Determining Language Education Policy in Caribbean Sociolinguistic Complexes. In: International Journal of the Sociology of Language 8. S.27-43.
- (1980): Literacy in the English Speaking Caribbean. St.Augustine, Trinidad (UNESCO publication).
- (1980-81): Le conflit linguistique à l'école dans les Caraïbes. In: Bulletin de Psychologie. Tome 34, No.351. S.669-677.
- (1981): Literacy and rural development: A look at the Saint Lucian initiative. Paper prepared for the ICAE executive meeting and seminar 1981 on Adult Education, Training and Employment. Port of Spain, Trinidad.
- (1983): Preparing Antillean French-Lexicon Creole for a developmental task. Unpublished paper. St.Augustine, Trinidad.
- (1984): St.Lucian Creole. A Descriptive Analysis of its Phonology and Morpho-Syntax. Thèse de doctorat de l'université des Antilles-Jamaïque 1967. Hamburg (Buske).

- (1987): Creole discourse and social development. A report prepared of the Economic Commission for Latin America and the Caribbean for submission to the International Development Research Centre. o.O.

Carrington, Lawrence D. et al. (1981): Language and Development: The St.Lucian Context. Final Report of a Seminar on an Orthography for St.Lucian Creole held January 29-31, 1981 under the auspices of Folk Research Centre and Caribbean Research Centre, St.Lucia. Castries, St.Lucia.

Catechism Creole. Prepared by Fr. Henri Claustre between 1900-1910, reprinted by Fr. Emile Vrignaud between 1940-1950. St.Lucia.

Charles, Embert (1983): Making communication effective through creole in the media in St.Lucia. Submitted in partial fulfillment of the requirements for the B.A. degree in the Faculty of Arts and General Studies, University of the West Indies. Mona, Jamaica.

- (1986): Oral Traditions in St.Lucia: Mobilisation of Public Support – Jounen Kwéyòl. In: Kremser, Manfred u. Karl R. Wernhart (Hrsg.): Research in Ethnography and Ethnohistory of St.Lucia. A preliminary report. Horn – Wien (Wiener Beiträge zur Ethnologie und Anthropologie Bd.3). S.57-69.

Charles, Patricia (1984): Summary Statement of Objectives and Achievements of the National Literacy Programme and Pilot Project. Ministry of Education and Culture, Government of St.Lucia. Castries, St.Lucia.

Charte Culturelle Créole. (1982). Ed. par le G.E.R.E.C. Martinique.

Chaudenson, Robert (1977): Les créoles à base lexicale française. In: Rencontre sur le créole (Colloque du Centre Mondial d'Information sur l'Education Bilingue (CMIEB), Guadeloupe, Université des Antilles-Guyane). Washington (US Government Printing Office).

- (Hrsg.) (1978 a): Les parlers créoles. = Langue Française 37.
- (1978 b): Présentation. In: Langue Française 37. S.3-20.
- (1979): Les créoles français. Paris.
- (1981): Continuums intralinguistique et interlinguistique. In: Etudes Créoles 4. S.19-46.
- (1984): Vers une politique linguistique et culturelle dans les DOM français. In: Etudes Créoles 7, 1-2. S.126-141.
- (1987): Pour un aménagement linguistique intégré: le cas de la graphie des créoles français. In: Etudes Créoles Vol.X, No.2. S.143-158.

Chaudenson, Robert et Pierre Vernet (1983): L'école en créole. Etude comparée des réformes des systèmes éducatifs en Haiti et aux Seychelles. (Agence de Coopération Culturelle et Technique (ACCT)).

Clairis-Gauthier, Marie-Cécile (1986): L'enfant créolophone à la découverte de sa langue maternelle. Mise en évidence du rôle de la langue créole pour les acquisitions cognitives. Thèse pour le doctorat de linguistique, Université Paris V.

Colat-Jolivière, Donald (1978): A propos du „R" en créole. In: Espace Créole 3. S.29-40.

Compton, Petrus and Martha Isaac (1986): Removing the shame. Report of an evaluation study of the national literacy programme and pilot project St.Lucia. St.Lucia.

Confiant, Raphaël (1986): Kòd Yanm. Fort-de-France, Martinique.

Contes de mort et de vie aux Antilles. (1976). Traduits et édités par Joelle Laurent et Ina Césaire. Paris.

Craig, Dennis R. (1980): Models for educational policy in creole-speaking communities. In: Valdman, Albert u. Arnold Highfield (Hrsg.): Theoretical Orientations in Creole Studies. New York. S.245-265.

- (1984): L'éducation et la politique linguistique dans les Caraïbes anglophones. In: Etudes Créoles Vol.VII, 1-2. Numéro spécial: Créole et Education. S.105-115.

- (1985): The Sociology of Language Learning and Teaching in a Creole Situation. In: Wolfson, Nessa u. Joan Manes (Hrsg.): Language of Inequality. Berlin, New York, Amsterdam. S.273-284.

Creole Discourse and Social Development. (1988). Report of a Workshop Dec. 7-9, 1987, Castries, St.Lucia. St.Lucia (NRDF).

Le Créole et la Vie. (1984). Conseil local des parents d'élèves du lycée polyvalent de Baimbridge. Compte rendu du Séminaire sur la Langue Créole tenu à Pointe-à-Pitre – Fouillole du 30 juillet au 3 août 1984. Pointe-à-Pitre, Guadeloupe.

Crowley, Daniel J. (1958): Suggestions for an English Based Orthography for Creole. In: The Voice of St.Lucia. 19 th April, 1958.

Dalphinis, Lilith B. (1981): Saint Lucian Education: Problems of Literacy and the Creole Question. Paper submitted in partial requirement for the Post Graduate Certificate in Education. University of London, Institute of Education, Department of education in developing countries.

Dalphinis, Morgan (1985 a): Caribbean and African Languages. Social History, Language, Literature and Education. London.

- (1985 b): Bases historiques du développement du patwa à Sainte-Lucie. In: Etudes Créoles Vol. VIII, 1-2. S.226-246.

Damoiseau, Robert (1984): Eléments de grammaire du créole martiniquais. Fort-de-France.

Davy, Pierre (1975): Le mal diglottique. In: C.A.R.E. (Pointe-à-Pitre) 2. S.101-113.

DeCamp, David (1971): Toward a Generative Analysis of a Post-Creole Speech Continuum. In: Hymes, Dell (Hrsg.): Pidginization and Creolization of Languages. Cambridge. S.349-370.

Déclaration du Rectorat Antilles-Guyane à propos de l'introduction du créole à l'école. (1983). In: Sobatkoz 1. S.109-113.

Dejean, Yves (1980): Comment écrire le créole d'Haïti. Québec.

Denis-Lamaro, Gisèle (1979): Créole martiniquais: aspects sociolinguistiques, études phonologique et syntaxique. Thèse de doctorat de IIIème cycle, non publiée, Université de Paris V.

Devonish, Hubert (1986): Language and Liberation. Creole Language Politics in the Caribbean. London.

Doret, Michel R. (1980): Une étude du créole haïtien en 1927: les écrits de Frédéric Doret père, ingénieur civil. In: Etudes Créoles Vol.III, No.2. S.157-167.

Dreyfus, Françoise (1980): Créole et droit à la communication des pays en développement. In: Etudes Créoles III, 1. S.69-77.

Faine, Jules (1936): Philologie créole. Etudes historiques et étymologiques sur la langue créole d'Haïti. Port-au-Prince. Réimpression Genève – Paris 1981.

Fatier, Marie-José (1987): La communication publicitaire à la Martinique: structures et enjeux. D.E.A., Université de Rouen.

Ferguson, Charles (1959): Diglossia. In: Word 15. S.325-340.

Final Report of the Committee on Educational Priorities. (1980). St. Lucia, Ministry of Education.

Fleischmann, Ulrich (1980): Alphabetisierung und Sprachpolitik: der Fall Haiti. In: Werner, Reinhold (Hrsg.): Sprachkontakte. Tübingen. S.87-120.

– (1981): Le créole en voie de devenir une langue littéraire. In: Kremer, Dieter u. Hans-Josef Niederehe (Hrsg.): Littératures et langues dialectales françaises. Actes du colloque de Trèves du 17 au 19 mai 1979. Hamburg. S.247-264.

– (1984): Language, Literacy and Underdevelopment. In: Foster, Charles R. u. Albert Valdman (Hrsg.): Haiti – Today and Tomorrow. An Interdisciplinary Study. Lanham, New York, London. S.101-117.

– (1986): Das Französisch-Kreolische in der Karibik. Zur Funktion von Sprache im sozialen und geographischen Raum. Tübingen.

Foster, Charles R. u. Albert Valdman (Hrsg.) (1984): Haiti – Today and Tomorrow. An Interdisciplinary Study. Lanham, New York, London.

Funk, Henry (1953): The French Creole Dialect of Martinique: its Historical Background, syntax, proverbs and literature, with a glossary. PhD, University of Virginia.

G.E.R.E.C. (1977 a): Notes pour un traitement pédagogique de „pawòl palé". In Mofwaz 1. S.58-70.

– (1977 b): Poèmes satiriques créoles. In: Mofwaz 2. S.53-67.

Germain, Robert (1980): Grammaire créole. Paris. (1.Aufl. 1976).

Gewecke, Frauke (1984): Die Karibik. Zur Geschichte, Politik und Kultur einer Region. Frankfurt.

Goodman, Morris F. (1964): A Comparative Study of Creole French Dialects. London, The Hague, Paris.

Government of Saint Lucia (1987): Annual Statistical Digest. Castries.

La graphie du créole haïtien. (1980). In: Etudes Créoles Vol.III, No.1. S.101-105.

Gratiant, Gilbert (1958): Fab' Compè Zicaque (Poèmes en créole). Fort-de-France.

Hall, Robert A. jr. (1966): Pidgin and Creole Languages. Ithaca, New York.

– (1972): Pidgins and Creoles as Standard Languages. In: Pride, J.B. and Janet Holmes (Hrsg.): Sociolinguistics. Selected Readings. Middlesex, England. S.142-153.

Hazaël-Massieux, Guy (1978 a): Approche socio-linguistique de la situation de diglossie français-créole en Guadeloupe. In: Langue Française 37. S.106-118.
- (1978 b): Alphabétisation, formation et création. In: Etudes Créoles 1. S.161-166.
- (1979): Y a-t-il un continuum du français littéraire au créole en Martinique? Tentative de formalisation. In: Cahiers de Linguistique, d'Orientalisme et de Slavistique 13. S.83-96.

Hazaël-Massieux, Marie-Christine (1984 a): L'écriture des créoles français: Problèmes et perspectives dans les Petites Antilles. Communication présentée à The Fifth Biennial Conference, Kingston, Jamaïca.
- (1984 b): Une application de l'étude des structures intonatives des créoles français: l'établissement de règles de ponctuation pour le passage à l'écriture. In: Etudes Créoles Vol.VII, No.1-2. Numéro spécial: Créole et Education. S.164-186.
- (1985): Peut-on appliquer directement les règles de ponctuation des langues romanes à l'écriture des langues néo-romanes? Problèmes de la notation des créoles et français régionaux en relation avec le français standard. In: Actes du XVIIe Congrès de Linguistique et Philologie romanes. Aix-en-Provence. S.271-281.
- (1986): Structure de l'unité de discours: l'organisation de l'information à l'oral et à l'écrit. Application à l'analyse de corpus en créole et français des Antilles. 20 p. polycopié. Aix-en-Provence.
- (1987): Chansons des Antilles, Comptines, Formulettes. Paris.
- (1989): La littérature créole: entre l'oral et l'écrit? In: Ludwig, Ralph (Hrsg.): Les créoles français entre l'oral et l'écrit. Tübingen. S.277-305.

Hellinger, Marlis (1986): On writing English-related Creoles in the Caribbean. In: Görlach, Manfred and John A. Holm (Hrsg.): Varieties of English around the World 8: Focus on the Caribbean. Amsterdam. S.53-70.

Institut National de la Statistique et des Etudes économiques (insee) (1988): Tableaux économiques régionaux. Martinique. Edition 1988. Fort-de-France.

Isaac, Martha (1986): French Creole Interference in the written English of St.Lucia secondary school students. A Thesis submitted in partial fulfillment of the Requirements for the Degree of Master of Philology (Linguistics) of The University of the West Indies.

Jallim-Torrence, Clara (1986): Mobilization of adults for literacy: a case study of the Mabouya Valley. A Paper prepared in partial fulfillment of the requirements for the Certificate in Adult Education. University of the West Indies.

Jardel, Jean-Pierre (1977): Du conflit des langues au conflit interculturel: une approche de la société martiniquaise. In: Espace Créole 2. S.57-68.
- (1978): Les idiomes français et créole dans le conflit interculturel à la Martinique. Paris (Cahiers du CMIEB 9).
- (1979 a): Français et créole dans le conflit interculturel à la Martinique. In: Valdman, A. (Hrsg.): Le français hors de France. Paris. S.145-163.
- (1979 b): Langues et identité culturelle aux Antilles françaises. In: Pluriel 17. S.27-35.

- (1979 c): De quelques usages des concepts de bilinguisme et de diglossie. In: Wald, P. et G. Manessy (Hrsg.): Plurilinguisme: normes, situations, stratégies. Paris. S.25-37.
- (1980): Langues et pouvoir en pays créolophones. In: Pluriel 21. S.59-68.
- (1982): Le concept de „diglossie" de Psichari à Ferguson. In: Lengas 11. S.5-15.

Jérome, Yona et Lambert Félix Prudent (1990): Les enjeux d'un dictionnaire dans une société créole. In: Nouvelle Revue des Antilles 3. S.65-84.

Jesse, Rev. C. (1986): Outlines of St.Lucia's history. Castries, St.Lucia.

Jourdain, Elodie (1956 a): Du français aux parlers créoles. Paris.

- (1956 b): Le vocabulaire du parler créole de la Martinique. Paris.

Jules, Didacus (1988 a): Literacy in St.Lucia: Theoretical and practical parameters of the language experience. St.Lucia.

- (1988 b): Towards Caribbean participation in the International Year of Literacy. An Indicative Plan of Action prepared for the Second Meeting of the International Task Force on Literacy. o.O.
- (1988 c): Planning functional literacy programmes in the Caribbean. In: Prospects Vol.XVIII, No.3. S.369-378.

Kabouya. (1988). Liméwo 2. Okt-Nov-Désanm.

Kremnitz, Georg (1981): Du „Bilinguisme" au „conflit linguistique": cheminement de termes et de concepts. In: Langages 61. S.63-74.

- (1983): Français et créole: ce qu'en pensent les enseignants. Le conflit linguistique à la Martinique. Hamburg.

Lannon, Michael (1984-85): Le créole et la presse écrite martiniquaise, des origines jusqu'à nos jours. D.E.A. de Linguistique, Paris.

Lefebvre, Claire (1976): Discreteness and the Linguistic Continuum in Martinique. In: Snyder, Emile et Albert Valdman (Hrsg.): Identité culturelle et francophonie dans les Amériques (I). Québec. S.87-121.

Lefebvre, Gilles (1971): Les diglossies françaises dans la Caraïbe. In: Français et Créole dans la Caraïbe. VIe Symposium Inter-Américain de Linguistique. Porto-Rico juin 1971. Les documents du CERAG 4. S.21-33.

Leger, Adolphe (1982): Coexistence du créole et du français dans l'éducation à la Martinique. Phénomènes d'Acculturation. Thèse de Doctorat de IIIème cycle, Université de Bordeaux II.

Leiner, Jacqueline (1980): Imaginaire – Langage. Identité culturelle – Négritude. Afrique – France – Guyana – Haïti – Maghreb – Martinique. Tübingen, Paris.

Léotin, Térèz (1986): An ti zyédou kozé. Martinique.

Le Page, Robert B. (1977): Decreolization and recreolization: a preliminary report on the sociolinguistic survey of multilingual communities, stage II: St.Lucia. In: York Papers in Linguistics 7. S.107-128.

- (1980): Theoretical Aspects of Sociolinguistic Studies in Pidgin and Creole Languages. In: Valdman, A. u. A. Highfield (Hrsg.): Theoretical Orientations in Creole Studies. New York. S.331-367.

Le Page, Robert B. u. Andrée Tabouret-Keller (o.D.): Sociolinguistic survey of multilingual communities, stage II: St.Lucia, West Indies. Heslington, York, Department of Language, University of York.

- (1985): Acts of identity. Creole-based approaches to language and ethnicity. Cambridge.

Léro, Yva (1979): Peau d'ébène (poèmes). Martinique.

L'Etang, Gerry (1986): Introduction à une étude de la littérature martiniquaise d'expression créole et à l'oeuvre de Raphaël Confiant. Mémoire de Maîtrise, Université Paris III.

Lieberman, Dena (1974): Bilingual Behavior in a St.Lucian Community. PhD. University of Wisconsin.

- (1975): Language Attitudes in Saint-Lucia. In: Journal of Cross-Cultural Psychology 6. S.471-81.

Lofficial, Frantz (1979): Créole – Français: une fausse querelle. Bilinguisme et réforme de l'enseignement en Haïti. Québec.

Louisy, Pearlette (1981): Towards a St.Lucian Orthography. Paper presented at the International Conference on Creole Studies. St.Lucia, May 1981.

Louisy, Pearlette and Paule Turmel-John (1983): A handbook for writing creole. Castries, St.Lucia.

Lucrèce, André (1981): Civilisés et énergumènes. – De l'enseignement aux Antilles. Paris.

Ludwig, Ralph (Hrsg.) (1989 a): Les créoles français entre l'oral et l'écrit. Tübingen.

- (1989 b): L'oralité des langues créoles – „agrégation" et „intégration". In: Ders. (Hrsg.): Les créoles français entre l'oral et l'écrit. Tübingen. S.13-39.

Ludwig, Ralph; Danièle Montbrand, Hector Poullet et Sylviane Telchid (1990): Dictionnaire créole – français. Paris.

Maran, Jean (1983): Le créole à l'école. Le communiqué de l'UDF. In: L'Echo des Antilles. 28 mai 1983.

March, Christian (1988): La question de la langue maternelle à la Martinique. Une enquête épilinguistique chez les étudiants en sciences économiques. T.E.R. de Maîtrise, Université de Bordeaux III.

Midgett, Douglas (1970): Bilingualism and linguistic change in St.Lucia. In: Anthropological Linguistics 12. S.158-70.

National Consultation on Education Conference. Draft Report. (1980). Ministry of Education and Culture, St.Lucia.

Nazaire, Robert (1988): Ti-Kako et la fiole magique. Ti-Kako pli malen ki djab-la. Paris.

Neu-Altenheimer, Irmela; J.C. Marimoutou et Daniel Baggioni (1987): Névrose diglossique et choix graphiques. ("ç" en catalan et „k" en créole de la Réunion) In: Lengas 22. S.33-57.

Pa Jenmen Ankò. A reading book in Patwa. (1985). Hrsg. vom Summer Institute of Linguistics. St.Lucia.

Pitts, J. (1987): Language policy and national development with particular reference to the creole societies of Haïti, St.Lucia and Seychelles. Dissertation for the degree of Master of Arts, University of East Anglia.

Pompilus, P. et G. Lefebvre (1974): Point de vue du CRESHS et de l'Académie des Sciences Humaines et Sociales sur l'orthographe du créole. In: Revue de la Faculté d'Ethnologie (Académie des Sciences humaines et sociales d'Haïti) No.24. S.19-24.

Project proposal for an orthographic system for the creole spoken in St.Lucia and Dominica. (1982). Submitted by the Standing Committee on Creole Studies, St.Lucia. Castries, St.Lucia.

Prudent, Lambert Félix (1980 a): Des baragouins à la langue antillaise. Analyse historique et sociolinguistique du discours sur le créole. Paris.

- (1980 b): Diglossie ou continuum? Quelques concepts problématiques de la créolistique moderne appliqués à l'archipel caraïbe. In: Gardin, B. et J.-B. Marcellesi (Hrsg.): Sociolinguistique. Approches, théories, pratiques. Paris. S.197-210.

- (1980 c): Des voix de l'Archipel dans une revue du Vieux-Monde. In: Mofwaz 3. S.91-94.

- (1981 a): Diglossie et interlecte. In: Langages 61. S.13-38.

- (1981 b): Continuités et discontinuités sociolinguistiques dans le champ créoliste francophone. In: Etudes Créoles 4. S.5-16.

- (1983 a): Le discours créoliste contemporain. Apories et entéléchies. In: Espace Créole 5. S.31-42.

- (1983 b): La langue créole aux Antilles et en Guyane: enjeux pédagogiques, espaces artistiques et littéraires, intérêts scientifiques. In: Les Temps Modernes 441-442. S.2072-2089.

- (Hrsg.) (1984 a): Kouté pou tann! Anthologie de la nouvelle poésie créole. o.O. (Editions Caribéennes).

- (1984 b): L'émergence d'une littérature créole aux Antilles et en Guyane. In: Ders. (Hrsg.): Kouté pou tann! Anthologie de la nouvelle poésie créole. o.O. (Editions Caribéennes). S.20-56.

- (1989 a): Ecrire le créole à la Martinique: Norme et conflit sociolinguistique. In: Ludwig, Ralph (Hrsg.): Les créoles français entre l'oral et l'écrit. Tübingen. S.65-80.

- (1989 b): La pub, le zouk et l'album. In: Bastien, Daniel et Maurice Lemoine (Hrsg.): Antilles. = Autrement. Série Monde 41. Octobre 1984. S.209-216.

- (1989 c): Une orthographe pour le créole martiniquais. Unveröffentlichtes Manuskript. 6 p.

Prudent, Lambert Félix et Georges Jacques Mérida (1984): An Langaj Kréyòl Dimi-Panaché ...: Interlecte et Dynamique Conversationnelle. In: Langages 74. S.31-45.

A Report on the feasibility of a national literacy programme for St.Lucia. (1980). Prepared by Caribbean Research Centre. St.Lucia.

Saint-Pierre, Madeleine (1972): Créole ou français? Cheminements d'un choix linguistique. In: Benoist, Jean (Hrsg.): L'Archipel inachevé. Culture et société aux Antilles françaises. Montréal. S.251-266.

Samarin, W. (1980): Standardization and Instrumentalization of Creole languages. In: Valdman, A. and A. Highfield (Hrsg.): Theoretical Orientations in Creole Studies. New York. S.213-36.

Second Creole Orthography Workshop report of the sub commitee on A Handbook for use of Creole. (1982). Caribbean Research Centre St.Lucia, September 1982. Castries, St.Lucia.

Simmons-Mc Donald, Hazel (1988): The Learning of English Negatives by Speakers of St.Lucian French Creole. PhD, Stanford University.

Stein, Peter (1984): Kreolisch und Französisch. Tübingen.

Tabouret-Keller, Andrée (1978): Bilinguisme et diglossie dans le domaine des créoles français. In: Etudes Créoles 1. S.135-152.

Valdman, Albert (1973): Certains aspects sociolinguistiques des parlers créoles français aux Antilles. In: Ethnies 3. S.7-21.

- (1974): L'élaboration d'une orthographe. In: Revue de la Faculté d'Ethnologie (Académie des sciences humaines et sociales d'Haïti) No.24. S.5-14.

- (1976): Vers la standardisation du créole en Haïti. In: Snyder, Emile u. Albert Valdman (Hrsg.): Identité culturelle et francophonie dans les Amériques (I). Québec. S.166-201.

- (1978 a): Le créole: structure, statut et origine. Paris.

- (1978 b): La structure phonologique des parlers franco-créoles de la zone caraïbe. In: Etudes Créoles I. S.13-34.

- (1980): Aspects sociolinguistiques du créole français. In: Baudot, Alain et al. (Hrsg.): Identité culturelle et francophonie dans les Amériques (III). Québec. S.95-112.

- (1982): Education Reform and the Instrumentalisation of the Vernacular in Haiti. In: Hartford, B.; A. Valdman u. C. Foster (Hrsg.): Issues in International Bilingual Education. The Role of the Vernacular. New York, London. S.139-170.

- (1984): The Linguistic Situation of Haiti. In: Foster, Charles R. u. Albert Valdman (Hrsg.): Haiti – Today and Tomorrow. An Interdisciplinary Study. Lanham, New York, London. S.77-99.

- (1987): Le cycle vital créole et la standarisation du créole haïtien. In: Etudes Créoles 10,2. S.107-125.

- (1988): Diglossia and language conflict in Haiti. In: International Journal of the Sociology of Language 71. S.67-80.

- (1989 a): Aspects sociolinguistiques de l'élaboration d'une norme écrite pour le créole haïtien. In: Ludwig, Ralph (Hrsg.): Les créoles français entre l'oral et l'écrit. Tübingen. S.43-63.

- (1989 b): Quelques réflexions sur l'écriture des créoles à base lexicale française à partir d'Atipa. In: Fauquenoy, Marguerite (Hrsg.): Atipa revisité ou les itinéraires de Parépou. = T.E.D. No. spécial double 7-8. (GEREC – L'Harmattan – Presses Universitaires Créoles). S.141-159.

Valdman, Albert; Robert Chaudenson et Marie-Christine Hazaël-Massieux (1983): Bibliographie des études créoles, langues et littératures. Préparée par le Comité International des Etudes Créoles. Bloomington, Indiana.

Valdman, Albert u. Arnold Highfield (Hrsg.) (1980): Theoretical Orientations in Creole Studies. New York.

Vérin, Pierre (1958): The Rivalry of Creole and English in the West Indies. In: De West-Indische Gids 38. S.163-167.

Vernet, Pierre (1979-1980): L'Alphabétisation en Haïti: Aspect Linguistique. In: Espace Créole 4. S.83-98.

- (1980): Techniques d'écriture du créole haïtien. A l'intention des enseignants. Port-au-Prince.

- (1981): L'écriture du créole et ses réalités de fonctionnement. = Cahiers du CLAP (Centre de Linguistique Appliquée) No.1. (Haiti).

Vintila-Radulescu, Ioana (1976): Le Créole Français. The Hague, Paris.

Winford, Donald (1985): The concept of diglossia in Caribbean creole situations. In: Language in Society 14. S.345-356.

3. Zur Orthographie-Diskussion in Frankreich

Achery, Jacques et al. (1979): Chez nous ses pas male, ou „que cache l'orthographe?" In: Groupe Aixois de Recherches en Syntaxe (G.A.R.S): Recherches sur le français parlé 2. Février 1979. S.223-252.

Anis, Jacques (Hrsg.) (1983): Le signifiant graphique. = Langue Française 59.

- (1988): L'Ecriture: théorie et descriptions. Bruxelles.

Antoine, G. (1976): Compte rendu sur R. Thimonnier: Pour une pédagogie rénovée de l'orthographe et de la langue française. Paris 1974. In: Le français moderne 44,1. S.71-78.

Arrêté relatif à la simplification de l'enseignement de la syntaxe française. 26 février 1901. Abgedruckt in: Grevisse, Maurice (1975): Le bon usage. Gembloux. S.1240-1245.

Arrêté du 28 décembre 1976 relatif aux tolérances grammaticales ou orthographiques. In: Journal officiel – N.C. du 9 février 1977. Wieder abgedruckt in: Grevisse, Maurice (1986): Le bon usage. Douzième édition refondue par André Goosse. Paris – Gembloux. S.1696-1708.

Baddeley, S. (1989): La simplification de l'orthographe. In: Laisons-HESO 16-17. Septembre 1989. S.61-65.

Barrera-Vidal, A. (1978): Vers une mini-réforme de l'orthographe? In: Praxis des neusprachlichen Unterrichts 25. S.187-191.

Baum, Richard (Hrsg.) (1989): Sprachkultur in Frankreich. Texte aus dem Wirkungsbereich der Académie française. Bonn.

Bazin, Hervé (1966): Plumons l'oiseau. Paris.

Beaulieux, Charles (1927): Histoire de l'orthographe française. 2 vol. Paris.

- (1951): Observations svr l'orthographe de la langve francoise. Transcriptions, commentaire et fac-similé du manuscrit de Mézeray, 1673, et des critiques des Commissaires de l'Académie. Paris.

- (1952): Projet de simplification de l'orthographe actuelle et de la langue par le retour au „bel françois" du XIIe siècle. Lettre ouverte à Monsieur le Ministre de l'Education nationale. Paris.

Beinke, Christiane u. Waltraud Rogge (1990): Französisch: Geschichte der Verschriftung. In: Holtus, Günter; Michael Metzeltin u. Christian Schmitt (Hrsg.): Lexikon der Romanistischen Linguistik. Band V,1. Tübingen. S.471-493.

Bentolila, Alain (Hrsg.) (1976 a): Recherches actuelles sur l'enseignement de la lecture. Paris.

- (1976 b): Les premiers pas dans le monde de l'écrit. In: Ders. (Hrsg.): Recherches actuelles sur l'enseignement de la lecture. Paris. S.11-30.

Berlion, D. (1984): Les opinions et les représentations de l'orthographe. In: Liaisons-HESO 12. Septembre 1984. S.31-35.

Berschin, H. (1974): Orthographie. In: Felixberger, J. u. H. Berschin: Einführung in die Sprachwissenschaft für Romanisten. München. S.101-125.

Berschin, H.; J. Felixberger u. H. Goebl (1978): Französische Sprachgeschichte. München.

Bertrand, D. u. F. Ploquin (1989): Pour une commémoration commémorable. In: Le Français dans le monde 229. Nov./Déc. 1989. 30. Vivre en Français/Débats.

Blanche-Benveniste, Claire u. André Chervel (1978): l'orthographe. nouvelle édition augmentée d'une postface. Paris. (1.Aufl. 1969)

Block, G. u.a. (1981): Norm - Sprachniveau - Toleranz. Einige Bemerkungen zu den „tolérances grammaticales ou orthographiques". In: Bielefelder Beiträge zur Sprachlehrforschung 10. S.3-42.

Börner, Wolfgang (1977): Die französische Orthographie. Tübingen. (Romanistische Arbeitshefte 18)

Bost, S. (1973): L'ortograf fonologic. In: Le français aujourd'hui 20. S.48-60.

Brunot, Ferdinand (1966-1968): Histoire de la langue française des origines à nos jours. 13 vol. Paris. (1. Aufl. 1905-1953)

Bulletin de l'Association Le droi d eqrir. No.15. Décembre 1989 u. No.16. Mars 1990.

Buridant, Claude (1988): Les correspondances phono-, morpho- et logogrammiques et le croisement de la diachronie et de la synchronie dans le plurisystème graphique du français. In: Catach, Nina (Hrsg.): Pour une théorie de la langue écrite. Paris. S.233-242.

Burney, Pierre (1970): L'orthographe. Paris. (Coll. Que sais-je?)

Catach, Nina (1968): L'Orthographe française à l'époque de la Renaissance. (Auteurs – Imprimeurs – Ateliers d'imprimerie). Genève.

- (1970): La réforme de l'orthographe, quelques observations. In: Cahiers pédagogiques 89. S.74-77.
- (Hrsg.) (1972 a): Orthographe et système d'écriture. = Etudes de linguistique appliquée. Nouvelle série 8.
- (1972 b): Alphabet et Tables de transcription du français. In: Etudes de linguistique appliquée. Nouvelle série 8. S.37-59.
- (1972 c): L'orthographe de l'anglais et l'expérience de l'I.T.A. (Initial Teaching Alphabet). In: Etudes de linguistique appliquée. Nouvelle série 8. S.110-117.
- (Hrsg.) (1973 a): L'orthographe. = Langue Française 20.
- (1973 b): Notions actuelles d'histoire de l'orthographe. In: Langue Française 20. S.11-18.
- (1973 c): Que faut-il entendre par système graphique du français? In: Langue Française 20. S.30-44.
- (1973 d): La structure de l'orthographe française. In: La Recherche 39. S.949-956.
- (1974 a): Tour d'horizon et problèmes actuels de l'orthographe. In: Structure de l'orthographe française. Actes du colloque international. Paris – Janvier 1973. Organisé par l'équipe de recherche C.N.R.S.-H.E.S.O. Paris. S.8-12.
- (1974 b): Graphèmes et archigraphèmes du français. In: Structure de l'orthographe française. Actes du colloque international. Paris – Janvier 1973. Organisé par l'équipe de recherche C.N.R.S.-H.E.S.O. Paris. S.97-120.
- (1974 c): Principes d'une réforme de l'orthographe. In: Structure de l'orthographe française. Actes du colloque international. Paris – Janvier 1973. Organisé par l'équipe de recherche C.N.R.S.-H.E.S.O. Paris. S.195-205.
- (1976): Lecture, orthographe et idéographie. In: Bentolila, Alain (Hrsg.): Recherches actuelles sur l'enseignement de la lecture. Paris. S.31-48.
- (1977): Tolérances grammaticales et orthographiques: le nouvel arrêté. In: Nouvelle Revue Pédagogique 9. S.7-8.
- (1979): Le graphème. In: Pratiques 25. S.21-32.
- (Hrsg.) (1980 a): La ponctuation. = Langue Française 45.
- (1980 b): Comment enseigner sans réformer? In: Jaffré, Jean-Pierre (Hrsg.): Orthographe au collège. = Bref 22. S.45-57.
- (1984 a): Réflexions sur la nature du graphème et son degré d'indépendance. In: Liaisons-HESO 11. Janvier 1984. S.1-15.
- (1984 b): A propos de l'archigraphème. In: Liaisons-HESO 11. Janvier 1984. S.17-27.
- (1985 a): L'écriture et le signe plérémique. In: Modèles Linguistiques 7/2. S.53-71.

- (1985 b): La bataille de l'orthographe aux alentours de 1900. In: Histoire de la langue française 1880-1914. Sous la direction de Gérald Antoine et Robert Martin. Paris. S.237-251.
- (1988 a): L'orthographe. Paris. (Coll. Que sais-je?)
- (Hrsg.) (1988 b): Pour une théorie de la langue écrite. Paris.
- (1988 c): L'écriture en tant que plurisystème ou théorie de L Prime. In: Dies. (Hrsg.): Pour une théorie de la langue écrite. Paris. S.243-259.
- (1988 d): Fonctionnement linguistique et apprentissage de la lecture. In: Langue Française 80. S.6-19.
- (1989): Les délires de l'orthographe. Paris.
- (1990): Französisch: Graphetik und Graphemik. In: Holtus, Günter; Michael Metzeltin u. Christian Schmitt (Hrsg.): Lexikon der Romanistischen Linguistik. Band V,1. Tübingen. S.46-58.
- (1991): L'orthographe en débat. Dossiers pour un changement. Paris.

Catach, Nina; Daniel Duprez et Michel Legris (1980): L'enseignement de l'orthographe. L'alphabet phonétique international. La typologie des fautes. La typologie des exercices. Paris.

Catach, Nina; Jeanne Golfand et Roger Denux (1971): Orthographe et lexicographie. Tome I: Variantes graphiques - Mots latins et grecs - Mots étrangers. Paris.
- (1981): Orthographe et lexicographie. Les mots composés. Paris.

Catach, Nina; Claude Gruaz et Daniel Duprez (1986): L'orthographe française. Traité théorique et pratique. Avec des travaux d'application et leurs corrigés. Paris.

Catach, Nina; Luce Petitjean et Maurice Tournier (Hrsg.) (1991): Orthographe et société. = Mots. Les langages du politique 28. Septembre.

Charmeux, Eveline (1973): Et si on réformait l'enseignement de l'orthographe? In: Le français aujourd'hui 20. S.67-71.
- (1975): La lecture à l'école. Paris.
- (1976): Construire une pédagogie de la lecture. In: Bentolila, Alain (Hrsg.): Recherches actuelles sur l'enseignement de la lecture. Paris. S.49-66.
- (1979): L'orthographe à l'école. Paris.
- (1985): Savoir lire au collège. Paris.

Chaurand, Jacques (1976): Compte rendu sur N. Catach: L'orthographe française à l'époque de la Renaissance. Genève 1968. In: Le Français moderne 44,1. S.68-71.

Chervel, André (1973): La grammaire traditionnelle et l'orthographe. In: Langue Française 20. S.86-96.
- (1977): ... et il fallut apprendre à écrire à tous les petits français. Histoire de la grammaire scolaire. Paris.

Chervel, André et Danièle Manesse (1989): La Dictée. Les Français et l'orthographe. 1873-1987. Paris.

Citton, Yves et André Wyss (1989): Les doctrines orthographiques du XVIe siècle en France. Genève.

Cohen, Marcel (1973): Histoire d'une langue: le français. Paris.

Cohen, M. et N. Catach (1973): La question de l'orthographe: Histoire; problèmes; réformes. Paris.

Conseil international de la langue française (1988): Pour l'harmonisation orthographique des dictionnaires. Paris.

Desmeuzes, J. (1973): Une solution actuelle au problème de l'orthographe: le code de René Thimonnier. In: Le français aujourd'hui 20. S.61-66.

Les Dossiers de Sèvres (1981). L'Orthographe. 1. Les recherches linguistiques et leurs applications. Par J. Dreher et J. Revéron. Sèvres.

Le droi d eqrir, Association pour le Droit d'utiliser un système d'Ecriture Commode (A.D.E.C.): Pour prendre le train en marche. Sélection de textes parus dans les bulletins No.1 (juin 1986) à 9 (juin 1988).

Dubois, J.; J. Sumpf et M. Meyrat (1970): L'orthographe. In: Langue Française 5. S.100-117.

Enfrière, A. (1973): La réforme de l'orthographie. In: Grammatica II. Annales publiées par l'Université de Toulouse – Le Mirail N.S. 9. S.109-124.

Foucambert, Jean (1976 a): La manière d'être lecteur. Apprentissage et enseignement de la lecture de la maternelle au CM 2. Paris.

- (1976 b): Apprentissage et enseignement de la lecture. In: Bentolila, Alain (Hrsg.): Recherches actuelles sur l'enseignement de la lecture. Paris. S.83-96.

- (1989): Question de lecture. Paris.

Gak, V.G. (1976): L'orthographe du français. Essai de description théorique et pratique. Edition française, établie par l'auteur, en collaboration avec Irène Vildé-Lot, sur la 2e édition russe. Paris.

Gey, M. (1983): Typologie des erreurs orthographiques: Résultats de tests. In: Liaisons-HESO 9. Janvier 1983. S.43-55.

Goosse, André (1987): L'orthographe française: un lourd héritage. In: Le langage et l'homme 22. S.60-62.

- (1991): La „nouvelle" orthographe. Exposé et commentaires. Paris.

Greive, A. (1980): Französische Orthographiefehler in linguistischer Sicht. In: Romanica Europaea et Americana. Festschrift für Harri Meier. Bonn. S.207-216.

Grevisse, M. (1970): Code de l'orthographe française. Amiens, Brüssel.

Gruaz, Claude (1979 a): Thèses HESO pour une rénovation. In: Pratiques 25. S.12-20.

- (1979 b): Puissance descriptive d'une formalisation de l'orthographe française contemporaine. In: Pratiques 25. S.33-42.

- (1988): Règles d'inférence des graphèmes complexes du français contemporain. In: Catach, Nina (Hrsg.): Pour une théorie de la langue écrite. Paris. S.181-189.

Guion, Jean (1973): A propos de la crise de l'orthographe. In: Langue Française 20. S.111-118.

– (1974): L'institution orthographe. A quoi sert l'orthographe? A quoi sert son enseignement? Paris.

Hanse, Joseph (1976): Pour une rationalisation de l'orthographe. In: La Banque des mots 12. S.123-144.

– (1977): Modifications orthographiques et tolérances grammaticales. In: Bulletin de l'Académie royale de langue et littérature françaises 55. S.42-72.

– (1980): Orthographe et grammaire. Politique nouvelle. Paris.

Hausmann, Franz Josef (1980): Louis Meigret. Humaniste et linguiste. Tübingen.

Hermans, Huguette u. Willy van Hoecke (1989): Le problème de la réforme de l'orthographe: les conceptions de Peletier (1550, 1555) et de Rambaud (1578). In: Swiggers, Pierre u. Willy van Hoecke: La langue française au XVIe siècle: usage, enseignement et approches descriptives. Louvain. S.136-156.

Holtus, Günter (1979): 75 Jahre französische Sprachnormierung und französische Grammatik: zu den Spracherlassen von 1901 und 1976. In: Französisch heute 10,3. S.191-202 und 10,4. S.239-248.

Honvault, R. (1980): Les pédagogues et l'idéographie. In: Jaffré, Jean-Pierre (Hrsg.): Orthographe et idéographie. = Liaisons-HESO 3. Mai 1980. S.23-29.

Honvault, R. et J.-P. Jaffré (1978): L'enfant face aux systèmes graphiques. In: Bref 15. S.39-51.

– (1979): Orthographe et idéographie. In: Pratiques 25: Orthographe. Dirigé par N. Catach. S.100-110.

Horejsi, V. (1972): Les graphonèmes français et leurs parties composantes. In: Etudes de linguistique appliquée. Nouvelle série 8. S.10-17.

Huchon, Mireille (1988): Le français de la Renaissance. Paris.

Imbs, P. (1971): Principe d'une réforme de l'orthographe. In: Le Français moderne 39. S.307-335.

Jaffré, Jean-Pierre (1980 a): L'idéographie. In: Ders. (Hrsg.): Orthographe et idéographie. = Liaisons-HESO 3. Mai 1980. S.5-12.

– (1980 b): Les linguistes et l'idéographie. In: Ders. (Hrsg.): Orthographe et idéographie. = Liaisons-HESO 3. Mai 1980. S.13-22.

– (Hrsg.) (1980 c): Orthographe et idéographie. = Liaisons-HESO 3. Mai 1980.

– (Hrsg.) (1980 d): Orthographe au collège. = Bref (Bulletin de Recherche sur l'Enseignement du Français) 22.

Jung, Edmond (1963): Quelques idées sur la réforme de l'orthographe. In: Cahiers pédagogiques 44. S.81-92.

– (1970): Réponse d'Edmond Jung à Nina Catach „La réforme Thimonnier". In: Cahiers pédagogiques 89. S.77 f.

– (1972): Vers une orthographe générative. In: Etudes de linguistique appliquée. Nouvelle série 8. S.18-26.

- (1973): Causes des fautes d'orthographe. In: Langue Française 20. S.97-110.
- (1974): Les problèmes des orthographes étrangères et régionales. In: Structure de l'orthographe française. Actes du colloque international. Paris – Janvier 1973. Organisé par l'équipe de recherche C.N.R.S.-H.E.S.O. Paris. S.183-195.

Karabetian, Etienne (1983): Utilisation de la typologie des erreurs et intégration du plurisystème graphique. Remarques théoriques et exploitation pédagogique. In: Liaisons-HESO 10. Juin 1983. S.45-53.

Keller, Monika (1991): Ein Jahrhundert Reformen der französischen Orthographie. Geschichte eines Scheiterns (1886-1991). Tübingen.

Klein, Hans-Wilhelm (1963): Phonetik und Phonologie des heutigen Französisch. München.

Klinkenberg, Jean-Marie (1971): L'orthographe française constitue-t-elle un système? In: Le Français moderne 39. S.236-256.

- (1984): Images sociales de l'orthographe. Enquête sociolinguistique auprès d'un public scolaire. In: Au bonheur des mots. Mélanges en l'honneur de Gérald Antoine. Nancy. S.555-571.

Lallias, Jean-Claude et Anne Delgado (1986): L'orthographe à l'heure de l'informatique. Paris.

Leconte, Jacques (1988 a): L'orthographe: à simplifier? In: L'Ecole libératrice. Organe hebdomadaire du S.N.I.–P.e.g.c. 19. 20 février 1988. S.14-19.

- (1988 b): L'orthographe: à simplifier? Vos réponses. In: L'Ecole libératrice. Organe hebdomadaire du S.N.I.–P.e.g.c. 10. 26 novembre 1988. S.14-19.

Leconte, Jacques et Philippe Cibois (1989): Que vive l'orthographe! Paris.

Lentin, Laurence et coll. (1978): Du parler au lire. Paris.

Levitt, Jesse (1968): Spelling-pronunciation in modern french: its origin and its functional significance. In: Linguistics 42. S.19-28.

- (1978): The influence of orthography on phonology: A comparative study (English, French, Spanish, Italian, German). In: Linguistics 208. S.43-67.

Lire (1989). No.162. Mars.

Lucci, Vincent (1979): Orthographe et phonologie générative. In: Pratiques 25. S.94-99.

- (1988): Dépendance ou autonomie de l'écrit par rapport à l'oral: L'exemple de la publicité contemporaine. In: Catach, Nina (Hrsg.): Pour une théorie de la langue écrite. Paris. S.123-132.
- (Hrsg.) (1989 a): L'orthographe en liberté. = lidil No.1.
- (1989 b): L'orthographe dans la publicité contemporaine. In: Ders. (Hrsg.): L'orthographe en liberté. = lidil No.1. S.67-74.

Lucci, Vincent et Yves Naze (1979): enseigner ou supprimer l'orthographe? Paris.

- (1989): L'orthographe des Français. Paris.

Lüdtke, Helmut (1964): Die Entstehung romanischer Schriftsprachen. In: Vox Romanica 23. S.3-21. Wieder abgedruckt in: Kontzi, Reinhold (Hrsg.): Zur Entstehung der romanischen Sprachen. Darmstadt 1978. S.386-409.

Maistre, Marie de (1974): Pour ou contre l'orthographe? Paris.

Manifeste de l'AIROE (Association pour l'information et la recherche sur les orthographes et les systèmes d'écriture). In: Leconte, Jacques et Philippe Cibois (1989): Que vive l'orthographe! Paris. S.156-159.

Le manifeste de dix linguistes. In: Le Monde 7/2/1989. Wieder abgedruckt in: Le Monde de l'Education. Octobre 1989. S.44 und in: Leconte, Jacques et Philippe Cibois (1989): Que vive l'orthographe! Paris. S.160-164.

Martin, Robert (1988): L'écrit comme lieu de conventions. In: Catach, Nina (Hrsg.): Pour une théorie de la langue écrite. Paris. S.57-66.

Martinet, André (1969): La réforme de l'orthographe française d'un point de vue fonctionnel. In: Ders.: Le français sans fard. Paris. S.62-90.

- (1970): De l'orthographe du français. In: La Linguistique 6,1. S.153-158.

- (1971): Un problème de linguistique appliquée: une graphie phonologique pour le français. In: Journal of the International Phonetic Association 1. S.11-16.

- (1972): Une graphie phonologique à l'école. In: Etudes de linguistique appliquée. Nouvelle série 8. S.27-36.

- (1974): Une graphie phonologique d'apprentissage à l'école. In: Structure de l'orthographe française. Actes du colloque international. Paris – Janvier 1973. Organisé par l'équipe de recherche C.N.R.S.-H.E.S.O. Paris. S.152-160.

- (1976): L'accès à la lecture et à l'écriture par l'Alfonic. In: Bentolila, Alain (Hrsg.): Recherches actuelles sur l'enseignement de la lecture. Paris. S.134-146.

Meigret, Louis (1542): Traité touchant le commun usage de l'escriture françoise. Paris. Genève (Slatkine reprints) 1972.

- (1548): „Aux lecteurs", en tête de Le menteur ou l'incrédule de Lucien traduit de grec en français par Louis Meigret, Lyonnais, avec une écriture cadrant à la prolation française: et les raisons. Paris. Réédité en orthographe moderne par Franz Josef Hausmann. Tübingen 1980.

- (1550 a): La réponse a l'apologie de Jaqes Pelletier. Abgedruckt in: Porter, Lambert C. (Hrsg.): Peletier du Mans, Jacques: Dialogue de l'Ortografe e Prononciacion Françoese. Genève 1966.

- (1550 b): Defenses de Louis Meigret touchant son Orthographie Françoeze, contre les censures e calomnies de Glaumalis du Vezelet, et de ses adherans. Genève (Slatkine reprints) 1972.

- (1551): Réponse a la dezesperée réplique de Glaomalis de Vezelet. Genève (Slatkine Reprints) 1972.

Meisenburg, Trudel (1989): Romanische Schriftsysteme im Vergleich: Französisch und Spanisch. In: Eisenberg, Peter und Hartmut Günther (Hrsg.): Schriftsystem und Orthographie. Tübingen. S.251-265.

Michel, J.C. (1974): Problèmes sémiologiques de l'orthographe française. In: Revue des langues romanes 80. S.425-448.

Millet, Agnès (1989): Essai de typologie des variations graphiques. Application à la prise de notes. In: Lucci, Vincent (Hrsg.): L'orthographe en liberté. = lidil No.1. S.7-36.

Millet, Agnès; Vincent Lucci et Jacqueline Billiez (1990): Orthographe mon amour! Grenoble.

Mistler, Jean (1976): Liste de modifications orthographiques acceptées par l'Académie française sur proposition du Conseil international de la Langue française et du Ministère de l'Education. In: La Banque des mots 12. S.145-148.

Le Monde de l'éducation (1976). No.13. Janvier. Dossier sur l'orthographe.

Le Monde de l'éducation (1976). No.15. Mars. Débat sur l'orthographe.

Le Monde de l'éducation (1989). No.164. Octobre. Orthographe: Le dossier du débat.

Monnerot-Dumaine, Marcel (1964): L'ortografe du XXIe siècle. Paris.

Mounin, G. (1975): Linguistique et orthographe. In: Cahiers de Lexicologie 27. S.72-80.

Müller, Bodo (1975): Das Französische der Gegenwart. Varietäten. Strukturen. Tendenzen. Heidelberg.

Néos. Langez é Grafi. Spésial: Justifikasion. Ivèr 1977-1978.

L'Orthographe et l'histoire (1976). = Le Français moderne 44 No.1.

Pasques, Liselotte (1979): Approche linguistique des fondements de l'orthographe du français, du XVIe au XXe siècle. In: Pratiques 25: Orthographe. Dirigé par N. Catach. S.82-93.

- (1988): Théories de l'écrit dans l'orthographe de l'Académie. In: Catach, Nina (Hrsg.): Pour une théorie de la langue écrite. Paris. S.35-45.

Peletier du Mans, Jacques (1550 a): Dialogue de l'Ortografe e Prononciacion Françoese. Reprint de la seconde édition (1555) publié par Lambert C. Porter. Genève 1966.

- (1550 b): Apologie a Louis Meigret Lionnoes. Abgedruckt in: Porter, Lambert C. (Hrsg.): Peletier du Mans, Jacques: Dialogue de l'Ortografe et Prononciacion Françoese. Genève 1966.

Picoche, J. et C. Marchello-Nizia (1989): Histoire de la langue française. Paris.

Pivot, Bernard (1989): Le livre de l'orthographe. Paris.

Pons-Ridler, Suzanne (1987): Orthographe: pourquoi être plus royaliste que le roi?. In: The French Review (Illinois) vol.61 No.2. S.229-238.

Porquet, André (1973 a): Les grands projets de réforme orthographique de Firmin-Didot (1868) à nos jours. Thèse non publiée. Paris III.

- (1973 b): Réforme orthographique et graphémologie. In: Langue Française 20. S.45-51.

- (1974 a): Peut-on parler de système graphique du français? In: Structure de l'orthographe française. Actes du colloque international. Paris - Janvier 1973. Organisé par l'équipe de recherche C.N.R.S.-H.E.S.O. Paris. S.12-29.

- (1974 b): Points d'accord et de désaccord des principaux réformateurs. In: Structure de l'orthographe française. Actes du colloque international. Paris - Janvier 1973. Organisé par l'équipe de recherche C.N.R.S.-H.E.S.O. Paris. S.170-183.
- (1976): Le pouvoir politique et l'orthographe de l'Académie au XIXe siècle. In: Le Français moderne 44. S.6-27.

Pratiques (1979). No.25. Orthographe. Dirigé par N. Catach.

Les prémices d'une réforme. In: Le Monde. 11 janvier 1957. Wieder abgedruckt in: Leconte, Jacques et Philippe Cibois (1989): Que vive l'orthographe! Paris. S.149 f.

Quemada, B. (1983/84): Les réformes du français. In: Language Reform. History and Future. Hrsg. von István Fodor u. Claude Hagège. Vol.III. Hamburg. S.79-117.

Questions à Nina Catach et Eveline Charmeux ou Rencontre du troisième type: Dialogue-duel entre chercheurs évoluant sur des planètes différentes. In: Pratiques (1985). No.46. S.7-23.

Rapp, Linda L. (1984): Orthographic Reform Movements in France. In: Forum Linguisticum 8 (3). S.201-212.

Rapport général sur les modalités d'une simplification éventuelle de l'orthographe française. Elaboré par la Commission ministérielle d'études orthographiques sous la présidence de M.A.Beslais. (1965). Paris.

Rattunde, Eckhard (1981): C'est de beaux résultats? - oder: Wie wichtig ist der neue Toleranzerlaß für den Französischunterricht. In: Die Neueren Sprachen 80:1. S.2-18.

Richaudeau, François (1976): La lisibilité. Paris.

Rickard, Peter (1968): La langue française au seizième siècle. Etude suivie de textes. Cambridge.

Rolffs, Elisabeth (1980): Die Orthographie als Gegenstand der modernen Sprachwissenschaft. Mit besonderer Berücksichtigung der französischen Orthographie. Diss. Münster.

Romian, H. (1974): Pour une pédagogie rénovée de l'orthographe. In: Structure de l'orthographe française. Actes du colloque international. Paris - Janvier 1973. Organisé par l'équipe de recherche C.N.R.S.-H.E.S.O. Paris. S.120-135.

Seguin, H. (1974): Morphologie grammaticale en français écrit. In: Structure de l'orthographe française. Actes du colloque international. Paris - Janvier 1973. Organisé par l'équipe de recherche C.N.R.S.-H.E.S.O. Paris. S.46-76.

Söll, Ludwig (1985): Gesprochenes und geschriebenes Französisch. 3. Auflage bearbeitet von Franz Josef Hausmann. Berlin.

Sommant, Micheline (1986): Les premiers championnats de France d'orthographe 1985. In: La banque des mots 31. S.7-18.

Structure de l'orthographe française. (1974). Actes du colloque international. Paris - Janvier 1973. Organisé par l'équipe de recherche C.N.R.S.-H.E.S.O. Paris.

Ters, François (1973 a): Orthographe et vérités. Paris.

- (1973 b): L'orthographe dans son contexte sociolinguistique. In: Langue Française 20. S.75-85.

- (1974): Aspects linguistiques et psychopédagogiques de l'orthographe. In: Structure de l'orthographe française. Actes du colloque international. Paris - Janvier 1973. Organisé par l'équipe de recherche C.N.R.S.-H.E.S.O. Paris. S.136-146.

Thimonnier, René (1968): Principes d'une réforme rationnelle de l'orthographe. Rapport ronéotypé.

- (1970): Code orthographique et grammatical. Paris.
- (1974): L'alphabet phonético-graphique du français. In: Structure de l'orthographe française. Actes du colloque international. Paris - Janvier 1973. Organisé par l'équipe de recherche C.N.R.S.-H.E.S.O. Paris. S.29-46.
- (1976): Le système graphique du français. Introduction à une pédagogie rationnelle de l'orthographe. Nouvelle édition complétée et mise à jour. Paris. (1.Aufl. 1967)

Thimonnier, René et Jean Desmeuzes (1979): Les 30 problèmes de l'orthographe. Méthode Thimonnier. Cours complet. Paris.

Tietz, M. (1978): Zur Diskussion um eine Reform der französischen Orthographie. In: Praxis des neusprachlichen Unterrichts 25. S.400-407.

Tschernoster, M. (1973): Probleme der französischen Orthographie und ihrer Reform. In: Fremdsprachen 1. S.22-27 u.2. S.98-105.

Valdman, Albert (1963/64): Not All is Wrong with French Spelling. In: French Review 37. S.213-223. Wieder abgedruckt in dt. Übersetzung in: Hausmann, F.J. (Hrsg.) (1983): Die französische Sprache von heute. Darmstadt. S.184-198.

Védémina, L. (1974): La ponctuation par rapport aux autres sous-systèmes de langue. In: Structure de l'orthographe française. Actes du colloque international. Paris - Janvier 1973. Organisé par l'équipe de recherche C.N.R.S.-H.E.S.O. Paris. S.76-80.

Vildé-Lot, J. (1966): L'Orthographe française et l'analyse structurale d'après M.V.G. Gak. In: Le Français moderne 34. S.39-46.

- (1972): L'orthographe à l'étranger: Problèmes et réformes. In: Etudes de linguistique appliquée. Nouvelle série 8. S.68-105.

4. Verzeichnis der in Kapitel III.3.4. ausgewerteten Zeitungen und Zeitschriften

Le Monde de l'Education 13. 1976

Le Monde de l'Education 15. 1976

Langue Française 24/2/1977

Libération 5,6/10/1985

Libération 25/10/1985

Télérama 14/10/1987

L'Ecole libératrice 20/2/1988

TDC (Textes et documents pour la classe. Ed. par L'Institut national de recherche et de documentation pédagogiques) 16/11/1988

L'Ecole libératrice 26/11/1988

Le Figaro 29/11/1988

Le Parisien 29/11/1988

Le Quotidien de Paris 29/11/1988

Le Figaro 30/11/1988

France-Soir 30/11/1988

Lire 162. 1989

Le Monde de l'Education 164. 1989

Le Monde 8/2/1989

Le Monde 17/3/1989

L'événement du jeudi 16-22/3/1989

Figaro Madame 24/3/1989

Libération 4/4/1989

Révolution 5/5/1989

Le Quotidien de Paris 2/8/1989

Le Quotidien de Paris 3/8/1989

L'Express 4/8/1989

Le Quotidien de Paris 7/8/1989

L'événement du jeudi 24-30/8/1989

Le Figaro 25/8/1989

Libération 1/9/1989

Le Quotidien de Paris 1/9/1989

La Vie 7/9/1989

Le Monde 8/9/1989

Le Monde 14/9/1989

Figaro Magazine 16/9/1989

Valeurs actuelles 18/9/1989

L'événement du jeudi 21-27/9/1989

Libération 26/9/1989

TDC 27/9/1989

Quinzaine littéraire 1-15/10/1989

Le Nouvel Observateur 12-18/10/1989

TDC 18/10/1989
Le Monde 21/10/1989
Libération 25/10/1989
Le Figaro 26/10/1989
Le Monde 26/10/1989
Le Monde 3/11/1989